U1001352

域外医事法典型案例评析

邓 虹 主编

浙江工商大學出版社
ZHEJIANG GONGSHANG UNIVERSITY PRESS

"卫生法学系列丛书"总主编

吴崇其

"卫生法学系列丛书"副总主编

徐勤耕　张以善　刘　群　王　毅　蒲　川
张　静　张际文　田　侃　石俊华　罗　刚
王　萍　赵　敏　李冀宁　邓　虹　郑雪倩
陈志华　王梅红　仇永贵　石　悦　杨淑娟
丁朝刚　冯正骏　戴金增　解　放　胡晓翔
崔高明　古津贤　王国平

“卫生法学系列丛书”工作指导委员会

名誉主任　韩启德

主　　任　陈　竺

副 主 任　李清杰　任国荃　孙隆椿　张雁灵　高春芳

秘 书 长　吴崇其

委　　员　（以姓氏笔画为序）

于文明　卫俊材　马跃荣　王　茜　王　磊　王开平
王贺胜　王晨光　勾清明　申卫星　托马斯·努固齐
刘　群　许树强　李国坚　肖泽萍　时利民　吴崇其
沙玉申　宋明昌　张际文　林长胜　金大鹏　赵同刚
姜　虹　钱昌年　徐勤耕　高　枫　高春芳　黄曙海
潘学田　霍宪丹

“卫生法学系列丛书”编纂委员会

主　　任　高春芳

执行副主任　吴崇其

副 主 任　（以姓氏笔画为序）

王海涛　田　侃　冯正骏　刘　沛　刘本仁　苏　俊
杜　春　李　冰　李春生　李瑞兴　杨晓萍　吴擎天
何　山　张　愈　张　静　张以善　陈志荣　陈晓枫
范菊峰　赵　宁　俞桑丽　徐景和　高江苓　桑滨生
常　林　扈纪华　程文玉　蒲　川　廖小平

成　　员　（以姓氏笔画为序）

丁朝刚　于慧玲　马立新　王　岳　王　萍　王光秀
王仰玉　王安富　王丽莎　王国平　王国芬　王振江
王维嘉　王梅红　王潮临　仇永贵　邓　虹　古津贤
石　悦　石东风　石俊华　卢钟山　史　敏　代　涛
乐　虹　冯秀云　毕玉国　吕志平　朱兆银　刘　博
刘革新　刘晓程　那述宇　严桂平　苏玉菊　杜仕林
李水清　李玉声　李侯建　李海军　李冀宁　李耀文
杨　平　杨淑娟　何昌龄　谷　力　张云德　张世诚
张立鸣　陈志华　陈健尔　罗　刚　罗思荣　郑雪倩
赵　敏　胡龙飞　胡晓翔　施春景　姜柏生　姜润生
贾淑英　唐乾利　黄彤文　曹文姝　龚向前　章志量
崔高明　葛建一　蒋　祎　覃安宁　舒德峰　温日锦
解　放　樊　荣　樊静平　戴金增

英文编辑　（以姓氏笔画为序）

王　剑　李德明　吴擎天　顾良军

本书作者

主　　编　邓　虹　昆明医科大学

副主编　赵　敏　湖北中医药大学

　　　　石　悦　大连医科大学

编　　委　（按姓氏笔画排序）

邓　虹　昆明医科大学

石　悦　大连医科大学

苏玉菊　海南医学院

余慧君　天津医科大学

汪丽青　滨州医学院

陈　颖　昆明医科大学

陈绍辉　江西师范大学

赵　敏　湖北中医药大学

黄　莺　昆明医科大学

章　程　台湾政治大学

蒋　川　四川警察学院

喻小勇　南京中医药大学

阚　凯　大连医科大学

黎志敏　四川医科大学

鄢思佳　天津医科大学

序

《域外医事法典型案例评析》是卫生法学系列丛书中十分重要的一部编著。昆明医科大学的邓虹教授主动请缨，组织从南方海口到北方大连，从东海之滨到内陆四川等全国十余名中青年卫生法学学者，对在世界范围内影响深远的卫生法案例进行了全面、详尽、客观、公正的评析。

我通读了全书所有书稿，甚感欣慰。

该书布局宏伟，涵盖了公共卫生、特殊人群、医疗责任、知情同意、生命伦理、辅助生殖和基因技术等卫生法学与医学伦理、生命伦理各个方面，所选用案例不仅包含现有医学技术的限制，也包括了未来医学科学发展方向；不仅包括法律规制层面，更包括了人文、伦理关怀等多方位、多视角、多维度阐述如何维护人的生命健康权益。不同层级的法院，对同一案例，有一审、二审、发回重审、上诉终审，最终都以围绕保障人的生命权益最大化做出判决，而不是把财产权益放在第一位。更可喜的是，文中通过案例对现行民事法律提出了修改、补充的立法建议；该书内容还告知读者 N 多个“第一”的知识，而且都与案例的背景和社会的影响紧密相连；全书总体行文简洁，结构清晰，通过深入浅出的评析，将艰深晦涩的医学、法学理论，变得通俗易懂，可见邓虹主编真正尽到了统编全书的职责，值得赞许和学习。

全书案例评析，不仅为卫生法学、医学伦理和生命伦理教学提供了珍贵的素材，也可供立法工作和司法实务借鉴。难能可贵的是，本书主编大胆起用了很多年轻的卫生法学学者，在他们仍稍显稚嫩的行文中，已经可以看出他们在卫生法学、医学伦理和生命伦理方面的造诣，看到了他们对生命健康权益的尊重，尤其在人文关怀方面，是我们医学界、法律界的莘莘学子模仿和学习的榜样。

卫生法学不仅关系医疗机构、医学、法学院校、立法、司法等上层结构，更关系到生产力的优劣。本书列举的案例也许昨天、今天或明天就发生在我们的亲朋好友身边，也许他们就是当事人。本书不仅是医学院校、行政机关、法律工作者的良师益友，也可为我们每一个人的生命健康权益进行保驾护航。

吴崇其

2015 年 9 月 15 日

前　言

“健康所系，性命相托。”这是每一个医学院学生的誓言，更是一份责任。当前，医患关系紧张、对立，卫生立法相对滞后，带来现实中的一系列突出的矛盾和问题。恰值《基本医疗卫生法》立法之际，我们从医疗过失的判定、医疗损害的法律责任、知情同意、权益保障、医学新技术发展中的伦理和道德等方面选取了域外一些卫生法与生命伦理方面的典型案例，并结合案例的判赔、背景和我国的实际进行研究、评析，以期对我国立法和司法实践以及医疗纠纷处理提供经验和借鉴。

他山之石，可以攻玉。通过域外典型案例简述，我们可以从中找出域外卫生法领域的立法体例、立法原则和价值取向，有助于我国在“存异”中“求同”，在传统与现代中挖掘可供延展的共性，并在此基础上进行制度移植与制度建设。域外典型案例的评析，能对处理、缓解目前紧张、对立的医患关系，解决卫生立法实际中存在的困惑、瓶颈提供借鉴。书中不少文稿内容对我国目前大力提倡的医学科学人文关怀意义尤为重要。期望本书对卫生法学专业学生及医学生、法学生了解国际、国内的卫生立法、司法和审判起到抛砖引玉的作用。

本书适合采取案例式教学的卫生法学课程教学，为目前高等教育中传统、单向和理论灌输模式的教学方法提供了理论联系实际的素材，对于提高学生实践能力颇有裨益。书中的关键词汇都标注有英文原著，对于开展法学、卫生法学双语教学具有很好的参考价值。

本书充分尊重域外各地传统，尊重原文，保持原貌；同时也充分尊重并保留每位作者的观点和意见，以期体现百花齐放。故此，难免存有疏漏和不当之处，望广大读者谅解并批评指正。

本书在编写过程中，我重点选择了一批年轻学子，从文章看，可谓是后生可畏，他们博览群书、择优选题，全书案例新颖、内容厚实。我作为主编，从他们学到了精神、学风、文风，获益匪浅。在此，我对本书作者们冒着酷暑完成本书稿表示衷心感谢！本书的完成还得到了许多同行的支持与帮助，特别是中国卫生法学会副会长兼秘书长吴崇其教授，他逐篇、逐字把关修改，本书才最终得以成书，在此，我表示深深的敬意和感谢！

本书参阅了国内外学者许多相关文献及大量研究成果，除注明了出处的部分外，难免疏漏，在此一并致以诚挚的谢意！

邓　虹

2015年9月9日

目　录

第一章 医患权益保障

案例 1

艾滋病人权益保护的重要性

——Bragdon v. Dr. Bragdon 案①

一、案件背景

从发现艾滋病的那一刻起，作为一种至今尚无有效治疗方法的病症，艾滋病在人们心目中无异于洪水猛兽，出于对艾滋病的恐惧，社会公众对艾滋病病人，甚至是艾滋病病毒携带者，避之犹恐不及，并且采取各式各样的防备措施。伴随着这些防备措施，歧视也愈演愈烈，范围也越来越扩大，完全与社会公平正义的价值理念不相和谐。最为突出的是 25 岁的天津艾滋病毒携带者隐瞒病情，修改检验报告，手术治疗肺癌的报道，引起多方关注。有评论斥责患者隐瞒病情、修改检验报告，为实施手术的医护人员带来感染的风险，给社会带来风险，也有评论呼吁医院不该拒收及歧视艾滋病患者……

各方的观点和声音层出不穷，而每年艾滋病毒感染患者还在不断增加，艾滋病毒携带者和感染者的治疗问题逐渐社会化，反映在社会生活的诸多领域，如就业、就学及就医过程中，这些对艾滋病人和病毒携带者的特别防护引起各方权益冲突，也由此带来一系列的问题。其实，艾滋病人私改检验报告、隐瞒艾滋病情，反映的是一个生命健康处于危急状态下的弱者对社会救治管理体系制度的抗争与无奈。在此，我们需要对法律体系赋予公民的相关权利进行反思，需要对艾滋病毒感染者及携带者的合法权益给予不同层次的重视和保护。特别是艾滋病人及艾滋病毒感染者作为自然人参与社会活动中涉及的各种社会经济利益关系的

① Bragdon v. Abbott, 524 U.S. 624 (1998).

人文关怀和权益的平等保护，社会管理体系方面的制度关怀得以逐步规范。

“歧视”是艾滋病毒携带者或艾滋病人群感受最多的不公正待遇之一。基于消除歧视的目的，国外司法判例对保护艾滋病人权益提供了具有深远意义的个案分析，值得我们研究和借鉴。

二、案情概要

时间回溯到1994年9月。Sidney Abbott是美国缅因州一位被艾滋病毒感染的女性，携带HIV长达8年之久，但没有明显的症状表现。一天，她与牙科医生Randon Bragdon预约后，如约来到诊所办公室。在进行病人登记注册时，她披露了自己感染艾滋病毒的情况。Bragdon医生在检查中发现她有一个蛀牙空腔（洞）后，告知她不能为感染艾滋病毒的患者填补蛀牙洞的治疗原则。但同时，Bragdon医生表示，愿意在不增加额外治疗费用的情况下找一家医院为她进行修补蛀牙洞的工作，不过她不得不负担使用医院设备、仪器所产生的费用支出。Ms. Abbott对此表示不满，并予以拒绝。

Ms. Abbott于是根据美国残疾人法（ADA）①起诉到法院，声称基于自己的生育能力存在残疾而受到了歧视。

案件立案后，美国及缅因州人权委员会十分重视，站在原告的角度和立场进行声援。联邦初审法院开庭审理后做出了对原告有利的总结性判决，坚持认为原告感染HIV，满足了美国医学协会有关“残疾”的定义，并认为在牙科诊疗过程中，原告感染HIV是否会对其他人的健康和安全构成直接威胁提出置疑，被告对此顾忌和担忧并未提出真正可证实的实质性事实依据。进而，法庭采信了美国疾病预防和控制中心口腔卫生专业督导的书面宣誓证言，该证言证实在遵循美国疾控中心1993年牙医指导手册所列注意事项的情况下，牙科医生完全可以在自己的诊所里为HIV感染病人安全地治疗和处理牙齿问题。

Bragdon医生不服一审，上诉到联邦第一巡回上诉法院。上诉法庭维持原判，认为被感染HIV是美国残疾人法所涵盖的残疾类型之一，Bragdon医生在自己的诊所里为原告诊断和治疗并不会对其他人的健康和安全构成直接威胁。不过，上诉法庭在判决书中陈述裁判理由时，并未依赖初审时所采信的宣誓证言，而是直接依据1993年美国疾控中心印发的牙医手册，以及1991年美国牙科协会关于艾滋病毒的指导原则。

Bragdon医生并不甘心，向美国最高法院提出了复审要求。复审期间，法律援助中心提交了简短的法官顾问意见，认为根据美国残疾人法，Bragdon医生有

① The Americans with Disabilities Act（ADA）于1990年通过，1992年生效，属于美国第一部综合性的保护残疾人各项民事权利的联邦立法。

义务为艾滋病毒检测为阳性者提供医疗服务。1998 年 6 月，最高法院做出判决维持了第一巡回上诉法院对事实部分的决定，即肯定了原告感染艾滋病毒是美国残疾人法所涵盖的一种“残疾”的观点。但是，最高法院撤销了原判决中的裁判推理（理由），发回重审。对 Bragdon 医生在自己的牙科诊所里治疗原告可能或是否会危及他人健康和安全的问题，究竟谁有决定权，尚需重审时做进一步的论证和概述。最高法院推理认为，尽管原告依据美国残疾人法对残疾的定义而受到法律保护，但如果 Bragdon 医生基于可信赖的科学依据——即使与普遍认可的医学共识并不相同——合理地认为原告感染 HIV 的症状构成了对他人健康和安全的直接威胁，他仍可以以适当的方式拒绝提供治疗。

三、案例评析

上述案例中双方争议的焦点在于，牙科医生 Bragdon 医生拒绝为 Sidney Abbott 女士进行补牙，是否构成歧视？

被告的理由是，既然艾滋病毒携带者在体征上并未表现出任何症状，就不属于残疾人，因而不受美国残疾人法的保护，被告也并未违反不得歧视残疾人的强制性法律规定。原告提出，HIV 通过影响和损害生育能力而使其成为残疾，因而，被告医生拒绝对其牙齿问题进行处治的行为是对残疾人法的直接违反。[①]

案件历时 4 年之久，最高法院最终支持了原告的陈述理由。最高法院在判决中阐述道，艾滋病毒携带者无论其症状如何甚或缺乏症状表现，都有权获得美国残疾人法的保护和救济，从而进一步确立了美国残疾人法的保护对象确实包括艾滋病毒携带者的一般性规则。英美国家和地区普遍适用判例法裁判案件，这一判例规则的确立，对保护艾滋病人权益，提高艾滋病救治和诊疗水平具有长远而深刻的影响。因为，在当时原告所遭遇的类似被歧视的经历和现象较为普遍，许多医生和牙医拒绝为艾滋病患者提供治疗服务，已经形成了一种对治疗艾滋病极为不利的风气。艾滋病维权活动人士和医学界专家为此担心，如果这种心态在越来越多的专业医务人员中流传，提供艾滋病治疗服务的通道将会减少，其诊疗水平也会逐步下降。这一趋势无疑将艾滋病毒感染者置于确定性的不利地位，极易招致严重的生命威胁。由此，美国医学协会出于尊重生命、尊重艾滋病人的立场，鼓励严格执行诸如残疾人法在内的反歧视法律和法规，强化对艾滋病人的保护。而本案的实质也就在于，一个缅因州的牙科医生是否应承担残疾人法所规定的给艾滋病人提供治疗服务的法定义务。

遵循判例规则，美国雇主和各用人单位为携带艾滋病毒的雇员提供合理的

---

① 当今艾滋病科学研究表明，艾滋病毒本身对女性阳性携带者怀孕与生育并无不利影响，原告 Sidney Abbott 关于 HIV 妨碍或限制其生育能力而使其成为残疾的主张客观上缺乏医学基础。

便利和接纳条件或待遇，就成为一项法定义务。[①] 包括休假治疗、调整工作计划、重新安排相对合适的空缺职位，提供必要的设施、设备确保他们顺利完成工作任务等。不过该判例之后，随着时间的推移以及“新文本主义”的兴起，包括艾滋病人在内的残疾人并非如当初立法者所设想或希望的那样，可以轻易获得确定性的法律保护。对美国残疾人法所做出的行政或司法解释受到了较为苛刻的限制，尤其是联邦最高法院在20世纪90年代末所做出的3个判决，均强调要结合治疗康复或症状减缓的情况，来确认当事人各方是否符合法律规定的残疾定义。[②] 此外，随着医疗技术的进步和提高，感染HIV已不再等同于“宣判死刑”，而是被当作一种长期性的疾病。这些因素和认识观念的转变也会在保护艾滋病人免受歧视的司法实践活动中有所反映，形成正面因素。

艾滋病人在我国遭受歧视的情况也不少见，有的病人在多次被医院拒绝收治后，被迫私改病历隐瞒病情[③]，还有的病人因为被拒绝收治，病情一度恶化，生命岌岌可危[④]。诸如此类的例子，反映了艾滋病人遭受歧视的社会现实。结合上述案例，我们可从中得出以下几点经验和启示。

(一)提高艾滋病人权益保护的立法地位和效力层次，逐步与残疾人保护法相衔接

目前《艾滋病防治条例》只是有关艾滋病防治的行政法规，缺乏对艾滋病人权益保护的立法。此前，国务院各部门及地方各级政府制定的有关艾滋病防治的规范性文件有300多部，但随着艾滋病防治工作实践的发展，这些法规的质量已经越来越不能经受更多的考验，艾滋病法律体系还不完善，在法律体系的效力层级上，多为行政法规、部门规章，缺少专门性法律，效力和地位较低。其中很多是计划经济思维下出台的，已经不适应现在国际国内新形势的需要，而且一些具体规定存在规则冲突和制度矛盾，不利于艾滋病防治。尤其是对艾滋病病毒感染者和患者的权益保护尚未作为当时立法工作和目标之一，在立法上没有给予充分重视，大多是原则性条款，有的甚至是空白。[⑤] 显然，这一现状要求艾滋病防治立法要统一化、专门化，并重视对艾滋病人合法权益保护的现实要求。

---

① 美国自2009年修改生效的残疾人法重新明确了“残疾”的概念和构成要素，并对雇主单位、学校、经营实体拒绝依据残疾人法为当事人提供合理的便利提出了更为严格的要求和条件。

② Maida, Tony R.: How judicial myopia is jeopardizing the protection of people with HIV/AIDS under the ADA, Article from: American Journal of Law & Medicine, June 22, 2001.

③ 详见社会媒体对25岁的天津艾滋病毒携带者小峰(化名)手术治疗肺癌的报道。

④ 据报道，2011年5月家住广东省清远的王碧雯被蚊香点燃的汽油烫伤，经医院诊断全身大面积深度烧伤，王碧雯被送到英德市人民医院，但由于病情复杂，该院也没有专门的烧伤科，便转院至韶关市粤北人民医院，院方在查出王碧雯携带有HIV病毒后，以医疗技术有限为由，不愿意对其进行进一步治疗。

⑤ 李绍章:《防治艾滋病应走法治化道路》，载《法治研究》2004年4期。

（二）正确认识艾滋病人的社会经济权利，对国际社会普遍认可的各项艾滋病人权利进行宣传

艾滋病人私改病历隐瞒艾滋病情，反映的是一个生命健康处于危急状态下的弱者对社会救治管理体系制度的抗争与无奈。其实，任何具有传染性的疾病治疗问题，既是个人问题，也是社会问题。在对待艾滋病人"救治"与"不救治"界限之间，必须寻找一个平衡点，从公共秩序立法与司法救济关系上建立一种医疗保障体系，作为解决生命健康权被病毒侵蚀过程中所产生的一系列经济和社会问题的规范和指引。为此，我们需要对我国法律体系所赋予的公民权利进行反思，通过加强社会管理来规范和落实。针对艾滋病毒受害者，其合法权益应得到不同层次的重视和保护，各级政府机关、医疗卫生部门，以及国家司法体系应主动履行职责，提供及时、有效的制度关怀和司法救济手段。

艾滋病人求治过程中遇到的实际困难和障碍，反映了艾滋病人各项权益和具体内容并未为社会普遍认可和尊重。从"残疾人"的认知角度，艾滋病人的各项社会经济权利包括①：

1.获得受体贴、尊重、关怀与照顾的权利。该权利不因种族、民族、国别、宗教、年龄、性取向、性别或付费来源的不同而加以区别对待。

2.鼓励艾滋病人获得病情诊断、治疗、预判等方面可以理解接受的最新信息。

3.获取并知悉治疗过程中相关医务人员，包括医生、护士及实习学生、培训人员等身份的权利。

4.治疗方案参与制订权。在建立治疗计划时，艾滋病人有权参与医生或护士的工作，可自主决定是否采用推荐治疗手段，当选择拒绝接受推荐治疗计划时，无须担心受到报复或歧视。

5.隐私权受保护。

6.有权期待个人所有记录资料和通信信息被当作密件处理，不被泄露（本人对此滥用权利的情形除外）。

7.病历资料的审阅、复制权。

8.事先指示。例如订立遗嘱、治疗权的委托或代理等应得到医务人员信守和尊重的权利。

9.治疗收费项目发生变化时，获得及时通知、解释和说明的权利。

10.在医生探访时安排合适时段讨论问题和表达忧虑的权利。

11.有权期待医护人员遵照并实施普遍适用的预防措施规则。

---

① Mark Cichocki，R. N.，"Are HIV Positive People Disabled People?"，former About. com Guide，Updated July 16，2009.

12.有向社会表达救助权。艾滋病毒携带者对社会救助和医学治疗有权表达担心、顾忌和不满，对其提出的疑问或困惑，相关机构、部门和职责人员应及时做出应答。

13.有权期待医护人员尽最大能力提供必需的医疗服务。如果被推荐转院治疗，艾滋病毒携带者应被明确告知其中的利弊和可供选择的替代治疗措施。

14.有权知道医院提供救助治疗的医务人员与院外医疗服务单位或保险公司等是否存在利害关系，以避免影响治疗服务水平。

15.可行性治疗措施选择告知权。在当前治疗手段不再有效的情况下，艾滋病毒携带者应当被告知可行的救治服务替代措施以供选择。

16.交流障碍帮助权。在出现语言、文化、身体机能或沟通障碍时，艾滋病毒携带者有权期待获得合乎情理的协助和支持。

17.不被推诿权。艾滋病毒携带者到医疗服务单位就医时，不应被无限期推诿或耽搁，若出现类似情况，应做出解释或适当道歉。

（三）防患于未然，将艾滋病人视为残疾人，并纳入社会救助保障体制。

一方面，艾滋病人通过申请相关的社会残疾救助，政府机构即可及时获知病人信息，从而减少或避免艾滋病人“流失在外”感染和传染他人、进一步危及公众健康的风险隐患①；另一方面，通过集中社会救助资源，将艾滋病纳入医保范围，建立统一、协调的专业化 HIV 治疗机构，避免艾滋病人因缺乏治疗资金而被迫进入缺乏 HIV 专业技能和服务的私人诊所或社区卫生服务中心救治，逐步提高艾滋病防治工作的整体成效。从长远来看，统一的团队合作、专业技能和投资来源的分担和共享，有助于减少公共健康和医疗卫生支出成本。

我国于 2008 年经全国人大常委会批准加入了联合国大会通过的《残疾人权利公约》，该公约对“残疾”的概念做出了规定，确认残疾是一个演变中的概念，残疾人的本质可以理解为因身体伤残或患病而在参与社会活动中遭遇各种态度和环境障碍而受到歧视或不公正待遇的特定人群。国际社会普遍认可，残疾人保护法的立法目的在于消除歧视，因此，在认定或确认残疾构成标准时并不需要进行广泛的分析，一旦存在被歧视的情形，当事人即可“视为”(regarded as)残疾。因此，将艾滋病人作为残疾人对待，并提供相应的法律保护，已逐渐成为国际上的立法趋势。

---

① 以美国为例，政府出资扶持“Ryan White CARE Act”计划，对未纳入医保范围或保险赔付金额不足的患者提供护理和治疗方面的资金支持。但随着“Ryan White CARE Act”计划于 2013 年到期，许多艾滋病患者将被迫从该计划资助的 HIV 治疗机构转出。有专家和学者为此担心，艾滋病救助模式的变化可能削弱艾滋病毒防治工作，从而危及公共健康，提出必须继续维持艾滋病救治服务的专业性特征，并通过公共健康资金的投入，扶持专业团队的发展，建立统一、协调的医疗服务体系。同时，建议继续维持并推行类似“Ryan White CARE Act”模式的救助计划。

美国的司法判例和立法实践对保护艾滋病人各项民事权益提供了有益的借鉴，其中的观念认识和价值取向值得我们思考和回味。

案例 2

艾滋病人的平等就业与从业限制

——南非霍夫曼诉南非航空公司（Hoffman v. South African Airways）案

一、案例背景

随着艾滋病在全球范围内的蔓延，艾滋病患者及病毒携带者的人权问题受到来自社会各领域人士的关注，而其平等就业权便是其中一个重要的方面。2010 年 10 月 13 日，我国首例艾滋病就业歧视案在安徽省安庆市迎江区人民法院开庭审理，该案原告小吴（化名）起诉安庆市教育局对艾滋病毒携带者拒绝录用的“就业歧视”，一审法院判决认定，被告安庆市教育局对小吴所做出的不予录用决定，事实依据充分，程序合法，适用法律亦无不当，遂判决驳回原告的诉讼请求。① 继该案之后，我国随即又公开报道了艾滋病就业歧视第二案、第三案。对于现在已经公开报道的案件中，无一例外地做出原告败诉的司法判决。

这样的结果引发了学术界的广泛批评，指责此类司法判决是公然对“人之平等”原则的违反，会加剧社会固有的歧视印象。综观各国有关此议题的现有研究成果，其话语体系多是围绕平等权或劳动权等层面的叙述展开的。正如在我国法律体系下，主张艾滋病患者及病毒携带者享有平等就业权的法律法规依据包括《中华人民共和国宪法》第 33 条②、《中华人民共和国劳动法》第 3、4 条③以及

① 王锴：《首例艾滋病教师就业歧视案——身心障碍者的平等就业权》，载胡锦光：《中国十大宪法事例评析》，法律出版社 2011 年版，第 179 页。

② 《中华人民共和国宪法》第 33 条第 2、3 款规定：中华人民共和国公民在法律面前一律平等。国家尊重和保障人权。任何公民在享受宪法和法律规定的权利，同时也必须履行宪法和法律规定的义务。

③ 《中华人民共和国劳动法》第 3 条规定：劳动者享有平等就业和选择就业的权利、取得劳动报酬的权利、休息休假的权利、获得劳动安全卫生保护的权利、接受职业技能培训的权利、享受社会保险和福利的权利、提请劳动争议处理的权利以及法律规定的其他劳动权利。第 4 条规定：用人单位应当依法建立和完善规章制度，保障劳动者享有劳动权利和履行劳动义务。

国务院于2006年出台的《艾滋病防治条例》第3条[①]的规定。不可否认，艾滋病患者及病毒携带者的平等就业权应当受到保护，因为就业关乎生存，平等关乎尊严，而少数人的权利保障更关乎社会民主制度的进步，法学界有这样的学术动向令人欣慰。同时，艾滋病患者及病毒携带者毕竟与常人体质有别，其平等就业的领域应当因所从事的行业领域或工作性质的不同而设立一定的限制。科学合理地划分“应当平等”的行业和“有所区别”的领域需要医学话语的论证与支撑。在此方面，美国司法界针对艾滋病就业歧视的判断方法受到广泛赞誉，但最著名的还是发生在南非宪法法院的“霍夫曼诉南非航空公司”案。该案例对艾滋病毒携带者的拒绝录用，让我们在关注保护艾滋病患者及病毒携带者平等就业权的同时，也反思其就业的行业限制问题。这对于我们国家目前存在的对艾滋病患者及病毒感染者在就医、就业、就学中所面临的困境和疑惑是同样的。带着这些疑惑和问题，我们看霍夫曼诉南非航空公司案[②]给予我们一些什么样的启示。

二、案情概要

2000年，原告雅客查·霍夫曼作为求职者申请南非航空公司机舱服务员一职。按照南非航空公司的惯例，从竞聘到正式录用分为五个阶段：初步面试、心理测试、常规面试、角色面试以及最后的入职体检。在前四个阶段结束后，霍夫曼与另外11个人均被认为是合适的人选。如果入职体检显示他们身体状况健康，则将会被南非航空公司正式录用。南非航空公司的入职体检包括艾滋病病毒血液检测，而霍夫曼的这检测项目显示阳性。换言之，尽管霍夫曼的身体是健康的，也适合所应聘岗位的工作，但他是一名艾滋病病毒携带者。后来霍夫曼接到了来自南非航空公司的通知，因其艾滋病病毒携带者的身份而拒绝录用为机舱服务员一职。霍夫曼随即提起诉讼，认为南非航空公司拒绝录用的行为侵犯了他的平等就业权与人格尊严权，已经构成歧视，并请求法院命令南非航空公司重新雇用他为机舱服务员。

因为所涉案情具有一定的敏感性，本案引发了南非各界人士甚至外国媒体的高度关注。在本案的一审中，高等法院基于以下理由驳回了霍夫曼的起诉：(1)南非航空公司拒绝录用的行为有合理缘由，而并非像原告所指的仅仅基于人们普遍对艾滋病的固有歧视。如果录用霍夫曼而不考虑机组人员与乘客的健康，其经营状况与商业信誉会遭受损害。(2)法院如果命令南非航空公司录用艾

---

① 《艾滋病防治条例》第3条规定：任何单位和个人不得歧视艾滋病病毒感染者、艾滋病病人及其家属。艾滋病病毒感染者、艾滋病病人及其家属享有的婚姻、就业、就医、入学等合法权益受法律保护。

② Hoffman v. South African Airways, 2000(2) SA 628 (w).

滋病病毒携带者会导致其在国际航空业中的竞争力下降。迄今为止，航空机舱服务人员的职业对从业者自身的身体状况有较高要求，而艾滋病患者及病毒携带者不适宜从事该项职业。①

这里应当指出的是，南非素以其保护少数群体平等权利的制度文明引以为傲。该国有着崇尚平权运动的传统，不只在保护艾滋病患者及病毒携带者平等就业权方面。南非于2006年就实现了同性婚姻的合法化，这在当时只有4个高度发达的西方国家才有此成绩，而其他非洲国家基本还没实现同性恋非罪化的年代，其平权保障成就无疑是举世瞩目的。② 而正是这一崇尚平权运动的传统改写了本案的最终判决。

霍夫曼上诉后，南非最高法院推翻了高等法院的一审判决，声称要"不惜一切代价杜绝艾滋病歧视"。最高法院指出，艾滋病病毒携带者不同于艾滋病患者。后者是艾滋病病毒已经发病的个体，而前者在几年的潜伏期内完全有能力从事常规性职业，特别是当他采取了适当的抗病毒治疗及预防性抗生素保障的时候。因此，艾滋病病毒携带者既不影响工作绩效，也没有增加雇主的经营成本，理应获得与其技能相应的工作机会。商业性组织只有在具有强有力的、可信无疑的证据，证实雇用一名艾滋病病毒携带者与其经营需要和商业发展严重不符时，才构成在劳动市场进行区别对待的充足理由。③ 南非宪法法院进一步指出，"即使雇主企业在公众因企业雇用艾滋病病毒检验呈阳性的员工拒绝光顾而面临着破产的情况下，只要有关公众或客户形成的观念不是根据目前的医疗知识，而是建立在对艾滋病病人存有偏见或成见的基础上，雇主企业仍然不可以解雇此类员工。南非最高法院的判决，不仅要求南非航空公司合理地对待艾滋病人，而且要求它为公众的不合理买单"④。于是，本案中原本应由国家承担（至少是部分承担）的消除歧视和社会保障的责任，全部落在了私营企业的肩上。

---

① Hoffman v. South African Airways, 2000(2) SA 628 (w).

② 荷兰于2001年将婚姻制度平等地适用于异性或同性之间，成为世界上第一个实现同性恋者享有平等婚姻权的国家；其邻国比利时紧随其后，于2003年1月30日成为世界上第二个承认同性婚姻的国家；加拿大于2003年6月立法承认同性婚姻，成为继荷兰、比利时之后的第三个允许同性结婚的国家；西班牙于2005年6月30日通过同性婚姻合法化议案；2006年11月4日，南非国会以压倒性多数通过同性婚姻合法化法律。以上五个国家是当时完全实现平等的同性婚姻制度的国家。艾滋病与同性恋经常成为关联性的议题，看来南非能够较早地实现同性婚姻合法化与其对艾滋病患者及病毒携带者的权利保护是分不开的，至少后者对于前者来说是一种立法准备、官方立场表示或者起到某种宣传倡导的效果。

③ Hoffman v. South African Airways, 2000(2) SA 628 (w).

④ 蒋云蔚：《患者隐私、雇主自由与应得原则》，载刘士国：《医事法前沿问题研究》，中国法制出版社2011年版，第124页。

三、案件评述

(一)艾滋病患者的现实境遇

据联合国艾滋病(AIDS)规划署报告,2010年底全球现有人类免疫缺陷病毒(HIV)感染者3400余万,每天新增7500例。① 中国AIDS疫情现已由高危人群向普通人群蔓延。这些艾滋病患者及病毒携带者在就业过程中受到了相当严重的歧视性待遇。根据"在总数200人的企业主受访者中,总计有130人(占65%)认为,不应该允许其平等就业"②,"一些雇主表示,即使艾滋病感染者能正常工作,他们也不会雇用这样的人进入企业"③。因为感染这一不治之症会给当事者披上耻辱的外衣,被人们认为是"行为不检点""生活腐败",这多少也加剧了其就业歧视的不利处境。

根据我国原卫生部、财政部下发的《艾滋病及常见机会性感染免、减费药物治疗管理办法(试行)》的规定,经济困难艾滋病病人可获免费抗病毒药物治疗,并列举出了艾滋病免费抗病毒治疗的六种药品:齐多夫定、司它夫定、去羟基苷、拉米夫定、奈维拉平、茚地那韦。这项办法适用的对象包括:农村居民和城镇未参加基本医疗保险等医疗保障制度的经济困难人员;对疫情较重地区经济困难的艾滋病病人常见机会性感染治疗药品(物)费用给予适当减免;为感染艾滋病病毒的孕妇提供免费的母婴阻断药物及婴儿检测试剂。④ 换句话说,不是所有的艾滋病患者及病毒携带者都可以享受到这项优惠政策,没有享受到的这部分人只好自己负担治疗费用。目前,得益于治疗艾滋病的国产药价格低廉,每月只需480元左右,这使得更多的艾滋病患者及病毒携带者有能力通过自己的劳动收入承担起该项医疗费用。⑥但在物价飞涨、频繁出现就业歧视的社会环境下,现实也不容乐观。如果说感染艾滋病就是在医学上宣告了一个人的死刑,那这个死刑也是"缓期执行"。但如果法律无法保障其平等就业的权利,就相当于宣告了这个人"死刑立即执行"。

可以说,艾滋病患者及病毒携带者的就业权就等同于生存权。将这一拷问人性和道德的选择交由企业主通过自律去实现显然不当,法律必须发挥应有的调整作用。

---

① 宋济范:《艾滋病疫苗研发简讯》,《生殖医学杂志》,2012年第21卷第4期。

② 王锴:《首例艾滋病教师就业歧视案——身心障碍者的平等就业权》,载胡锦光:《中国十大宪法事例评析》,法律出版社2011年版,第197页。

③ 蔡定剑:《中国就业歧视现状及反歧视对策》,中国社会科学出版社2007年版,第99页。

④⑥ 田莉姝、张媛惠:《我国艾滋病感染者就业歧视产生的主要原因》,湖南广播电视大学报2011年第3卷,第85—88页。

(二)艾滋病患者的法律境遇反思

尽管如此,我们也应该保持学术理性,避免迷失在激情之中。因为对市场经济条件下意思自治的雇主而言,挑选员工的自主经营权也是一种合法权利。"职场中的关系是一种工具性结合的关系,职场资源的分配,应当遵循效率原则。酬劳应与贡献相对应,按劳取酬;工作机会应与工作能力(包括技能与体能)相匹配,择优录取,不管这种能力是天赋的还是自身努力所得"。[①] 这样才能激励市场的动力与活力。而不是一涉及求职者的某种身体疾病,就将用人单位定格在"歧视"的前提之下。"可能,越是现实世界里的弱者越能占取道德领域中的优势地位,越能博取大众舆论的同情。患病已经是人生的不幸,雇主们还要将他们推向更不幸的境地,这种自由背后的冷酷是人们的道德良心难以接受的"。[②] 因而,越来越多的人怀有类似南非最高法院的观点。还有很多学者直接通过"宪法权利高于民事权利、人身权高于财产权"的权利位阶原理,得出艾滋病患者及病毒携带者的平等就业权高于雇主的自主经营权的结论。因为平等就业权是人格权,而自主经营权属财产权。众所周知,人格权高于财产权!但要知道,权利位阶界定是抽象的,而现实生活中的法律价值排序依赖于情境。一个艾滋病患者或病毒携带者去应聘教师时可以要求平等的就业机会,但他去应聘接触血液制品的职位、出血受伤概率较高的工作以及诸如警察、军人、航空航天人员、代孕者等对身体素质和健康状况有特殊要求的行业,则不应期待这种平等。如果用人单位无视其疾病存在很高传播概率或他很难胜任应聘岗位的事实,而一味追求"就业平等",则极可能会牺牲他人的生命健康、公共卫生安全或其他公共利益。

同样是求职者与雇主的权利冲突却有着相反的结果,就是因为权利位阶或价值排序具有一定的流动性,艾滋病患者及病毒携带者的平等就业保障与从业行业限制必须在具体的案件类型中进行具体的利益衡量。

如前文所述,霍夫曼诉南非航空公司案的裁判结果已经透露出这样的信息:消除针对艾滋病患者及病毒携带者的歧视以及加强社会保障与救助的责任任重而道远,全部施加于作为市场经济主体的私营企业未免过于苛责。而我国市场经济建设刚刚起步,私营企业普遍规模较小的国情也决定了这种浪漫主义的立法意图很难得到良好的实施效果。对弱势群体的社会关怀应当通过社会保障及社会救助制度的逐步完善等多种途径来实现,这一过程可能需要较长的时间,绝不能"一蹴而就"地全部扔给私营企业肩负。

---

① 蒋云蔚:《患者隐私、雇主自由与应得原则》,载刘士国:《医事法前沿问题研究》,中国法制出版社2011年版,第117页。

② 同上,第115—116页。

（三）美国艾滋病患者就业境遇的借鉴

美国法律关于艾滋病患者及病毒携带者就业歧视的判断及其就业行业限制的划分，对于我国处理相同的问题具有较强的立法借鉴意义。在美国，艾滋病被联邦最高法院归为身心障碍（disability）①的类别，适用合理审查②的基准。联邦层面禁止身心障碍歧视的法律主要有两部：1973 年的《康复法》和 1990 年的《身心障碍法》。根据这两部法律的规定，雇主不得因身心障碍者的身心障碍因素而在雇用、升迁、工资、培训、其他劳动条件和就业权利上对其予以歧视。《身心障碍法》还具体列举了五种身心障碍歧视的形态：(1)利用限制、隔离或区分等管理措施来区隔身心障碍受雇人；(2)雇主利用与第三人订立契约或有某种关系使得身心障碍受雇人遭受间接歧视，以及受雇人因与身心障碍者有亲属或同事关系而遭到间接歧视；(3)未对身心障碍者提供设备应用、检测改良设备、调整工作结构及工作时间、配备助读、翻译人员等合理的便利措施；(4)采取雇用措施排除具备胜任工作能力的身心障碍求职人；(5)利用体检或相关事项的调查③排除身心障碍者。④

但《身心障碍法》并不要求所有行业的雇主们在任何情况下都必须对艾滋病患者及病毒携带者"零区别"对待，基于以下理由可以反驳身心障碍歧视的指控：(1)便利措施的提供已造成雇主财政上或行政上过当的负担。曾经有因雇主不能提供艾滋病患者及病毒携带者所需的卫生设施或增加公司的医疗保险费用为由获胜的案例。⑤ 且这些理由较容易证明，于是，这一除外性规定使得法律对经济实体履行社会道德义务的行为有了"尽力而为但也量力而行"式的体谅。这对

---

① 《康复法》和《身心障碍法》对身心障碍的定义为：(1)有医学上认可的身体或心理上的创伤而对该人的一种或多种主要日常活动产生实质限制；(2)具有上述身心创伤的记录，虽然创伤已受到控制或改善，但却因为人们的误识而被歧视；(3)被视为具有上述身心损伤的状况。美国联邦最高法院认为，从感染艾滋病病毒起，感染者的免疫系统就会遭受损害，故艾滋病发病过程的每个阶段都应该被视为身体损伤。王锴："首例艾滋病教师就业歧视案——身心障碍者的平等就业权"，载胡锦光. 中国十大宪法事例评析[M]. 法律出版社 2011 年版，第 189—191 页

② 美国司法审查的基准有三种：合理审查、中度审查、严格审查。合理审查基准主要针对经济、社会立法，中度审查基准主要针对可疑分类，严格审查基准主要针对可疑性分类以及侵害基础性权利。艾滋病歧视适用合理审查的基准是在 City of Cleburne v. Cleburne Living Center，473 U. S. 432 (1985)案中，由联邦最高法院认定。

③ 美国大部分州有禁止雇主对求职者或员工进行 HIV 检测的立法。L. Camille Hebert，Statutory Restrictions on Employer Use of HIV Testing and Discrimination Based on AIDS，Employee Privacy LawDatabase updated November 2010，§ 11:5.

④ 王锴：《首例艾滋病教师就业歧视案——身心障碍者的平等就业权》，载胡锦光：《中国十大宪法事例评析》，法律出版社 2011 年版，第 192—196 页。

⑤ Charles D. Curran，Mandatory Testing of Public Empioyees for the Human Immunodeficiency Virus：The Fourth Amendment and Medical Reasonables. Columbia Law Review，1990(3)，p720.

于劳动者、企业、国家及社会各方的利益冲突与调和起到了至关重要的平衡作用。(2)个案中身心障碍者的损伤会对第三人的健康或安全构成直接威胁。疾病的危险程度通常只与其传播的危险程度直接相关,而艾滋病的传播途径只有性传播、血液传播和母婴传播三种。在合理审查基准下,艾滋病患者及病毒携带者对第三人的健康或安全构成直接威胁的行业主要包括对身体素质有特殊要求和有血液及体液感染危险的职业两大种类。

美国法对待该问题的方法直观有效。当员工的疾病与其工作性质及工作所需的能力无关时,用人单位的录用自由要让位于艾滋病患者及病毒携带者的平等就业权。尤其是在艾滋病病毒 5 至 10 年的潜伏期里,感染者与普通就业者一样可以胜任各种行业的工作。人们与艾滋病患者及病毒携带者接触或建立同事、朋友关系是相对安全的。较之于像 SARS、乙肝等通过呼吸、飞沫或皮肤接触等作为传播媒介的疾病,与前者的接触则可控得多。① 其他任何无正当理由的限制都是基于偏见而产生的,构成就业歧视。但是,当员工的疾病与其工作性质及工作所需的能力有关时,为了确保雇主能在其可以承受之负担的前提下挑选出更适合或更胜任本项工作的员工,就应当将患病的事实考虑进来。“雇主也有权利对这些员工另眼相待,并不构成歧视,因为此时雇主自由、市场效率和分配正义的原则是一致的”。②

(四)我国艾滋病患者就业法律规则的重构

在我国现有立法的基础上,借鉴国外立法经验,可以构建我国艾滋病患者及病毒携带者就业法律规则。

我国法律对于艾滋病患者及病毒携带者的就业保护与从业限制可分为以下三个层次来完成:(1)原则性规定艾滋病患者及病毒携带者的平等就业权。这一点《艾滋病防治条例》第三条已经做到。或许我们可以将其从行政法规的层面上升到法律的层面,毕竟此议题关乎公民基本权利的保障。(2)细化可能导致就业歧视的情形。此部分需要结合我国劳动领域的实际状况,将最为明显的歧视情形明确列举,并为其他的可能性情形、具体案情的分析以及用人单位的经济承受力考察留有余地。(3)明确列举艾滋病患者及病毒携带者的就职行业限制。此处应以传播危险、体质要求等客观的医学标准为归类基线。这些就职行业限制应当包括:第一,对身体素质有特殊要求的职业。如军人、警察、航空航天人员、职业运动员、消防员、急救员、保安员等。第二,有血液及体液感染危险的职业。如外科医生、护理人员、献血人员、血液处理人员等。概言之,上述职业领域可以

---

① 付东红:《乙肝病毒传染性是艾滋病的 100 倍》,《北京青年报》2006 年 12 月 25 日,第 D5 版。

② 蒋云蔚:《患者隐私、雇主自由与应得原则》,载刘士国:《医事法前沿问题研究》,中国法制出版社 2011 年版,第 118 页。

基于他人及公共健康安全的理由禁止艾滋病患者及病毒携带者进入，构成“平等的例外”，其他没有造成用人单位过当负担的从业限制都构成针对艾滋病患者及病毒携带者的就业歧视。

案例3

精神病人的治疗权

——杨伯格诉罗密欧案(Youngberg v. Romeo)

一、案例背景

治疗权被普遍视为精神病人强制住院期间所享有的最具吸引力的实体权利之一。[①] 但直到20世纪60年代精神病人的治疗权问题才进入理论和司法实践的视野。在此之前，这项权利并未引起人们的关注。随着治疗权理论的提出及其发展成熟，有关治疗权的第一个重要判例是 Rouse v. Cameron[②]，在该案中第一次“积极地确认了治疗权的存在”[③]，而治疗权在宪法上的重大发展则是1971年的 Wyatt v. Stickney 案[④]，该案确认治疗权系第十四修正案正当程序条款蕴含的宪法权利，并明确了州政府为保障精神病人的治疗权应承担的法定义务[⑤]。同样，在 O'Connor v. Donaldson[⑥] 案中，联邦第五巡回上诉法院认定“非自愿拘禁于州立机构的人享有个性化治疗的宪法权利”，但联邦最高法院在该案的审理中并未提及治疗权，从而回避了这一问题。在州法院和联邦地方法院普遍承认治疗权的背景下，联邦最高法院一直以来对治疗权均持回避态度，那么，在今后

---

① Michael L. Perlin. *Mental disability law* : *civil and criminal*(*volume* 2)[M]. Matthew Bender & Company, 1998. p3.

② 373 F. 2d 451(D. C. Cir. 1967).

③ Michael L. Perlin. *Mental disability law* : *civil and criminal*(*volume* 2)[M]. Matthew Bender & company, 1998. p13.

④ 325 F. SUPP 781(M. D. ALA. 1971), 334 F. SUPP. 1341 (M. D. ALA . 1971), 344 F. SUPP. 373(M. D. ALA. 1972).

⑤ 关于 Wyatt v. Stickney 案的评析，见陈绍辉：《精神障碍者的治疗权研究——以 Wyatt v. Stickney 为例》，《医学与法学》2013年第4期，第26—31页。

⑥ 493 F. 2d 507 (5th Cir. 1974).

的案件中联邦最高法院对这一问题的看法无疑将备受关注。而在 1982 年，联邦最高法院对 Youngberg v. Romeo 案[①]的审理将是管窥最高法院对治疗权的所持看法的重要契机，且必将对后续案件产生重大影响。

二、案情概要

（一）案件事实

被上诉人尼古拉斯·罗密欧系严重智障者，尽管已经 33 岁，但其心智仅相当于 18 个月大的儿童，IQ 只有 8—10。被上诉人没有语言能力和自我照顾的基本技能，在 26 岁之前，一直在父母的照顾下住在宾夕法尼亚州。1974 年 5 月，被上诉人的父亲去世之后，他的母亲已无力照顾他。因此，被上诉人的母亲请求宾夕法尼亚州民事法庭将被上诉人安置在州立机构，理由是她已无力照顾和控制其暴力行为。作为拘禁程序的一部分，一名医生和一名心理医师检查了被上诉人，并认定被上诉人严重智障且无自我照顾的能力。1974 年 6 月 11 日，法庭根据宾夕法尼亚州《精神卫生和智障法案》的相关规定将被上诉人拘禁于 Pennhurst 州立学校和医院（The Pennhurst State School and Hospital）。

在 Pennhurst，罗密欧多次受到来自自身和他人的伤害，被上诉人的母亲对此十分关切。在多次反对上诉人对罗密欧的治疗之后，她于 1976 年 11 月 4 日以诉讼代理人的身份向联邦地区法院提起损害赔偿之诉，指控 Pennhurst 的负责人和 2 名主管知道或应当知道罗密欧遭受伤害而怠于采取适当的预防措施，从而侵害了原告（被上诉人）根据第八修正案和第十四修正案享有的权利。在诉讼过程中，原告（被上诉人）增加了 2 项诉讼请求：一是请求法院禁止被告（上诉人）限制其人身[②]；二是以被告没有对其智障提供适当治疗为由而要求损害赔偿。

（二）诉讼过程及判决概要

初审法院认定原告（被上诉人）的诉请不成立，原告（被上诉人）遂提起上诉。联邦第三巡回上诉法院对本案审理后做出撤销判决发回重审的裁决。法庭认定，第八修正案有关禁止对罪犯实施残忍和非常的处罚之规定，并不适用于认定非自愿拘禁下的权利。而第十四修正案正当程序条款方构成原告主张之权利的宪法基础，根据这一规定，非自愿拘禁者的人身自由和安全受保护，这些基本自由只有在州具有“排他性、非惩罚性”的利益时方可予以限制。法庭进一步认定

---

① 457 U. S. 307.

② 在诉讼过程中，罗密欧因手臂骨折转移至医院治疗。在治疗期间，Gabroy 医生指示对其身体予以拘束，目的是为了保护其本人以及其他患者的人身安全。原告认为这些“例行公事般的、长时间的人身约束”侵害了其人身自由权。

非自愿拘禁者享有康复权，以治疗其智障。对于如何判断患者的治疗权是否被侵害，法庭认为只有当原告所接受的治疗“根据现有的医学或其他科学知识”不被认可的情况下，被告才需承担责任。

联邦最高法院对本案签发调卷令，最终做出撤销第三巡回上诉法院的判决发回重审的裁决。联邦最高法院认定，被上诉人除了享有获得充分食物、住所、衣物和医疗照护的权利之外，还享有第十四修正案正当程序条款规定的合理安全的拘禁条件和身体不受不合理限制的宪法保护的自由利益，以及为保护这些利益而享有最低限度的充分训练权(training)。被上诉人的宪法权利是否被侵犯必须通过平衡这些自由利益与相关州的利益予以认定。而判定州是否充分保障这些权利的合理标准是专业标准，即以公认的专业标准事实上是否得以遵循为判定标准。换言之，法院应尊重合格专业人员的判断，并推定其专业判断有效。只有在专业人员的决定严重偏离公认的专业判断、实践或标准以致证明其实际上没有根据专业标准做出判断的，(上诉人)方应承担责任。

本案在被发回重审后，联邦第三巡回上诉法院做出判决，认定州无义务为原告提供“最低限度的充分治疗”。因为，“这一权利既不显而易见(obvious)，也不并非根植于历史(historically well-entrenched)”。

(三)联邦最高法院的判决要旨及其推理

本案涉及的是非自愿拘禁的智障者在民事拘禁中的权利保护问题，尽管针对的是智障者，但对于其他精神病人的权利保护问题仍具有十分重要的启示和意义。本案主要涉及三个问题，即被上诉人作为非自愿拘禁于州立机构的智障者，根据第十四修正案正当程序条款的规定，是否享有(1)安全的拘禁条件；(2)人身不受限制的自由；(3)训练或“康复”权(training or “habilitation”)。

1. 人身安全与人身自由不受不合理限制

对于前两项权利，联邦最高法院持肯定态度，且论证十分简练。首先是安全条件这一诉请。法院指出，“个人安全构成正当程序条款保护根植于历史的自由利益[①]。即便是在出于惩罚目的的合法拘禁中，这一权利亦存续[②]。如果将犯人羁押于不安全的环境中构成残忍和非常的处罚，那么将患者非自愿拘禁于不安全的环境——压根不以处罚为目的——必将属于违宪拘禁。”其次，对于人身不受限制的权利，也在联邦最高法院先前的判例中获得确认。事实上，“身体不受限制的自由已被认为是正当程序保护的、不受政府行为恣意的自由权之核心。”[③]同样，这一权利也不例外地存在于非自愿拘禁中。

---

① Ingraham v. Wright, 430 U.S. 651, 673(1977).

② Hutto v. Finney, 437 U.S. 678(1978).

③ Greenholtz v. Nebraska Penal Inmates, 442 U.S. 1, 18(1979).

2.最低限度的充分训练权

对于康复权(或治疗权)[①],法院认为更为棘手(more troubling)。对于被上诉人主张的“最低限度的充分康复的宪法权利”,且该权利系根植于第十四修正案正当程序条款,法院对此持否定态度。首先,法院认为,“康复”这一术语用于精神医学,在当事人和法庭应用的观点中均未获得明确的、一致的界定。但法院接受了美国精神卫生协会(APA)的观点,认为康复是指“训练和发展必要的技能”[②]。被上诉人也强调该权利为“最低限度”的训练,并认为训练的类型和程度应“依据现有的医学和其他科学知识”逐案予以认定。其次,根据已确立的原则,州政府没有为辖区内的居民提供服务的宪法义务[③]。当一个人完全被机构化“收容”(institutionalized)而完全依赖政府时,州政府才有义务对其提供特定的服务和照顾,但州政府在决定其责任的性质和范围方面应享有相当的自由裁量权[④]。最后,根据本案的特殊事实——被上诉人认为“若没有一定的训练他将不可能获得释放”,且证据表明被上诉人首要的需求是人身安全和最低限度的人身限制,且“很难确定被上诉人主张的是与安全和人身不受限制无关联的康复或治疗权”。因此,法院总结道“如果被上诉人主张的是与安全和身体不受限制相关的训练,本案就不涉及非自愿拘禁的智障者是否享有普遍的宪法上的训练权这一疑难问题。”这样,法院也就回避了智障者的治疗权或康复权问题,并将智障者的训练权限定为“与人身安全和人身不受不合理限制相关的训练权”,而被上诉人的这一自由利益要求“州提供最低限度的充分或合理的训练以保障其安全和人身不受不合理的限制”。

3.权利限制及其标准

法院认为,尽管罗密欧享有安全和人身不受限制的自由利益,但这些利益并非是绝对的。在诸如Pennhurst这样的机构在运行过程中,为保护患者免受本人或他人的暴力,通常有必要限制他们的活动。问题的关键不是自由利益是否被侵犯,而是在何种性质和范围的限制属于违反正当程序。对于如何认定正当程序条款保护的实体权利是否被侵犯,有必要平衡“个人的自由”与“有组织社会

---

① 在联邦第三巡回上诉法院的判决中,“康复”(“habilitation”)与“治疗”(“treatment”)系同义词,只是认为“康复”更能准确地描述智障者所需要的治疗。见644 F.2d, at 165。

② 在本案中,美国精神卫生协会(APA)作为法庭之友支持被上诉人(原告)的诉讼。APA认为智障不是精神疾病,但属于功能障碍,可以通过训练和教育得以改善。并认为“康复一般是指针对智障者的计划,因为智障是学习障碍和训练障碍而非疾病。康复的基本原则是训练和发展必要的技能”。

③ Harris v. McRae, 448 U.S. 297, 318(1980); Maher v. Roe; 432 U.S. 464, 469(1977).

④ Richardson v. Belcher, 404 U.S. 78, 83-84 (1971); Dandridge v. Williams, 397 U.S. 471, 478(1970).

的需求”[①]。法院在引用 Bell v. Wolfish 案[②]和 Parham v. J. R 案[③]的基础上，认为被上诉人的宪法权利是否被侵犯取决于个人的自由利益与相关州利益之间的平衡。

4. 训练权等权利侵犯与否的判定标准

在本案中，宪法上的最低限度的充分训练是指合理根据被上诉人的自由利益和人身不受不合理限制的训练。对于“合理”与否的认定，法院认为“应遵循合格专业人员的判断”。因为，“没有理由认为法官或陪审团做出的这些决定会比合格的专业人员更为适当。”[④]因此，如果决定是专业人员做出的，应推定有效。“只有在专业人员的决定严重偏离公认的专业判断、实践或标准以致证明其实际上没有根据该标准做出判断的，(上诉人)方应承担责任。”

三、案件评述

(一)治疗权理论的产生及其司法实践

获得适当治疗是精神障碍者在强制住院期间享有的基本权利之一。这既是强制医疗的内在目的，也是其获得合法性与正当性的基础。但是，在现代精神医学诞生之前，人类对精神病的认识十分有限，治疗能力和治疗水平十分低下，即便是对精神病人以“治疗”名义收容于专门的机构，也往往沦为无限期的拘禁与隔离，患者不可能得到任何有效的治疗。只有在 20 世纪以来随着现代精神医学的发展，特别是抗精神病药物的不断发现和新的治疗方法在临床实践中不断应用，多数精神病成为可治疗的疾病。在此背景下，治疗权的理念才得以萌生，并最终在立法和司法实践中得以确立。

在美国，最早提出治疗权概念及其理论的是莫顿·比恩鲍姆(Morton Birnbaum)。比恩鲍姆在其名为《论治疗权》的文中提出，住院精神病人享有宪法保护的获得充分治疗的权利。在非自愿拘禁中，“对人身自由的剥夺应以治疗为代价，医院限制患者的人身自由而不给予治疗不仅不道德，还违反宪法。”因此，“如果一家医院非自愿拘禁精神病人而不给予充分的治疗就不是精神病医院，而是监狱。”[⑤]比恩鲍姆的治疗权理论对立法和司法实践产生了深远的影响，其中 Rouse v. Cameron 是第一起根据州法做出的有关治疗权的案件。在该案中，联邦上诉法院认为“在没有提供所需治疗的情况下，剥夺一个需要治疗的人

---

① Poe v. Ullman, 367 U.S. 497, 542(1961).

② 441 U.S. 520(1979).

③ 442 U.S. 584(1979).

④ Parham v. J. R. 442 U.S. 584 (1979), at 607; Bell v. Wolfish. 441 U.S. 520 (1979), at 544.

⑤ Birnbaum. *The Right to Treatment*, A. B. A. J. 1960,(46):p502-503.

的自由,实际上也就否认了正当程序"。这要求医院所提供的治疗应该"充分根据现有的知识",而"缺乏人员或设施不能成为没有提供持续、适当和充分治疗的正当理由"。

在 Wyatt v. Stickney 案中,联邦地方法院认为,非自愿住院的目的是治疗,而不是纯粹的监护式看管或惩罚,这也是民事拘禁措施的唯一正当理由。以拘禁是为了人道治疗这种利他理论而剥夺任何公民的自由,而事后又没有为其提供充分的治疗,违背了正当程序的基本原理。法院进一步强调,患者"无疑享有接受个性化治疗的宪法权利,并应给予他们每个人治愈或提高精神状况的实际机会"。为保障患者的治疗权,法院判决详细列举了州政府和精神卫生机构为实现精神病人治疗权所应履行的最低限度的义务,包括提供人道的心理和生理环境、提供充分治疗所需的合格数量的员工以及个性化的治疗计划。Wyatt 案被普遍视为是"历史性"的判决,是"精神卫生领域里程碑式的重大发展"①,并成为诸多后续案件的"标杆"(role model)②,影响十分广泛。

同样,在著名的 Donaldson v. O'Connor 案③中,联邦第五巡回上诉法院认定"非自愿拘禁于州立机构的人享有个性化治疗的宪法权利,从而使其有治愈或提高其精神状况的实际机会"。法院指出,对本人或他人没有危险性的患者,非自愿住院的目的是治疗,而非仅仅是监护式看护或处罚。从宪法角度出发,法院认定没有治疗也就没有继续拘禁个人的正当性。

(二)联邦最高法院对治疗权的态度

在杨伯格诉罗密欧案之前,治疗权已在州法院和联邦地方法院的判决中获得普遍的认可。但联邦最高法院一直以来对治疗权持回避态度。其中,最有代表性的例子是 O'Connor v. Donaldson 案④。在该案中,尽管联邦第五巡回上诉法院明确认定精神病人享有宪法保护的充分治疗的权利,但联邦最高法院拒绝对治疗权做出认定。相反,法院只是认定"州无权合宪地拘禁不具有危险性的,且在其本人或朋友的帮助下能够生存的个人"。而在更早的判例中,如 Pennhurst State School & Hospital v. Halderman 案⑤,则更加表明联邦最高法院不愿承认治疗权。在该案中,地区法院认定 Pennhurst 州立医院的条件违反了第十四修正案正当程序规定的住院病人在最小限制环境享有的最低限度充分

① Leaf. *Wyatt v. Stickney: Assessing the Impact in Alabama* [J]. 28 *Hosp. & COMMUN. PSYCHIATRY*. 1977,(28):351.

② Michael L. Perlin. *Mental disability law : civil and criminal* (*volume* 2)[J]. Matthew Bender &company,1998. p31.

③ 493 F. 2d 507 (5th Cir. 1974).

④ 422 U. S. 563 (1975).

⑤ 451 U. S. 1 (1981).

康复的权利，以及第八修正案规定的人身不受伤害的权利，第十四修正案平等权所蕴含的不受歧视的治疗权。在二审中，第三巡回上诉法院回避了宪法问题，仅仅在联邦和州法律层面上认可下级法院的判决。法院认定，根据《发育性残疾救助和权利法案》(DDA)，智障者享有在最小限制环境下充分治疗的权利。但联邦最高法院最终认定 DDA 等法律并没有赋予智障者在最小限制环境下享有适当治疗的权利(康复权)。联邦最高法院在上述先例中的态度无疑会对杨伯格案的判决产生影响。这也能够理解为何法院在杨伯格案中否认治疗权(康复权)作为独立宪法权利的存在，并拒绝第十四修正案作为治疗权的宪法依据。同时，即便是对训练权的确认，也将该权利限定为"与人身安全和人身不受不合理限制相关的训练权"。这意味着法院不愿认定和保护宪法文本中未涵盖的实体权利[①]。

联邦最高法院对宪法治疗权的否定主要是基于以下考虑：(1)各州的财政负担及其给付能力。赋予精神病人的适当治疗权将导致"巨大的财政负担"[②]，鉴于议会对州政府拨款的限制，各州事实上也无从承担提供适当治疗的绝对义务。(2)法院对联邦法律和州法对治疗权相关规定的理解。主要有两个因素会影响到法院对州法有关治疗权规定的效力之认定：一是资金限制是否明确写入州法。如果法律所创设的任何权利都隐含或明示地受到财政拨款的可及性之限制，那么法院可能否认权利的存在；二是州法是否表明其目的仅仅是政策声明。如果法院认定法律规定之目的仅仅是一种政策宣示，也就没有创设强制性的法律权利[③]。例如，在上述 Pennhurst State School and Hospital v. Halderman 案中，联邦最高法院认为，《发育性残疾救助和权利法案》的目的仅仅是表达非强制性的政策选择，并没有对州施加实质性义务。(3)法院认识到治疗权的实现需要依赖州政府为精神病人(智障者)提供一定的康复服务。鉴于多数州的法律已经规定了治疗权或提供康复服务的义务，甚至一些州明确要求在最小限制环境下提供康复服务或个性化康复计划。这些法律已经考虑到智障者获得康复服务的替代方式，这削弱了法院建立宪法治疗权的动力[④]。

(三)杨伯格诉罗密欧案的影响

联邦最高法院在杨伯格案中首次确认了智障者在非自愿拘禁中所享有的人

---

① John Adams Rizzo. *Beyond Youngberg: Protecting the Fundamental Rights of the Mentally Retarded*. Fordham Law Review. 51:p1080.

② Pennhurst State School & Hospital v. Halderman. 451 U.S. 1 (1981).

③ Katie Eyer. *Litigating for Treatment: the Use of State Laws and Constitutions in Obtaining Treatment Rights for Individuals With Mental Illness*. Review of Law and Social Change, 2003, (28): p14.

④ Leigh L. Puryear. *Youngberg v. Romeo: Moving Toward a Constitutional Right to Habilitation for the Mtntally Retarted*. North Carolina Law Review. 1983, (62): p171.

身安全和人身自由不受不合理限制的权利，以及为保护这些权利所享有的充分训练权。尽管联邦最高法院对杨伯格案的认定比第三巡回上诉法院更为狭义，但该案为将来对治疗、训练和康复等诉请的评估确立了基准①。

理论界对杨伯格案的评价存在较大的分歧。批评者认为杨伯格案"没有实质意义"，联邦最高法院"不适当地放弃了其作为自由权捍卫者的历史角色。"②但支持者认为，杨伯格案为"智障者的实体权利保护提供了重要的法律武器"③，将为"治疗权的确认迈出第一步"④。但无法否认的是，杨伯格案对精神障碍者的权利保护和司法实践产生重大影响。在杨伯格案判决之后，杨伯格案所阐述的标准被扩大其他人群，包括囚犯、庇护设施内的儿童、护理之家内的居住者、矫正机构内的未成年精神病人等⑤。同时，也有判例将杨伯格案所确立的宪法权利适用于自愿住院的精神病人，认为"一旦精神病人自愿入院，也就使得他们对州政府产生依赖，这就要求不能剥夺他们的宪法权利。"⑥

此外，尽管杨伯格案的判决没有如同下级联邦法庭那样认定治疗权为宪法上的权利，但该判决并未排除联邦最高法院在将来的某个时候确认治疗权这一权利，也不妨碍下级法院继续认定治疗权本身⑦。事实上，在杨伯格案之后的判决中，联邦下级法院并没有改变以往对治疗权的认识，从而拒绝适用杨伯格案确立的标准或对其适用予以扩大解释，并明确承认精神病人的治疗权。

---

① Michael L. Perlin. *Mental disability law : civil and criminal*(*volume* 2)[M]. Matthew Bender & Company,1998. p90.

② McCoy. *Due Process and Judicial Deference to Professional Decision making in Human Services Agencies*,SYRACUSE L. REV. 1984,(35):p1283.

③ Cook. *The Substantive Due Process Rights of Mentally Disabled Clicents*. MENT. DIS. L. REP,1983,(7):p346.

④ Note. *The Constitutional Right of Treatment in Light of Youngberg v. Romeo*. GEO. L. J, 1984,(72):1785.

⑤ Michael L. Perlin. *Mental disability law : civil and criminal*(*volume* 2) [M]. Matthew Bender & company,1998,p121-122.

⑥ Society for Good Will for Children,Inc v. Cuomo,737 F. 2d 1239(2d Cir. 1984.

⑦ Phyllis Podolsky Dietz. *The Constitutional Right to Treatment in Light of Youngberg v. Romeo*. Georgetown Law Journal,1984,(72):p1815.

案例4

精神病人强制医疗的限制条件

——奥康纳诉唐纳森案(O'Connor v. Donaldson)

一、案例背景

在美国,犯罪矫正设施之外对精神障碍者的非自愿治疗或照护通常被称为民事拘禁。[①] 在民事拘禁中,精神卫生机构可违背精神病人的意愿采取治疗措施并限制其人身自由,其内涵与我国的强制医疗基本相当。民事拘禁实际上是以治疗的名义剥夺精神障碍者的人身自由,且拘禁期限具有不确定性,其对人身自由的剥夺程度并不亚于刑罚。因此,为保障精神病人乃至正常人的人身自由等基本权利,有必要对强制医疗设定严格的法律程序,其中包括强制医疗的条件或标准。

研究表明,在20世纪70年代之前,美国各州法律有关民事拘禁条件的规定差异较大。只有15个司法管辖区以患有精神疾病和对本人或他人的危险或不能照看自己的需求为非自愿拘禁的条件;14个司法管辖区以精神疾病和具有危险性或需要治疗与看护为非自愿拘禁的前提;7个州以保护本人或他人的"福利"之需要采取拘禁措施;其他15个州的强制住院以精神疾病导致本人需要照护与治疗或"适合住院"为前提。[②] 强制医疗的标准不一,使得相同情况的精神病人在不同司法管辖区面临不同的待遇,从而使得民事拘禁的合法性与正当性受到质疑。同时,多数精神卫生机构条件简陋,人满为患,住院精神病人的境况极为恶劣,有的精神病人即便没有危险性也长期滞留于精神病院,从而沦为事实上的无限期拘禁。在20世纪60年代以来,随着民权运动的风起云涌,尤其是患者权利保护思潮的兴起,"去机构化"成为精神卫生制度改革的趋势。为保障精神病人的基本人权,避免过度地限制与剥夺精神病人的人身自由,在宪法和法律层面建立严格的民事拘禁标准成为立法和司法亟待解决的问题。在此背景下,

---

① Christoper Slobogin. *Law and the Mental Health: Civil and Criminal Aspects*, Thomson/West, 2009. p701.

② Note. *Developments in the Law: Civil Commitment of The Mentally Ill*. Harvard Law Review. 1974,(87):p1203-1204.

1975 年联邦最高法院审理的奥康纳诉唐纳森案(O'Connor v. Donaldson)[1]成为解决这一问题的重要契机。

二、案情概要

(一)案件事实

1956 年,48 岁的肯尼斯·唐纳森从宾夕法尼亚州到佛罗里达州探望其年老的父母。在与父母交谈过程中,唐纳森提到,他认为在宾夕法尼亚州的一个邻居可能会在他的食物里投毒。唐纳森的父亲担心他患有幻想症,因而向郡法院申请听证,以认定其是否患有精神疾病。在 Pinellas 郡法官主持的听证后,唐纳森被认定患有"偏执型人格分裂症",根据佛罗里达州相关法律的规定以"照护、治疗"为目的对唐纳森予以拘禁。

从 1957 年 1 月开始,唐纳森被非自愿拘禁于佛罗里达州立医院近 15 年之久。在此期间,唐纳森多次要求出院,但均未成功,医院也没有对其疾病给予任何治疗。1971 年 2 月,唐纳森根据美国法典第 42 卷第 1983 条的规定,将医院的负责人奥康纳和医院工作人员作为被告向位于佛罗里达州北部地区的联邦地方法院提起诉讼,指控他们故意剥夺其宪法自由权。

证据一致表明唐纳森在长期拘禁期间或在其生命的任何时点都没有对他人造成危险。奥康纳也承认他本人没有见过或听说过唐纳森曾经实施过危险行为。没有证据表明唐纳森曾经自杀或试图自残。一名共同被告也承认唐纳森能够在医院外独立生活。

证据表明唐纳森的拘禁仅仅是监护式的看管,并没有为缓解或治疗其疾病而制订任何计划。很多证人,包括共同被告都证明唐纳森除了接受监护式的看护外,没有接受相关治疗。奥康纳形容唐纳森的治疗是"环境疗法"("milieu therapy"),而来自医院员工的证言则表明,所谓"环境"不过是将患者拘禁于精神病院"环境"的委婉说辞。在绝大多数时候,唐纳森长期住在挤满 60 名患者的病房内,其中很多患者是因犯罪而被拘禁。唐纳森要求享有特权,要求职业培训,要求与奥康纳及其他医生讨论病情,但均被拒绝。

此外,唐纳森多次要求出院,但均被拒绝。而根据州法的规定,对于没有危险性的患者,医生有权决定释放。但奥康纳拒绝行使该权力,理由是他认为唐纳森"出院后无能力做出理智判断",但他不能拿出得出该结论的依据。直到奥康纳退休后的几个月之后,唐纳德才获得释放,在出院后,他很快在一家宾馆获得一份出纳的工作,并能够独立生活。随后,奥康纳即向法院提起上诉。

---

① 422 U.S. 563 (1975).

(二)法院审理及判决

在初审审理中,初审法院指示陪审团,如果奥康纳"知道唐纳森没有精神病或危险性,或者知道其患有精神疾病而不给予治疗,从而违背其意愿予以拘禁",应认定奥康纳侵害了唐纳森的宪法自由权。"如果患者对本人或他人没有危险性,非自愿拘禁的目的是治疗而非监护式的看护或惩罚。没有治疗就没有宪法上的依据继续拘禁。"针对奥康纳提出的抗辩,"认为他的行为是出于好心从而应免于损害赔偿责任",初审法官指示陪审团,如果奥康纳"真诚地相信对唐纳森的拘禁与其应拘禁的期限相适应",他可免于承担责任。然而,"仅仅有良好的意愿并不能合理地确保拘禁的合法性"。陪审团最终做出被告赔偿唐纳森38500美元,其中包括10000美元的惩罚性赔偿的裁决。

在上诉审中,联邦第五巡回上诉法院重点探讨了民事拘禁的精神病人是否享有宪法上的治疗权。法庭明确指出"非自愿拘禁于州立机构的人享有个性化治疗的宪法权利,从而使其有治愈或提高其精神状况的实际机会"①。为得出这一结论,法院论证道,民事拘禁系"严重剥夺自由"的行为,且不受期限限制,其对人身自由的剥夺可能比刑罚监禁还更为严重。同时,民事拘禁所带来的污名可能比刑事定罪有过之而无不及。因此,对精神病人的非自愿拘禁应受正当程序条款的约束。而根据正当程序的要求,政府对人身自由的剥夺必须具有某些"容许的政府目标"。具体到民事拘禁,根据州法的规定主要有三个理由:对本人的危险,对他人的危险,以及需要治疗或"照护""监护"等。这三个理由可分为两类:警察权(police power)和国家监护权(parens patriae),其中对他人危险之拘禁系依据"警察权",治疗或照护之拘禁系依据"国家监护权",而对本人危险之拘禁两者均有之。因此,根据国家监护权原理,对于没有危险性而需要治疗的精神病人,基于正当程序,应给予最低限度的充分治疗。"将不具有危险性精神病人非自愿拘禁于州立精神卫生机构的唯一合宪理由是提供治疗,患者只有享有宪法上治疗权,才有助于其治愈或缓解其精神疾病。"②此外,法院对于被告提出的抗辩逐一予以驳斥,从而做出维持原判的裁决。

鉴于本案所涉及的重要宪法问题,联邦最高法院对奥康纳的申请签发调卷令。联邦最高法院审理后,首先认为本案并不涉及治疗权这一宪法疑难问题,"在当前,没有理由需要认定对本人或他人具有危险性的精神病人在强制拘禁期间是否享有治疗权,或者州是否可以以治疗为目的强制拘禁没有危险性的精神病人。"法院认为本案"尽管相对简单,但仍然十分重要,事关每个人的宪法上的自由权。"因此,联邦最高法院首先回避了治疗权问题,而是将本案定性为宪法自

---

① Donaldson v. O'Connor . 493 F. 2d 507 (5th Cir. 1974).

② 同上。

由权问题。

联邦最高法院随后重点论证了合法拘禁精神病人的正当理由。首先,仅仅认定精神疾病并不能正当地将一个人违背其意愿予以拘禁,并将之无限期地给予监护性拘禁。即便精神疾病这一术语能够赋予合理的精确内容,并予以明确界定,如果他们没有危险性并能够自由生活,也就没有宪法上的依据将此人非自愿地拘禁。其次,州政府是否可以出于良好动机,如为了使精神病人享有更好的生活而将之拘禁?法院认为,“州政府固然有权为不幸者提供看护和帮助”,但是,“仅仅是精神疾病不能剥夺一个人宁愿选择在家而不是舒适的机构的权利”。“如果人们能够或在亲友的帮助下能够维持必要条件的生存水平而自由生活,监禁就没有必要。”最后,州政府是否可以隔离没有危险性的精神病人,目的是为了防止市民接触这些行为诡异者?法院认为,如果允许这样,将意味着州政府为了避免公共利益的损害,能够监禁所有身体缺陷者或社会偏离者。“仅仅是公众的不宽容或仇恨,不具有剥夺人身自由的宪法正当性。”①

总之,州不能拘禁一个没有危险性且能够依靠本人或在亲友的帮助下自由生活的人。众多证据表明,奥康纳故意拘禁唐纳森,其行为侵害了唐纳森的宪法自由权。

三、案件评述

(一)强制医疗的条件

在奥康纳案中,联邦最高法院确立了“精神疾病加危险性”的民事拘禁要件,即非自愿拘禁仅适合于患有精神疾病和对本人或他人具有危险性的患者。因此,各州修改或重新制定法律使之符合奥康纳案所确立的标准②,尽管各州有关民事拘禁的标准仍有所差异,但主要包括两个条件:

1. 精神疾病

患有“精神疾病”是民事拘禁的前提,但最高法院在 Jackson v. Indiana 和 O'Connor v. Donaldson 案中并没有界定其含义,有评论者指出精神疾病的界定“如此模糊以致是一个无从讨论的问题”③。确实,精神疾病不仅是医学问题,还涉及文化、观念、传统、宗教、政治等,其模糊性和不确定性,引起很多有关精神疾病及其分类标准的强烈批评。例如,萨兹就认为“精神疾病是一个神话。将偏离

---

① Shelton v. Tucker, 364 U.S. 479, 488-490.

② Collin Mickle. *Safety or Freedom: Permissiveness vs. Paternalism in Involuntary Commitment Law*. Law & Psychol. Rev. 2012,(36):p302-303.

③ Michael L. Perlin. *Mental disability law: civil and criminal* (*volume* 1) [M]. Matthew Bender & company, 1998. p62.

社会的行为视为疾病是危险的。仅仅因为他人的行为与我们异常而将之贴上疾病的标签，这其实是一种歧视，只不过它被掩盖为诊断行为”[①]。同样，福柯也认为，“疯狂不是一种自然现象，而是一种文明的产物”[②]。

在美国，各州对精神疾病的界定各不相同，有的采取广义或狭义的概念，甚至是循环的概念[③]。也有的采取医学概念，但也有的州对精神病的界定并不完全参照精神病学的诊断知识或医学术语。例如，密歇根州法律规定民事拘禁范围是患者具有“严重的思维或情绪障碍从而严重削弱其判断、行为或认识能力，或处理日常生活的能力”。同时，立法和判例中，精神疾病的范围也存在一定的不确定性。例如，明尼苏达州明确将“癫痫、精神发育迟滞、酒精、药物等引起的短期中毒和酒精、药物等物质依赖”排除在精神障碍的范围之外。也有判例认为“反社会人格障碍”不是法律规定的精神疾病[④]；也有法院认定药物滥用不属于精神疾病，拒绝采用 DSM（the Diagnostic and Statistical Manual of Mental Disorders）将药物依赖作为精神疾病的分类[⑤]。

尽管很难对精神疾病做出精确的、普遍认可的界定，但对于特定人是否患有精神疾病离不开专业人员的判断。因此，对于精神障碍的确定，很多州规定在拘禁程序中要有精神卫生专业人员的证词。所有州都要求将医生或精神医生的检查作为拘禁申请的依据[⑥]，从而授予专家在民事拘禁的启动程序中的关键角色。

2. 危险性

在奥康纳案中，联邦最高法院明确将危险性作为民事拘禁的前提，但对于何谓“危险性”以及“危险性”的判定标准，联邦最高法院并未做出明确解释。作为模糊与高度抽象的概念，“危险性”也是一个令人困惑的概念。因此，有学者认为，“在非自愿拘禁程序中没有哪个问题像危险性概念及其相关问题如危险性是法律还是医学概念那样令人困惑”[⑦]。

---

① Thomas Szasz Law，Liberty and Psychiatry：An Inquir into the Social Use of Mental Health Practices. Routledge & Kegan Paul 1974：p251.

② ［法］米歇尔·福柯：《疯癫与文明》，刘北城、杨远婴译，三联书店 2007 年第 3 版，封四。

③ Michael L. Perlin. *Mental disability law ：civil and criminal*（*volume* 1）［M］. Matthew Bender & company，1998. p66-67.

④ Johnson v. Noot，323 N. W. 2d 724（Minn. 1982）.

⑤ Michael L. Perlin. *Mental disability law ：civil and criminal*（*volume* 1）［M］. Matthew Bender & company，1998. p71-73.

⑥ Alexander W. Scherr，Daubert & Danger. *The "Fit" of Expert Predictions in Civil Commitments*，Hastings L. J. 2003，(55)：p38.

⑦ Michael L. Perlin. *Mental disability law ：civil and criminal*（*volume* 1）［M］. Matthew Bender & company，1998. p92-94.

(1)危险性的含义

危险性是一个不确定性概念,作为民事拘禁的标准,其适用取决于法律的解释①。但在各州的法律中,危险性标准并没有获得一致的界定。有些州压根就没有对其进行定义,从而宽泛地授权拘禁那些患有精神病和危险性的精神病人;一些州仅仅规定对本人或他人的危险,而没有进一步界定什么是危险;多数州试图界定损害及其发生的可能性,如将危险性界定为"造成本人或他人损害的可能性"②。Brooks 教授将危险性概念拆分为四个构成要素:损害程度;损害发生的可能性;损害发生的频率;损害的紧迫性③。Hiday 教授将危险性分为 5 个行为指标:行为类型;行为的频率;最近的行为;行为的严重性和行为的对象④。这为我们理解危险性概念提供了新的视角,或许比抽象定义更为可行。

美国各州法律对"危险性"的界定不同,大致可以分为两类:一是实际或即刻危险,即除非患者已经实施暴力行为或暴力行为即将发生,否则不可以违背其意愿予以拘禁。少数州可纳入第一类,要求明显行为或紧迫(即刻)的暴力威胁。二是潜在危险,即只有精神病人存在对本人或他人产生损害的合理可能性,即可违背其意愿予以拘禁⑤。堪萨斯州非自愿拘禁法代表这一模式:如果精神病人在"合理可预见的将来"可能伤害自身或他人的,或造成"严重"财产损害的,可予以拘禁。同样,新罕布什尔州允许拘禁那些"由于精神病造成对本人或他人潜在危险可能"的人。亚利桑那州将"危险性"界定为"根据充分的医学观点可以合理地预见精神病人的行为将会导致严重的人身伤害"。但这一模式面临不精确的批评,然而这种不精确却与其最大的优点——灵活性相联系。同时,对"危险性"概念采取更为灵活的界定,使得那些需要治疗的精神病人能够获得适当的治疗,从而"凸显患者的医疗需求而不是武断地、弄巧成拙地强调'权利'"⑥。

无论如何定义"危险性"恐怕都无法消除模糊性之弊病。因此,在许多司法

---

① David T. Simpson, JR. *Involuntary Civil Commitment: The Dangerousness Staneard and its Problems*. North Carolina Law Review. 1984,(63):p246.

② GRANT H. MORRIS. *Defining Dangerousness: Risking a Dangerous Definition*. Journal of Contemporary Legal Issues. 1999,(10):p69.

③ A. D. Brooks. *Law, Psychiatry and The Mental Health System*. 1974,675;转引自 Michael L. Perlin. *Mental disability law: civil and criminal* (*volume* 1) [M]. Matthew Bender &company,1998. p99.

④ Hiday. *Court Discretion: Application of the Dangerousness Standard in Civil Commitment*, *Law* & HUM. BEHAV. 1981,(5):p275-276.

⑤ Collin Mickle. *Safety or Freedom: Permissiveness vs. Paternalism in Involuntary Commitment Law*. Law & Psychol. Rev. 2012,(36): p303.

⑥ Collin Mickle. *Safety or Freedom: Permissiveness vs. Paternalism in Involuntary Commitment Law*. Law & Psychol. Rev. 2012,(36): p305.

管辖区,法律规定对危险性的评估应聚焦于被告的最近行为(recent act),或将“明显行为”(“overt act”)作为认定“危险性”前提条件。例如,宾夕法尼亚州规定,“对他人明显和已有的危险”限于有清晰和令人信服的证据证明精神障碍者“在过去的30天对他人造成或试图造成严重身体伤害,且有合理的可能性类似行为还将发生”。在Lessard v. Schmidt案中①,联邦最高法院认为,危险性的认定以“试图或威胁实施严重损害本人或他人的最近的明显行为”为前提。但也有判例对“明显行为”要件持否定态度,认为这给州政府施加“不必要的过重的举证责任”②。

(2)危险的类型

对本人或他人的危险。所有州都允许拘禁对本人造成人身危险的精神病人,包括自杀和自残。同时,基于对公共利益的保护,所有州都可以拘禁对他人具有危险性的精神病人,但对他人的危险是否仅限于暴力行为或犯罪行为则不无争议。

其他类型的危险。除了自杀和严重的人身伤害之外,是否存在其他损害(或危险)可以作为民事拘禁的理由?如轻微的人身伤害,对他人的非人身危险等。少数州规定造成他人精神损害,可予以拘禁。例如,爱荷华州可以拘禁一个“造成其家庭成员或难以避免与其接触的其他人严重精神伤害的”精神病人③。另外,少数州明确将财产损害风险作为民事拘禁的标准。但是在Suzuki v. Yuen案中,第九巡回上诉法院裁定夏威夷州的这类规定违宪④。

(二)奥康纳案的评价及其影响

奥康纳案最为积极的影响是确立了非自愿拘禁的法律标准,只有当患者患有精神疾病并具有危险性时,限制和剥夺精神病人的人身自由方具有宪法上的正当性。因此,对于没有危险性的精神病人予以纯粹拘禁违反宪法正当程序对人身自由的保护。在本案判决做出后,各州修改或重新制定了民事拘禁法,使之符合奥康纳案所确立的标准,从而使得各州的民事拘禁标准逐步趋于一致。

由于奥康纳案禁止拘禁没有危险性的精神病人,这就意味着精神病院没有理由继续拘禁这些患者。因此,人们普遍认为奥康纳案将导致大量精神病人从精神卫生机构中获得释放,从而加速精神病人的“去机构化”。但也有观点认为,

---

① 421 U.S. 957 (1975).

② Michael L. Perlin. *Mental disability law : civil and criminal*(*volume* 1) [M]. Matthew Bender &company,1998. p156.

③ Christoper Slobogin. *Law and the Mental Health : Civil and Criminal Aspects*,Thomson/West, 2009. p737.

④ Christoper Slobogin. *Law and the Mental Health : Civil and Criminal Aspects*,Thomson/West, 2009. p739.

很难评估奥康纳案的影响：首先，本案发生时，由于各种原因，州医院患者的住院患者已明显减少；其次，很难准确估计有多少患者是因为奥康纳案而被释放[①]。但有一点值得肯定，奥康纳案"对非自愿拘禁患者人身自由的审查影响深远"[②]。

对奥康纳的批评较为复杂，或许在一定程度上反映了其观点的内在模糊性。[③] 最初，很多评论者对最高法院在判决中的回避治疗权普遍表示失望。认为判决"完全规避了关键问题：如果患者患有精神疾病，且对本人或他人具有危险性，在不给予治疗的情况下，能否将他非自愿拘禁于精神病院？"[④]

同时，对于奥康纳案所确立的危险性要件，无论是"治疗派"还是"权利派"似乎都不满意。"治疗派"倾向于保护精神病人的治疗权，认为"个人权利的强化对于需要治疗的精神病人获得治疗毫无用处"[⑤]，因而主张宽松的拘禁程序。就此而言，在拘禁标准强调对危险性的预测无疑过于严格，因为"危险性作为精神病的特征之一，医生无法用科学知识予以准确预测"[⑥]，这样很多需要治疗的精神病人因不符合危险性标准而不被强制治疗。同时，那些没有危险性而需要治疗的精神病人因不符合危险性标准同样被拒之门外。相反，"权利派"强调对精神病人人身自由等基本权利的保护，他们认为民事拘禁以危险性的预测为前提违反宪法，且过于依赖精神病医生的权力[⑦]。因为，危险性标准过于模糊和宽泛，可能使得法院过于宽泛地解释相关法律，从而导致非自愿治疗的扩大乃至滥用。

但无论如何，奥康纳案作为联邦最高法院做出的有关精神病人强制医疗的重要判例之一，对美国各州民事拘禁立法产生深远影响，并持续至今。

---

① Michael L. Perlin. *Mental disability law ; civil and criminal*(*volume* 1) [M]. Matthew Bender &company, 1998. p151.

② Choper. *consequences of Supreme Court Decisions Upholding Individual Constitutional Rights*. MIC. L. REV. 1984, (83): p44-45.

③ Michael L. Perlin, *Mental disability law ; civil and criminal*(*volume* 1) [M]. Matthew Bender &company, 1998. p147.

④ Curran. *The Right to Psychiatric Treatment : A "Simple Decision" in the Sumper Court*. NEW ENG. J. MED. (1975): 293: 488.

⑤ William Hoffman Pincus. *Civil Cimmitment and The "Great Confinement" Revisited : Straightjacketing Individual Rights, Stifling Culture*. William & Mary Law Review1995, (36): p1776.

⑥ Joseph T. Carney, Note, *America's Mentally Ill : Tormented Without Treatment* 3 Geo. Mason U. Civ. Rts. L. J. 181, 190 (1992).

⑦ Mark S. Kaufman, "*Crazy*" *Until Proven Innocent? Civil Commitment of the Mentally Ill Homeless*, 19 Colum. Hum. Rts. L. Rev. 333, 336 (1988).

案例5

健康儿童人体试验的法律保护

——格林姆斯诉肯尼迪·克里格研究院案

一、案例背景

监护是对无民事行为能力、限制民事行为能力人的人身、财产和其他合法权益依法实行的监督和保护。其中,承担监护义务的人为监护人,受到监护人监督和保护的人为被监护人。监护制度的重要作用,是在自然人具有权利能力而无行为能力或行为能力受到限制的情况下,帮助这种自然人的权利能力得以实现,从而得以生存和发展,使社会成员之间的互助义务得到法律强制性的保障。在实践中,监护权并不是一种权利,而是一种义务,监护制度乃为被监护人的利益所设,因此,监护资格是一种义务性资格,《中华人民共和国民法通则》中所称的"监护权"并非真正意义上的民事权利,而是一种职责。[①]

医学研究的进步必须要以人体试验为基础,由于大多数人体试验的干预措施都会对人体造成伤害,因此,国际伦理规范和各国立法都强调对受试者知情同意权的保护。特别是在未成年人参与人体试验时,由于未成年人的身体和智力发育均不够成熟,对于未成年受试者给予特别保护已成为各国的共识。但是由于我国受到传统的"父母当然会最大限度地爱护自己子女"意识的影响,我国监护制度并不能全面地保护未成年人在参与人体试验时的利益。实践中,监护人可能会因为家庭经济状况不好、受到研究人员的误导、研究人员对受试儿童参与研究所承受的风险告知不充分、法律对实施知情同意权主体规定不明确等原因,同意未成年人参与人体试验,导致未成年人人身或者其他权益的损害。在接下来要讲述的格林姆斯诉肯尼迪·克里格研究院一案[②]中,究竟是什么原因导致了参与试验的儿童的健康权受到严重影响呢?如何通过立法保护未成年人参与人体试验而不受到伤害?带着问题,我们将进入下面的介绍与分析。

---

① 张玉敏:《民法》,高等教育出版社2008年版,第64页。

② Maryland Court Imposes Judicial Review on Non-Therapeutic Research on Children - Grimes v. Kennedy Krieger Institute, Inc., 366 Md. 29, 782 A. 2d 807 (Md. 2001),载于http://biotech. law. lsu. edu/cases/research/grimes_v_KKI_brief. htm,访问日期:2015年2月12日。

二、案例概要

（一）案例起因

在格林姆斯诉肯尼迪·克里格研究院一案中，被告肯尼迪·克里格研究院是隶属于约翰·霍普金斯大学的一个研究机构，该机构为了测量不同铅含量的油漆粉刷房屋后，随着时间的推移（两年内）屋内空气中的铅含量，以及在这两年中长期居住在该房屋内的儿童血液中的铅含量，从而分析不同铅含量的油漆粉刷房屋后，房屋内铅元素的浓度与同一时期儿童体内血液中铅元素的含量之间的关系。

为了该项研究，肯尼迪·克里格研究院通过贷款或者借款给房屋的主人，要求房主粉刷有不同铅含量的油漆，并将这些房屋优先出租给带有婴幼儿的家庭，并且鼓励这些婴幼儿长期待在屋里，以便能够周期性地抽取婴幼儿体内的血液进行检测，以测量血液中的铅含量。

在整个研究过程中，研究人员与受试的婴幼儿父母之间签订了一份知情同意书，但是在该知情同意书中并没有告知该试验可能对一些儿童吸入铅尘微粒的事实，以及检测儿童血液的众多原因中的一个是为了评估不同类型的减少油漆含铅量方法的效果。参与该研究的孩子往往都是来自一些经济条件较差的家庭。在租住这些房屋时，研究人员给予孩子的父母一些小饰品、食品券、金钱或其他物品。

（二）法律冲突焦点

案件的争议焦点主要有两个：一是在人体试验的研究方案不恰当的情况下，未成年受试者的监护人签署了知情同意书，该知情同意书的签署是否有效？二是未成年人的监护人是否有权利同意孩子参与非治疗性人体试验？

（三）法院判决

对于争议焦点一，法庭是从即使是有同意能力的个人进行的同意能否为不合理的研究方案进行抗辩这个角度来阐述的。法庭提出：如果一位女士同意其身体的图像出现在具有耻辱性的，甚至暴力的色情作品中，该女士的同意行为是否能为该色情作品制造者进行辩护或使其免遭法律制裁？如果她出庭证明她同意过此种她被屡次虐待的关系，那么她的这种同意能否妨碍我们阻止或惩治这种暴行？对此，我们有三种解决方式：第一种答案是肯定的，同意能够对任何经过同意的行为进行辩护——你同意了，所以结案；第二种答案是不确定的，这种特殊的同意是不充分的——你并没有真正同意，因而此结果或行为是不合理的；第三种答案是否定的，即使你同意了，但是你的同意不能为此种行为或结果进行辩护。对此，法庭认为虽然当事人自己同意了该行为，但是当事人实施的行为违反了道德和伦理，违背了公序良俗原则。因此，该同意行为仍然无效。

在本案中，法庭认为儿童的父母同意自己的子女参与对其身体有严重危害的非治疗性人体试验，将子女置身于对其身体有损害而无益处的风险中，这本身就是不道德的行为，违背了子女的最大利益原则。因此，父母签署的知情同意书的行为无效。

对于案件的争议焦点二，法庭认为，在非治疗性研究项目中将一个特定的儿童置于研究环境中，这并不符合该儿童的最佳利益，这很有可能会对该儿童的健康有害，或者这会被证明对儿童的健康有害。法庭强调"该儿童的最佳利益"是在涉及儿童的事件中最重要的考虑因素。在研究人员推断可能对所有儿童都有益处的研究中，无论家长能获得什么利益，无论大众能获得什么利益，本法庭对该特定儿童和特定案件的考虑超过了其他的所有利益。故意将健康儿童置于可能对其健康有害的非治疗性环境中，以便对可能最终惠及所有儿童的方法进行检测，这并不符合所有健康儿童的最佳利益。

最后，法庭判决：在马里兰州，家长、合适的亲属或者其他适用的代理人，都不能同意儿童或者无行为能力人参与到对受试者健康有损害风险的非治疗性研究中。

三、案例评析

（一）未成年人参与人体试验的知情同意权行使主体

2013 年版《赫尔辛基宣言》第 28 条规定：如果潜在受试者不具备知情同意的能力，医生必须从其法定代理人处设法征得知情同意。这些不具备知情同意能力的受试者决不能被纳入对他们没有获益可能的研究之中，除非研究的目的是为了促进该受试者所代表人群的健康，同时研究又不能由具备知情同意能力的人员代替参与，并且研究只可能使受试者承受最小风险和最小负担。第 29 条规定：当一个被认为不具备知情同意能力的潜在受试者能够表达是否参与研究的决定时，医生在设法征得其法定代理人的同意之外，还必须征询受试者本人的这种表达，且受试者的异议应得到尊重。

《涉及人的生物医学研究的国际伦理准则》认为：涉及人的生物医学研究的伦理学的合理性，在于有希望发现有利于人类健康的新途径。这类研究只有当它尊重和保护受试者，公正地对待受试者，而且在道德上能被研究对象所属的社会群体接受时，其合理性才能在伦理上得到论证。在进行涉及儿童的研究之前，研究者必须保证：研究不能在成人间进行；研究目的是为了获得与儿童健康需求有关的知识；每个儿童的父/母或法定代理人已给予允许；已取得在儿童能力范围内的同意（赞同）；儿童拒绝参与或拒绝继续参与研究的意愿将受到尊重。

（二）未成年人参与人体试验的三种规范模式[①]

当前国际伦理规范和各国相关法规对于未成年人参与人体试验有三种不同的规范模式。

第一种是非限定模式，即不限定未成年人参与人体试验的类型，是否参与人体试验由未成年人及其监护人自主决定。我国国家食品药品监督管理局发布的《药物临床试验质量管理规范》第15条规定："儿童作为受试者，必须征得其法定监护人的知情同意并签署知情同意书，当儿童能做出同意参加研究的决定时，还必须征得其本人同意。"

第二种模式是限定模式，即限定未成年人参与人体试验的类型。《奥维多公约》[②]附加议定书第15条将人体试验区分为对受试者有直接利益和无直接利益两种。对未成年人有真实和直接的治疗利益，且无法在具有同意能力者身上进行的试验，可以在获得受试者法定监护人的同意，以及受试者与其年龄和成熟程度相适应的赞同意见后进行。对于受试者没有直接利益的试验，只有在试验对受试者同一年龄段患者有利，且对受试者仅有最低风险或者负担时，方可经特别审查后例外地获得准许。

第三种模式为风险评估模式，为美国"共同规则"所创。"共同规则"将涉及未成年人的人体试验分成以下几种类型。

第一种类型是仅有最低风险的试验，经未成年人赞同以及未成年人的父母或者监护人同意可以进行。

第二种类型是超过最低风险，但对于受试者具有直接利益的试验，除满足上述条件外，尚需对受试者参与试验的风险与收益进行评估，只有在收益与风险平衡，且受试者的可预期利益与其他替代治疗相当时才能进行。

第三种类型是超过最低风险，而且对受试者没有直接利益的试验，这种类型除了具备最低风险试验的条件外，还必须符合以下条件：试验风险仅比最低风险略有增加；试验对于受试者实施的干预与受试者实际或可能接受的干预程度相当；试验必须有助于了解或者改善受试者的病情。对于其他不符合上述要求的试验，则只有在机构内审查委员会（我国指伦理审查委员会——笔者注）认为该试验对理解、预防、缓解影响儿童健康的严重问题有重大帮助，且经联邦健康与

---

① 满红杰：《从"黄金大米"事件看未成年人人体试验的法律规制》，法学，2012年第11期，第56—57页。

② 《奥维多公约》是指欧洲理事会于1997年在西班牙奥维多签订的《关于保护与生物学和医学应用有关的人的权利和尊严的公约》，又称《关于人权和生物医学的公约》。为了具体落实《奥维多公约》在人体试验领域内的宗旨和要求，2005年1月，欧洲理事会在法国斯特拉斯堡签订了《关于人权与生物医学公约与生物医学研究有关的附加议定书》。该附加议定书适用于所有在健康领域对人体有干预性的研究行为，包括医疗干预行为和对人的心理健康造成影响的行为，但不包括对尚未植入人体的胚胎所进行的研究。

人类服务部部长批准时方得进行。

（三）我国有关未成年人参与人体试验的监护权规定

我国关于未成年人参与人体试验的法律规定是不足的。其中，只有《药物临床试验质量管理规范》第15条规定："儿童作为受试者，必须征得其法定监护人的知情同意并签署知情同意书，当儿童能做出同意参加研究的决定时，还必须征得其本人同意。"该规定只是原则性的，并未对儿童明确表示不同意参加人体试验的意愿该如何处理做出相应的规定。而在未成年人参与人体试验的监护权方面则属空白，我们只能依照《民法通则》的相关规定。

《民法通则》第11条规定："十八周岁以上的公民是成年人，具有完全民事行为能力，可以独立进行民事活动，十六周岁以上不满十八周岁的公民，以自己的劳动收入为主要生活来源的，视为完全民事行为能力人。"第12条规定："十周岁以上的未成年人是限制民事行为能力人，可以进行与他的年龄、智力相适应的民事活动；其他民事活动由他的法定代理人代理，或者征得他的法定代理人的同意。不满十周岁的未成年人是无民事行为能力人，由他的法定代理人代理民事活动。"可见，我国对于未成年人参与实施的民事法律行为是否有效，需要结合当事人的年龄、生活环境、智力等多方面因素进行综合考虑，而不是"一刀切"地认定只要是未成年人实施的民事行为一律无效。

在未成年人能够充分认识自己行为的性质、程度及结果时，就应该认定这样的行为的有效性。这既体现了尊重未成年人的自由意志，也有利于民事生活秩序的稳定。因此，《涉及人的生物医学研究的国际伦理准则》规定在涉及儿童的研究时，需要取得在儿童能力范围内的同意（赞同），儿童拒绝参与或拒绝继续参与研究的意愿将受到尊重。

从《最高人民法院关于贯彻执行〈中华人民共和国民法通则〉若干问题的意见（试行）》第10条规定："监护人的监护职责包括：保护被监护人的身体健康，照顾被监护人的生活，管理和保护被监护人的财产，代理被监护人进行民事活动，对被监护人进行管理和教育，在被监护人合法权益受到侵害或者与人发生争议时，代理其进行诉讼。"可见，监护人首要的监护职责就是保护被监护人的身体健康，而如果监护人许可未成年人参与一项并不"符合未成年人的最佳利益"，甚至对未成年人的身体健康没有任何利益的非治疗性人体试验，这应当认定为违反了监护人职责。

又根据《民法通则》第18条规定："监护人应当履行监护职责，保护被监护人的人身、财产及其他合法权益，除为被监护人的利益外，不得处理被监护人的财产。"该条强调"除了为被监护人的利益外，不得处理被监护人的财产"，对于未成年人的财产权的保护尚且以"未成年人利益"为标准，那么，对于未成年人的健康权甚至生命权的保护无疑应当高于(起码不低于)对财产权的保护。因此,针对《民法通则》忽略了对未成年人人身权的保护,建议在《民法通则》第18条再加一句"除了为了被监护人的利益外,不得许可被监护人参与人体试验"。[①] 这也与2013年版《赫尔辛基宣言》第19条规定:"有些群体和个人特别脆弱,更容易受到胁迫或者额外的伤害。所有弱势的群体和个人都需要得到特别的保护。"对于健康儿童因其身体、心智不成熟,参与对其身体几乎没有直接益处的非治疗性人体试验时,法律应该苛以非常严格的限制。

(四)完善我国未成年人参与人体试验中监护权的建议

1.增加未成年人参与人体试验的知情同意权主体

基于未成年人拥有能够做出与其身心发展相适应的意思表示的能力,借鉴我国《民法通则》对于自然人民事行为能力的年龄划分,又考虑到参与人体试验绝大多数情况下对受试者都是没有直接利益的,秉承未成年人应该受到社会的特别保护的理念,对于未成年人参与人体试验的知情同意主体做出如下建议:(1)对于从出生至年满6周岁的儿童参与人体试验时,研究人员应该用儿童能够理解的语言向儿童及其监护人履行告知义务,由其监护人来签署知情同意书,同时如果儿童明确表示不愿意参加人体试验,该儿童就不能成为受试者;(2)对于6周岁以上至18周岁的未成年人,研究人员只有在同时获得未成年人及其父母二者书面同意的情况下,该未成年人才能成为受试者;(3)对于所有未成年人参与的人体试验,一个前提条件是研究必须要符合"子女最大利益"原则,如不符合该原则,该项研究就不具备将未成年人作为受试者的正当性。正如在本案中,法庭认为健康的儿童不应当成为可能对他们有害的非治疗性实验或研究的受试者。预见到这种非治疗性研究给受试者带来的危害后果是研究人员和研究机构的首要责任,受试者儿童家长的同意不能减轻研究人员的这种责任。

2.明确侵犯未成年人参与人体试验知情同意权的法律责任

《侵权责任法》第55条规定:"医务人员在诊疗活动中应当向患者说明病情和医疗措施。需要实施手术、特殊检查、特殊治疗的,医务人员应当及时向患者说明医疗风险、替代医疗方案等情况,并取得其书面同意……医务人员未尽到前款义务,造成患者损害的,医疗机构应当承担赔偿责任。"《执业医师法》第37条规定:"医师未经患者或者其家属同意,对患者进行实验性临床医疗的,由县级以上人民政府卫生行政部门给予警告或者责令暂停六个月以上一年以下执业活动;情节严重的,吊销其执业证书;构成犯罪的,依法追究刑事责任。"从这两部法律的规定可以看出,我国对于侵犯受试者知情同意权应承担什么样的法律责任

---

① 徐喜荣:《论人体试验中受试者的知情同意权——从黄金大米事件切入》,《河北法学》2013年第31卷11期,第117—118页。

是不周全的。

首先,按照《侵权责任法》要求,要有损害后果的才承担法律责任。在人体试验中,有些损害后果可能不明显,也有些损害后果可能需要很多年以后才会被医学界所证实,如果都要等到受试者知道或者应当知道产生了损害后果时,研究人员才承担赔偿责任,对受试者是很不公平的。

其次,绝大多数医学实践和研究中,大多数干预措施都会带来危险和负担,而人体试验的受试者对医学研究和人类医学进步是做出了宝贵贡献的,因此,《赫尔辛基宣言》《涉及人的生物医学研究的国际伦理准则》等伦理规范都开宗明义地指出受试者的知情同意权是必须要受到保护的。因此,笔者建议单独确立研究人员侵犯受试者知情同意权的民事责任,而不是将该责任附属于医疗损害责任,赋予受试者其知情同意权被侵犯时的赔偿请求权,以更有效地保护未成年受试者的合法权益。

案例6

死后生殖子女的法律地位研究

——日本死后生殖子女对亡父的认领诉讼案

一、案例背景

随着人工辅助生殖技术的发展,精子及受精卵冷冻保存技术的进步和广泛应用,给予人类更多自由选择生殖空间的主动权,生殖子女跨越了传统的时空限制,死后人工辅助生殖问题也凸现出来。死后生殖是指在丈夫甚至妻子死亡后,另一方或家人利用死者的生殖细胞,进行人工生殖生育子女的情形。死后生殖对社会既有伦理及社会关系提出挑战,突破了传统民法确定的父母与子女关系的界定,死后人工生殖的子女法律地位如何界定成为一个新的法律问题,并由此带来对于生殖细胞法律属性及法律是否应该允许死后生殖等问题的争议。

近些年来,我国大陆地区及台湾地区都出现过死后生殖的相关案例,如

2006 年 11 月我国成都“某女子试图取用亡夫精子进行人工生殖”[①]、2005 年 9 月 10 日我国台湾《自由时报》报道的“上尉丈夫去世，妻子取精生子案”[②]。而日本 2006 年最高裁判所也对“死后生殖子女对亡父的认领诉讼案”做出裁判，否定了丈夫死后妻子取冷冻精子人工生殖子女的婚生子地位。这对目前纷乱的辅助生殖技术带来的诸多问题具有很好的启示。

二、案情概要[③]

本案 A 男 B 女夫妻曾经共同接受过不孕症的治疗。丈夫 A 患有慢性骨髓性白血病接受骨移植手术，手术前，丈夫 A 向 C 医院要求冷冻保存自己的精子。在经由 A 署名盖章向 C 医院提出的请求书上，载明“若 A 死亡，一定要通知 C 医院，因为考虑到精子是 A 个人所有，因此，A 死亡后精子也不应留存”“A 死亡后精子不能用作生殖辅助医疗”等条款。A 的骨髓移植手术成功之后，AB 两人接受了一段不孕症治疗，后 A 在 1999 年 10 月死亡。不过 A 在此前住院过程中，曾表示希望在死后 B 用自己的冷冻精子受孕，并希望拜托自己的父母可以照顾小孩。B 在取得 A 父母双亲的同意之后，就从 C 医院取得 A 的冷冻精子，并于 D 医院体外受精。2002 年，B 之子 X 诞生（原告、上诉人）。之后，B 以 X 为 AB 两人婚生子的身份提出了出生登记，但是当地市长以“X 为婚姻状态消失之后 300 天之后出生，因此不能推定为婚生子”为由，做出了不受理该出生登记的行政决定。对此，B 提出了行政复议，结果仍是维持原行政决定。因此，B 以 X 为 AB 非婚生子身份提出了出生登记。X 最终登记在以 A 为户主的户籍簿上，但父亲一栏是空白。

因此，B 代理 X，以检察官为相对方，提出了死后认领诉讼。[④] 松山地方裁判所于 2003 年 11 月 12 日做出一审判决，指出由于原告是 B 在 AB 的婚姻关系业已消灭后受孕所生之子，不满足认领的要件，不能认定为婚生子，驳回 B 的认领

① 据成都媒体报道，2006 年 11 月 1 日，刘某驾车出车祸身受重伤，3 日，住在重症监护室的刘某被宣告为脑死亡。同天，刘某新婚妻子王某提出保存刘某精子，为刘某生子。11 月 6 日 5 时，成都锦江保健医院两名医生实施取精手术，取出有活力的精子若干，冷冻封存，等待实施试管婴儿手术。

② 2005 年 9 月 7 日，台湾地区孙吉祥因公殉职，其女友李幸育强烈要求死后取精，为未婚夫留下后代。“卫生署”起初坚决反对，认为死后取精“于法规不合”“无法可依”；但是“立法委”认为没有明确规定取精是否可行，所以死后取精并不违法。9 日“行政院长”谢长廷指示“卫生署”“先行取精”。“卫生署”默许，生殖中心立即施行手术，摘取了孙吉祥的睾丸、副睾丸及贮精囊等组织，并完成萃取、冷冻程序。此间“卫生署”两度召开专家会议，竭力劝说李幸育冷静考虑半年再做生子决定。李幸育意志坚定初衷不改，而孙吉祥家属经过反复权衡后，决定放弃保存精子，12 月 22 日，保存了 104 天的孙吉祥精子被销毁。

③ 日本裁判所网，日本最高裁判所第二小法庭 2006 年 9 月 4 日判决。

④ 按照日本《人事诉讼法》第 42 条的规定，认领之诉中原本作为相对方的父亲或母亲已死亡，检察官为被告。

请求。

X遂上诉，高松高等裁判所于2004年7月16日做出二审判决，撤销一审判决，认可了X的诉讼请求，X就此可以被认领为A之子。二审判决强调，在以人工授精方法受孕的情况下，只要没有与认领请求不相当的特殊情况存在，子女又跟事实上的父亲存在自然血缘的亲子关系，同时，事实父亲同意该受孕的法律要件也满足的情况下，认可当事人的认领请求的理由既充分又有必要。本案中，X是在A生前同意的情况下，B用A生前保存的精子体外受精从而受孕所生之子，X与A之间存在基于自然血缘的亲子关系；A在生前对于自己死后B将利用事前保存的精子生育之事也表示同意；除此之外，纵览本案所有证据，也没有与认领请求不相当的特殊情况存在，X的认领请求满足上述要件，应当被认可。

被告上告[①]，日本最高裁判所第二小法庭于2006年9月4日做出最终判决，推翻了二审判决，驳回原告请求亡父认领的诉讼请求。最高裁判所判决指出，民法上亲子关系的设置显然没有预想到死后受孕所生子女与已死亡的血缘上的父亲之间的亲子关系。因此，按照现行法，父亲不可能成为死后受孕所生子女的亲权人，该子女也无法得到父亲的监护、养育、扶养等，在继承关系上，该子女也不能成为父亲的继承人。既然该子女不能成为父亲的继承人，当然也不应成为死亡父亲的代位继承人。所以，死后受孕所生子女与死亡父亲之间的关系，在现行法的亲子关系规定下没有发生基本的法律关系的余地。如此，这两者在法律上亲子关系形成的问题，应该从立法的层面多视角地进行讨论，确认是否应认可亲子关系，确立认可的情况以及要件、效果，在没有立法的情况下，不应该承认死后受孕所生子女与死亡父亲之间法律上的亲子关系。

三、案件评析

本案是日本最高裁判所关于以死亡丈夫冷冻精子所生子女认领请求的首个案例，争议的焦点是以死亡丈夫冷冻精子所生子女是否可视为死亡丈夫的子女，本案的三次判决两种结果，表明了对此问题的不同看法。一审和最高裁判判决均否认了死后受孕所生子女与死亡父亲之间法律上的亲子关系，而二审判决则认可了死后生殖子女可以被认领为死亡父亲的亲生子女。虽有不同观点，但最终以否定死后生殖子女对死亡父亲的认领请求而终结本案。

一审判决对“父亲”的概念进行了分析，采纳了现有社会伦理关系认同的价值观来进行判断，认为作为认领前提的“血缘上的父亲”，并非从生物学或遗传的

① 按照日本普通民事诉讼三审终审的制度，第一审和第二审同时进行事实审和法律审，第三审为单纯的法律审。其中第二审被称为控诉审，第三审被称为上告审，因此这里“上告”这一用语专指向最高裁判所提出上诉。

角度来决定，而是要参考社会一般概念，来判断法律上的“父亲”这一概念。判定父子关系，不能仅仅因为是非自然生殖而否定父子关系；而是要从确保子女利益，调和亲属法、继承法秩序的观点出发，还要从所利用的生殖辅助医疗与自然生殖的相似性，以此种生殖辅助医疗是否为社会一般性地接受等观点出发综合考虑，做出判断。本案中，精子提供人死亡之后，其妻子利用保存的精子进行人工授精从而受孕、出生，在这个过程中，不可能通过与死者发生性关系而受精，因此这种人工授精方法与自然受精受孕的过程背离甚大，就社会通念而言，通过这种人工授精的方法生下的子女被认为是精子提供者（死者）之子的这种社会认知也是不足的。基于这种认识，一审法院认为很难将精子提供者（死者）认定为X法律上的父亲。同时，一审判决也强调，在无法发生监护、养育、扶养的人之间认可法律上的父子关系也不当然是保障了子女的利益，法律上的父子关系被认可之后，也有可能反而导致子女的负担。也即，从子女利益的角度出发，认可父子亲子关系要有助于子女利益的维护。

二审判决不仅限于死后生殖，而是将一般情况下辅助生殖的要件予以明确，也即把死后生殖归入一般情况下辅助生殖，明确运用辅助生殖技术生殖的子女，其法律地位的认定应符合以下三个要件：第一，子女跟实际上的父亲存在自然血缘的亲子关系；第二，事实上的父亲同意该受孕；第三，没有与承认认领请求不相当的特殊情况存在。这里对于“父亲同意”要件的重要性进行了强调，指出：在自然受孕的情况下，可以认可受孕是基于父亲的意思；但是在使用保存精子受孕的情况下，如果不管男子意思为何，对使用该精子受孕生产的子女均认可其认领请求，那么对保存精子的男子来说，就等于容许在自己完全没有意思表示的情况下，让与自己可能有法律上亲子关系的子女出生。特别是对于利用男子生前保存的精子进行受孕及生产的情形，该男子死后即对自己的精子丧失处分的可能，对于死后利用该精子受孕及生产等也完全无法进行意思表示，但仍旧可能因利用其生前保存的精子进行辅助生殖而发生法律上的亲子关系。在这种情况下，保存精子的男子承担了预想之外的沉重责任，与自然怀孕所承担的责任更是不成比例。所以，在以人工授精方式受孕及生产的情况，受孕应当需要父亲的同意。本案中，鉴于A在此前住院过程中，曾表示希望在死后B用自己的冷冻精子受孕，并希望拜托自己的父母可以照顾小孩，这种想法直到其去世也没有改，二审判决中认可了A有关于受孕的同意。

二审判决认可了死后生殖子女的认领请求，这意味着该子女与父亲的亲属发生亲属关系，继而与父亲的直系血亲之间发生代位继承权关系，因此这就与生前受孕之间不存在差别。当然，即使确认了亲子关系，该子女也不可能接受已死亡父亲的监护、教育、扶养等，这与父亲在自然受孕后死亡不存在差别。

最高裁判所的最终判决延续了一审判决的思想，认为现行的法律对死后生殖情况没有做出规制，因此，不能当然承认死后生殖的子女对死亡父亲的认领请求。

本案中二审选择了救济当事人，而三审选择了不救济。这也体现了最高裁判所和下级裁判所思维方式的差异，即下级裁判所大部分时候会比较注重个案，注重个案中的当事人救济，因为在下级，也比较不关系到分权体制的问题；而最高裁判所在司法权的顶端，每一个判决都是最终的，示范全国的判例，也就是说，都有通案性的一般效力，所以他们的思维，既要思考个案救济，又要在体制上思考司法权怎么跟其他国家权力协调，所以观察点就不同。这也是二审和三审结论不一样的一个原因。

在随后出现的类似案件如东京案件(2005 年 9 月一审裁判，2006 年 2 月二审裁判)、大阪案件(2005 年 4 月一审裁判，2005 年 12 月二审裁判)中，地方裁判所和高等裁判所的立场都很明确：以没有丈夫的同意、以死者精子受孕不符合社会一般观念，即使承认认领请求也不可能发生扶养、亲权等法律效果，来否认认领请求。这说明了日本司法界对死后生殖普遍持消极态度。

死后生殖的结果是新生命的孕育、出生和成长，衡量死后人工辅助生殖技术是否适用，不仅要考虑夫妻生育权利更要考虑出生子女的福祉，以此为出发点的选择才是符合相关法理学价值原则的判断。

第一，认可医学上适用人工辅助生殖技术的合法性，并不意味着认可死后生殖的相关法律后果，死后生殖及死后生殖子女法律地位急需立法来进行规制。

日本的系列死后生殖子女亲权认领案例表明，在日本，虽然法律上不能完全否定辅助医疗，但也没有对死后生殖及死后生殖子女的法律地位做出规制，在立法没有完备之前，只能按照社会一般观念来个别判断。而按照社会一般观念，日本的系列案例均对死后生殖子女亲权认领做出了否定判决，这说明虽然法律上没有明文禁止死后生殖这一事实行为，但司法上仍然对死后生殖的法律后果选择了消极态度的倾向，这对于社会上死后生殖技术的适用起到了反射性的限制作用。

日本最高裁判所的判决体现了一个基本思路，即此案涉及重大的政策决定和人权保障，在人权没有受到相当重大的侵害和限制的时候，司法应该尊重立法的民主决定和专业决定，为立法留下空间。也就是说，在没有立法规范的情况，除非出现法律漏洞，出现相当重大的人权侵害，否则司法不能超越立法做出决定；而出现相当重大人权侵害的情况时，通过合宪性解释，确认立法对人权的保护严重不足，人权上的漏洞已经到了无法等待立法保护的时候，司法才能对现行法进行合宪性补充解释，进而判定是否应该认可认领请求。日本最高裁判所在个案上否认了X的请求，但是在通案上并非认为X的权利不应被保障，只是基于分权体制，认为司法应该尊重立法。最高裁判所最后的一段论述可以认为是在用判决敦促立法者尽快做出决定。所以，应积极立法来明确规制死后生殖及死后生殖子女的法律地位。

第二，子女权利的保障应成为死后生殖与否的判断标准。

虽然生殖者拥有自我决定是否死后生殖的自由，但不能只考虑父母的生殖权利；人工生殖的目的是帮助不孕的夫妻孕育子女，那么，子女的自身权利是否得到很好维护就应该是考虑的重要标准，特别是在死后生殖的情形下，更为重要。站在子女的立场上，如果实施人工生殖会侵害子女的权利，那就应该从伦理上和法律上予以限制。在本案例的一审判决中也表明了这个观点，该判决指出，在无法发生监护、养育、扶养的人之间认可法律上的父子关系并不当然是保障了子女的利益。

人工生殖子女的权利应该包括有权获知自己血缘的血统认知权、具有合乎伦理及法律的亲子关系的安定身份权、符合子女福祉的健全双亲的抚养教育权利及拥有双亲的权利。我国婚姻法第21条规定："父母对子女有抚养和教育的义务"，"父母不履行抚养义务时，未成年的或不能独立生活的子女，有要求父母付给抚养费的权利。"因此，抚养教育子女是父母应尽的义务，又是子女应享有的权利。死后人工生殖，死亡者虽然为血缘上之父或母，但死亡者已无法养育及抚养子女，使子女自受孕时，即在单亲家庭中成长，侵害子女拥有健全家庭之权利，使子女处于不利的地位，当然违反子女之利益[①]；死后怀胎生殖的孩子，毫无选择地丧失了具有健全双亲的权利，出生和成长于单亲家庭中，对于其人格全面调和发展产生影响，会给子女带来极大痛苦。而且，因为不符合许多国家现有关于亲子关系的法律规定，孩子很可能没有法律上认可的父亲，从而丧失安定的身份，是否属于婚生子女也成为疑问，这对于孩子而言又是一个极大伤害。因此，在决定人工辅助生殖技术时，虽然应考虑父母拥有子女之权利，但拥有子女的权利受到子女拥有父母权利的限制[②]，人工辅助生殖技术的运用，必须考虑将来出生之子女利益，而拥有健全双亲的保护是子女利益的重要内涵，故死后人工生殖，因其结果将损害子女拥有双亲之自然根本权利，违反子女利益，法律上应该限制。

第三，死后生殖强调夫妻特别是死亡者生前的明确意思表示。

实施人工辅助生殖技术的后果是孕育新的生命，产生了继承关系，父母与子

---

① 参见[日]松川正毅：『変貌する現代の家族と法』，大阪大学出版会2002年版.7。

② 参见[日]水野紀子：「人工生殖における民法と子どもの権利」，载宇都木伸、町野朔等编：『医事法判例百選 No.183』，有斐阁2006年版，第211页。

女之间抚养与被抚养等权利义务关系，那么，接受人工辅助生殖技术的夫妻必须做出明确同意的意思表示，这体现了自我决定权的实现，是必需的前提。当夫妻之间一方死亡，生存的另一方能否使用死者的生殖细胞实施人工生殖，也必须具有死者生前的明确同意这个前提，否则就违背了知情同意的自我决定原则。在本案的三个判决中，也都体现了这个思想，一审及二审判决在探明死亡丈夫是否同意死后妻子用冷冻精子生殖方面，进行了专门阐述，二审判决更是对“父亲同意”要件的重要性进行了强调，并把“父亲同意”要件作为父子亲权认领的三个要件之一。

一个新生命的创造与出生，一般依据夫妻明示或暗示的合意，而这合意实质包含了夫妻成为父母的意思。如果人已死亡，如何合意就成为困难，自我决定也就难以实现；死后人工生殖因其不存在死者成为父亲或母亲的意思，当然应当受到限制；虽然死者可通过遗嘱或生前签署文件方式表达同意使用其生殖细胞的意思，但遗嘱及生前文件仅仅是拟制的意思，死者本身于实施人工生殖时并无意思存在①；其次，出生子女的意思，通常含有养育及抚养的意思，死后使用冷冻生殖细胞的意思，仅仅指拥有遗传子女的愿望，并不含有养育的意思，生前的意思伴随时间的流逝而模糊不定，是否可认为其有出生子女之意思，即有可议之处②；再次，精子或卵子作为生殖细胞本质上存在潜在生命基础，其使用权属于生殖细胞所有权人专属的决定权能。使用自己的生殖细胞而出生子女的决定，必须在具体实施人工辅助生殖行为时方现实存在；在尚未实施人工辅助生殖行为前，均有撤回原来意思的可能，享有此决定权的主体死亡后，决定权随之消灭，不能转移给生存的配偶或家属。所以，死后人工生殖行为很难体现死者的意思表示，很难体现死者的自我决定的伦理价值。

第四，生育责任大于生育自由原则。

生育和人工生殖涉及人的基本权利和自由，在强调生育自由的同时，必须认识到生殖的后果是一个独立生命的孕育与出生，这个弱小生命的利益该如何维护，是享受生育自由时必须考虑的问题。所以，生育自由与生育责任密切联系。在许多国家，并不把生育权仅仅当作人格权的一部分，而是把它与责任、义务联系在一起，强调夫妻和个人对子女、家庭和社会的“责任”，强调夫妻在行使生育权时，要考虑到将来子女的需要和对社会的责任；许多国家也通过法律的规制使其成为人身权的范畴，这都体现了生育责任重于生育自由的倾向。

---

① 参见[日]水野紀子：「死者の凍結精子を用いた生殖補助医療により誕生した子からの死後認知請求を認めた事例」，『判例タイムズ』2005年第1169号，第102页。

② 参见[日]中村恵：「人工生殖と親子関係(2・完)：アメリカ法を中心として」，载『上智法論集』1998年第41卷4号，第269页。

死后生殖，更多体现的是夫或妻的生育自由，而没有慎重考虑后代子女的福祉，人权不能用来为不负责任的行为辩护，站在子女的立场上，虽无法选择出生，但其要求出生在一个完整家庭中，有健全的父母，获得父母的抚养教育是其与生俱来的神圣权利。如果允许死后生殖，这将剥夺孩子拥有健全父母关爱的权利，影响孩子正常的身心成长，对孩子有失公平。对死后生殖做严格限制，从生育责任角度以及孩子健康成长出发，是必要的、也是必需的。

第五，坚持人工辅助生殖技术治疗性质原则。

人工辅助生殖技术作为医学技术是治疗疾病和改善病情的必要手段，不单是为了创造生命，成为满足不合理生育需要的工具。作为一种非常态生育方式，人工辅助生殖技术只能以治疗不孕症为目的，适用对象只能是罹患不孕症且无法治愈者。就本质而言，依靠科学技术的人工生殖技术其目的在于创造与建立家庭生活。死后人工生殖并非不孕症的治疗，也不能建立一个健全家庭，当然违反人工生殖的目的；何况，生殖行为本来限于生存时始有可能，使用冷冻技术实现不死的愿望，与自然秩序相违背，不能形成社会的共识，显然违反公序良俗而应被禁止①。

目前，对于死后人工生殖的法律选择多数国家采取禁止死后人工生殖的立场。例如，德国 1990 年制定《胚胎保护法》第 4 条明文禁止死后人工生殖，违反该条的规定应处 3 年以下徒刑或罚金②；法国《保健医疗法典》第 1152 条规定防止单亲家庭子女的出生，明确实施人工生殖必须实施者生存且有同意能力，若一方死亡，不得实施人工生殖③；瑞典 2002 年修订的《体外受精法》第 6 条规定，为实施体外受精，医师必须选择合适的精子或卵子，不得使用死亡者的精子或卵子实施体外受精④。

在我国，对于死后生殖问题，法律没有明确规定。2003 年 11 月修订的卫生行政规范《人类辅助生殖技术规范》中关于实施技术人员的行为准则中明确规定："禁止给不符合国家人口和计划生育法规和条例规定的夫妇和单身妇女实施人类辅助生殖技术"，"必须严格遵守知情、自愿的原则，与夫妇双方签订知情同意书。"这些规定表明，在我国，实施人工生殖技术显然针对的是活着的不孕夫妇，并强调不孕夫妇本人的知情同意；但上述规定仅仅是从行政管理的角度对医学技术人员的规制，我国法律并没有明确禁止死后生殖。

---

① 参见[日]内田貴:『民法Ⅳ親族㊤相続(補訂版)』,東京大学出版会 2004 年版,第 208 页。

② 参见[日]有中谷謹子:『21 世紀につなぐ生命と法と倫理生命の始期をめぐる諸問題』,有斐阁 2000 年版,第 233 页。

③ 参见顾祝轩.《人工生殖辅助技术与民法上亲子关系》[J]. 渠涛主编《中日民商法研究(第三卷)》北京:法律出版社,2005. 358.

④ 資料集生命倫理と法編集委員会编:『資料集生命倫理と法. 新版』,太陽出版 2008 年版,第 325 页。

人工辅助生殖技术遭遇死后生殖问题，使得人工生殖技术的法律规制问题凸显。其一，死后取精生子涉及情感、伦理、人权、生命法学等诸多复杂问题。涉及人工生殖的捐精、捐卵等的规制；还必须面对亲子关系的确定、孩子身份的确定、继承关系的变化以及生育权的实质等问题的探讨，而一旦明确可以死后生殖，这些围绕死后生殖而设定的法律制度将极大困扰现有的亲子、婚姻等法律制度，可以说，我们的法律还没有做好适应与改变的准备。其二，死后生殖带有浓厚的个人感情色彩，个案中的主角令人同情，但同情能否主导法律的抉择？感情与人性尊严孰轻孰重？这些问题解决都直接指向了人工辅助生殖技术的立法，指向对死后生殖的法律规制。很显然，为了保护后代子女福祉，维护社会既有的公序良俗，防止可能带来后代的悲剧和社会关系的动乱，有必要制定一部全面的人工辅助生殖法律，对死后生殖采取审慎严肃的态度，明确禁止死后人工生殖。

首先，禁止使用死亡者的生殖细胞，严禁从尸体上取精；夫妇二人一方死亡后，保存在医疗机构的生殖细胞（包括受精卵）应予以销毁。

其次，严格限定人工辅助生殖技术适用对象，仅限于婚姻关系存续的不孕夫妻，接受人工辅助生殖技术必须严格遵守知情同意原则，由夫妻亲自合意决定。

最后，对于违反死后人工辅助生殖规定而诞生的子女，基于保护子女利益的出发点，可以参照日本民法的规定，对于婚姻消解后300日内出生的子女推定为婚生子女。

第二章　医学新技术中的法律问题

案例 1

生殖细胞的法律地位及权利归属

——美国 Hecht v. Superior Court 案

一、案例背景

在过去的 50 多年间，冷冻、保存、融解技术取得了巨大的进步，对人类的精子、卵子在其具有生命活力时进行冷冻，保存于一定的环境中使其结构和功能得以保持，然后将这些物质加以融解从而获得发展为新生命个体的潜能已不再是神话。世界上第一例使用冷冻精子怀孕成功的案例发生于 1953 年。[①] 1997 年，澳大利亚的一家报纸报道了一个寡妇用其亡夫的冷冻精子孕育出生了一个孩子。[②] 现如今，卵子也可以冷冻起来保持其生命活力。但是卵子的冷冻技术远不如精子，运用冷冻卵子的怀孕比例要远低于用新鲜的卵子，而且其费用相当昂贵。

生前取精并且于该男子的生存期间运用很少引发争议，然而，如果该男子在其未使用或者未完全使用冷冻的精子前死亡该如何处理？在缺少成文立法的情况下，要解决此问题，审判者必须确立"谁有权控制死去的人留下的冷冻精子"？这样，生殖细胞的法律地位及其权利归属的问题就摆在了我们的面前。美国 Hecht v. Superior Court 案，给了我们很多的启示。

---

① R. Bunge & J. Sherman, *Fertilizing Capacity of Frozen Human Spermatazoa*, 172 Natere 767 (1953)

② Kristine S. Knaplund, *Postmortem Conception and a Father's Last Will*, 46 Ariz. L, Rev. 91, 92(2004)(citing a report in the Sydney Morning Herald, July 12,1977)

二、案情概要

世界上第一个有关死后精子处置的案例发生于1984年的法国。Alain于1981年被诊断患有癌症，遂将其精子保存于精子研究与保管中心（以下简称中心）以保存其将来的生育能力。1983年12月23日，26岁的Alain与其女友Corrine结婚两天后死亡。Corrine试图获得亡夫的精子，但是中心拒绝了她的请求，迫使Corrine起诉。法国法院着眼于死者的意愿，优先考虑的是死者的生前指示。该案的问题是死者生前并未留下有关冷冻精子处置的明确的指示，促使法院寻找其他的相关证据。死者的父母和Corrine均作证死者有死后生殖的意愿，说服了法院认可死者有使其妻子成为孩子母亲的强烈的意愿。最后，法院判决要求中心归还冷冻的精子于Corrine选择的医师。①

1991年10月30日，48岁的William Kane在一家宾馆自杀。在他自杀前的一个月，他将15瓶精液寄存于加利福尼亚州的一家精子银行，并且留下了纸质的指示，授权其精子银行将这些精子标本交由其38岁的女友Deborah Hecht。另外，在其遗嘱也明确表明将其精子遗留给Hecht。Kane死后，当Hecht主张其对精子的权利时，遭到了Kane的成年子女的阻挠，案件被起诉。初审法院判决销毁死者的精液，Hecht不服提起上诉。加利福尼亚上诉法院于其1993年的判决中，推翻了初审法院要求遗嘱执行人销毁死者所有精液的判决。上诉法院引用了上述法国判例，认为Kane对其精子享有一定的权利，这种权利被涵盖于"财产"这一广泛的定义中。因而，精子应作为遗产。另外，法院还认为公共政策并不禁止对一个单身女性实施辅助生殖技术，也不排除一个未婚女性从事死后孕育。最终，法院坚持认为，Kane的意愿是非常清楚明确的，Hecht有权利为了死后生殖而取得精子。② 可以看出，法院认为死者的意愿具有压倒一切的地位。

该判例表明，生殖细胞的提供人对于其具有类似财产的权利，并不像一般的人格权客体。一旦主体消灭客体应随之消灭。

三、案件评述

（一）生殖细胞的法律地位

从传统民法主体与客体的两分法来看，脱离人体的生殖细胞属于客体无疑，

① 但是最后被证明无用，因为Corrine的人工授精失败了，see E. Donald Shapiro & Benedene Sonnenblick, *The Widow and the Sperm: The Law of Post-Mortem Insemination*, 1 J. L. & Health229 (1987).

② *Hecht v. Superior Court*, 16 Cal. App. 4th 836, 20 Cal. Rptr. 2d 275 (1993)

但是其属于哪一种权利的客体（即为身体还是为物）则不无疑问，从权利角度分析，其权利性质为人格权还是物权呢？

1. 人格权说

持这种学说的学者认为，生殖细胞是人身权的客体，其是身体的一部分。“自人体分离之组织”与“原承载该组织”之人间具有密切关系，因为自人体分离之组织于稍早未分离前，还是人体之一部分。并认为，此种与特定客体间具有密切联系的特别人格关系，原则上应属于人格权之范畴。① 发生在法国的 Parpalix v. Cecos 案就是持这种观点，法国法院命令精子储存者将冷冻的精子按照男方与精子库签订的协议归还妻子一方，法院拒绝承认在精子上存在任何物质利益，即精子不是物。②

2. 物权说

持这种学说的学者认为，生殖细胞是物权的客体，其本身为物。按传统民法理论，“物者，指除人之身体外，凡能为人力所支配，独立满足人类生活需要的有体物及自然力而言。”③台湾学者史尚宽认为：“活人之身体，不得为法律之物。法律以人为权利主体，若以其构成部分即身体之全部或一部为权利之标的，有反于承认人格之根本观念。”“人身之一部分，自然地由身体分离之时，其部分已非人身，成为外界之物，当然为法律上之物，而得为权利的标的。然其部分最初所有权，属于分离之前所属之人，可依照权利人的意思进行处分。”④我国大陆一些学者也持这种观点，王利明教授主持的《中国民法典学者建议稿及立法理由》第 128 条第 2 款规定：“自然人的器官、血液、骨髓、组织、精子、卵子等，以不违背公共秩序与善良风俗为限，可以作为物。”徐国栋教授主持的《绿色民法典草案》第 30 条第 2 款规定：“在特定条件下，自然人本身的器官也成为物。”

3. 特殊的物权说

该学说又被称为“修正的物权说”。大多数学者其实持的是这种观点，认为生殖细胞上的权利是一种特殊的物权，生殖细胞是一种特殊的物。徐国栋教授将财产分为普通财产、身体财产和私生活利益，其中后两类属于身内之物，认为：作为整体的人的身体是私生活，作为部分的人的身体是身体财产，并认为生殖细

---

① 邱玟惠：《论人体、人体组织及其衍生物于民法上之权利结构》，东吴大学法学院法律学系 2009 年博士学位论文，第 62 页。

② Mason & McCall Smith. *Law and Medical Ethics*, London: Reed, Llsevier (UK) Ltd, 486, 1999. 转引自李燕：《生命科技背景下的人体与民法上的物》，《政法论丛》2009 第 6 卷第 3 期，第 63 页。

③ 王泽鉴：《民法总则（增订版）》，中国政法大学出版社 2001 年版，第 208 页。

④ 史尚宽：《民法总论》，中国政法大学出版社 2000 年版，第 250 页。

胞属于私生活利益。[①] 杨立新教授认为:"对于人体脱离物,其认为脱离人的器官和组织为物的属性具有合理性,理由是人体器官一旦脱离了人格的物质载体,那么也就与民事主体的人格脱离了关系,也就不再具有人格的因素了,不再是人格的载体,具有了物的属性。但是由于其具有普遍的生命性、限定的独立性、可利用性和价值性、不可再生性和易损性,因此,应该属于特殊的物,适用特殊的规则。"[②]台湾学者邱玟惠采取修正的物权说,当人体组织与人体分离之际,人格权要素并不受到抑制或排除,而是与财产权同时并存于此人体分离之组织上。[③]

笔者赞同上述的第三种观点。生殖细胞作为遗传物质的载体,包含主体的遗传信息。因此,生殖细胞属于一种特殊的物,其特殊性在于其上还存在着身体权的要素,不能像普通的物一样被自由转让和继承。生殖细胞的法律地位在自用和捐赠时又表现为不同的权利样态。

(二)生殖细胞的权利归属

1. 自用情形下生殖细胞的权利归属

在德国曾经发生过一起储存的精子灭失案件。原告于婚前已经预见到自己有不能生育的可能,遂提前将其精子取出冷冻保存于被告处。原告于婚后意欲取用该冷冻精子以供生殖之用时,才得知由于被告的过失,他的精子已经遭受了灭失。原告起诉要求被告向其支付抚慰金两万五千马克。两级法院都否认了原告的请求权,但是德国联邦法院认定被告的行为侵犯了原告的身体从而支持了其诉讼请求。

德国联邦法院做了如下推理:很多人会认为,身体的组成部分如果与身体一旦分离即成为物,权利主体对该脱离身体的组成部分的权利由身体权转为对该物的所有权。如果按照这种理解,原告的精子遭受灭失,被告的行为不属于对原告身体的侵害,所以原告也就不享有《德国民法典》第 847 条规定[④]的抚慰金请求权。但法官认为,上述理解过于狭隘。他们认为,身体权是一项独立的人格权,《德国民法典》第 823 条第一项[⑤]所保护的客体不是物,而是人格的存在及其自主决定的领域,该条款将人的身体作为人格的基础加以保护。现代医学科技

---

① 徐国栋:《现代的新财产分类及其启示》,《广西大学学报》(哲学社会科学版),2005 年第 12 卷第 6 期,第 49—53 页。

② 杨立新:《人身权法论》,人民法院出版社 2006 年版,第 266—279 页。

③ 邱玟惠:《论人体、人体组织及其衍生物于民法上之权利结构》,东吴大学法学院法律学系 2009 年博士学位论文,第 60—76 页。

④ 德国民法第 847 条第一项规定:1. 不法侵害他人的身体或健康,或侵夺他人自由者,被害人所受侵害虽非财产上的损失亦得因受损害请求赔偿相当的金额。2. 前项请求权不得让与或继承,但请求权已依契约让与或已发生诉讼拘束者,不在此限。

⑤ 德国民法第 823 条第 1 项规定:因故意或者过失不法侵害他人的生命、身体、健康、自由、所有权或其他权利者,对被害人负赔偿损害的义务。

的进步使身体的组成部分与身体分离，而后还可以结合。如果权利主体的意思是为保持自己身体功能的完善，而将身体组成部分与身体暂时脱离，其目的在于将来再次与身体整体结合。身体组成部分即冷冻精子在与身体暂时相分离期间，与身体的其他部分已然构成了功能一体性。因此，对该分离于原告人体的组成部分的侵害，应该认为是对原告身体的侵害。本案中，因被告的过失行为导致原告储存于其处的冷冻精子遭受灭失，符合《德国民法典》第 847 条的要件，原告可以依据身体权遭受侵害为由请求抚慰金赔偿。法院认为原告请求赔偿两万五千马克的诉讼请求是合理的。①

本案精子的提取和储存旨在生育繁殖，精子的储存实际上是已丧失生育能力的代替，关乎权利主体身体的完整性和其所涉之人的自主决定与自我实现。该判例的精神值得借鉴。同理，自用的卵细胞与人体分离之后，也是妇女身体的一部分，如果受到侵害则也应认为是侵害该妇女的身体权。应该认为，生殖细胞自人体分离后，在自用的情况下，除了具备物权的特征外，还具有身体权的特征。

2. 生殖细胞的捐赠与转赠的权利归属

首先，捐赠的撤销。根据我国合同法的规定，原则上赠予人可以在赠予财产的权利转移之前撤销赠予，但具有救灾、扶贫等社会公益、道德义务性质的赠予合同或者经过公证的赠予合同除外。但是，要注意生殖细胞的捐赠是基于当事人的意愿分离自己身体的一部分始得为之，捐赠的标的物不是普通的物，而且具有人身属性的合同是不可以被强制执行的。在生殖细胞与人体分离前，仍然属于人体的一部分，是身体权的标的，捐赠人享有捐赠的撤销权自不待言；当生殖细胞与捐赠者分离之后，尚未交付给精子库或者卵子库之前，所有权归捐赠人，此时捐赠人仍可以撤销赠予。所以，即使捐赠人与精子库或者卵子库做出捐赠的意思表示，只要生殖细胞没有交付，如果捐赠人反悔应予以允许。但是当生殖细胞的所有权已经转移(即交付后)，由精子库或者卵子库取得生殖细胞的所有权。原则上应不允许撤销赠予，但如果捐赠人以后需要用自己已经捐献的生殖细胞，应当予以准许。台湾《人工生殖法》第 19 条规定，生殖细胞被捐赠后，捐赠人不能请求返还。但是捐赠人捐赠后，经过医师诊断或证明有生育功能障碍的捐赠人，可以请求返还未经销毁的生殖细胞。这种立法精神值得借鉴。

其次，生殖细胞的转赠。我国大陆的法律文件中没有对生殖细胞是否可以转赠进行明确规定。台湾《人工生殖法》第 20 条规定，人类辅助生殖机构接受捐赠的生殖细胞，经过捐赠人事前书面同意可以转赠给其他人类辅助生殖机构，实施人类辅助生殖。目前，人类精子库在实践中出现尴尬局面，很多地方的生殖细

---

① 参见王泽鉴：《侵权行为法(第一册)》，中国政法大学出版社 2000 年版，第 108—111 页。

胞供不应求，为了满足更多不孕夫妇实现生育的愿望，应于一定条件下允许生殖细胞的转赠。当然，为了避免生殖细胞的捐赠流于商业行为，应该规定原则上生殖细胞不得转赠，但经捐赠人事先书面同意，可转赠其他人工生殖机构实施人类辅助生殖。

最后，捐赠之生殖细胞的用途。从我国原卫生部的一系列规章中不难发现，被捐赠的生殖细胞的首要用途是人类辅助生殖，以帮助不孕夫妇实现生育。对于是否可供研究，《人胚胎干细胞研究伦理指导原则》中认可了自愿捐献的生殖细胞属于研究用的人胚胎干细胞的来源之一。所以，捐赠的生殖细胞可用于人类辅助生殖和科学研究。对此，台湾《人工生殖法》第 22 条也做了明确规定。该条规定：依本法捐赠之生殖细胞、受术夫妻之生殖细胞及受术夫妻为实施人工生殖形成之胚胎，人工生殖机构不得为人工生殖以外之用途。但依前条第五项规定提供研究使用之情形，不在此限。

（三）生殖细胞的销毁

不论是自用还是捐赠的生殖细胞，都面临着是否可以永久保存的问题。其中主要涉及：第一，有关医疗资源占用的问题；第二，如果将生殖细胞长期保存，会导致事隔多年之后具有基因关系的孩子出生，引发一系列的伦理、法律问题；第三，当不孕夫妇的生育权在现有法律框架内实现后，是否有必要再继续保存生殖细胞的问题。对此，我国现行规章没有规定，笔者建议借鉴台湾《人工生殖法》第 21 条的规定，在自用和捐赠两种情况下规制生殖细胞销毁的问题。

在自用的情形下，生殖细胞于下列情形出现时应该被销毁：①生殖细胞提供者要求销毁；②生殖细胞提供者死亡；③保存期间超过十年。

在捐赠的情形下，生殖细胞于下列情形出现时应该被销毁：①提供受术夫妻完成活产一次；[①]②保存逾十年；③捐赠后发现不适于人类辅助生殖之用。上述情况下应销毁的生殖细胞经捐赠人或受术夫妻的书面同意，可供研究之用。

---

① 这与台湾《人工生殖法》第 10 条的规定相呼应，因为按照其规定，“人工生殖机构对同一捐赠人捐赠之生殖细胞，不得同时提供二对以上受术夫妻使用，并于提供一对受术夫妻成功怀孕后，应即停止提供使用”。大陆的规章尚无此类规定，只是《人类辅助生殖技术和人类精子库伦理原则》规定“同一供者的精子、卵子最多只能使 5 名妇女受孕”。但笔者认为，为了避免以后出生多个具有血统关系的孩子，避免血统混乱，中国大陆今后也应做此类规定。

案例 2

冷冻胚胎的法律地位及处分权

——美国 J. B. v. M. B. 案

一、案例背景

胚胎冷冻保存[①]的技术应用至今也就几十年的时间，世界上第一例冷冻胚胎婴儿诞生于 1984 年的澳大利亚，美国最早的冷冻胚胎婴儿诞生于 1986 年。[②] 据统计，在美国被冷冻保存的胚胎数量接近 40 万。[③] 中国的数字目前没有全面统计，但自 1988 年大陆首例试管婴儿诞生后，国内辅助生育相关技术产业呈现飞速发展态势，现今经过国家卫生与计划生育委员会批准的可以开展人类辅助生殖技术的医疗机构共计 358 家。据估计，中国大陆每年试管婴儿的培育数量在 30 万左右。[④] 由冷冻胚胎所引发的争议逐渐产生。在这些争议案件的审理中，主要涉及的问题是：如何确定冷冻胚胎的法律地位？如何确定离婚案件中冷冻胚胎的处分权归属？如何确定基因提供者一方死亡时冷冻胚胎的处分权归属？基因提供者双方均死亡时冷冻胚胎的处分权归属？本部分选取具有代表性的美国 J. B. v. M. B. 案，其对基因处理的利益衡量的第三条进路，代表了美国在处理基因提供者离婚时冷冻胚胎的权利归属认定的最新进展，开辟了我们对冷冻胚胎认识的新视野。

在此案之前，美国的 Davis v. Davis 案[⑤]被认为是有关冷冻胚胎一个具有里

---

① 冷冻保存是指将分离人体的组织或者器官在极低的温度下保存其活性的技术。经过慢速（第 2—3 天的胚胎）和快速（第 5—6 大的囊胚）两种降温方式使胚胎能静止下来并可在 196 度的液氮中保存的一种方法。如果需要的话，可以再进行融化。

② Daar, Judith., Reproductive technologies and the law, Newark, N. J. : LexisNexis/Matthew Bender, 2006, p600.

③ See David I. Hoffman, et al., Cryopereserved Embryos in the United States and Their Availability for Research, 79 Fertility & Sterlity 1063(2003).

④ 赵玲：《失独老人要求继承冷冻胚胎未获支持 辅助生殖领域法律空白亟待填补》，《人民法院报》2014 年 5 月 20 日第 3 版。

⑤ Davis v. Davis, 842 S. W. 2d 588, 597 (Tenn. 1992).

程碑意义的案例。美国各州接下来的几个相关案件均受到该案的不同程度的影响。在 Davis v. Davis 案中，丈夫 Junior Lewis Davis 和妻子 Mary Sue Davis 在离婚前通过田纳西州生殖中心的帮助，经过体外受精形成了 9 枚人类体外早期胚胎，其中 2 枚被移植到了 Mary 的体内，但随后宣告失败，其余 7 枚早期胚胎以冷冻的方式保存了起来。1989 年 2 月，Junior 向 Mary 提出离婚。于是，这 7 枚胚胎的性质及归属成为双方争议的焦点。Mary 主张自己享有这些冷冻胚胎的所有权，她希望得到它们并植入自己的体内。① 但 Junior 基于自己小时候在单亲家庭中成长的经历，不希望冷冻胚胎被移植，拒绝将来成为这些孩子的父亲，而主张将这些冷冻胚胎销毁。该案中，Davis 夫妇同诊所的知情同意书只有同意该辅助生殖程序而已，并没有关于离婚后冷冻胚胎处置权归属的条款。初审法院于 1989 年 9 月做出判决认为，人的生命开始于受孕，因此，试管中的被冷冻的早期胚胎实际上就是自然人，是 Junior 和 Mary 的孩子，其监护权属于 Mary。② Junior 提起上诉，1990 年州高等法院推翻原审法院的判决，将冷冻胚胎判给夫妻双方共同管理，并承认 Junior 有拒绝成为父亲的权利，否认了下级法院的判决根据，不认为胚胎是“自然人”，且不承认自然人的生命起源于受孕。③ 上诉法院的判决根据为 Roe v. Wade 案的判决以及田纳西州关于谋杀(Murder)、侵袭(Assault)、非法堕胎(Criminal Abortion)和非正常死亡(Wrongful Death)的法律规定。④ 上诉法院认为，原审法院忽视了这些法律背后的社会政策。⑤ Mary 不服，再次提起上诉。1992 年 6 月，田纳西州最高法院做出判决，认为冷冻胚胎既不是人也不是物，而是一种过渡种类，由于有发展为人的可能性，应该得到特殊的尊重。⑥ 法院在进行权利权衡(balance testing)时，从双方的负担出发进行比较，认为 Junior 不愿意成为这些胚胎基因上父亲的权利应当优于 Mary 将多余胚胎捐赠给他人的权利。

---

① 在该案上诉之前，Mary 再婚了并对这些准胚胎的处理方式改变了意见。她想将这些准胚胎捐赠出去而不是植入自己体内。

② Davis v. Davis, 1989 WL 140495, at 57 (Tenn. Cir. Sept. 21, 1989) (No. E-14496).

③ Davis v. Davis, 842 S.W. 2d 588, 597 (Tenn. 1992).

④ 相关法条为 tenn. code ann. § 39-13-201(a) (Supp. 1990), § 39-13-101 (Supp. 1990), § 39-15-201(c) (1990), § 20-5-106(a), (b) (1980)，主要涉及法律保护的对象限于能够成活的胎儿，准胚胎被排除在外。转引自张善斌，李雅男：《人类胚胎的法律地位及胚胎立法的制度构建》，《科技与法律》2014 年第 2 期：第 286 页。

⑤ *Junior Lewis Davis v. Mary Sue Davis*, Tennessee Court of Appeals at Knoxville, No. 190, slip op. at 5-6, 1990 Tenn. App. LEXIS 642(Sept. 13,l 1990).

⑥ 原文表述为：We conclude that preembryos are not, strictly speaking, either “person” or “property”, but occupy an interim category that entitles them to special respect because of their potential for human life. Davis v. Davis, Supreme Court of Tennessee, 842 S. W. 2d 588(1992).

该案在两个方面具有重要意义：一是在冷冻胚胎法律地位的界定方面的突破；二是在离婚案件中对于冷冻胚胎的处置方面的突破。美国各州接下来的几个相关案件均受到该案的不同程度的影响，也对其他国家的冷冻胚胎学说理论产生借鉴作用。

二、案情概要

2001 年新泽西州的 J. B. v. M. B. 案[①]中，妻子 J. B. 和丈夫 M. B. 没有关于冷冻胚胎处置的在先协议。双方离婚时，妻子主张将它们销毁，而丈夫主张将这些冷冻胚胎由其妻子使用或者捐赠给其他不孕夫妇。本案法官借鉴了 Davis 案判决的最后部分，在该案判决的结论部分，确立了一个原则：首先看基因提供者的偏好（the preference of the progenitors）；其次，如果他们的愿望不能被确定，或者他们之间有争议，有关冷冻胚胎处置的在先的协议应该被执行（proir agreements）；第三步，如果没有在先的协议，当事人的关于使用或者不使用冷冻胚胎的相关利益应当被衡量（balancing interests）。[②] 新泽西州的法院进行了利益比较，认为"如果关于如何处置冷冻胚胎达不成协议，因为一方当事人重新考虑了他（或她）先前的决定，双方当事人的利益必须被衡量"，从而支持了妻子的主张。

三、案件评述

冷冻胚胎毫无疑问不属于人，是具有一定的生物学意义的生命，是一种特殊存在，但其法律地位如何耐人寻味。大陆法系历来多采用主体与客体，即人与物的两分法，作为民法制度的基石。但诸如冷冻胚胎等的存在，很难完全归入上述任何一个分类当中。英美法系不像大陆法系那样重视抽象思维，追求概念的精准与体系的构建，而且由于其技术的发达程度及应用的广泛性，在实践中出现了较多的案例，在此基础上形成了一系列的判例。

（一）对冷冻胚胎法律地位的理论观点

从世界范围来看，对冷冻胚胎的法律地位大体可分为：主体说、客体说和折

---

① J. B. v. M. B., Supreme Court of New Jersey, 170 N. J. 9,783 A. 2d 707(2001).

② *Davis v. Davis*, Supreme Court of Tennessee, 842 S. W. 2d 588(1992).

中说三种。[①]

1. 主体说

主体说有两个分支：人格说和有限的自然人说。

人格说受基督教、天主教教团以及一些反对人工妊娠的团体的支持和影响，主张“人的生命从受精的一刻开始”，因此从受精那一刻开始胚胎就享有人权。如德国的《胚胎保护法》主张人的生命始于受精卵。《法国民法典》1994 年修正案规定：“任何赋予人体、人体各部分以及人体所生之物以财产性价值的协议，均无效。”[②]该学说的典型是美国路易斯安那州 1986 年《人类胚胎法》（Human Embryo Statute）第 9：123 条的规定“在被植入子宫之前，或在取得法律授予胎儿的权利之前，体外受精胚胎作为法律拟制的人（Juridical Person）存在”。[③] 第 9：126 条规定“体外受精卵为生物体上的人，既非受理手术的医疗机构也非精卵提供者的财产”。[④] 第 9：129 条规定了可存活的体外胚胎不得被销毁，但非冷冻状态下 36 小时内未进一步发育的受精卵视为不可存活，不视为法人。[⑤] 第 9：130 条规定胚胎的捐赠，认为，如果已婚夫妇签署了收养冷冻胚胎并发生了出生的情形，则视为遵守了该州关于收养的法律规定。[⑥] 可见，传统的收养概念被扩充于冷冻胚胎。

有限的自然人说：在罗马法系的传统内容中，一直将胚胎当作是特殊的自然人。公元 3 世纪的法学家保罗曾指出“凡涉及胎儿利益时，对母腹中的胎儿应当像活人一样保护”。奥古斯多·泰赫拉·弗雷塔斯，在其 1858 年起草的《巴西民法典草案》中，曾提出把胎儿看作存在的人。1871 年出台的《阿根廷民法典》延续了这一思路，并通过《马丁内兹草案》使其适用于体外受精的冷冻胚胎。意大利 2004 年 2 月 19 日出台的《医学辅助生殖规范》同样承认了冷冻胚胎的主体地

---

① 有的学者主张五种，另外两种为：主张胚胎自受精时就存在潜在人格的潜在人格说；主张胚胎是生物上的人，具有发展为社会的人的潜力，具有比一般生命物质更高的道德地位，应受法律保护的道德主体说。但笔者认为三种更为适宜，因为第四种第五种与前三种或有重复，或为前三种的一部分。参见宁红丽：《私法中“物”的概念的扩张》，《北方法学》，2007 年第 3 期，第 48—61 页。除此之外，还有学者从“人类尊严”的角度探讨冷冻胚胎的法律地位，参见邱玟惠：《“人类尊严”法学思维初探——从人类体外胚胎谈人性尊严之另一面》，《谱出生物科技法之妙音美律——生物科技法学之理论与实践》，台湾元照出版有限公司 2011 年版，第 232—276 页。

② 邢玉霞：《辅助生殖技术应用中的热点法律问题研究》，中国政法大学出版社 2012 年版，第 140—141 页。

③ Louisiana Rev. Stat. § 9：123(1986).

④ Louisiana Rev. Stat. § 9：126(1986).

⑤ Louisiana Rev. Stat. § 9：129(1986).

⑥ Louisiana Rev. Stat. § 9：130(1986).

位，并保障其生命权。[①] 英国等国家也规定了如14天原则等对冷冻胚胎进行保护。[②] 阿根廷、意大利等国一系列的条文，赋予了冷冻胚胎权利，由于其不能自己行使权利，还允许冷冻胚胎被代理行使权利，并且其所有权利都是以出生为附加条件的。这就开创了有限自然人说。

2. 客体说

也即财产说[③]，主张冷冻胚胎仅为精子和卵子提供者的财产，将其作为民事法律关系中的客体对待，而不承认其为独立的潜在生命。中国有的学者认为体外早期胚胎为物，并在此基础上探讨其物权保护规则。[④] 在美国，一些州更侧重于保护提供者的利益，关于该冷冻胚胎的处理方式，法律赋予提供者以完全的自主决定权。[⑤] 佛罗里达州立法承认受精卵的提供者对该枚受精卵的处理拥有共同的自治权。对该胚胎的“控制”权和决定权由提供者共同享有，如果一个提供者死亡，那么另外一个提供者就有完全的决定权。[⑥]

持此观点的人，有的认为冷冻胚胎是单纯的人体组织，可以由医生任意处理；有的认为冷冻胚胎是体源财产，受所有人的意识控制。对财产说的实践发生在美国York v. Jones一案[⑦]，弗吉尼亚州法院把冷冻胚胎定性为保管合同标的的财产，裁定医疗机构将其保管的冷冻胚胎返还给提供配子的夫妇。在该案中，原告为York夫妇，被告为诺福克试管婴儿诊所（以下简称诺福克诊所）。当York夫妇决定将保管人变更为洛杉矶的一家诊所时，诺福克诊所拒绝将被冷冻保存的胚胎空运到洛杉矶的诊所。York夫妇通过临时限制令（Temporary Restraining Order）和初步禁令（Preliminary Injunction）取回了他们的冷冻胚胎并且自己运到了洛杉矶。法院认为这对夫妇对他们的冷冻胚胎享有财产权，York夫妇和诺福克诊所事先签订的协议因为目的变更而应当终止，依据非法占

---

① 该法第1条把受精胚胎当作主体，第8条明确规定上述胚胎具有婚生子女的地位。第13条禁止以任何形式对人类胚胎进行试验、选择。第14条原则上禁止冷冻和摧毁胚胎，为植入制作的胚胎不得超过3个。胚胎被植入后，原则上不得减胎。

② 参见徐国栋：《体外受精胎胚的法律地位研究》，《法制与社会发展》2005年第5期，第56—58页。

③ 客体说中除了财产说之外，有的学者主张还包括私生活利益说，参见徐国栋：《体外受精胎胚的法律地位研究》，《法制与社会发展》2005年第5期，第61—62页。但笔者认为这属于权利行使的问题，而不属于冷冻胚胎法律地位的界定问题。

④ 参见王丽莎：《体外早期胚胎的物权保护规则》，《广西政法管理干部学院学报》，2011年第7卷第4期，第89—92页。

⑤ SeeJessica L. Lambert, *Developing a Legal Framework for Resolving Disputes Between "Adoptive Parents" of Frozen Embryos: A Comparison to Resolutions of Divorce Disputes Between Progenitors*, 49 B. C. L. Rev. 529, 553 (2008).

⑥ FLa. Stat. § 742.17(2)(3), § 742.13(12) (2009).

⑦ York v. Jones, 717 F. Supp. 421 (E. D. Va. 1989).

有理论，诺福克诊所必须将冷冻胚胎归还给 York 夫妇。台湾《人工生殖法》第 21 条规定：受术夫妻之胚胎，经受术夫妻书面同意，得转其他人工生殖机构继续保存。可见，冷冻胚胎的支配权在配子提供者，而非人工生殖机构。

3. 折中说

由于主体说和客体说存在缺陷和定位片面，于是产生了以主客体理论为根基的折中说。折中说认为，冷冻胚胎是处于人与物之间的过渡存在，介于权利主体和客体的中间。这种学说的其中一个起源就是《德国民法典》关于动物不是物的规定。持此学说的人认为，冷冻胚胎及精子、卵子可以纳入此类概念之内。我国很多学者也持这种观点。[①] 在西班牙《关于辅助生殖技术的法律》、意大利《医学辅助生殖规范》中，虽未言明对冷冻胚胎的此种定位，但实际采用了此种学说。1984 年英国的 Warnock 报告认为：胚胎不应该有与生存着的儿童和成年人一样的法律地位，但是应当认为其具有特殊地位。[②]

（二）美国判例中有关冷冻胚胎的处分权

关于夫妻离婚时对于先前形成的冷冻胚胎的处分问题，美国的判例创造了三条进路来解决这个问题，即合同进路、公共政策进路和利益衡量进路。

1. 合同进路

1998 年发生在纽约州的 Kass 案[③]是合同进路的典型代表。在经历辅助生殖治疗创造了 5 个冷冻胚胎之后，Kass 夫妇于 1993 年 5 月 20 日签订了一份合同，认为此种情形下，双方同意将冷冻胚胎捐赠以供辅助生殖研究之用。1997 年 7 月 7 日，双方在离婚协议中也做了类似的表述。但是，妻子 Maureen Kass 后来反悔了，主张将这 5 枚冷冻胚胎植入自己体内，因为这是她成为基因母亲的唯一机会，但是丈夫 Steven Kass 反对成为父亲，认为双方在开始辅助生殖治疗之初所订立的合同条款应该得到适用。本案不涉及冷冻胚胎的法律地位，只是涉及合同的有效性和可执行性。法院在判决中分析了在先协议的重要性，分析了合同文本，认为合同中已经清楚地表明了当事人的意愿，应当得到尊重。

另一个适用合同进路的判例发生在 2002 年的 Litowitz 案[④]。该案中，

---

① 参见高玉玲、周正环：《胚胎法律地位研究》，《安庆师范学院学报（社会科学版）》，2007 年第 7 卷第 4 期，第 92—93 页；白彦：《试管婴儿技术中人类胚胎的法律地位探析》，《中国卫生法制》，2001 年第 3 期，第 31—32 页；刘晓枫、陈志伟：《人类胚胎及胎儿的法律地位分析》，《科技与法律》，2011 年第 3 期，第 15—16 页；刘君丽．受精卵：《胚胎的法律地位初探》，《科技信息》2007 年第 29 期，第 607—608 页。

② See deP't of heaLth andSoc. Sec., report of the committee of inqUiry into hUman fertiLiSation and embryology 63 (1984), http://www.hfea.gov.uk/docs/Warnock_Report_of_the_Committee_of_Inquiry_into_Human_Fertilisation_and_Embryology_1984.pdf.

③ *Kass v. Kass*, Court of Appeals of New York, 91 N.Y. 2d 554, 696 N.E. 2d 174, 673 N.Y.S. 2d 350(1998).

④ *Litowitz v. Litowitz*, Supreme Court of Washington, 146 Wash. 2d 514, 48 P. 3d 261(2002).

Litowitz 夫妇于婚前生育了一个孩子。婚后 Litowitz 夫人由于子宫切除无法产生卵子，也无法孕育。双方决定在位于加利福尼亚州的一个不孕不育诊所进行辅助生殖治疗。用丈夫的精子和捐赠者的卵子形成了 5 枚冷冻胚胎。其中 3 枚被植入代孕母体内，生下了一个女孩。另外 2 枚胚胎被冷冻保存。在辅助生殖治疗的协议中，双方约定当将来对冷冻胚胎的处置不能达成协议时，"冷冻胚胎将被融解但是不允许其继续发展"（实则为销毁）。后来，双方分居，丈夫主张将剩余的冷冻胚胎捐赠给另外的不孕夫妇，但妻子主张将其植入代孕母体内发育。初审法院和上诉法院均基于"子女的最佳利益原则"，判决支持丈夫的主张。但是华盛顿最高法院基于双方在先的协议，认为应该将胚胎融解销毁。①

这两个判例虽然在案件事实方面有所不同，但法院都认真审查了在辅助生殖治疗和胚胎冷冻当时冗长的合同文本，认可了先前合同的效力，而不论双方意见的改变。

然而在美国国内，对合同进路存在一系列的批判。一是合同本身的有效性，即合同的瑕疵，最典型的就是没有合适的告知后同意。在与医疗机构间有关辅助生殖治疗的合同文本中，充斥着大量的专业术语，很多是当事人所不熟悉的，有关在医疗同意书中嵌入冷冻胚胎处置的条文是不明智的。作为一揽子协议，通常情况下当事人对冷冻胚胎处置的条文没有经过深思熟虑。二是双方合意的改变。当协议签订后，可能会发生很多变数，不允许当事人改变自己的意见不符合生育选择权的宪法保护精神。有的美国学者认为，当当事人不同意先前的处置安排合同时，此合同内容就不能被强制执行。对冷冻胚胎处置的决定只能是在现在做出，也只能为了现在，而不能是在以前为了将来而做出。② 此种意见值得思考。

2. 公共政策进路

发生于 2000 年的 A. Z. v. B. Z. 案③开启了另一条进路，即公共政策进路。丈夫 A. Z. 和妻子 B. Z. 在经历辅助生殖治疗中，从 1988 年 10 月至 1991 年 8 月间，每一次卵子的提取和受精，双方共签订了六份协议，表明如果他们"分手，则同意将冷冻胚胎还给妻子以供植入"。后来，双方离婚，丈夫反悔，向法院提起一个永久性禁令的协议，禁止妻子利用剩余的冷冻胚胎。法院基于公共政策的分析，认为该案情势变更，原合同不具有强制执行力，丈夫避免生育的权利高于妻

---

① 有趣味的是，该案并没有就此结束，后来双方又达成合意。

② See Jhon A. Robertson, *Precommitment Strategies for Disposition of Frozen Embryos*, 50 Emory L. J. 989, 1027(2001).

③ A. Z. v. B. Z., Supreme Judicial Court of Massachusetts, 431 Mass. 150, 725 N. E. 2d 1051 (2000).

子主张生育的权利，从而支持丈夫的永久性禁令。本案的裁判要旨为：即使夫妻间具有无可争议的在先协议，法院也不会强制执行这个迫使一方违背自己意志而成为父或母的协议。这个公共政策基于下述观点：对于自由和隐私的尊重享有个体是否被授予进入一个家庭关系的决定权。即当涉及家庭关系（如婚姻、亲子关系）时，当一方改变主意时不得强制执行原合同。[①]

然而，美国不同州对于"公共政策"的解读不同。例如，1996 年伊利诺伊州最高法院对 Nachmani v. Nachmani 案件[②]的判决就做出了不同的解读。虽然案件事实与 A. Z. v. B. Z. 案类似，但是在离婚程序中，妻子主张为冷冻胚胎寻求代孕母，而丈夫认为应禁止此种运用。大多数法官人为，这是妻子成为有生物学联系孩子母亲的唯一机会，认为否定 Nachmani 夫人成为一个母亲的损害将会大于对 Nachmani 先生的损害。[③]

3. 利益衡量进路

2001 年新泽西州的 J. B. v. M. B. 案[④]采取了第三条进路，即利益衡量进路。妻子 J. B. 和丈夫 M. B. 没有关于冷冻胚胎处置的在先协议。双方离婚时，妻子主张将它们销毁，而丈夫主张将这些冷冻胚胎让其妻子使用或者捐赠给其他不孕夫妇。本案法官借鉴了 Davis 案判决的最后部分，进行了利益比较，认为"如果关于如何处置冷冻胚胎达不成协议，因为一方当事人重新考虑了他（或她）先前的决定，双方当事人的利益就必须被衡量"，从而支持了妻子的主张。相比其他进路，这个途径更加具有灵活性。

可见，上述案件中，除了在 1996 年的 Nachmani 案中伊利诺伊州最高法院认可了妻子成为母亲的权利主张外，其他情形下，不管是基于合同进路、公共政策进路还是利益衡量进路，都认为一方避免成为父亲（或母亲）的权利高于另一方成为母亲（或父亲）的权利。其背后的价值判断值得深思。

（三）美国立法的规定

1. 佛罗里达州法典注解第 XLIII Title（有关家庭关系）第 742.17 条，父母身份的决定（有关卵子、精子或者早期胚胎的处置；继承权）中规定：受术夫妇和治疗医师应该签订一份书面协议，以规定夫妇的卵子、精子和早期胚胎在夫妇离婚、死亡或者其他未预见的情形：①如果没有书面协议，任何剩余的精子或卵子

---

① 需要注意的是，该案并不意味着马萨诸塞州所有的此类在先协议均不具有强制执行力。在该案的脚注中，法院列举了具有强制执行力的 5 个特征：一是协议必须是明确的和全面的；二是所有的合同条款必须与公共政策一致；三是协议的有效期必须明确；四是必须包含充分的信息，以使诊所能够在以后找到当事人；五是所有当事人的权利和义务必须明确规定。

② Judith F. Daar, *Reproductive Technologies and the Law*, Lexis Nexis, 650-652(2006).

③ 这是美国迄今为止此类案件中唯一的一个支持妻子成为母亲的权利大于避免成为父亲的权利。

④ J. B. v. M. B., Supreme Court of New Jersey, 170 N. J. 9, 783 A. 2d 707(2001).

应该归精子或者卵子提供者来控制；②如果没有书面协议，有关早期胚胎处置的决定权归于夫妇双方；③如果没有书面协议，在一方当事人死亡时，剩余精子、卵子或者早期胚胎的控制权应该归属于生存一方。[①]

2. 加利福尼亚州：2004 年修订了其健康与安全法典，在其中的 125315 条[②]中规定：①任何从事不孕治疗的内科医生、外科医生或者其他的健康服务提供者应该为其病人提供及时的、相关的、合适的信息，允许个人做出有关冷冻胚胎的告知后同意的自愿的处置选择；②在提供不孕服务时，内科医生、外科医生或者其他的健康服务提供者应该为夫妇或者个人提供一个表格，事先规定有关冷冻胚胎处置的书面指示。这个表格至少应该提供下列选择：在伴侣分居或者离婚时，A：根据女性伴侣采取行动；B：根据男性伴侣采取行动；C：为了研究目的而捐赠；D：不采取进一步措施的融解；E：捐赠给另一对夫妇或者个人；F：其他被明确规定的处置方式。

（四）中国有关夫妻离婚时对于冷冻胚胎的处分权问题的判决

2014 年，轰动全国的中国大陆首例冷冻胚胎继承案发生，反映了学界对于冷冻胚胎相关问题研究的必要性。该案经过两审，两级法院的判决结果有天壤之别。沈某夫妇都是独生子女，婚后多年未育，遂在江苏省南京市鼓楼医院接受辅助生殖治疗。医院提取双方的生殖细胞于体外培育了 4 枚受精卵。两人于接受冷冻胚胎移植手术的前一天晚上双双死于车祸。四位失独老人遂与医院交涉，想要取回这 4 枚冷冻胚胎，但数次都遭到医院的拒绝。无奈之下，沈某父母以自己的亲家为被告起诉至江苏省无锡市宜兴市基层人民法院（以下简称宜兴法院），请求法院将冷冻胚胎的处置权判给他们。宜兴法院于 2014 年 5 月对该案做出一审判决。法院认为，此案中的冷冻胚胎是介于非生命体向生命体的过渡物，不能简单地适用物权法或者继承法。冷冻胚胎具有发展为生命体的潜在可能性，是一种含有未来生命特征的特殊的物。冷冻胚胎不能如同普通的物一样被任意转让或者继承，因此，冷冻胚胎不能被定性为遗产也就不能成为继承权的标的。同时认为，夫妻双方对冷冻胚胎权利的行使也应受到一系列限制，必须符合中国现行的人口政策和计划生育法律法规，不得违背社会公共的伦理道德。并且基于冷冻胚胎的权利行使必须以生育为目的，冷冻胚胎不能被捐赠或者买卖。本案中，作为冷冻胚胎基因物质提供者的沈某夫妇均已死亡，夫妻双方通过人类辅助生殖技术达到生育的目的已确定无法实现，所以夫妻双方对于辅助生殖治疗过程中遗留的冷冻胚胎所享有的权利不能被继承。据此，宜兴法院一审

---

① Judith F. Daar, *Reproductive Technologies and the Law*, Lexis Nexis, 638(2006).

② Cal. Health & Safety Code §125315(2004).

判决驳回原告的诉讼请求。[①] 无锡市中级人民法院于 2014 年 9 月 17 日做出了终审判决，其撤销了一审法院的判决，将储存于南京鼓楼医院的四枚冷冻胚胎判由沈某夫妇的父母即四位失独老人共同监管和处置。[②]

（五）对冷冻胚胎的法律地位学说的评价

从以上案例可以看出，有关冷冻胚胎的法律地位，主体说存在非常明显的弊端。首先，把早期的冷冻胚胎看作人是否具有合理性的问题。因为根据现有的冷冻胚胎技术，大约有 35%的冷冻胚胎在融解的程序中会死亡。那些存活下来的胚胎，只有 25%能够正常发育到囊胚的阶段（即第 5 天）。[③] 其次，随着冷冻胚胎保存技术的不断进步，如果不能销毁被长时间冷冻保存的胚胎，将对社会伦理以及人类繁殖的自然性带来巨大的冲击，这种冲击的效果在东方国家会尤为明显。此外，对于冷冻胚胎的保护，使一系列基因疾病，如糖尿病、帕金森症和多种硬化症，因不能对冷冻胚胎进行临床研究和实验而受阻，存在为保护未出生的人而牺牲已出生的人的嫌疑。

客体说即财产说的不足也很明显。如果把冷冻胚胎定位为普通财产，那提供配子的夫妇对冷冻胚胎就是共有关系，这样将无法划分双方具体的份额；如果把冷冻胚胎定义为普通财产，认为冷冻胚胎具有可转让性，这就是承认冷冻胚胎为商品，必然不能为社会所接受。

所以，笔者认为折中说是比较好的一种处理方式。胚胎不论是“人”还是“物”，实际上都走了两个极端。处于两个极端中间的为折中说。如果将物和人之间作为一个线段的两端，则相对于生殖细胞而言，冷冻胚胎在线段中所处的位置较接近于“人”这一端。尽管体外胚胎发育为人的潜力是非常有限的，但是并不能否认这种“可能性”的存在。与单纯的物相比，冷冻胚胎作为人类潜在的生命，应当得到应有的尊重和保护，这是对人类尊严和伦理道德的维护。这往往体现在禁止胚胎的商品化上，也体现在将胚胎用于研究时，对其发育阶段及用途做出限制等规定。[④] 冷冻胚胎具有成长为一个生命体的性质决定了它不可能是普通的“物”或者“财产”。冷冻胚胎不是人体组织（如生殖细胞），更不是一般的物，同时又不能等同于真正的人，但具有发展成为人的潜能。

我国首例冷冻胚胎继承案，二审法院的判决结果极易向世人传达这样一种信息：四位老人取得的共同监管与处置权其实就是继承权，该项权利的内容包涵

---

① 参见赵玲：《失独老人要求继承冷冻胚胎未获支持　辅助生殖领域法律空白亟待填补》，《人民法院报》2014 年 5 月 20 日第 3 版；郑智：《“冷冻胚胎继承纠纷”提出哪些法律新命题》，《检察日报》2014 年 5 月 26 日第 1 版。

② 参见杨文怡、徐青松：《冷冻胚胎真的可以继承吗?》，《卫生与法》2014 年第 11 期，第 61—63 页。

③ Judith F. Daar, *Reproductive Technologies and the Law*, Lexis Nexis, 601(2006).

④ 参见刘银良：《生物技术法》，清华大学出版社，北京交通大学出版社 2009 年 9 月第 1 版，第 239 页。

代孕、赠送、买卖等权能。然而，二审法院之所以做出上述判决，是基于伦理、情感和特殊利益保护三方面平衡的结果。而且，综合两级法院对该案的判决，其实并不存在绝对的冲突。虽然原被告共同取得了对冷冻胚胎的共同监管和处置，但是自始至终法院都未赋予四位老人以继承权。对于冷冻胚胎的权利归属仍然没有明确。如何共同监管与处置该冷冻胚胎仍然有疑问，当他们之间产生意见冲突该如何处理也是始料未及。

目前，我国现行法律法规中涉及冷冻胚胎的法律规定还没有，只有《人类辅助生殖技术管理办法》和《人类辅助生殖技术规范》两部行政规章中对禁止买卖胚胎做出了原则规定；禁止技术人员实施胚胎赠送；禁止技术人员在患者不知情和不自愿的情况下，将配子、合子和胚胎转送他人或进行科学研究。《中华人民共和国民法通则》《中华人民共和国物权法》等民事基本法也没有对冷冻胚胎的法律地位和权利归属进行规定。上述基本法既然没有将其认定为物，就当然不能作为遗产来适用《中华人民共和国继承法》。如果从沈某夫妇与鼓楼医院的保管合同角度分析，寄存人死亡后，其继承人是否可以继承保管合同下的权利义务呢？笔者认为，由于保管标的物冷冻胚胎的特殊性，此保管合同也不同于一般物的保管合同，由于寄存人的死亡，继续保管具有一定人格意义的冷冻胚胎已无意义，合同的目的已经不复存在，因此，保管合同应当终止。该合同项下的权利和义务自然不能由四位老人继承。关于冷冻胚胎的法律地位应该由民事基本法来加以规定，可以借《民法典》制定之机，在其中加以规定。

总之，就像本文第一部分所探讨的，冷冻胚胎是一个过渡类型，其介于物和人之间，不同于一般的物，由于其具有发展为人的潜能，在适用上因为有些情况下可以捐赠，不能适用普通物的规则，因此，可以将其限定在限制流通物的适用规则范围内，即不能买卖和被继承。冷冻胚胎存在的目的即是生育，如果生育的主体不复存在时，应该被销毁。

案例3

代孕协议的法律效力及子女的亲权归属

——美国“M婴儿”案(William and Elizabeth Stern v. Mary Beth Whitehead) ①

一、案例背景

代孕是指女子以为他人生育为目的而怀孕生子的行为。② 该问题是随着人工生殖技术的发展与应用而产生的,在西方国家受到广泛关注肇始于20世纪80年代之初。代孕不仅涉及医疗科技、亲属关系、人伦纲常的调整,还牵扯人口政策、价值观念、哲学宗教等社会层面的纠葛,更因为它是“对传统母亲——集血缘、怀胎、生育于一体的印像的突破”③,故成为人工生殖技术中最具争议的项目。争议的观点可以陈列为“或禁止,或放纵,或认为破坏自然的规律、贬低孕育的价值,或认为这是满足父权主义传宗接代的欲望,将女性身体和婴儿商业化,或认为这是现代科技给人类所带来的福祉,消除了不孕者的无尽苦痛,维护了婚姻家庭的稳定,如此种种,褒贬不一”④。

长期以来,国际社会对待代孕一直存在“有限承认”与“绝对禁止”的两方激烈的对峙观点。在分析有关代孕的立法态度前,有必要将其做出一种可以简化案例认识的分类。以胎儿与孕妇之间有无生物血缘关系作为划分标准,代孕可以分为妊娠代孕和基因代孕两大类:(1)妊娠代孕又称完全代孕(Full Surrogacy)、宿主代孕(Host Surrogacy),即将不包含代孕者自身卵子在内的受精卵植入代孕者子宫,代孕者仅为委托方夫妻提供健全的子宫怀孕生子的代孕方式。此时的代孕者被称为“代理妈妈(Surrogate Mother)”,她与婴儿之间不存在基因关系。妊娠代孕根据精子与卵子的来源不同又可以分为:①由委托方丈夫供精、妻子供卵;②由委托方丈夫供精、第三人供卵;③由第三人供精、委托方妻子供卵;④由第三人供精供卵(捐胚代孕)四种类型。(2)基因代孕又称部分

---

① William and Elizabeth Stern v. Mary Beth Whitehead 109 N. J. 396 (1988).

② 王贵松:《中国代孕规制的模式选择》,《法制与社会发展》2009年第4期,第119页。

③ 张燕玲:《人工生殖法律问题研究》,法律出版社2006年版,第163页。

④ 王贵松:《中国代孕规制的模式选择》,《法制与社会发展》2009年第4期,第118页。

代孕(Partial Surrogacy)、直接代孕(Straight Surrogacy),是指将代孕者的卵子与非代孕者丈夫的精子以某种方式授精,由代孕者怀孕生子的代孕方式。此时的代孕者不仅“借腹”,而且“借卵”,与婴儿之间存在生物基因关系。基因代孕根据精子的来源不同还可以分为两种类型:①由代孕者供卵、委托方丈夫供精;②由代孕者供卵、第三人供精。[①]

“借腹生子”自古有之,在任何重视生命传承的文化中都有类似“不孝有三,无后为大”的规训。在人工生殖科技付诸不孕症的医疗实践以后,代孕便为许多不孕家庭带来了福音。妊娠代孕(尤其是前三种类型的妊娠代孕)因为较大程度地保存了亲子生物关联,使得婴儿能够在至少与委托方夫妻一方有基因关系的家庭中成长,故较少地招致传统伦理道德的批评,也更容易被现代社会的亲属法律制度所吸纳。有限承认代孕的国家与地区毫无例外地在立法上对前三种类型的人身代孕开放,而没有生物关联的捐胚代孕情形在许多国家的法律制度下可以直接通过收养的方式解决亲权归属的问题。至于基因代孕的法律处境则大相径庭。人们普遍认为,要求生母以一定的金钱为代价而自动让出甚或被强制分离自己与子女的亲子关系有违人伦,因而常以“贩卖婴儿”“亲权交易”“子宫出租”等“人权天敌”类词汇来描述该种代孕所造成的伦理困境。然而,不孕夫妇之所以选择代孕这一人工生殖途径在很多情形下是因为妻子不能生育或不宜生育,而不用提取卵子的基因代孕技术难度和所需费用都较低,甚至在没有专业医疗人士的介入下也可以完成,因此可以说,基因代孕具有巨大的市场潜在需求。1987 年著名的美国“M 婴儿案”便是基因代孕纠纷领域最具有代表性的案例。

二、案情概要

原告 William Stern 与 Elizabeth Stern 相识于密歇根大学,并双双获得博士学位,两人于 1974 年 7 月结婚。因为年轻人在事业初始期有较多经济限制,Stern 夫妇决定 1981 年再孕育他们的子女。但此期间内,Elizabeth 发现自己患有多种硬化症,怀孕将可能引起失明、高位截瘫或者其他残疾,Stern 夫妇最终决定放弃生育自己的孩子转而考虑领养。但又考虑到送养家庭常有不同的民族宗教背景等现实问题,最后他们选择了代孕。被告 Mary Beth Whitehead 看到了 Stern 夫妇在纽约不孕症中心的广告,她非常同情这对不孕夫妇的遭遇。Whitehead 太太曾经就有过为另一对夫妇代孕生育,并从中获取一部分报酬以补贴家用的念头。1985 年 2 月 6 日,通过纽约不孕症中心的介绍,Stern 先生与 Whitehead 夫妇签署了由其供精、Whitehead 夫人供卵并生育的基因代孕合同,

---

① 李惠:《论代孕的分类与法律涵义》,《现代医学伦理与法律问题研讨会暨黑龙江省卫生法学研究会 2013 年年会论文集》,第 28 页。

Stern 夫妇在孩子出生后将付 1 万美元给 Whitehead 夫人作为其孕育并放弃母亲权利的补偿，将孩子交由 Stern 夫妇抚养。考虑到 Stern 夫人与该婴儿没有血缘关系，代孕合同未将其列为当事人，以规避当地的贩婴法。但 Stern 夫人随后须履行领养该婴儿的相关手续以完成法律上的亲权转移。在另一份中介服务合同中，Stern 先生将付 7500 美元给纽约不孕症中心，由其协助将自己的精子植入 Whitehead 夫人体内受孕。婴儿 Milissa① 于 1986 年 3 月 27 日出生，Whitehead 夫人于 3 月 30 日把孩子交给了 Stern 夫妇。但 Whitehead 夫人于当晚被失去孩子的悲哀所击倒，第二天她就赶到 Stern 夫妇家诉说自己的痛苦，请求和孩子再相处一个星期。初尝膝下欢乐的 Stern 夫妇同情其所面临的痛苦抉择，在她承诺不会食言的前提下，把孩子交给了她。

争议由此开始。本案中的 Whitehead 夫人在生下女儿后一直犹豫不决，并在孩子交给 Stern 夫妇后痛不欲生。最终，Whitehead 夫妇决定自己留下孩子，在从 Stern 夫妇处要回孩子后，拒绝再将孩子交还。Whitehead 夫人于 4 月 12 日正式向 Stern 夫妇做出拒绝报酬并自己保有孩子的表示，随后她与丈夫便带着孩子逃往佛罗里达州。他们先是住在 Whitehead 夫人的父母家，随后二人为了逃避警方的追捕在 20 多家不同的酒店、汽车旅馆和住家之间交替居住。Stern 夫妇于是起诉 Whitehead 夫人要求其履行契约义务。在这 3 个月里，Whitehead 夫人不断打电话给 Stern 先生协商此事，双方曾就父母权利、道义情理等问题发生了激烈的争论，Whitehead 夫人还威胁要自尽并杀死孩子。最后，Stern 夫妇发现了 Whitehead 一家的藏身之处，他们立即在佛罗里达州申请司法补充程序并获得了法院的强制令，要求 Whitehead 夫妇立即移交孩子。佛罗里达州警察按照该命令将婴儿强制带回新泽西交给了 Stern 夫妇。

本案的初审法院判定该代孕合同有效，双方当事人意思表示自由且不存在使合同归为无效的其他情形，将监护权授予生父 Stern 先生，Whitehead 夫人的监护权随之终止。被告如要求上诉，在上诉期间，可以探望孩子。

Whitehead 夫人在上诉审判中辩称该代孕协议违反了社会的公认规则，因孩子不能得到亲生父母的养育而违背了社会对家庭的基本定义。加之，此合同还剥夺了宪法赋予其的母亲权利，也与法律中有关父母监护权终止的条文不符。她指出，对儿童监护权利的判定应该基于社会公认规则和儿童最佳利益的考虑之上。即使通常情况下该代孕协议生效，在此案中也应该被宣布无效，以阻止此后同类悲剧事件的再度上演。其后，Whitehead 夫人的律师进一步指出子女最佳利益的认定原则应是“孩子在母亲的照看下是否身心健康”。新泽西州最高法

① 为保护儿童利益，当时的媒介报道常简称为“Baby M”。

院的主审法官认为，本案的问题是一个旨在用一种新的方式生养孩子的协议是否有效。如果Whitehead夫人自愿而不计报酬地同意充当一个“代理母亲”，即非屈从于协议而必须交出孩子，那么她的行为就不和法律发生冲突。但在现行法律下，该代孕协议是非法无效的，应不予执行。虽然我们理解这对不育夫妇想要一个自己的孩子的迫切性，但是他们以支付金钱的形式来雇用“代理”母亲是非法的，甚至已经构成了犯罪。本案中，委托方、受托方与中介方均触犯了法律，这已超出了一般民间收养的范畴，而构成了一种以婴儿为对象的商务交易，构成了严重违规或者三级犯罪而有可能被判3—5年监禁。本案中，婴儿被出售而无视其购买者是否适合做父母，生母在做出重大决定之前也未得到任何形式的法律帮助，这使她出卖孩子的动机极有可能仅仅出于经济上的一时之迫。同时，养父母对婴儿生母的健康状况也一无所知，凡此种种均构成了对婴儿及其生母权利的侵害。初审法院有关终止Whitehead夫人监护权的判决与新泽西州的法律不符。该州法律规定，只有通过以下程序才能终止亲生父母的监护权：生父母自愿把孩子送到正式的机构或相关的“儿童与家庭服务部门”并附上正式文件说明自愿终止监护权；或有充分证据表明亲生父母有遗弃或伤害孩子的行为。从目的和手段上看，该代孕协议与新泽西州遵从的社会公认规则极其矛盾。协议使孩子永远离开了自己的生母，而社会公认规则认为孩子应该由亲生父母来养育。并且，原则上父亲和母亲的权利是相等的，但协议只把权利给予了生父，从而侵害了生母的权利。毫无疑问，监护权的决定要基于子女最佳利益原则。

因此，新泽西州最高法院终审判决判定该代孕协议无效，结论基于两点：一是该协议与现有法规冲突；二是违背了社会公认规则。法庭恢复了Whitehead夫人的母亲权利，与生父Stern先生共同享有孩子的监护权。孩子由Stern夫妇抚养，并判定将生母的探视权问题交给初审法院重新审理。①

三、案件评述

代孕议题交织了太多的对传统伦理观念的突破，其争论性似乎不可避免。正像“M婴儿”案中的双方都辩称他们的行为符合联邦和州宪法以及人权法案第十四条和第九修正案中有关个人隐私、婚姻、家庭及生育等权利的规定。只是Stern夫妇要求保护的是生育权，Whitehead夫人要求保护的是生母的监护权。②

时至今日，有关代孕的报道已不再是人们眼里的爆炸性消息。在西方国家，从报刊的商业版到大学的布告栏经常能够找到高额报酬的“寻精”或“寻卵”的广告，其中对于捐献者的种族、身形、五官、学历、收入、健康状况、家族病史等特征

---

① William and Elizabeth Stern v. Mary Beth Whitehead 109 N. J. 396 (1988).

② William and Elizabeth Stern v. Mary Beth Whitehead 109 N. J. 396 (1988).

往往有明确而具体的要求。许多中介机构还常以"明星基因""专家基因"等服务项目而声誉在外,人类生殖市场的价格规律早已发挥作用。据《纽约时报》报道,近 30 年来,美国代孕所生的婴儿总数高达 3 万多,而且"代理妈妈"的数量还在不断增加。① 在中国的沿海地区,地下代孕屡禁不止,而且已经粗具产业规模。代孕争议时有发生,甚至对簿公堂。南宁市江南区法院于 2008 年就审理过一起抚养权纠纷案件,孩子便是一对夫妻(妻子不孕)用 15 万元委托一女子以基因代孕的形式所生。法院判定,原被告之间的代孕协议因违反公序良俗而当属无效,孩子的生父母即委托方丈夫与代孕者均有抚养权。考虑到子女的健康成长等最佳利益,判由被告携带抚养为佳。④ 该案与"M 婴儿"案的审理⑤⑥思路同出一辙,首要问题在于对代孕协议合法性的认定,至于所生子女的亲权归属以基本的亲属法原则便可得出结论。但法院于此处只是简单地以其违反公序良俗为由而认定代孕协议无效,对于委托方的生育权、代孕者及所生子女的人格尊严、行为人的法律责任等问题却只字未提。2012 年,一对广东富商夫妇以妊娠代孕方式生下八胞胎的事件被曝光,代孕问题又回到人们的视野中。只是这次华丽的回归还带着因经济差距而产生的公民"生育权平等性"的质疑。在我国社会的快速转型期,在医学与伦理、传统与现代的理念交锋日益凸显的今天,一味回避代孕的议题已不再是现代法律调整其成员利益的良好之策。它既不能减少不孕夫妇的生育需求,也无法禁止地下代孕的悄然发展,更不利于保护当事各方的合法利益和惩罚随意发生的侵权行为。尤其是当牵扯基因代孕时,"M 婴儿"案中的法律伦理困境同样会置于我国法院的面前。如果公序良俗原则需要被频繁引用的话,至少应当对此处的"公序"与"良俗"有充分的论证,且这一论证以某种立法形式被人们所知悉与认同。否则,它仅仅是一个耳熟能详的语汇,被人们冷漠地滥用于法律、政治、道德、文化、宗教等各个领域中,化为宏大叙事的一页,模棱两可又不着边际,却对当事人的真切苦痛充耳不闻。

"他山之石,可以攻玉。"考察域外代孕的立法体例有助于我国在"存异"中"求同",在传统与现代中挖掘可供延展的共性,并在此基础上进行制度移植与制度改造。

英国是现代人工生殖科技的发源地,也走在人工生殖立法探索的前沿。其 1990 年通过的《人类受精与胚胎法》重申了 1985 年《代孕协议法》的立场,并加以补充和修正。该法坚持了"分娩者为母"的传统原则;委托方夫妻只能通过收养建立亲子关系,即在子女出生后的 6 个月内向法院申请并获颁亲权令。申请

①④ 王斯,等:《是'借腹生子'还是非婚生子?》,《当代生活报》2008 年 9 月 13 日第 3 版。

⑤ William and Elizabeth Stern v. Mary Beth Whitehead 109 N. J. 396 (1988).

⑥ William and Elizabeth Stern v. Mary Beth Whitehead 109 N. J. 396 (1988).

亲权有四个条件:(1)子女已与委托方夫妻一起居住;(2)委托方夫妻一方或双方与所生子女有血缘关系;(3)委托方夫妻双方均年满 18 周岁且在英国有住所;(4)代孕者及其配偶已知情同意且无任何酬金给付。① 从英国法的规定可知,委托方与子女之间有血缘关联成为成立亲子法律关系的必要性条件,而商业性代孕与捐胚代孕则被明令禁止。

美国法律倾向于尊重代孕契约中的意思自治,即根据代孕契约,双方在人工辅助生殖的过程前,已经同意由提供精卵的委托方成为子女的父母,法律应当尊重当事人的决定。1988 年 8 月,美国《人工生殖子女法律地位统一法》规定,经法院许可的代孕契约原则上以委托方夫妻为代孕子女的双亲,但如代孕者提供卵子而受孕后 180 日内提出终止契约并经法院取消时,则代孕者及配偶为该所生子女的父母。如代孕者未婚,子女法律地位的认定依《统一亲子地位法》的规定确定。《统一亲子地位法》规定,经法院许可而实施的代孕行为,委托方夫妻为子女的法律父母,未经许可的则代孕者及其配偶为子女的法律父母。② 但也有部分地区将人工生殖子女的父母认定视为类似于离婚或未婚男女对子女监护权归属的争执,而由该子女的最佳利益作为最终认定标准。"M 婴儿"案就是其中一例。美国各州对于代孕的态度比较复杂,绝大多数州法承认妊娠代孕或非商业代孕,但目前仍有 12 个州认为代孕合同是无效的和不可强制执行的,包括亚利桑那州、印第安纳州、路易斯安那州、内布拉斯加州、密歇根州、北达科他州、田纳西州、纽约州、肯塔基州、华盛顿州、犹他州、哥伦比亚地区。③

1982 年,加拿大安大略省设立顾问委员会研究代孕合法化及其实施、监督等问题。2004 年,参议院批准了《辅助性人类生殖法》,禁止商业代孕合同,但无偿代孕合法。根据该法,加拿大建立辅助性人类生殖管理局,以制定相关规范,监督立法的实施。④

新西兰法人工辅助生殖技术的国家伦理委员会,先后批准了非商业性完全代孕的一般措施和草案纲领。2004 年通过了《人工辅助生殖技术法》,禁止商业性代孕,否则将受到监禁或和罚款,非商业性代孕合同不违法,但不能被强制执行,但这并不排除委托方夫妻向代孕者支付必要的费用。④

澳大利亚法目前无代孕的联邦立法,但联邦与各州曾先后设立了 10 个咨询委员会来研究代孕等问题,体现了立法前的充分积累。目前,已有 4 个地区制定

① 李惠:《论代孕的分类与法律涵义》,《现代医学伦理与法律问题研讨会暨黑龙江省卫生法学研究会 2013 年年会论文集》,第 29 页。

② 张燕玲:《论人工生殖子女父母身份之认定》,《法学论坛》2005 年第 5 期,第 73、74 页。

③④⑤罗满景:《代孕合同合法性之立法比较研究》,《内江师范学院学报》2009 年第 9 期,第 51 页。

④ 加拿大遗传学与社会研究中心:《加拿大的辅助性人类生殖法:一个负责的政策模型》,《医学与哲学》2004 年第 7 期,第 74 页。

了代孕立法：维多利亚州的《不孕治疗法》、昆士兰州的《代孕法》、首都直辖区的《替代性亲子协议法》、塔斯马尼亚州的《代孕合同法》。新南威尔士州和北部地区尚无代孕立法，更多地参考伦理纲领甚至其他州的立法来规制代孕。已立法地区的共同点是区分了商业性代孕与互助性代孕，对商业性代孕、代孕广告与中介课以罚金和监禁，否认代孕合同的效力。⑤

南非要求代孕者有过生产经历，代孕者及其丈夫的配子不能用于代孕中，即承认妊娠代孕的所有情形。代孕协议必须得到法院的认可，代孕者除了获得必要开销补偿外，不能获得任何商业性质的酬劳。⑥

1996年，以色列通过了《代孕合同（批准合同和子女地位）法》，承认妊娠代孕，委托方夫妻应向代孕者支付必要的补偿，并列举了费用的范围。代孕合同须经批准委员会审批，该委员会由7名委员组成，男女至少各有3人，包括医生、心理学家、律师、牧师等。⑦

德国对代孕采取“原则上禁止”的立法态度，但是当代孕亲权纠纷发生并诉至法院时，法院则依据1989年修正的《中介收养法》的规定，由委托方夫妻在子女出生以后收养该子女。相比之下，同为大陆法系之代表的法国在此方面就显得颇为保守。法国1992年通过的《生物伦理法律草案》禁止代孕，代孕者只能将所生子女归为己有，否则要承担法律责任。根据《法国民法典》第16、17条的规定，为他人之利益生育或怀孕的任何协定均无效。

我国香港立法会于2000年6月22日颁布《人工生殖科技条例》，采取有限性开放代孕的态度，允许使用委托方夫妻的精子卵子进行妊娠代孕，受1993年通过的《父母子女关系条例》的约束，香港代孕子女的母子关系以怀孕而非血缘关系为基础。

我国台湾讨论的《人工生殖法（草案）》（乙案）承认妊娠代孕的法律效力，供卵者即子女的遗传母亲为子女的法律母亲。其中，第31条规定：“夫妻于婚姻关系存续中，以夫之精子与妻之卵子，经代理孕母怀胎及分娩之子女，自受胎时起视为受术夫妻之婚生子女。但受术夫妻能证明该子女非自受术夫妻之生殖细胞受胎者，得于发现此事后一年内提起否认父母子女关系之诉。但自子女出生后六年者，不得为之。经第一项否认之诉确定判决后，关于父母子女之关系适用民法之规定。”⑧

由上可知，代孕的形式多种多样，不仅限于妊娠代孕，但多数国家仍只承认妊娠代孕，以避免亲子关系的认定在生物血缘与情感关系中的复杂化。多数西

---

⑥ 翟婷：《代孕正当性法理学研究》，山东大学2007年硕士学位论文，第32页。

⑦ 罗满景：《代孕合同合法性之立法比较研究》，《内江师范学院学报》2009年第9期，第50—51页。

⑧ 张燕玲：《论人工生殖子女父母身份之认定》，《法学论坛》2005年第5期，第73页。

方国家对妊娠代孕与基因代孕“网开一面”与“讳莫如深”的立法态度反差恰恰证实了我们在前文中以客观的生物血缘关系作为划分标准对代孕进行分类的法律意义。

尽管各国的法律实践表现出不同的面貌，但正视代孕所引发的一系列社会问题，调和各方的利益冲突，对代孕的发展趋势与规制重点做出准确、合理的评估预测与立法准备，却是许多国家立法机关的一致选择。希望当下在中国医事法学界引发的有关代孕的讨论可以确立一种“大致可能性”，而不是一种“无可辩驳性”。在一个重视血亲关联、推崇传宗接代却又人满为患的“既老又新”的国度里，针对特殊的不孕不育患者迫切希望孕育后代以满足人类传统的“传宗接代”的愿望，至少可以先在妊娠代孕方面开启一些有益的立法尝试。

案例 4

死后生殖孩子的利益保护

——美国 Woodward v. Commissioner of Social Security 案①

一、案例背景

一个人出生、生育、死亡，这样的生命循环长期统治人类历史。传统意义上，一个人只有在其生命旅程中才可以孕育自己的后代。但是，20 世纪医学生殖技术特别是对配子和胚胎的冷冻保存技术的发展，赋予了这个生命循环被打破的可能。死后生殖指的是在人工生殖技术条件下，一个孩子的出生晚于其配子的提供者，包括提供精子的男性和提供卵子的女性。② 严格来说，本文所探讨的死后生殖，仅指孩子于配子提供者死后孕育出生，不包括孩子于配子提供者生前孕育死后出生的情形。③

就美国现有判例来看，死后配子的利用大多集中于运用男性的冷冻精子或

① Woodward v. Commissioner of Social Security, 435 Mass. 536, 760 N. E. 2d 257(2002).

② “死后人工生殖”是一个性别中性的词语，意味着女性和男性都可能在其死后成为父亲或母亲。

③ 在人工生殖技术条件下，孕育指的是人工授精(将精液刺入)或者将胚胎转移植入女性子宫内的时间点，而不是指女性卵子的受孕。

者双方的冷冻胚胎进行死后人工生殖。在现有的技术条件下，大部分的精子是在死者生存时提取的，但也存在死后提取精子的案例。

生前取精于一个男子的生存期间运用很少引发争议，因为冷冻程序只是打断了精子提供者的生育进程。一个男子将其精子储存起来表达了其将来成为父亲的意愿，这种意愿在其将精子取回融解并且与其女性伴侣的卵子结合时就更加明显。然而，如果该男子在其未处理冷冻的精子前死亡该如何处理？在缺少成文立法的情况下，法院必须试图决定谁有权控制死去的人留下的冷冻精子。

死后取精与生前取精的最大不同在于，前者有急迫的时间限制，为了获得即刻的同意，亲属们很少获得法院的判决。相反，医师、家庭、伦理委员会、律师很可能就死后精子的提取和冷冻达成一致的协议。在少数情况下，亲属们会获得一个紧急情况下法院的命令。例如，2009 年新泽西州的初审法院同意了一个母亲对其 21 岁儿子意外死亡后的取精请求，纽约的初审法官认可了一个未婚妻的类似的请求。[①] 可见，死后取精的最大问题是死者的生前同意。死后精子的提取和人工授精如果没有死者生前明示的同意是不能进行的。明示同意这一要求体现了对死者的生前意愿的尊重，更是对死者遗体的尊重。在死后取精中，有两种潜在的可能会对死者造成侵犯：一是医师死后取精的医疗行为；二是辅助生殖运用。如果一个人生前没有同意死后取精，或者生前没有同意对其精子进行辅助生殖方面的运用，那么对死者死后取精或者辅助生殖运用都会构成侵犯死者知情同意权的行为。

基于此，美国生殖医疗协会（简称 ASRM）于 1997 年在充分考察了死后生殖的相关情况下，建议它的成员医师和不孕诊所让他们的患者签署知情同意文件，就有关死后如何处置他们配子或者胚胎进行规定。ASRM 建议：当死者生前没有留下任何指示或者死者生前明确拒绝死后生殖时，生存一方主张利用死者的配子或者胚胎进行死后生殖时，这一主张应被拒绝。生存一方在缺乏死者在先的同意或者可推断的同意的情况下进行死后取精的请求是不值得尊重的。[②]

在美国，死后人工生殖引发一系列的法律争议。起初在缺少相应立法的情况下，美国法院在处理这些问题时捉襟见肘，或者通过解释现行法律的条文含义，或者通过法官造法来解决具体案例，而且不同法院的判决结果大相径庭。经过近 20 年的司法实践和立法尝试，美国在调整死后人工生殖方面积累了一定的

---

① see Susan L. Crockin, J. D. & Howard W. Jones, JR., M. D. *Legal Conception*, the Johns Hopkins University Press(2010), p277—278.

② Ethics Committee of the American Society for Reproductive Medicine, *Posthumous Reproduction*, 67 Fertility & Sterility 8S(1997).

经验，其立法和司法判例对世界其他国家也提供了指引。其中，以 Woodward 诉 Commissioner of Social Security 案为典型。

二、案情概要

Woodward 夫人在丈夫死后两年用丈夫生前冷冻的精子人工授精生下了两个双胞胎女儿。1996 年 1 月，Woodward 夫人申请两个孩子的社会保险利益。美国社会保障局（Social Security Administration，简称 SSA）拒绝了她的申请，因为她并没有根据美国社会保障法案证实这两个孩子是死者的“孩子”。Woodward 夫人不服，提起诉讼。马萨诸塞州最高法院认为，该州的继承法并没有把死后出生孩子限定为在死者死亡时已经受孕的孩子。[①] 法院比较了三种利益：孩子的最佳利益、财产有序管理的州利益和基因父母的生育权利。[②] 有关财产有序管理的州利益涉及两个主要的相互联系的考虑因素：一是为了保持财产公开的时间跨度的合理性；二是认可死后受孕出生孩子的继承权将会降低已经存在的孩子的继承份额的公正性。法院最终认为在符合以下条件下，一个死后孕育出生的孩子可以依据继承法的规定享有继承权：一是证明该孩子与死者存在基因联系；二是死者生前明确地表示同意将自己的基因物质运用于死后生殖；三是死者生前明确地表示同意成为所出生孩子的父亲。当所有的这些条件满足之后，还必须满足死者的死亡与胎儿于母体内着床之间的时间必须是合理的。[③] 最后，法院依据马萨诸塞州法肯定了孩子的社会保险利益。

但对于上述多长时间是合理的，本案法院并没有给出具体答案。一些州的立法已经规定了时间限制，排除了超过时间限制而受孕的孩子享有继承权。例如，加利福尼亚州遗嘱法典规定了死后人工生殖的孩子必须是在死者死后两年内在子宫内孕育。但是，在大多数州并没有时间限制。在这些州，如果一个孩子在遗产分配后出生将会被排除在继承人范围之外。

三、案件评述

本案例是在美国发生的类似案例的典型代表，其焦点体现在以下方面：第一，于死者死亡后孕育出生的孩子是否超过时间限制？第二，孩子的出生是否符合配子提供者的意愿？第三，判决适用的是什么原则？

死后人工生殖如果成功，所产生的直接后果是孩子的出生，这其中主要涉及的是孩子的权利保护问题。其中，涉及孩子权利保护的主要有家庭法、继承法和

---

① *Id*. at 262.

② *Id*. at 266—67.

③ *Id*. at 269.

社会保险法三个方面的法律问题。通常而言，认定一个死后孕育出生的孩子是否有权接受其基因父亲的社会保险利益，以该孩子是否为死者的合法继承人为标准来认定，而是否为死者的合法继承人又须以孩子是否是死者的子女来认定。所以，这三个问题是相互关联的。

死后孕育出生的孩子如果根据州法有权继承遗产，则很容易被认定其有权接受社会保险利益。他们可以根据州的成文法或者法院的判例享有继承权，如加利福尼亚州、科罗拉多州、特拉华州、佛罗里达州、马萨诸塞州、新泽西州、北达科他州、德克萨斯州、弗吉尼亚州、华盛顿和怀俄明州。当州的继承法被解释为排除死后孕育的孩子时，法院就会禁止这些孩子获得社会保险利益。此类的案例可以在阿肯色州①、佛罗里达州②、新罕布什尔州③找到。但是，迄今为止，在大多数州还没有涉及这个问题。

（一）美国死后人工生殖立法

就美国立法层面而言，联邦法和各州法都没有禁止死后人工生殖的规定。

1. 美国统一立法考察

在美国统一州法全国委员会颁布的法律文件中，没有任何一个为人工生殖运用中当事人之间所产生的权利和义务做出过综合性的规定。但一些法律文献涉及到调整死后孕育出生孩子所产生的问题。④

（1）美国社会保障法案（Social Security Act，以下简称 S. S. A.）

根据 S. S. A. 的规定，一个孩子在满足下列条件下有权获得社会保险利益：他或她是死去的被保险人的孩子；未婚；在 18 周岁以下；在死者死亡时依赖死者生活。⑤ S. S. A. 将“孩子”定义为“孩子或者被合法收养的孩子”。⑥ 上述“或者”前面的“孩子”被解释为“自然的或者生物学的孩子”。⑦ 然而，一个非生物学的和非收养的孩子有时也可能基于 S. S. A. 的目的被界定为“孩子”：如果该孩子根据死者死亡时住所地的州继承法的规定有权继承；或者孩子的父母经过了他们认为无效实则有效的结婚仪式；或者死者以书面形式承认该孩子是他或她的；或

---

① Finley v. Astrue, 601 G. Supp. 2d 1092(E. D. Ark. 2009).

② Stephen v. Comm'r of Soc. Sec. Admin., 386 F. Supp. 2d 1257 (M. D. Fla. 2005).

③ Eng Khabbaz v. Comm'r Soc. Sec. Admin., 930 A. 2d 1108 (N. H. 2007).

④ Ronald Chester, *Posthumously Conceived Heirs under a Revised Uniform Probate Code*, 38REAL PROP. PROB. & TR. J. 727; Christine A. Djalleta, *A Twinkle in a Decedent's Eye: Proposed Amendments to the Uniform Probate Code in the Light of the New Reproductive Technologies*, 67 TEMP. L. Q. 335(1994); Susan N. Gary, *Posthumously Conceived Heirs: Where the Law Stands and What to Do About It Now*, 19 PROB. & PROP. 32(2005).

⑤ 42 U. S. C. §402(d)(1).

⑥ 42 U. S. C. §402(e)(1).

⑦ Tsosie v. Califano, 630 F. 2d 1328, 1333 (9th Cir. 1980).

者死者被法院要求抚养该孩子。[1] 当一个孩子的地位存在争议时，如死后孕育出生的孩子，美国社会保障署会参考州继承法的规定来决定该孩子是否属于S. S. A. 意义下的孩子。

(2)美国统一亲子法(Uniform Parentage Act，以下简称 U. P. A.)

U. P. A. 于 2000 年颁布，在此之前，调整人工生殖亲子关系的统一法是1988 年美国《人工生殖子女法律地位统一法》(Uniform Status of Children of Assisted Conception Act)，U. P. A. 之后，该法被废除。U. P. A. 2002 年修正案增加了一条来调整死后孕育出生孩子的法律地位："如果一个配偶先于卵子、精子或者胚胎的植入前死亡，死去的配偶不是孩子的父或母，除非有记录[2]表明死去的配偶一方生前同意如果人工生殖发生于死后，死去的一方愿意成为孩子的父或母。"[3]

如果一个州采纳了 U. P. A. 第 8 条的规定[4]，则在该州，一个在基因父或母死后由代孕母怀孕出生的孩子在符合上述规定的情况下可以取得与基因父或母的亲子关系的地位。但是，有记录表明同意的在实践中很少见，所以该条实际上会排除很多此类案例中亲子关系的确立。但同时，也为相关当事人提供了行为的依据。与下述 U. P. C. 2008 年修正案相比，U. P. A. 在死后人工生殖的时间上并没有限制。

(3)美国统一继承法典(Uniform Probate Code，以下简称 U. P. C.)

U. P. C. 于 1969 年颁布，U. P. C. 的大部分条文被美国大约三分之一的州所采纳，其他州采取了这个法律的有限部分。虽然 U. P. C 多年来并没有明确规定死后通过人工生殖技术孕育出生的孩子有继承权，但也没有明确地加以否定。2008 年，美国统一州法全国委员会增加了一个条文来调整死后通过人工生殖孕育出生的孩子[5]，作为调整所有人工生殖出生孩子亲子关系的认定依据："除了生母和一个采用人工生殖技术出生的孩子之间具有亲子关系外，一个人如果同意采取人工生殖技术并且愿意成为这个孩子的父亲，那么他们之间也存在亲子关系。"[6]

---

① 42 U. S. C. §§416(h)(2), 416(h)(3)(2005).

② "记录"是指存在于有形的媒介或者可以检索的电子的媒介中的信息。

③ Uniform Parentage Act (2000) (U. P. A.) §707 (Amended 2002). 该条源自 1988 年《人工生殖子女法律地位统一法》第 4(b)条的规定："一个人如果先于胚胎植入前死亡，或者在一个孩子通过非性交而孕育前死亡，用这个人的精子或者卵子，不是孩子的父或母。"很明显，U. P. A. 2002 年修正案创设了例外。

④ 此条要求代孕母协议需要符合法院许可的要求。

⑤ *Id.* 2—120(amended 2008).

⑥ *Id.* 2—120(f).

关于死后孕育出生孩子的亲子关系，该修正案进一步规定："如果死者有同意成为死后孕育出生孩子的父亲的意思表示，并且这种意思表示能够被清楚的和有说服力的证据所证明，那么死者和孩子之间存在亲子关系。"①同时，该修正案还规定了一个时间限制："如果一个孩子在死者死亡后不超过36个月在子宫内孕育或者在死者死亡后不超过45个月出生，那么在法律上可以推定为这个孩子在死者死亡时已经孕育。"②

此外，2008年修正案还增加了一个条文来调整由代孕母参与的死后人工生殖孩子的法律地位："如果死者生前有经过法院的认可的同意死后采用代孕母的协议，只要这个孩子在死者死亡后不超过36个月在母体子宫内孕育或者在死者死亡后不超过45个月出生，那么这个孩子即被视为在死者死亡时已经孕育。"③

从上述条文可以看出，U. P. C. 2008年修正案对死后孕育出生的孩子采取了较为宽容的态度，在符合法律规定的条件和情形下，将此类孩子视为"死者死亡时已经孕育"。根据1990年修正案第2—108条，可以进一步解释为"在其孕育时已经出生"，即可以视为其在死者死亡时已经出生。因此，可以推定为这类孩子对死者的遗产享有继承权。

(4)美国财产法重述

1999年美国财产法第三次重述为死后孕育出生的基因孩子提供了更为宽容的条件："一个通过人工生殖技术运用死者的基因物质并于死者死后合理期限内出生的孩子，如果能够表明死者一定会同意孩子有权继承遗产的，则孩子有权继承遗产。"④对该条的评论指出，一个典型的案例就是死者的配偶用其冷冻的精子同源体内授精(AIH)。如果AIH的程序在丈夫死后出现，并且孩子在丈夫死后"合理的期限"内出生，则该孩子为了继承的目的应该被视为丈夫的孩子。⑤但该法并没有具体解释何为"合理的期限"。

2.州立法考察

州立法方面，美国有12个州的立法机关就死后孕育出生孩子的权利问题进行了立法。除加利福尼亚州、路易斯安那州、佛罗里达州和弗吉尼亚州制定了自己独特的法律文件外，其他的8个州包括科罗拉多州、特拉华州、新墨西哥州、北达科他州、田纳西州、犹他州、华盛顿和怀俄明州则采纳了U. P. A. 707条关于死后人工生殖的条文。这一条被北达科他州一字不差地采用⑥，被科罗拉多州、

① *Id.* 2—120(f)(2)(c).
② *Id.* 2—120(k).
③ *Id.* 2—121(h).
④ RESTATEMENT(THIRD) OF THE LAW OF PROPERTY §2.5(1)(1999).
⑤ *Id.* cmt. 81.
⑥ N. D. CENT. CODE §14-20-65A(2010).

特拉华州、新墨西哥州、田纳西州、犹他州、华盛顿和怀俄明州做了稍微的修改后采用。① 特拉华州和怀俄明州的法律适用于死后的个人，不管其婚姻状况。② 科罗拉多州、新墨西哥州、田纳西州、犹他州和华盛顿仅指死去的配偶。③

如上所述，美国有4个州制定了自己独特的法律文件。其中，以加利福尼亚州的规定最为详细。根据加利福尼亚州继承法典的规定，死后孕育出生的孩子可以被视为在死者死亡前已经出生，前提是满足一系列的条件。④ 死者以书面形式声明他的或她的基因物质可以用于死后孕育自己的孩子，须符合以下要求：(1)死者的声明经过死者和至少一个适格见证人的签名；(2)声明只能用书面形式加以撤销或者变更，需要死者和至少一个适格见证人签名；(3)死者所指定的有权利用其基因物质的人必须是下列之一：(A)在死者死亡时的配偶或者经过登记的家庭伴侣。⑤ (B)在声明中被死者指定使用其基因物质用于死后生殖的其他人。⑥ 除了满足上述要件之外，孩子的基因物质还必须来源于死者并且孩子必须在死者的死亡证明签发之后或者被宣告死亡的判决之后的两年内被孕育。上述规定，并不适用于克隆技术产生的孩子。⑦

路易斯安那州的法律规定最为简略：只要死者生前以书面形式同意其生存着的配偶使用其配子，一个由死者生存着的配偶在死者死后三年内出生的孩子即是死者的孩子，可以适用于任何目的，包括继承。⑧

佛罗里达州和弗吉尼亚州关于亲子关系的认定和是否享有继承权适用不同的规则。关于亲子关系的认定，佛罗里达州的法律要求，目的父母和治疗的医生须签署书面的协议，就有关在配偶一方死亡时如何处置卵子、精子和早期胚胎做出规定。⑨ 弗吉尼亚州的法律规定，一个死者死后遗留了冷冻的配子，只要死者以书面形式同意成为用其配子于其死后孕育出生的孩子的父或母，那么死者就

---

① COLO. REV. STAT. § 19-4-106(8)(2009)；13 DEL. CODE. REGS. § 8-707(2010)；N. M. STAT. ANN. § 40-11A-707(2010)；UTAH CODE ANN. § 78B-15-707(2009)；TEX. FAM. CODE § 160. 707(2010)；WASH. REV. CODE § 26. 26. 730(2010)；WYO. STAT. § 14-2-907(2010).

② 13 DEL. CODE. REGS. § 8-707(2010)；WYO. STAT. § 14-2-907(2010).

③ COLO. REV. STAT. § 19-4-106(8)(2009)；N. M. STAT. ANN. § 40-11A-707(2010)；UTAH CODE ANN. § 78B-15-707(2009)；TEX. FAM. CODE § 160. 707(2010)；WASH. REV. CODE § 26. 26. 730(2010).

④ CAL. PROB. CODE § 249. 5(2009).

⑤ 经过登记的家庭伴侣的英文表述为 registered domestic partner(简称为 RDP)。在美国很多州都认可这种不同于婚姻的家庭形式。如，根据加利福尼亚州家庭法典，RDP 是指两个选择在亲密的和结盟的相互照顾的关系中分享另一方的生活的成年人。这种情形，在美国被称为非典型的家庭形式。

⑥ CAL. PROB. CODE § 249. 5(a)(2009).

⑦ *Id*. § 249. 5(c).

⑧ LA. REV. STAT. ANN. § 9：391. 1 A. (2010).

⑨ FLA. STAT. § 742. 17(2010).

被认为是孩子的父或母。[①] 该规定并不要求死者的配子一定要被生存的配偶一方所使用。关于继承权的享有，两个州均要求在死者的遗嘱中对死后孕育出生的孩子进行规定，否则孩子没有继承权。即使死者生前在这种协议中同意死后人工生殖，死后孕育出生的孩子“对死者的遗产主张权利是不适格的，除非死者的遗嘱中对这个孩子有规定”[②]。

3.示范法考察

美国律师协会规范人工生殖技术的示范法（以下简称 ABA Model Act）[③]，就何种情况下可以进行死后人工生殖和死后人工生殖的亲子关系做了规定。

有关是否可以从死者或者无行为能力的人体内提取精子或者卵子，ABA Model Act 规定的条件是：“除非死前或者丧失行为能力前当事人用书面形式同意从其体内提取配子……”[④]然而，在紧急情况下，根据治疗医师的意见，当生命力的丧失很快就会不可逆转地出现时，ABA Model Act 视同存在一个“确切的关于书面形式的同意”[⑤]，允许提取行为，从而许可了例外情况下可以在生命垂危的死者生前提取配子的可能。即使在紧急情况下配子被提取，死后利用配子孕育一个孩子也是被禁止的，除非得到了法院的授权。[⑥]

有关死后人工生殖的亲子关系的认定，ABA Model Act 规定：“如果一个人在其卵子、精子或者胚胎植入前死亡，他或她就不是所出生的孩子的父或母，除非他或她以书面形式同意死后植入和死后的父母子女关系。”[⑦]

综上所述，美国有关死后人工生殖的全国统一立法、州立法和示范法分别从不同的角度对相关的问题做出了规定，规范的差异性较大。统一立法方面，美国财产法重述对死后人工生殖的问题限制最少，而美国统一亲子法和统一继承法典的规定最为完备，并为各州的立法提供了蓝本。州立法方面，美国现有 12 个州的立法机关就死后孕育出生孩子的权利问题进行了立法。除加利福尼亚州、路易斯安那州、佛罗里达州和弗吉尼亚州制定了自己独特的法律文件，其他的 8 个州包括科罗拉多州、特拉华州、新墨西哥州、北达科他州、田纳西州、犹他州、华盛顿和怀俄明州则采纳了 U. P. A. 707 条关于死后人工生殖的条文。在这 8 个

---

① VA. CODE. ANN. § § 20-158B(2009).

② FLA. STAT. § 742.17(4).“死后孕育出生的孩子对死者的遗产主张权利是不适格的，除非死者的遗嘱中对这个孩子有规定。”VA. CODE. ANN. § 20-164(i).“一个在他或她的父或母死后 10 个月后出生的孩子将不被认为是这个父或母的孩子，为了下列目的……（ⅰ）非遗嘱继承……”

③ 多年来，美国律师协会基因和生殖技术的家庭法委员会致力于制定一部规范人工生殖技术的示范法，2008 年起草完毕。

④ ABA Model Act § 205(1).

⑤ *Id.* § 205(2).

⑥ *Id.* § 205(3).

⑦ ABA Model Act § 607.

州中适用的基本原则是:一个死去的配偶或者个人不是死后孕育出生的基因孩子的父或母,除非他或她书面同意其死后成为孩子的父或母。如果死者被认为是父或母,经由死后人工生殖所出生的孩子可以从死者处继承遗产,也可以为了其他的目的,如包含在死者遗嘱的亲属范围中,或者有权取得死去的劳动者的社会保险利益。包括示范法在内的这些立法文件,凸显了美国立法在死后人工生殖中对死者生前明确意愿的要求,体现了对于基因提供者生前自主决定权的尊重,只在例外情况下允许自生命垂危的死者生前提取配子的可能。同时也体现了对于死后生殖所出生孩子的利益的特殊保护以及与现存继承人利益的衡平。

(二)死后生殖孩子的利益保护适用原则

综上所述,美国有关死后人工生殖的全国统一立法、州立法和示范法分别从不同的角度对相关的问题做出规定,规范的差异性较大。再加之很多州没有采纳统一法,也没有相应的立法,而将相关的问题留待法院解决,从而造成了法律适用的困难和冲突。法院处理类似案件时,应该借鉴该案中马萨诸塞州最高法院的做法,采取利益衡量的标准,考虑三种利益:即基因父母的生育权利、财产有序管理的公共政策和孩子的最佳利益做出合理的判决。

第一,基因父母的生育权利。

基因父母包括死者和生存着的孕育孩子的配偶。从现有案例来看,死后生殖的死者仅限于男子,本部分的论述以该客观事实为前提。

死者的权利保护分为生前取精和死后取精两种情况。生前取精中,在精子提供者死亡时,首先探求死者生前的意愿。在生前取精以供死后生殖之用的情形下,精子虽然与人体分离,但仍有保全自身生殖能力的作用,与身体具有功能一体性。因此,虽然可以界定为物,在有的国家或地区列入继承法的范畴,可由继承人加以继承,但由于其人格属性,所有权人及继承人在使用、收益、处分时又不同于一般物的规则。即在不违反法律强制性规定和公序良俗的情形下,一个人生前可自由加以使用与处分;在其死后,虽由继承人取得处分权,但是应以死者死亡前的明确意愿作为享有权利的前提,以保护死者生前的人格权。死后取精的最大问题是死者的生前同意。死后精子的提取和死后人工授精如果没有死者生前的明确同意是不能进行的。如英国 1990 年《人类授精与胚胎法案》中禁止在缺乏男子书面同意的情况下在其死后对精子进行提取和储存。明示的同意这一要求体现了对死者生前意愿的尊重,更是对死者遗体的尊重。

就生存着的配偶而言,选择是否生育以及以何种方式生育,属于一个人最为隐秘的决定,是个人实现人生价值的核心权利,属于一种抵御国家干预的消极权利。如果国家加以限制、干预,必须符合正当程序原则和比例原则。生存一方的配偶基于对死者的深厚感情也有可能积极寻求方法以生育含有死者血脉的子女。如果死后生殖的进行，不影响公共秩序、善良风俗，也不对其他人的利益造成损害，则应该肯定其适用是某些特定人群实现生育权的救命稻草，这符合比例原则的要求。

第二，财产有序管理的公共政策。

如果死者生前明确指定特定的人用其遗传物质进行死后生殖并愿意成为所生孩子的父亲，而被指定的人愿意如其所愿进行死后生殖，则此时有一个重要的因素应被加以考量：即既存继承人或者受遗赠人的遗产利益。如果无限期地赋予死后生殖所出生的孩子以继承权利，将会对既存继承人及受遗赠人继承或者受遗赠遗产的权利构成稀释。公共政策应确保遗产在死者死后能够适当且有秩序地管理，而非长期处于不确定的状态，因此应规定一定的期限限制死后生殖的实施时间。但另一方面，被指定的配偶或者伴侣需要从悲痛中走出来，情感的恢复需要假以时日，因此该期限又不能过短。

第三，孩子的最佳利益。

如今，子女最佳利益原则已成为世界各国家庭法及处理与孩子有关的各类纠纷的最重要原则。依据现行大多数国家法律的规定，死后生殖所出生的孩子无法界定为死者的子女，无法确认双方之间的亲子关系，因为该孩子在死者死亡前尚未在母体内着床，连传统的“遗腹子”尚不能构成，也无法根据准正或者认领制度而确认其亲子关系。但是，为了保护此类孩子的利益，应该在衡量上述两种利益的基础上，对他们的利益加以保护。

笔者认为，在符合下列一系列条件的基础上，有必要对此类孩子的利益加以保护：(1)死者生前有明确其同意于死后运用其生前的冷冻精子或者胚胎用于死后人工生殖或者同意死后取精用于人工生殖的书面文件，并且愿意成为所生育孩子的父亲；(2)同意的相对人必须是死者的妻子；(3)死者的书面文件必须经死者和至少一个适格见证人的签名；(4)孩子必须在死者死亡后不超过 36 个月在子宫内孕育或者在死者死亡后不超过 45 个月出生。符合这个时间要求的，法律上可以推定该孩子在死者死亡时已经孕育。从而认定死者与孩子之间具有亲子关系，并据此可以享有继承权以及社会保险利益等。

案例 5

"设计婴儿"的适用条件及范围

——英国 Quintavalle v. Human Fertilisation and Embryology Authority 案

一、案例背景

一直以来，基于自然状态下的生育，所生出的孩子的遗传特征只是这对夫妇所提供的生殖细胞基因的随机组合。但是，当人类的脚步迈入分子生物学科技新纪元之时，人类关于自然、科技和生命的观念由于科技的发展正在发生着根本性的变革。随着人类辅助生殖技术的运用，特别是体外受精——胚胎移植(IVF-ET)①及单精子胞质内显微注射(ICSI)②的广泛应用，加上分子生物学技术的发展，使得通过人类胚胎植入前基因诊断技术(Preimplantation Genetic Dignosis，以下简称 PGD)对人类胚胎进行基因诊断从而选择其性别或者基因特征成为可能。该技术被称为第三代试管婴儿技术，是指在第一代和第二代试管婴儿技术的基础上，在体外受精的胚胎移植之前，将发育至 6—8 细胞期的人类早期胚胎，在显微操作下对一至两个单卵裂球细胞活检，通过分析，进行快速的遗传学诊断，选择合适的胚胎移植入子宫，从而获得健康的胎儿。PGD 或者说"设计婴儿"是人类辅助生殖技术与分子生物学技术相结合而形成的一种孕前诊断技术。③ 1990 年 Handyside 报道了世界第一例人类早期胚胎植入前性别诊断婴儿的出生④，开创了产前诊断的新纪元。2000 年世界上第一个通过基因特征选择的婴儿 Adam Nash 在美国出生⑤，更是引发了人们关于"设计婴儿"的探讨。

自 1990 年世界上首例"设计婴儿"诞生以来，截至 2008 年，全世界有超过

---

① 即第一代试管婴儿技术。

② 即第二代试管婴儿技术。

③ 沿用学者们的研究惯例，本文仍采用"设计婴儿"这一称谓。但在文章中，有时为了表述的简洁又采用 PGD 的称谓。

④ 罗海宁、张云山:《植入前遗传学诊断的伦理思考》,《国际生殖健康/计划生育杂志》2012 年第 1 期，第 49 页。

⑤ 刘欣怡、刘俊荣、黄海:《"设计婴儿"技术的伦理辩护及反思》,《医学与哲学》2012 年第 6A 期，第 18 页。

400个此类婴儿出生。[1] "设计婴儿"技术的发展在中国方兴未艾。2012年6月29日,中国首例设计婴儿在中山大学第一附属医院降生。医院为一对携带"地中海贫血"基因的夫妇实施了PGD技术,对14个体外受孕胚胎进行筛查后选择一个健康且配型成功的胚胎植入母体内并顺利生产,目的是利用这个孩子的脐带血拯救她患地中海贫血症的姐姐。[2] 另有报道称:我国体外受精胚胎遗传学诊断达世界先进水平。[3]

"设计婴儿"技术的应用发起了一系列的法律、伦理和社会问题。而英国在人类辅助生殖技术领域以及立法一直在世界上占有一席之地,对于包括"设计婴儿"在内的人类辅助生殖技术的运用采取的是特许主义。1799年,英国外科医生 John Hunter 完成人类第一例人工授精;1978年全球第一个试管婴儿也诞生于英国。英国政府对于人类辅助生殖技术的运用进行严格的管理。1990年成立人类授精与胚胎管理局(Human Fertilisation and Embryology Authority,以下简称 HFEA),对医疗机构从事人类辅助生殖技术颁发执照,对个人运用人类辅助生殖技术实施许可。同时,英国对于"设计婴儿"的运用,经历了允许为具有遗传病史的夫妇选择健康的胚胎,到为救治患有严重疾病的孩子而选择与之组织相配的胚胎,其间经历了曲折的过程。我们以 Quintavalle v. Human Fertilisation and Embryology Authority 案[4]为例,了解一下这一新兴的正在发展中的技术所带来的伦理困境和法律蓝图。

二、案情概要

Quintavalle v. Human Fertilisation and Embryology Authority 案又被称为 Hashmi 案。Hashmi 夫妇的第四个孩子 Zain 生来就患有严重的地中海贫血症。Zain 可以通过组织相配的干细胞的移植得到治疗。干细胞可以通过新生儿的脐带血或者从骨髓中得到。但是不幸的是,Zain 的兄姐都与她的组织不相配。Hashmi 夫人想再生育一个孩子救治 Zain。在孕期检查中发现胎儿也具有地中海贫血症,随即流产。后来又怀孕生下了一个健康的儿子,但还是与 Zain 的组织不相配。通过咨询他们的主治医师 Simom Fishel 博士,他是英国最大的辅助生殖中心(以下简称 CARE)的主任,建议 Hashmi 夫妇采取 Yury Verlinsky 博士的位于美国芝加哥的生殖遗传学研究所采用的技术。该技术分

① 乔杰:《人类辅助生殖技术的新进展》,《中国实用妇科与产科杂志》2008年版,第1期,第34页。

② 黎蘅:《我国首例"设计婴儿"诞生脐血将为姐做干细胞移植》,《广州日报》2012年7月9日第1版。

③ 俞慧友:《我国体外受精胚胎遗传学诊断达世界先进水平》,《科技日报》2013年7月22日第1版。

④ *Quintavalle (on behalf of Comment on Reproductive Ethics) V. Human Fertilisation and Embryology Authority*, [2005]*UKHL* 28.

为:(1)用 Hashmi 夫妇的精子和卵子在体外受精产生受精卵;(2)从发育中的胚胎提取一个细胞进行活组织检查;(3)用分子基因价差的方法价看一下胚胎是否带有地中海贫血症的基因,这一过程被称为 PGD;(4)在上述过程的同时检验该胚胎是否与 Zain 具有相同的组织分型(tissue typing),也被称为人类白细胞抗原配型(HLA typing);(5)通过这种方式将携带有疾病或者与 Zain 具有不同类型的白细胞抗原的胚胎抛弃,使得健康并且与 Zain 具有相同类型的白细胞抗原的胚胎被移植入 Hashmi 夫人体内。

根据英国 1990 年人类受精与胚胎法案的规定,体外受精—胚胎移植(以下简称 IVF)的治疗在英国必须由英国人类受精与胚胎管理局(HFEA)做出许可。对于基因疾病的 PGD 检测作为 IVF 治疗的一部分被 HFEA 所许可。但是对于组织分型从未有过,所以需要 HFEA 的明确授权。

可喜的是,HFEA 于 2001 年 12 月 13 日在新闻稿中宣布了他们的决定。HFEA 认为,组织分型应该仅在 PGD 对于避免遗传严重的基因疾病是必需的情况下才被允许。同时他们强调 PGD 结合组织分型的许可只能通过逐个案件审查的方式来获取。这种许可只能在满足下列条件下才可以做出:(a)患病孩子的状况应该非常严重或者危及生命,具有充足的严肃性使 PGD 的运用具有正当性;(b)胚胎自身应该处于健康危险中;(c)对于患病孩子已经穷尽了所有可能的治疗和组织资源;(d)当目的受体是父母时不得适用;(e)只能是为了治疗目的而提取脐带血;(f)父母应该被给予适当的咨询;(g)这种家庭应该被鼓励参与随访的研究中;(h)胚胎不应该为了提供组织配型而被从基因上加以修饰。

根据这个决定,2002 年 2 月 22 日,HFEA 对于 CARE 下的 Park 医院发布了一个许可,允许对 Hashmi 夫妇进行包括 HLA 配型的 PGD 治疗在内的 IVF 治疗。Hashmi 夫妇进行了一系列的尝试但是失败。在他们决定再次努力的时候,被 Josephine Quintavalle 代表生殖伦理评论组织(CORE)起诉。

CORE 组织以对人类胚胎的绝对尊重为基本的信条。Josephine Quintavalle 因为 HFEA 于 2001 年 12 月 13 日发布的决定请求司法审查。她认为 HFEA 没有许可使用 HLA 配型技术就健康胚胎进行选择的权利。2002 年 12 月 20 日,初审法官 Maurice Kay J 支持了她的请求,宣布 HFEA 的决定无效。HFEA 提出上诉。

在上诉过程中,法官就两个主要的法律事实进行了考量:一是“为了帮助妇女生育孩子的目的”;二是“保证胚胎植入妇女体内是合适的”。法官的结论是:不管 PGD 是为了生育一个没有基因缺陷的孩子,还是为了给生病或将死的孩子提供配型的干细胞,包括 PGD 在内的 IVF 治疗都构成了“为了帮助妇女生育孩子的目的”。而且,法官认为,HFEA 有权决定是否许可 HLA 配型的 PGD 运用。2003 年 4 月,上诉法院撤销了初审法院的判决。CORE 继续就该案向英国上议院寻求裁决。最终,英国上议院于2005年4月28日确认了上述判决。

三、案件评述

"设计婴儿"技术的运用目前主要存在于两大领域:性别选择和基因特征选择。两者都可以分为医疗目的和非医疗目的的运用。就性别选择而言,科学家发展了两种途径。第一,精子分类技术(sperm-sorting),即为了人工授精而分离携带X染色体或者Y染色体的精子来创造单一性别胚胎(用于卵子受精前)。第二,研究体外受精中在实验室里发育3天的人类早期胚胎的染色体,可以通过选择男性胚胎或者女性胚胎植入子宫而进行性别选择(用于卵子受精后)。就基因特征选择而言,有三种途径的运用:第一,非整倍体①的检测;第二,单基因疾病②的检测;第三,为一个生存孩子的HLA配型③。

(一)设计婴儿的伦理规则

1.英国关于性别选择的伦理规则

英国社会的主流观点认为,即便是基于医疗目的的性别选择也是不合适的。英国科学技术议会办公室(POST)④在2003年7月发布了一份有关性别选择的报告。在该报告中,POST表达了对于医疗目的性别选择的反对意见:当性别选择被用于医疗目的时,存在一个明显的理由,即有利于将来孩子的健康。然而,存在来自残疾人团体和宗教团体的担忧,即性别选择技术将会被用来针对逐渐增多的更温和的情况,例如色盲。对于"严重的疾病"的定义不是一个专门针对性别选择的问题,而是适用于所有旨在避免人们出生带有残疾的医疗干预行为⑤。POST担心"严重的"或"疾病"被错误地定义。对于防止残疾的性别选择的争论总的来说引起了关于优生学的警告。HFEA只允许在避免严重的与性别有关的疾病时进行性别选择。HFEA实践法典规定:医疗机构不应该运用任何从胚胎实验得到的信息或者任何从胚胎中得到的或者从产生胚胎的胚子中取得的物质,来为了社会原因而选择具有特定性别的胚胎⑥。

2.美国关于性别选择的伦理规则

美国关于性别选择的观点较英国开放,区分了卵子受精前的性别选择和卵

---

① 这种非整倍体状态的例子包括唐氏综合征、帕劳综合征、克兰费尔特综合征、特纳综合征等。

② 单基因疾病包括囊肿性纤维化、血友病、泰萨克斯、肌肉萎缩症和镰状细胞性贫血等。

③ HLA配型即人类白细胞抗原配型,是指决定诸如血液、器官和干细胞等组织的抗原是否与现存的患病孩子相匹配。

④ 议会两院负责为公共政策问题提供独立的和平衡分析的机构。

⑤ Postnote: *Sex Selection*, Parliamentary Office of Science and Technology, July 4, 2003.

⑥ Human Fertilisation and Embryology Authority Code of Practice 159 (6th ed. 2004). www.parliament.uk/post.

子受精后的性别选择。

(1)受精前的性别选择

在美国,对于受精前出于医疗目的的性别选择基本上是赞成的,对于非医疗目的的性别选择虽然存在争议,但美国社会的主流观点是认可的。2001年,美国生殖医疗协会(以下简称ASRM)伦理委员会在其报告中就受精前的非医疗目的的性别选择进行了论述。在充分考虑了反对的观点①之后,ASRM伦理委员会仍然认为,传统上父母在他们的生育决定中有一个重要的考量因素即性别选择,它会提供"被感知的个体的和社会的益处,比如社会层面的性别平衡或者在一个多孩家庭中的性别平衡,父母对某一种性别的偏好",进而认为,"旨在增进一个家庭的性别多样性的(非医疗性的)性别选择不会增加对孩子、妇女和社会的风险。因此,其运用不应该被禁止和谴责。前提是这一技术是安全和有效的。"②

(2)受精后的性别选择

由于受精后的性别选择涉及人类早期胚胎的处置,美国ASRM伦理委员会对其考虑得更为详尽,受精后非医疗目的的性别选择引发了严密的伦理关注。尽管如此,该委员会1999年针对受精后性别选择的报告中并没有对其完全禁止。委员会试图尊重和衡平相冲突的伦理观点——即生育自由权、真正的医疗需要、性别平等和医疗资源的公平分配,建议如下③:①为了预防严重基因疾病的遗传而进行受精后的性别选择在伦理上是可以接受的;②在经历IVF的患者中,PGD被用作非医疗目的的性别选择存在风险,此类运用是不值得提倡的;③IVF和PGD的开始如果仅仅是为了性别选择存在更加严重的风险,因此应该是受劝阻的。

(二)"设计婴儿"的法律规制

Hashmi案是英国第一个有关"设计婴儿"的判例。该案的特点是:Zain的疾病具有遗传性,Hashmi夫妇具有两个目的:一是检测出患严重基因疾病的胚胎;二是检测HLA配型的胚胎。虽然Hashmi夫妇最终没能生下一个孩子来拯救患病的儿子,但这个判例在英国具有非常重要的意义:它为希望通过这一技术选择健康的、与患病孩子HLA配型的胚胎的家庭带来了希望,首开先河。

当这一案例被报道之后,医疗伦理学家考量了为了HLA配型而创造和检

① 如潜在的性别歧视,对孩子非必要特征的不当控制,对父母不必要的医疗负担,有限医疗资源的不公平运用,可能导致的性别失衡等。

② See Ethics Committee of the American Society for Reproductive, *Medicine Preconception Gender Selection for Nonmedical Reasons*, 75 Fertility & Sterility 861(2001).

③ See Ethics Committee of the American Society of Reproductive Medicine, Sex Selection and Preimplantation Genetic Diagnosis, 72 Fertility & Sterility 595(1999).

测胚胎的道德问题。当诸如“备选婴儿”和“设计婴儿”的词语浮出水面时，许多伦理学家对 Hashmi 家庭的选择持赞成态度，很大程度上是因为该种治疗涉及脐带血，而不需要侵入孩子身体，并且 Hashmi 夫妇提供了令人信服的论据，他们独立地希望有另一个孩子，希望确信这个孩子不遗传同样致命的基因疾病。[①]

这时，滑坡理论处于众目睽睽之下。当一对夫妇需要从婴儿得到骨髓，该程序需要一个刺入孩子的臀部来获得细胞时如何应对？需要一个肾来供移植时又如何处理？生存的捐献者通常情况下只有在被充分告知了风险并且提供了合格的同意之后，才能交出他们的肾。被“设计的婴儿”的父母能够代表孩子同意器官捐赠吗？这类案件不同于上述 Hashmi 案的是，兄弟姐妹患有白血病，这是一种骨髓疾病，并不是基因缺陷导致的。因此，这类胚胎是为了 HLA 配型检测而不是为了疾病的基因检测。这不同于 Hashmi 案的情况，因为 Hashmi 案的胚胎是为了有害基因的存在而检测，是为了避免另一个患有致命疾病的孩子的出生。如果一个胚胎只是为了 HLA 配型的需要而检测，而此种利益只为患病兄姐而专有。

英国的另一个案例 Whitaker 案恰当地反映了上述情况。Whitaker 夫妇 3 岁的儿子 Charlie 患有纯红细胞再生障碍性贫血（以下简称 DBA）。DBA 除了骨髓移植外没有别的办法治疗。Whitaker 夫妇求助于他们的医生，希望运用“设计婴儿”技术选择体外授精的胚胎。虽然案件非常类似于 Hashmi 案，但 Whitaker 案存在一个重要不同：即 DBA 是偶发的而不是遗传的。这就意味着，Whitaker 夫妇再出生的孩子中具有这种疾病的概率并不高于普通人群。基于此，HFEA 拒绝了他们的申请，其理由是 HLA 配型只是为了寻找 Charlie 的干细胞捐献者，而不是为了检验带有基因疾病的胚胎本身。[②] 因无法从英国本土得到治疗，Whitaker 一家来到美国芝加哥寻求治疗。2003 年 6 月，Jamie 出生，他的脐带血被采集以备将来移植入哥哥 Charlie 的体内。根据 2004 年的报道，从 Jamie 体内获得的细胞被移植入 Charlie 的体内。[③]

与 Whitaker 夫妇处于类似困境中的家庭迫使 HFEA 重新审视自己的政策。2004 年 6 月，HFEA 充分考察了 Whitaker 夫妇的诉求，改变了以往的立场。HFEA 主席 Suzi Leather 解释道：“面对父母想救助孩子的正当请求，可以被理解的是，感情的焦点集中于患病孩子的身上。我们的职责是考虑将要出生

---

① See Bill Radford, *The Designer Baby: Right or Wrong?*, Baltimore Sun, Jan. 14, 2001, at 1N.

② See Sally Sheldom & Stephen Wilkinson, *Savior Siblings: Hashimi and Whitaker, An Unjustifiable and Misguided Distinction*, 12 Med. L. Rev. 137(2004).

③ See Maxine Frith, *Rulling on Embryos Clears the Way of Designer Babies*, The Independent, July 22, 2004.

的孩子的利益……我们对于证据的审查表明：该程序对于将要出生的婴儿的风险并不比其他的 IVF 婴儿大，而且这个治疗会对整个家庭有利。”①对于 HFEA 的改变，也引发了激烈的争论。但不管怎样，HFEA 的改变使得在英国“设计婴儿”技术的运用从遗传性基因疾病的筛查到为了非遗传性疾病的孩子寻求 HLA 配型而进行 IVF 治疗开辟了道路。

（三）中国应对设计婴儿的法律对策

就中国现有的法律文件来看，2003 年修订的卫生部《人类辅助生殖技术规范》《人类精子库基本标准》《人类精子库技术规范》几个文件中对“设计婴儿”技术的适应证、禁忌证、从事该技术的医疗机构的条件和从业人员资质进行了原则性的规定，对于细节缺乏具体规定，很多医疗机构在该技术的运用中只能参考适用 2002 年卫生部的《产前诊断技术管理办法》，适用标准极不统一，存在的问题也较多。比较上述英国模式和美国模式，一个是自由模式，即美国对于该技术运用在立法方面几乎没有限制，容易导致该技术的滥用；另一个是许可模式，即英国针对特定的事件采取个案审查的方式进行许可，能够有效地规制该技术的运用。我国在人工辅助生殖技术应用领域中借鉴就显得十分重要。

1. 从严掌握性别选择的标准

美国关于医疗目的的性别选择几乎没有争议，对于非医疗目的的性别选择区分卵子受精前的选择和受精后的选择，对于受精前的非医疗目的的性别选择从总体上认可，对于受精后的非医疗目的的性别选择区分不同的情况，采取“不提倡”或者“劝阻”的态度。而英国要严格得多，对于医疗目的的性别选择采取严格限制的对策。相比而言，中国人历来有“传宗接代”的传统思想，“重男轻女”难以避免，为了防止性别比例的失衡，中国对于性别选择的法律规制应该借鉴英国的做法②，这种规制比较契合中国的现实和国情。因此，在中国现阶段，使用“设计婴儿”技术进行的人类胚胎的性别诊断应该被严格禁止，只将伴性遗传病除外。

2. 合理界定人类胚胎的地位

在“设计婴儿”技术的运用中，对人类早期胚胎的操作是这个技术开展的题中应有之义。该技术对人类胚胎的检测本身即是以对胚胎进行一定的侵害为条

---

① See Maxine Frith, *Ruling on Embryos Clears the Way for Designer Babies*, The Independent, July 22, 2004.

② 2002 年的《人口与计划生育法》第 35 条规定：严禁利用超声技术和其他技术手段进行非医学需要的胎儿性别鉴定；严禁非医学需要的选择性别的人工终止妊娠。国家计划生育委员会、原卫生部、国家食品药品监督管理局 2003 年 1 月 1 日实施的第 8 号令《关于禁止非医学需要的胎儿性别鉴定和选择性别的人工终止妊娠的规定》第 3 条规定：禁止非医学需要的胎儿性别鉴定和选择性别的人工终止妊娠。未经卫生行政部门或计划生育行政部门批准，任何机构和个人不得开展胎儿性别鉴定和人工终止妊娠手术。法律法规另有规定的除外。

件的，更有甚者，不合格的胚胎将会被抛弃和销毁。此时，我们的疑问是：人类胚胎的地位到底如何？是一个同人一样值得尊重的生命体还是仅仅是一堆细胞？面对这一生命伦理学领域和生命法学领域的恒久问题，如果不能得到很好的解答，势必影响这一医学技术领域的技术发展，也影响这一领域的法律制定。

允许采用“设计婴儿”技术的国家，大都对人类早期胚胎的处置采取了宽容的态度。如英国 HEFA 规定：“受精后 14 天的人类早期胚胎应当受到尊重，但其尚不具备作为人的独立的道德地位，经 PGD 检测诊断为携带遗传性疾病的异常胚胎可以被捐赠用于科学研究或者使其死亡。”①

我国《人类辅助生殖技术规范》中有关“卵胞质内单精子显微注射适应证”中规定了“植入前胚胎遗传学诊断”并进一步规定了其适应证。可见，在我国现阶段，对于人类早期胚胎进行基因诊断在符合相关规定的情况下是可以实施的。但就法律层面而言，我国现有的法律条文中没有对人类胚胎的准确定位；就连学者们的民法典建议稿中实际上也没有涉及。如王利明教授主持的《中国民法典学者建议稿及立法理由》第 128 条第 2 款规定：“自然人的器官、血液、骨髓、组织、精子、卵子等，以不违背公共秩序与善良风俗为限，可以作为物。”徐国栋教授主持的《绿色民法典草案》第 30 条第 2 款规定：“在特定条件下，自然人本身的器官也成为物。”但实际上，人类胚胎不同于精子、卵子、血液等人体组织，也不同于人体器官，因为其具有潜在的发展为人的可能性和特质。对于其理论研究有待于进一步深入。

3. 准确确定适应证和适用人群

卫生部 2003 年《人类辅助生殖技术规范》关于该技术的适应证和适用人群做了“单基因相关遗传病、染色体病、性连锁遗传病及可能生育异常患儿的高风险人群等”比较笼统的规定。实践中，各地医疗机构采取的标准并不统一。

从该技术的发展历史来看，其产生之初主要用于单基因疾病和染色体异常疾病的诊断，随着技术的发展和普及，现在世界各国已经将其扩展运用到其他用途，如非医学目的的性别选择；为高龄孕妇、复发性流产、反复 IVF 治疗失败的夫妇提供染色体非整倍体状态的检测；甚至为了挽救他人的生命进行 HLA 配型的检测；晚发型的遗传疾病和易感基因型家族疾病等。随着这项技术检测项目的日益广泛和易得，促使人们思考一个问题：这是纯粹的技术问题吗？一项技术可以被实施仅仅因为它是能够被实施的吗？答案应该是否定的。谁拥有最终权利决定针对哪些检测项目开展基因诊断是一个尤为重要的问题。这需要患

① See Deckers J. *Why Current UK Legislation on Embryo Research is Immoral. How the Argument from Lack of Qualities and the Argument from Potentiality have been Applied and Why They Should be Rejected*, Bioethics, 2005, 19(3): 251-271.

者、生殖医学专家、伦理委员会、监管部门甚至法律专家的长期不懈的探索。

从患者权益的角度出发，我们认为：患者应该具有最终的决定权。在这个过程中最重要的是应该保证患者知情同意权的实现，因为该技术的运用会导致患者承受手术创伤、感染等风险，会付出较多的财产支出和心理负担，而且技术本身并不能保证百分之百的准确率，不能排除这个过程中的诸多风险。除此之外，行业协会和监管机构应该适时总结经验，根据技术的发展水平，制定明确的指导意见以指导技术实践的开展。

4.用于疾病治疗的严格限制

通过对人类胚胎的基因诊断，将适格的胚胎移植入母体内，待胎儿出生，使用其脐带血干细胞、骨髓甚至器官来治疗他人的疾病，是“设计婴儿”技术发展带来的新问题。由于这种利用不仅为了胚胎自身的利益，有时甚至仅仅为了他人的利益，其适用的标准应该区别不同的情况而被严格限制：

(1)遗传性疾病的治疗。这种治疗具有两个目的：一是生育一个不具有遗传病基因的健康婴儿；二是救治现有的患病的孩子。应该符合的条件：①患病孩子的处境非常糟糕或者危及生命；②胚胎自身处于健康危险中；③患病孩子已经穷尽了所有可能的治疗资源；④目的受体是父母时不得适用；⑤治疗目的明确，只能是为了治疗目的而提取脐带血，且不能以身体伤害为前提；⑥父母的知情同意；⑦定期随访；⑧胚胎不应该为了HLA配型而被从基因上加以修饰。

(2)非遗传性疾病的治疗。这种治疗的目的只有一个，即救治现有的患病的孩子，选择的胚胎本身患有遗传疾病的概率并不高于普通人群。这类应用的条件应该更为严格：①患病孩子的处境非常糟糕或者危及生命；②对父母进行心理评估，以确定将要出生的孩子即便救治兄姐不成功也能够得到父母无私的爱；③每一次侵入性的组织(如骨髓)的提取应该针对父母和作为捐赠者的孩子进行独立的心理评估；④作为捐赠者的孩子的同意在其具有自我决定权之前应该受到限制，如对于脐带血的提取应该被允许，但对于实体器官的捐献应该不被允许，这类捐献必须等到孩子具有意识能力时才能由其决定；⑤作为捐赠者的孩子被提取组织的次数应该受到限制；⑥作为捐赠者的孩子的医生和其兄姐的医生应该相互独立；⑦每次组织的提取应该经过父母的或者自己的同意加上伦理委员会的审查。

英美国家的经验告诉我们，“设计婴儿”技术的有序发展应该建立在伦理论证和科学立法的基础上，由生殖医学专家、伦理学家和法学家的共同努力，建立符合中国国情的法律法规、伦理指导原则和操作指南。①

---

① 欧洲人类生殖与胚胎学会(ESHRE)2004年11月11日发布了关于PGD的操作指南，相关经验值得我们借鉴。具体内容见 http://humrep.oxfordjournals.org/content/20/1/35.full.pdf。

第三章　知情同意与告知义务

案例 1

监护人对未成年人堕胎的知情同意

——兰伯特诉维克兰德案①

一、案例背景

知情同意源于英美法。最早关于"知情同意"的报道是英国 1767 年的 Slater v. Baker&Staple-Ton。该案中，外科医生被控告未经患者同意对其进行骨折愈合手术。法院认为，在实施手术前取得患者同意是"外科医生之惯例和法则(the usage and law of surgerous)"②。知情是指医方对于症状、治疗方案等与患者有关的治疗信息有对患者进行详细说明的义务，患者对治疗方案有选择和拒绝的权利，只有在患者得到医师充分说明的基础上做出的同意才是有效的同意。③美国关于知情同意纠纷最早的两起案例是 1905 年的 Mohr v. Williams 和 1906 年的 Pratt v. Davis 案。前案中，法院认为，被告(医师)未经患者同意的手术行为(至少在技术上相当于)侵害了患者的身体。后一案中，伊利诺伊州最高法院认为，原告把她自己置于被告的照管之下，被告没有得到原告的同意或授权，不能移走她的子宫。从这些案例开始，知情同意作为患者的一项重要权利逐步进入世界各国立法。但是 20 世纪八九十年代，当监护人知情同意权开始进入未成年人堕胎领域时，却引起了轩然大波，美国新罕布什尔州的争论将这个问题

① Martin D. Lambert v. Susan Wicklund ET AL, 520 U. S. 292; 117 S. Ct. 1169; 137 L. Ed. 2d 464; 1997 U. S. LEXIS 2077; 65 U. S. L. W. 3662; 97 Cal. Daily Op. Service 2232; 97 Daily Journal DAR 4159

②③ 俞强:《患者知情同意权研究》, http://article. chinalawinfo. com/Article_Detail. asp? ArticleID=71047

推向高潮。

2003年，新罕布什尔州通过一项法律，规定如果未成年人怀孕后要求堕胎，医生不能擅自决定，必须首先以书面形式通知她的父母并等候48小时后才能给她做堕胎手术，否则就是违法。只有在抢救未成年人生命的紧急情况下，才无须事先通知其父母。这项法律还规定，如果未成年人不愿意让父母知道，她可以随时要求法庭举行不对外公开的听证。法官最多有7天的时间决定未成年人是否心智成熟，是否有能力自行行使知情同意权或者未经监护人同意进行堕胎是否符合其最佳利益。如果未成年人的请求被法庭驳回，她还可以上诉，上诉法院也必须在7天之内做出判决。这个法律一经通过就引起了当地支持堕胎人士的强烈反对。2003年11月，堕胎诊所和北新英格兰地区计划生育组织等机构到联邦法院起诉新罕布什尔州政府。他们认为，这一法律没有把未成年人因除了生命危险之外，由于其他健康原因而不得不堕胎的情况包括在内，联邦地区法院和联邦第一巡回上诉法院也都赞同他们的论点，并判定新罕布什尔州的法律违宪。但是，新罕布什尔州司法部长阿奥特代表州政府上诉到美国联邦最高法院，成为著名的"阿奥特起诉北新英格兰地区计划生育组织案"。

支持者认为怀第一胎的孕妇如果堕胎，日后患乳腺癌的几率会增加50%以上。父母应该有权了解自己孩子的健康状况，也就是说，应该把未成年人堕胎的打算事先通知父母，以便他们引导自己的孩子做出是否要堕胎的决定。如果未成年人的确要堕胎，那么父母有必要保护他们的健康，并进行追踪治疗。还有支持者认为，医生在给未成年人动堕胎手术之前会根据知情同意权，向她介绍有关手术的情况，或让她阅读有关材料，这些材料连成年人都很难看懂，更何况一个懵然无知的青少年呢。

而反对者认为，让监护人拥有知情同意权的观点没有把孕妇的健康摆在第一位。按照新罕布什尔州的标准，医生是否可以为患者提供治疗，完全由政府决定。为各州通过有可能危害妇女健康的法律打开闸门，同时剥夺医生阻止他们认为可能会伤害病人的法律的权利。

目前，全美一共有19个州的法律要求医生在给未成年人动堕胎手术之前必须通知其父母，24个州的法律要求医生必须事先征得未成年人父母的同意。[①]蒙大拿州就是最早支持未成年少女堕胎必须通知其父母的州之一。我们将通过下面的案例分析其中牵涉的几个重要法律问题。

二、案例概要

1995年，美国蒙大拿州制定了一项法案（Montana Parental Notice of

---

① 《未成年人堕胎法辩论和美国高院》www.epochtimes.com/b5/5/12/12/n1150851.htm.

Abortion Act)，规定医师必须提前48小时通知未成年人的父母一方或其法定监护人，否则不得对未成年人实施堕胎手术。该法案同时还规定了例外情况下的司法豁免程序(judicial bypass)，如果当事人能在州青少年法庭上以清晰且有说服力的证据证明：(1)自己已经足够成熟并能自主决定堕胎；或者(2)自己受到父母或法定监护人的虐待；或者(3)通知父母或监护人并不符合未成年人的“最佳利益”，则父母或监护人的知情权可以被免除。在司法审查过程中，未成年人将得到公设律师(court-appointed counsel)的帮助，并确保通常情况下在48小时之内完成的速决程序。如果在立案后48小时内没有完成审查，自动同意生效。同时，当事人的身份、案件信息等都将得到严格地保密。此外，根据法案的规定，父母或法定监护人的知情权在紧急情况下并不适用。另外，在尽到了合理的努力之后，如果仍然无法通知到父母时，医院或医生可以通过认证邮件向监护人发出通知。

在法案生效以前，包括马丁·D.兰伯特在内的数名医疗工作者就法案的合宪性向联邦地区法院提起了诉讼，请求确认法案违宪并禁止其施行。地区法院审理后指出，任何情况下着眼于未成年人的最佳利益，父母或监护人的知情权就应该被放弃，从而认定蒙大拿州的法案违宪并禁止其施行。

在上诉审中，联邦第九巡回上诉法院维持了原判，理由是在司法豁免程序中，衡量未成年人利益时仅仅考量通知监护人所造成的影响将无法充分保护未成年人的堕胎权。

然而随后，此案被联邦最高法院推翻——未成年人堕胎必须于其自身“最佳利益”，必须在司法审查中证明通知父母或监护人并不符合其“最佳利益”才合乎宪法要求。

三、案例评述

本案涉及以下几个重要问题，即未成年人的医疗知情同意能力、告知义务的豁免、监护人的知情权、未成年人隐私权、“最佳利益”的含义等。

(一)未成年人的医疗知情同意能力(informed consent capacity)

医疗知情同意能力系指患者就医疗机构拟对其采取的医疗行为的性质、作用及其影响或后果的理解能力。[①] 医疗同意能力权的行使是现代医疗知情同意制度的重要组成部分，是自然人享有生命权及身体健康权的重要体现，是自然人行使其生命及身体健康自决权的应有之义。具有该能力的患者可以自行行使医疗同意权，而不具有或不完全具有该能力的患者则不能自行行使医疗同意权。

① 参见黄丁全：《医事法》，中国政法大学出版社2003年版，第270—271页；赵西巨：《医事法研究》，法律出版社2008年版，第82—84页。

就成年患者而言，所有正常成年患者①均具有医疗同意能力。但由于未成年人的年龄跨度很大，从呱呱坠地到成年，其智力水平以及对问题和事物的理解能力差别很大，故对医疗行为的性质、作用及其影响或后果的认识和判断能力也呈现出很大的差异，所以其医疗同意能力不可能一样。②

目前，世界各国对于未成年人的知情同意能力分一元化和多元化立法模式两种。③一元化立法模式认为未成年人无医疗同意能力，均需监护人代为行使，以中国大陆、台湾地区和日本立法为代表。多元化立法模式按照年龄区分未成年人的医疗同意能力，根据各国民法上对未成年人的界定区分不同年龄段赋予不同的医疗同意能力。越成熟的年龄段，自行行使医疗同意的范围越宽，监护人能够介入的范围越小。以英国、美国、欧洲部分大陆国家为代表。

很明显，在上述案例中，蒙大拿州持后一种观点，立法认定未成年少女对于堕胎手术依然享有医疗同意能力，但监护人享有知情权。知情同意权包含两层含义：

一是知情

要与医生的告知义务相对应。医师在实施医疗服务前，必须向患者明确告知治疗目的、医疗方法、医疗风险等，这是患者实现同意权的前提。伴随人权的发展和公民权利意识的增强，各国法律对医师的告知义务和患者的知情权都在不断发展。

二是同意

患者或者其监护人必须做出同意的意思表示，医师才能实施医疗服务。值得注意的是，美国有的州规定的仅是通知监护人，而有的州则要求监护人的知情同意，本案中蒙大拿州规定的就是通知义务。

知情同意应当具备三项要件：知情、自由意志和有能力。这就意味着，知情同意的主体必须对医护人员所告知的诊疗护理行为的相关情况具有必要的认知和理解能力，对当前患者的处境和利益取舍具有一定的判断能力和做出真实意思表示的能力。④ 所以，未成年人的医疗知情同意能力应当根据不同的年龄来划分：

(1)无医疗知情同意能力。很幼小的儿童不具有医疗知情同意能力，其权利应当由监护人代为行使。属于该类别的儿童的具体年龄在各国规定不尽相同，有的规定为 14 岁，有的规定为 12 岁，也有的规定为 10 岁。

---

①②③ “正常成年患者系指具有完全行为能力且并未因疾病或事故陷入昏迷或严重意识不清状态者”。参见胡雪梅：《我国未成年人医疗同意权行使制度之合理构建》，《法学》2012 年 3 期，第 80—87 页。

④ 费珊龙、赵之珺、杜艺敏：《未成年少女堕胎手术知情同意主体探析》，《中国卫生法制》2011 年 1 月第 19 卷第 1 期(总第 110 期)，第 40—43 页。

(2)限制医疗知情同意能力。分为两种情况:一是监护人有知情权并且前置,监护人不知情前,未成年人不得享有同意权,医师不得进行堕胎手术。上述案例蒙大拿州的规定就是这种,一般表述为“医师必须提前48小时通知未成年人的父母一方或其法定监护人,否则不得对未成年人实施堕胎手术”,这种情况监护人的知情权又分为父母单方的知情权和父母双方的知情权(parental consent),单方知情权要求医师告知父母一方即可手术(parental notification),父母双方知情权要求医师必须告知父母双方后才能实施手术;二是未成年人和监护人都有知情同意权:①未成年人同意治疗,但监护人反对,则反对意见无效;②未成年人拒绝接受治疗,但父母同意,医院有权利进行治疗。③如果本人和其父母都拒绝治疗,则医院或未成年人及监护人应向法院申请审查其父母的决定是否符合未成年人的最大利益,如果法院判定其父母拒绝治疗的决定是不符合未成年人最大利益的,该拒绝治疗的决定无效[①]。这个年龄世界各国有的规定为12—16岁,有的国家规定为14—18岁。

(3)完全医疗知情同意能力。能够自己行使医疗同意权,大多数国家规定16岁或者18岁以上属于该类别。[②]

(二)监护人知情权与未成年人隐私权的冲突

堕胎手术之所以会单独作为一个项目写入许多国家的法律,是因为堕胎手术的特殊性。目前未成年人意外妊娠而实施的堕胎手术日渐增多,经调查发现,造成少女过早尝试性行为的原因主要有三个:同学之间早恋引起亲密接触;通过网络接触社会被诱惑;亲情冷淡或单亲家庭导致在外寻求关爱。当然,还有一种不得不正视的现实,也是最近社会时有发生的就是未成年人遭受性侵。不论是哪一种原因导致的怀孕,未成年人对监护人都羞于启齿,或者认为这是“个人隐私”没有必要告诉监护人。

隐私权的概念诞生于美国,至1965年Griswoldv v. Connecticut案开始,隐私权的内容被导引到全新的事实领域,发展出来“宪法隐私权”:从个人信息的披露、窃听、测谎、通信秘密到性自由、避孕、堕胎、家庭关系、消极安乐死,以及个人行为和外表等都属于隐私权范畴[③]。隐私权从民法意义上说是一种人格权,是人基本的价值和尊严的体现,和成年、未成年没有关系,是人生而具有的权利。隐私权已经得到越来越多的重视,成年人主张堕胎为个人隐私排除他人的知情权理所应当,但当未成年人主张隐私权从而排除监护人在堕胎问题上的知情同

① See kennedy&gmbb, medical law, butterworth, 2000, pp. 777—778.

② 胡雪梅:《我国未成年人医疗同意权行使制度之合理构建》,《法学》2012年3期,第80—87页。

③ 郭明龙:《论患者隐私权保护——兼论侵害“告知后同意”之请求权基础》,《法律科学》第3期,第84页。

意权时，本书对此持反对观点。

首先，监护人照顾未成年人免不了在一定程度上会知道未成年人的隐私，反过来知道这些隐私也有助于监护人更好地了解和照顾未成年人。如果以未成年人隐私权作为首要保护，则可能由于信息不足导致监护权在许多重要领域无法行使。

其次，研究表明，堕胎的未成年人长大后，知道自己曾断送亲生孩子的生命，自杀率比普通妇女要高出 3 至 4 倍。监护人在堕胎阶段的参与给予未成年人的依赖和鼓励，对于修复心理创伤，帮助未成年人树立积极的人生态度，维护心理健康具有极大的意义。

再次，目前国内医院的现状不容乐观。全国几乎所有的非公立医院均受理堕胎业务，且绝大多数医院对未满 18 周岁的未成年少女堕胎没有设计特别的就医要求，经向有关行政部门核实，发现许多医院均未获得产科执业许可，属于违法超范围经营。而且，大多数未成年人没有手术费用，容易受非正规医疗诊所非法广告诱使。若手术由未经训练、素质低下的医护者操作，出现不安全流产的风险将大大增加，一旦手术不成功或不彻底，极易对堕胎的未成年少女正在成长发育的身心造成严重甚至是终身伤害。

最后，实施监护人医疗同意权的地区会使堕胎人数减少，重要的是使未成年女孩怀孕的人数减少。美国实施监护人同意权的北达科他州未成年人的怀孕比率在全美最低，明尼苏达州也很低，在全美排名第四。

（三）告知义务的豁免

告知义务的豁免是指在某些特殊的情况下，未成年人在堕胎前能够自行决定堕胎，从而排除监护人的知情同意权。

怀孕的状况复杂多变，一律要求堕胎必须取得监护人的知情同意对患者不利，违背未成年人最大利益，也不符合设置监护权的本意。因而需要在下述特定情形下免除告知义务。

1. 紧急情形下告知义务的豁免

在孕的未成年少女处于无意识或者意识不清的紧急状态下，无法知晓病情诊断、治疗措施以及医疗风险等，却又急需堕胎手术救助，否则有可能发生危及生命健康的严重后果，在此情形下医师可以免除告知义务，直接对患者进行医疗救助。紧急情况下医师说明义务免除深层逻辑是实质正义对形式正义的取舍变通。医师说明义务的免除必须符合三个条件：

一是，存在对患者生命健康的严重威胁；

二是，这种威胁必须是现实的、紧迫的；

三是，无法联系未成年人近亲属。

医师说明义务的免除是阶段性而非根本性的。在采取紧急救治措施后，医师仍然负有说明义务。①

2.监护人性侵案件中告知义务的豁免

监护人对被监护的未成年人性侵分为作为和不作为。对于监护人性侵未成年的被监护人，或者第三人性侵未成年人，监护人可以制止但不制止，放任性侵的发生，致未成年少女怀孕的情况，如果仍然让监护人行使知情同意权是违背伦理道德和立法本意的，会对未成年人身心造成严重侵害。所以，应当剥夺监护人对未成年人堕胎的知情同意权，改由未成年人自己、其他监护人、卫生行政部门和法院等行使。

3.其他情况下的豁免

除了上述两种情况外，只要能够证明堕胎符合未成年人“最佳利益”可以由法官授权实施堕胎手术，但必须符合下列条件：

一是，无法通知父母；

二是，必须申请法官授权；

三是，未成年人是否心智成熟，有能力在了解手术治疗情况后同意手术；

四是，必须符合未成年人的最大利益；

五是，法官最多有7天的时间决定。

案例 2

论替代医疗方案的说明义务

——1996年大阪乳腺癌乳房全切除手术案

一、案例背景

知情同意(Informed Consent)理论，从英文原意及其法理的概念和法的义务的构成的角度考虑，也为说明同意理论。②“知情同意”是英美法系的产物，在

① 俞强：《患者知情同意权研究》，http://article.chinalawinfo.com/Article_Detail.asp? ArticleID=71047。

② 夏芸：《医疗事故赔偿法——来自日本法的启示》，法律出版社2007年版，第39页。

英语语言文献中，涉及知情同意的首次记载可追溯至 1767 年的英国 Slater 案[95Eng. Rep860(K. B. 1767)]。① 在该案中，法院认为，在实施手术前取得患者的同意是“外科医生之惯例和法则”。现代意义上的知情同意概念来源于第二次世界大战后的纽伦堡审判，针对二战期间纳粹医生强迫受试者接受不人道的人体试验的大量事实，纽伦堡法庭制定了人体试验的基本原则，确立了人体试验的受试者自愿同意原则，作为国际上进行人体试验的行为规范，形成了世界上第一部规范人体试验的《纽伦堡法典》(1947 年)，在随后的《赫尔辛基宣言》(1964 年)及《里斯本宣言》(1981 年)都再三强调 Informed Consent，并把其从人体试验领域扩大到所有患者的治疗上。

在司法领域，20 世纪 50 年代后期，一些西方国家的关于知情同意权的司法判例相继出现，如美国的 1957 年的加利福尼亚上诉法院对 Salgo 事件的判决，法官首次引入“知情同意”这一术语。在这些国家，随着患者权利运动的开展，知情同意原则逐渐扩大到了临床诊疗活动领域，成为医疗领域中最具特色和最基本的原则。医师尊重患者本人的权利，并有法律的规定为后盾，患者提起医师违反说明义务的诉讼具有很强的可诉性和操作性，此类诉讼非常普遍。

在我国，20 世纪 80 年代以前，我国医疗界仅有手术签字的经验和习惯，在法律法规上的表述也更多倾向于“签字”的程序，如原卫生部 1982 年颁布的《医院工作制度》第 40 条的附则中规定：“施行手术前必须由家属或单位签字”。20 世纪 80 年代以后，知情同意概念被引入中国，最早多出现在学者论著、译著中，在立法方面，1994 年颁布的《医疗机构管理条例》开始有了“患者同意”的条文表述，规定：“医疗机构施行手术、特殊检查或者特殊治疗时，必须征得患者同意，并应当取得其家属或者关系人同意并签字……”1999 年施行的《中华人民共和国执业医师法》则首次较为完整地出现体现知情同意理念的法条表述，规定：“医师应当如实向患者或者其家属介绍病情……”2002 年的《医疗事故处理条例》及其配套法规明确提出并规定知情同意权，明确了患者才是知情同意权的主体。在 2010 年 7 月 1 日施行的《中华人民共和国侵权责任法》中更是详细地规定了医疗机构及医师说明义务的范围，如“应向患者说明病情和医疗措施。需要实施手术、特殊检查、特殊治疗的，医务人员应当及时向患者说明医疗风险、替代医疗方案等情况，并取得其书面同意；不宜向患者说明的，应当向患者的近亲属说明，并取得其书面同意”。这应该是目前我国法律对患者知情同意权的最完整的表述。

患者知情同意权是指患者有权享有知晓本人病情和医务人员要采取的诊断、治疗措施以及预后和费用方面的情况，并自主选择适合于自己需要和可能的

① 夏媛媛：《从知情同意的发展史正确认识知情同意权》，《医学与社会》2007 年 20 卷第 2 期，第 44—47 页。

治疗方案的权利。①

一直以来，我国在知情同意领域，对医师如何说明、说明的范围与标准一直没有统一的界定，法律的规定也较为笼统，司法上也没有相关的典型案例去讨论何谓善尽说明义务。日本1996年大阪乳腺癌乳房全切除手术案②，讨论了医疗水平尚未确定的替代疗法的说明义务，进而分析了临床实践中医师应该对患者进行何种程度的说明，这对于确定我国医师说明义务的范围与标准颇具启发意义。

二、案例概要

1991年1月，X(原告·二审上诉人/附带被上诉人·三审上告人)发现自己右乳有肿块，来到挂牌"乳腺特殊门诊"、宣称是癌症研究会会员的Y(被告·二审被上诉人/附带上诉人·三审被上告人)的诊所治疗，当年2月14日被诊断为乳腺癌。Y早在1988年曾给一位癌前期病变乳腺癌的患者实施过乳腺癌乳房保存术，其后又分别在1992年和1993年各做过一例乳腺癌乳房保存手术。Y认为X的乳腺癌病情应当进行只保留胸大肌的乳房全切除手术。当月16日，Y向X说明以下内容：首先，其有必要住院进行手术；其次，因为已经进行过手术切片检查，所以宜尽快实施手术；再次，手术时也会尝试保存乳房的方法，但是这种方法至今无法确证正确与否，术后有可能因为放射线的原因而变黑，从而需要进行再次手术。当月20日，Y向X说明，将对X的乳房进行全部切除，但是会留存其肌肉。

手术前2天X入住了Y的诊所。也在同一天，X看到报纸上介绍乳房保存疗法的报道，于是当天向Y递交了一封信，信中表露了她在祈求生命和切除乳房之间徘徊动摇的微妙心情。Y从信中知道X对乳房保存疗法的适用可能性、实施可能性等有强烈关心。当月28日，Y按照预定方案给X实施了右乳全切除手术(保留胸肌的乳房切除手术)。手术后的病理检查显示：癌组织没有浸润，也没有淋巴转移。

本案手术之时，在欧美世界的乳腺癌乳房保存疗法治疗后的再发率、生存率都不差，甚至更优。但是在日本，乳腺癌乳房保存疗法的普及却比较迟缓。1989年4月，为了对此疗法的安全性、有效性进行证明并制定统一标准，厚生省支持设立"乳腺癌乳房保存疗法研讨班"，但此研讨班的临床研究结果并未发表，日本

---

① 《履行知情同意原则的指导意见》，《医学与哲学(临床决策论坛版)》2008年10月第29卷第10期，第2—6页。

② 根据日本裁判所网站刊载的日本最高裁判所第三小法庭1997年9月19日判决及夏芸：《医疗事故赔偿法——来自日本法的启示》所载的"104、150-1、105-2，1991年乳房癌乳房全切除手术事件"改写。

的实施病例少，评价也不一致，加之观察期间很短，该疗法作为正式的手术方法在日本医疗界并未明确确立。另外，Y虽然是该前提下的一名普通医生，但作为乳腺癌治疗的专门医生，其对该不该适用此疗法的病例应该有所判断，又有实施乳房保存疗法的经验；而且当时已经在实施乳腺癌乳房保存疗法的日本医疗机构并不少，也有相当数量的实施病例，实施该疗法的医生之间对该疗法也有积极评价，其也知道X的情况有其适用可能性，并且知道实施该疗法的医疗机构。

X认为：(1)自己的乳腺癌适用乳房保存疗法，并且自己也希望保存自己的乳房，Y违反了应该实施乳房保存手术的义务；(2)Y即便自己不实施该手术，也应当承担将X转到其他实施该手术的医疗机构的转诊义务，Y违反了这一义务；(3)在实施本案手术时，Y没有进行充分说明，违反X的意思进行了手术，违反了说明义务。因此对Y以医疗合同债务不履行及侵权行为为理由，提出了损害赔偿请求。

大阪地方裁判所于1996年5月29日做出一审判决，在对乳房保存疗法做了详细认定的基础上，肯定了X的部分诉讼请求，判决医师违反说明义务。指出医师在实施手术等侵袭性医疗行为时，为了尊重患者的自主决定权、取得患者的同意，原则上在诊疗契约上负有义务对该疾病的诊断(病名和疾病的现状)、预定实施的手术的内容、危险性、其他可能选择的治疗方法以及其利害得失、预后等内容进行说明。本案中，因为乳房处于体表，是女性的象征，由于手术丧失乳房，不仅给该患者带来身体障碍，而且因为外观形象的改变对患者精神和心理也有显著影响，鉴于上述因素，担任治疗的医师在考虑提高生存率的同时，还应该照顾到患者的精神层面以及家庭生活质量的提高，应该承担说明义务以使患者不至于丧失自我选择及决定的机会。

考虑到上述乳腺癌手术的特定性质，手术方式作为上述说明义务的对象，不应该局限于已经为一般医师广泛采纳的、有效性和安全性都已经确立的范围，还应该包括大致的有效性和安全性在专科医师中正得到确认，并且该患者的医师也能够知道的手术方式。

本案中，Y在对患者的乳腺癌告知以及乳腺癌病情发展程度、性质以及预定实施手术的内容等说明上不存在说明义务的违反。但X的乳腺癌既然符合乳房保存疗法讨论班“纲要”的手术适应证，也符合当时已经实施乳房保存疗法的所有医疗机构确定的手术适应证；并且，Y本身也是乳腺癌专科医师并且实施过类似的乳房保存手术。在当时日本乳腺癌专科医师已经对该疗法非常关注的背景下，Y对于乳房保存疗法只以间接并且消极的形式对患者提及，没有做特别说明，构成了说明义务违反的债务不履行责任。

大阪高等裁判所于1997年9月19日做出二审判决，认为乳房保存疗法在当时还不是安全性已经确立的手术方式，所以Y医师没有实施该疗法的义务，也没有将患者转医转院的义务。并且由于该疗法的实施比率较低，其安全性和有效性还没有确立，应当说当时还不属于必须询问患者是否甘冒该疗法的风险接受该疗法的状况。所以，虽然X的乳腺癌既符合乳房保存疗法讨论班“纲要”的适用标准，也符合本案手术当时已经实施乳房保存手术的所有医疗机构的手术适应证标准，但在Y对X已经说明有残留乳房的方法，且采纳该方法有可能因为术后的放射线照射而使乳房发黑，并且还有可能再度切除乳房等内容的情况下，不能认为Y存在对其他可选择疗法的说明不充分的问题。因此将X的请求驳回。X遂上诉至最高裁判所。

日本最高裁判所第三小法庭于2001年11月27日做出最终判决，撤销二审判决发回重审。最高裁判所判决指出，一般而言，预定实施的疗法是按照当时医疗水平确定的疗法(手术方式)，医师当然应该承担说明义务。至于其他尚未在医疗水平中得到认可的疗法(手术方式)，不能认为医师通常情况下也有说明义务。尽管如此，但是也不能否定在有的情况下，即便是尚未被认可的疗法(手术方式)，医师也要承担说明义务。至少，在某一疗法(手术方式)已经在不少医疗机构被实施、并有具有相当数目的实施先例、在具有实施经验的医师中正被积极评价的情况下，如果医生又知道该疗法(手术方式)对患者有适用可能性，并且该医师也已经明确知道该患者强烈希望了解此疗法(手术方式)是否适合自己以及是否有可能实施的话，即使该医师对此疗法(手术方式)持消极态度并且自己也无意亲自实施，但也有义务在自己了解的范围内向该患者说明该疗法(手术方式)的内容、适用可能性以及该疗法的利害得失，甚至实施此疗法(手术方式)的医疗机构的名称地址。

而本案中，被告人Y在接受X的信件之前对其所做的说明是对乳房保存疗法完全消极的说明，作为应负的说明义务履行得不充分。因此，被告人Y在接受X的信件后，没有对X说明其乳腺癌有姑息疗法的适用可能性以及正在实施乳房保存疗法的医疗机构的名称地点等信息，无法认为被告人尽到了诊疗契约上所要求的说明义务。

三、案例评述

本案的焦点在于替代疗法的说明义务。特别是通过司法裁判强调了医师说明义务的重要性，明确了医师对医疗水平尚未确立的替代疗法的说明义务，拓展了医生说明义务的范围，这种判决也体现了确定说明义务的内容的标准，已从传统的医师标准向理性病人标准的转变。

(一)知情同意权的重点在于说明义务

本案判决强调了说明义务的重要性，指出医师在实施手术等侵袭性医疗行为时，为了尊重患者的自主决定权、取得患者的同意，原则上在诊疗契约上负有说明义务。说明的范围包括对该疾病的诊断(病名和疾病的现状)、预定实施的手术的内容、危险性、其他可能选择的治疗方法以及其利害得失、预后等内容进行说明。

我国和日本在知情同意法律法规的规范上有一致的地方，我国知情同意的法律法规将患者知情权与患者同意权杂糅在一起，却没有考虑两者的差异和不同之处；同时对于说明义务的内容规定得并不深入与细致。而日本法对患者知情同意权的落脚点在说明，在于让患者去理解医生说明的专业信息，而不是片面地去强调患者同意，这就突出了医师在保障患者同意权方面的责任与义务。本文案例的司法裁判并没有判定医师存在医疗过失以及违反转医与转院义务，也就是说，并不认为医师实施的右乳全切除手术是有过失的，但却判决医师违反了说明义务，这一方面体现了关于说明义务的诉讼已独立存在并具有可操作性；另一方面也凸显了对医师说明义务的重视。

而在我国近些年来推行“知情同意”制度的医疗及司法实践中，常常把中心放在了“同意”方面，医疗层面“不同意不手术”，司法层面大多也只是通过审查“知情同意书”及其患者签字来确定是否保障了患者知情同意权；在司法诉讼实践中关于患者知情同意权的诉讼并不普遍。这种对知情同意制度的理解，实际上存在误区，不利于医师尊重患者知情义务，也不利于医师真正认识自身所承担的说明义务的目的，不能促进医师去积极探索如何更好履行说明，对患者知情同意权利的维护不利。

(二)说明义务的判定标准不限于医疗水平

本案例的判决动摇了以医疗水平作为说明义务判定标准的理论。长期以来，日本医疗事故判例理论都认为，医生及医疗机构注意义务的判定标准是当时的医疗水平，这个原则适用于一切医疗上的注意义务，当然也包括医师的说明义务。这个理论是在一连串的早产儿视网膜症诉讼中形成的。

在早产儿视网膜症诉讼中，从对日赤高山医院案中岐阜地方裁判所判决的批判开始，医生注意义务的标准就被认为是“实践中的医疗水平”，并主张由于案件中的激光凝固法(一种治疗眼病的方法)的有效性、安全性均未得到确立，因此不能认可以此为前提的注意义务。这起案件中，最高裁判所 1982 年的判决认为“注意义务的基准是医疗当时的临床医学实践中的医疗水平”[1]，由此确立了医疗水平论。也就是说，按照医疗水平论，新治疗方法只要尚未确立，就不产生以该治疗方法为前提的说明义务。

---

① 日本最高裁判所 1982 年 3 月 30 日高山红十字医院案判决，载『最高裁判所裁判集民事』135 卷，第 563 页。

日本最高裁判所一贯认为超过医疗水平的部分不产生任何义务，也即把医疗水平作为影响判断说明义务的重要因素，这种观点受到日本学界的批判。有学说认为，就说明义务而言，新治疗方法在医疗水平论上未确立，但从应当承认是否采用该疗法属于自我决定权这一前提出发，该治疗方法满足有效性安全性在专家之间被逐渐认识等要件，就应当承认说明义务。[①] 那么，从重视自我决定权的角度，在治疗方法尚未确立的情况下，医生对于新治疗方法应该承担说明义务；即使已有其他确立的治疗方法，在关系到患者的生存方式和生活质量的情况下，医生要考虑到患者的意思及性格等因素，对新治疗方法也承担说明义务。

日本最高裁判所1995年的判决[②]对医疗水平做出了柔性解释，指出“在对该医疗机构有上述认识存在合理期待的情况，除非有特殊情况存在，否则对于该机构而言上述认识就是医疗水平”，即医疗水平的基础是“认识”。因此，在医疗水平和说明义务的解释上，就有余地地承认了以往未被认可的治疗方法所产生的义务。该判决还提到“被认为拥有有效性安全性的新治疗方法”，因此在解释上，承认新治疗方法中医疗水平论的前提是“拥有有效性和安全性”。

而日本学界对“有效性安全性”的判断分为两派。一派认为这是医学上的判断，强调治疗法的有效性安全性遵循医学和科学的逻辑，应当尊重专家的判断，不应置入患者的期待和信赖。认为对有效性安全性尚未确立的疗法应当对“死马当活马医”的患者进行说明这件事情，本身就像鼓励临床试验一样。[③]

另一派认为要考虑到患者的期待和信赖。认为有效性安全性的医学举证对于患者造成过重的诉讼负担，因此这个要件应当考虑到患者的期待与信赖，从而具体化、相对化地解释。[④] 因此，就算有效性安全性在医学上存在些许问题，但是对于该医疗机构的认识有合理期待的时候，医疗水平应当被定位为包括说明此疗法存在的问题。这是一种对于有效性安全性过度重视的批判性立场。

本案的判决，从最高裁判层面确认了医师对未确定的替代疗法的说明义务，明确了说明义务的判定标准应该不局限于医疗水平。本判决虽然承认按照医疗水平论，对未确定的疗法不能一般性地要求医生承担说明义务；但是也指出即使按照医疗水平论，不能否认对未确立的疗法医生也有可能承担说明义务。因此，例外性地认可了对医疗水平尚未确立的疗法有承认说明义务论的余地。相比以

---

① 中村哲：『医療訴訟の実務的課題患者と医師のあるべき姿を求めて』，判例タイムズ社2001年版，第108页。

② 日本最高裁判所1995年6月9日姫路红十字医院案判决，载『民集』49卷6号，第1499页。

③ 新美育文：「医師の過失医療水準論を中心に」，载『法律論叢』1999年第71卷第4・5号，第84页。

④ 寺沢 知子：「医療水準の相対化と「医療水準論」の質的転換」，大阪大学法学部1997年第47卷1号，第80页。

前认为只要从医疗水平论上未确立，就不承认以该疗法为前提的任何义务的判例立场，本判决可以说将医疗水平论带入了新的阶段，开启了对医疗水平不确立的新疗法承担说明义务的新思路。

（三）说明义务的履行要充分尊重患者的需求

本判决没有明确说明义务的发生要件，本案的说明义务不过是在"医生所知范围内"才成立。因此，是否具有说明义务受患者个人的具体情况影响较大。本案件的判决指出："本案信件明确表明了上告人希望留下乳房的强烈愿望，必须承认，被上告人在收到信件时已经了解到上告人对自己乳腺癌是否适用乳房保存疗法、实际能否实施乳房保存疗法等有强烈关心。在此情况下，被上告人有义务在自己了解的范围内向上告人明确说明上告人的乳腺癌有可能适合乳房保存疗法以及正在实施乳房保存疗法的医疗机构名称地址，以给上告人一个熟虑和判断的机会……"这实际上就明确了一个认识，即当患者接受医疗时，表示出自己对新治疗方法的关心与期待的意思表示，医师就应该提供更充分的说明；而且在诉讼的时候，医患之间要就患者的意思表示及医师的说明内容进行具体的质证，而不再仅仅限于医疗水平这个标准来判断是否尽到说明义务，这就扩大了说明义务的范围，也强调了医师进行说明义务时，要尊重患者的意思，对患者期待与关心的问题与新疗法承担说明义务。特别是涉及患者性别体征等部位的手术治疗时，由于这类医疗行为的特定性质，更应该重视患者的自主决定权，医师应该更严格履行详细、充分的说明义务。

本案判决中并没有明确"有效性安全性的确立"标准，避免了有效性安全性的医学争论，让法律判断更容易进行。而是在一定的情况让医生履行说明义务，让患者自己去深思熟虑判断，体现了裁判思路向偏重患者自主决定权的方向发展。

此案件开启了一个新的视角，不仅仅以"医疗水平论"的角度，去判断说明义务的范围与内容，而是更多考量患者的期待，这与说明义务的判断标准的学说理论从理性医师标准向理性病人标准或个案主观判断标准的发展趋势不谋而合。

从世界各国情况看，有关说明义务的判断标准有以下几种：一是理性医师的判断标准，以具有中等专业水平和技能的医师在相同情况下应当向患者说明的内容为标准；二是理性病人的判断标准，以一位通常的理性患者在同等情况下，希望及需要获得哪些内容，以此来判断告知是否充分；三是个案主观判断标准，一位普通病人在当时情况下需要被告知哪些内容才能做出合理的同意。显而易见，这三种标准对医师说明义务的要求呈逐渐升高态势，目前世界上许多国家都不再以理性医师作为判断说明义务是否充分履行的标准，而逐渐采用第二种甚至第三种标准。

(四)对是否履行说明义务的审查应注重实质审查

本案医师对患者实施右乳全切除手术,显而易见是经过了患者同意的,但患者术后却提起了医师违反说明义务的诉讼。在三次审判过程中,我们发现,法庭不是仅审查患者是否签署手术同意书,并以此为标准来直接判断说明义务履行与否以及履行是否充分;而是展开细致调查,了解医患围绕手术展开的所有交流,审查患者真实的意思表示及医师说明的具体内容。这体现了对患者理解医师说明的信息的重视,体现了对患者关于治疗相关的真实意思表示的探查,是对患者知情同意权的真正维护。

知情同意是一个医患之间进行交流的过程,知情同意的核心不是一纸同意书,而应该是医患之间的充分讨论与交流,医师说明义务的充分履行应该针对患者做出决定时所需的信息来展开。

在目前,中国的临床实践和司法审判中,对于患者知情同意权的尊重多流于形式化的审查,是否签订知情同意书成为一个主要的衡量标准,而对于隐藏在知情同意书背后患者的真实意思的探查明显不足,这样常常会酿成一些医疗与伦理的悲剧。[①] 要考察医师是否给予患者足以做决定的充分信息,考察患者真实的意思表示,而不是仅仅看是否签了字,只有体现患者真实意思的表示才必须得到尊重,才是判断医师是否充分履行了说明义务的标准。

(五)说明义务违反责任与医疗过失责任不同,赔偿限定于精神损害赔偿

本案一审判决指出:"被告给原告实施了本案切除手术,使原告的乳腺癌得到治疗,排除了乳腺癌增生、转移给原告的生命身体造成的危险性,在此范围内履行了与原告的诊疗契约上的义务。因此,与被告的上述说明义务不履行有相当因果关系的原告的损害应该限定在精神痛苦范围。"这说明医疗技术过失责任与说明不足责任之间是有区别的,不能因为医师违反了说明义务就推断医师一定存在医疗技术过失损害责任。

在我国,《侵权责任法》把医疗损害侵权责任分为:医疗技术损害责任、医疗伦理损害责任以及医疗产品责任三种类型。医疗技术损害责任是指医疗机构及医务人员从事病情检验、诊断、治疗方法的选择,治疗措施的执行,病情发展过程的追踪,以及护理等医疗行为中,存在不符合当时医疗水平的过失行为,医疗机构所应当承担的侵权赔偿责任。医疗伦理损害责任是指医务机构和医务人员违背医疗良知和医疗伦理的要求,违背医疗机构和医务人员的告知或保密义务,具有医疗伦理过失,造成患者人身损害以及其他合法权益损害的医疗损害责任。未尽说明义务的损害责任明显属于医疗伦理损害的范畴。因违反说明义务确实

---

① 赵敏:《论患者决定权与医疗干涉权冲突的法律选择》,《医学与哲学》2011年第9期,第55—56页。

造成人身损害的，能确定因果关系的，医疗机构应当承担赔偿责任。如果未造成人身损害，仅造成知情同意权和自我决定权损害的属于精神范畴的民事权利损害，确实比较严重，医疗机构应该承担的是精神损害赔偿。

案例3

医院警示告知义务的扩展和延伸

——海蒂·佩特诉詹姆斯·斯莱尔凯尔

(Heidi Pate v. James B. Threlkel)

一、案例背景

医师的告知义务是医事法领域的经典命题。它不仅是医疗行为得以顺利进行的前提，也是患者行使知情同意权的必要条件，更是认定许多医疗侵权行为的必要环节。普通法与成文法在认定因医师违反其法定告知义务而过失侵害受害人权利的民事责任时基本都遵循下列要件：(1)存在告知义务(duty of inform)；(2)违反告知义务；(3)受害人遭受损害；(4)违反义务与损害后果之间具有因果关系。可见，医师对患者本人负有当然的、及时的和全面的告知义务已经成为医学界与法律界的共识。

然而，医师告知义务的内容与对象又随着医疗技术的飞速发展而不断地推陈出新。人类基因技术变革所带来的法律困境便是其中一例。原则上，基因医疗信息具有“最高私密性”，它不仅可以反映或预测个人的健康与生命秘密，还在一定程度上决定或影响了家族当代人与后代人的生活方式，甚至对整个社会具有特定的公共关切性——因为它将影响到政府、军队、学校、雇主、保险公司等商业机构或科研机构各自的利益倾向，[①]可能导致歧视、阶层分化等社会安全问题，因而应受到更多的法律关注。“基因隐私”“病患基因警示”等新型权利的应运而生，昭示着与基因医疗信息相关的法律内容在悄然改变。尤其是在遗传病的基因医疗领域，患者近血亲(Immediate Consanguinity)对于患者本人之基因

① 王康：《论基因医疗信息对第三人的披露》，《医事法前沿问题研究》，中国法制出版社2011年版，第287页。

信息的全面获得关乎其能否及时有效地进行预防性或干预性治疗、调整医疗方案或理性做出生育决策。由此便衍生出一个关涉复杂利益冲突与平衡的法律政策问题：医师对患者的近血亲在特定情形下是否负有警示病患基因传递的告知或披露义务？这一告知义务是法律上的义务还是道义上的义务？对此，Pate v. Threlkel 案①是英美法中医师对患者的近血亲是否负有警示病患基因传递的告知义务的非常典型的案例，对于我国在病患基因的诊治过程中的告知义务的履行具有借鉴意义。

二、案情概要

原告的母亲于 1987 年因患有髓质性甲状腺癌（Medullary Thyroid Carcinoma，简称 MTC）而接受治疗。该病因甲状腺滤泡旁细胞病变所致，发生率为 3%左右，早期手术是最有效的治疗方式。3 年后，原告 Heidi Pate 也被确诊患有此病，故起诉当年为其母亲治疗的医师及其医疗机构。

原告认为，医师明知道或应当知道该病患基因传递的风险，但却没有在当时对其做出任何形式的警示、告知或进行基因检测的建议，从而未能使其早期预防并治疗该病，错过最佳预防及治疗阶段。

本案对传统的医师告知义务理论提出了挑战，即医师是否对患者以外的第三人负有某种形式的告知或披露义务。如果该义务存在，那么该第三人的范围有多大？换言之，告知的对象应该包括哪些合同以外的第三人？告知的内容有哪些？告知的方式？该告知是有限的告知还是全面的告知？如果是有限的告知，由医师扮演一个决定他人生命健康的裁判者、决定哪些基因医疗信息对第三人是必要的？哪些是无关紧要的？是否具有合理可靠的论证支撑？如果是全面的告知，医师是否面临着日后被患者指控侵害其隐私权的风险？或者纵容了某种形式的投机行为——有赔偿的机会便指控其侵权，没有该可能便不做出指控，无形中成了日后某个医疗纠纷中的"赔偿储备人选"，等等，这些法律与伦理困局成为摆在佛罗里达州地方法院与最高法院面前的难题。

正如原告所诉称的，如果医师当年及时向其做出警示，她极可能因为采取了预防医疗措施而免于遭受基因病变所造成的病痛折磨。医师没有履行其告知义务违反了合理审慎的职业行为操守，此过失构成了使原告日后遭受巨大精神与肉体痛苦以及病发后治疗之巨额医疗费用的财产损失的直接近因。尽管在原告母亲的医疗合同关系中，她并非当事人，但作为与患者基因医疗信息有密切关系的第三人，应当有权利知晓与自己将来可能遭受之损害相关的基因医疗信息。

① Heidi Pate v. James B. Threlkel, 661 So. 2d 278(Fla. 1995), rehearing denied(Oct 10, 1995).

而且，原告还诉称，诸如 Schroeder v. Perkel 案[①]中确立的并被美国司法界所普遍承认和援引的“家庭关系的特殊性”原理已经可以证明，无论是从法律上、伦理上还是从道德上对此处的第三人利益予以考量都不难理解，一个生命或健康安全受到威胁的患者近血亲对患者之基因医疗信息的意图获取具有充分的正当性基础。一国法律不应否认这一人之常情而要求其公民成为超脱生死病患去捍卫患者隐私权的圣贤。因此，被告医师因没有完全履行其告知义务，应该对原告的病情恶化、精神损害以及由此造成的财产损失承担相应的法律责任。

本案中被告的辩词紧紧围绕着传统普通法对于医师告知义务的主旨界定，体现为以下几点：(1)保护患者隐私权；(2)尊重患者的自主决定权；(3)医疗合同关系的相对性；(4)不存在此类法定的注意义务。前三项理由不证自明，至于最后一项也显而易见：被告并非因担心原告进行预防性治疗而免于病发后治疗的巨大医疗花销，使其收入间接减少，从而存在故意不予告知的主观过错，在法定注意义务缺位的前提下要求其承担过失责任于理无据。

最终，初审法院支持了被告简明扼要的主张。根据美国有关医师告知义务的现有立法，[②]有关患者的医疗信息对第三人限制提供，除非法律做出除外性规定或者患者出具书面形式的同意证明。即医师对于患者以外的第三人获取患者信息的要求“不予披露是原则、予以披露是例外”。这一例外情形主要指患者书面同意披露、卫生部检查以及其他形式的司法或执法活动。尽管初审法院援引了佛罗里达州最高法院在 McCain v. Florida Power Corp. 案中确立的原则——当一个人对其行为产生有害于他人的可预见风险时，法律上的义务即告存在。[③]但初审法院还是认为近血亲获取患者基因医疗信息的诉求，可以通过在家庭领域创设特殊性规则的方式来解决这一知情与告知的冲突，而不必对本州法律所规定的医师专业注意义务做出宽泛解释的方式来实现，因为后一种方式涉及过多的利益调和与秩序冲击。如果患者所患的是传染性疾病，出于公共利益的考虑，告知义务可延伸至第三人，但这属于另当别论的情形。除此之外，要求医师对患者近血亲负有警示某种推测性疾病的告知义务是一种不合理的要求。原告上诉后，佛罗里达州最高法院也持同一立场。

---

① Schroeder v. Perkel, supra, 87 N. J. 432 A. 2d 834 (1981).

② 例如 2005 年的《患者安全与质量改善法》(The Patient Safety and Quality Improvement Act (2005))，以及《健康保险可转移性与责任法》(The Health Insurance Portability and Accountability Act (1996))。

③ McCain v. Florida Power Corporition, 593 So. 2d 500 (Fla. 1992).

三、案件评述

(一)告知义务与隐私权的冲突

在传统医事法上,医师对不存在医疗服务关系的第三人并不负有普遍的法定告知义务。这体现在各国或各地区规范医师执业行为的法律或伦理规范之中。在美国少数的例外案件中,告知对象的拓展也要求存在两个前提条件:一是第三人为明确的受益人;二是医师于特定情形下的注意义务在个案中充分被论证。[①] 我国《侵权责任法》第55条规定,医务人员在诊疗活动中应当向患者说明病情和医疗措施。需要实施手术、特殊检查、特殊治疗的,医务人员应当及时向患者说明医疗风险、替代医疗方案等情况,并取得其书面同意;不宜向患者说明的,应当向患者的近亲属说明,并取得其书面同意。医务人员未尽到前款义务,造成患者损害的,医疗机构应当承担赔偿责任。《执业医师法》第26条规定,医师应当如实向患者或家属介绍病情,但应注意避免对患者产生不利后果,医师进行试验性临床治疗,应当经医院批准并征得患者本人或其家属同意。显然,《侵权责任法》将医师的告知对象严格限定于患者,除非告知可能导致增加患者心理负担、无益其病情好转等不宜向患者说明的情形,才能向患者近亲属告知。而《执业医师法》涉及"家属"的部分也只限于向家属介绍患者的病情,并非将告知义务的对象独立为患者以及其近亲属两个部分。概言之,我国相关法律对于医师告知义务的规定是以"患者"的知情同意权作为相对范畴的,"患者近亲属"只是"患者"的"派生"信息接收对象,并非医疗服务关系中的独立主体,医师不负有独立地向其告知患者医疗信息的法定义务。

然而,医疗技术的变革时常成为法律变革的开端。有学者指出,"在基因时代,对一切现象似乎都要重新反思"。[②] 尽管医师对第三人是否存在告知义务的法律追问在西方医事法学界尚未达成一致的结论,但新泽西州与加利福尼亚州等局部地区的司法判决,已通过创设新型权利名头的方式显示出突破传统的趋势。两地的州最高法院认为,对于那些处于可能罹患遗传病风险之中的第三人来说,医师应当保障其"知道的权利",或从严格解释职业行为操守准则中推导出医师有义务保护该第三人"避免损害的权利"。即便该第三人不是医疗契约的缔结方,但作为患者近血亲的他们无疑是本次医疗行为的受益者,其与医师之间已经形成一种非直接基于契约的特殊信赖关系。一名合理审慎的医师应当对之负

---

① 例如Baskerville-Donovan Engineers, Inc. v. Pensacola Executive House Condominium Ass'n, 581 So. 2d 1301 (Fla. 1991).

② 王康:《论基因医疗信息对第三人的披露》,载刘士国:《医事法前沿问题研究》,中国法制出版社2011年版,第287页。

有不容推卸的特定职责，这也是医师对社会应承担的安全保障义务的一部分。[①]

不可否认，某些州法院做出这一僭越传统的法律推理的初衷是善良的，但该推理进路却可能在私人领域甚或是公共政策领域招致法律、道德、伦理方面的重重困境。保护患者的隐私权早已渗透并内化为医师职业道德与行为准则的基本内涵之一，也被《世界人类基因组与人权宣言》《关于患者权益的里斯本宣言》[②]等国际公约和国际行业规范以及各国、各地区的医师执业规范等国内法所普遍确认。而且，隐私权常常被许多国家的法律语境打造成“私权利”的替代词，是在包括宪法层面在内的几乎一切法律领域里对抗“公权力”和其他私权利的强势话语，很难从基因医疗信息这一狭小的立题中挖掘到令人信服的权利限制的合理基础。众所周知，“隐私”的产生与维持并没有一个明确的领域界限，它既存在于陌生人之间，也存在于近血亲之间。近血亲之间除了情感紧密的特征外，也常常出现利益分享或责任分担的对立局面。不管是出于利己主义或利他主义的角度考虑，近血亲之间互瞒病情的现象都不鲜见。以医师的局外人角色对紧密联系且排斥分享的群体隐私关系进行强制干预是不合适的。加之，患者的隐私权包含着其自主决定的权利。我国医事法学界习惯将这一自决权与知情权结合成“知情同意权”，规定在《侵权责任法》以及《执业医师法》的条文中。患者的自决权或称同意权同样是被上述两个国际性文件所明确规定的公认性权利，[③]它与隐私权交相呼应，使患者掌控着对自己基因医疗信息维持私密垄断或是公之他人的状态。只要疾病不属于关涉公共利益的传染性疾病，且不存在不利于患者康复的情形，该隐私保有和自主决定的权利便具有排除医师主观干涉的效力。相反，在某些特定场合，告知近血亲反而会使医师陷入与“告知患者但却不利于患者康复”相同的困境：近血亲在得知自己可能罹患某种遗传病后，随之而来的恐慌与痛苦将无法避免，尤其是在其必然会患病但该病却无法有效治愈的情况

---

① 例如 Safer v. Estate of Pack. 291 N. j. Super. 619, 677 A. 2d 1188 (App. Div.), certif. denied, 146 N. J. 568, 683 A. 2d 1163 (1996); Tarasoff v. Regents of the University of California, 17 Cal. 3d 425, 551 P. 2d 334, 131 Cal. Rptr. 14 (Cal. 1976)。

② 《世界人类基因组与人权宣言》第 7 条规定：为研究或其他任何目的而保存或处理的与可识别之个人有关的遗传数据，应按法律规定的条件予以保密。《关于患者权益的里斯本宣言》规定：所有可辨认出患者的数据都必须被保护，数据储存的方式必须符合保密原则，可衍生出辨认患者信息的人体物质都必须被保护；即便在患者死后都应落实保密原则，除非后代子孙需要获得攸关他们健康风险的信息。

③ 《世界人类基因组与人权宣言》第 5 条规定：在各种情形下，针对某个人的基因组的研究、治疗或诊断均应得到其事先、自愿和明确的同意。如有关人员不能表态，则应由法律从其最高利益出发予以同意或授权。每个人均有权决定是否要知道一项遗传学检查的结果及其影响，这种权利应受到尊重。《关于患者权益的里斯本宣言》规定：患者有权知道有关自主决定的相关信息，失去意识的患者必须寻求其法定代理人的同意，除非患者曾有明确的表达，否则在危机状态无法得知法定代理人意思时，患者的同意可被视为当然有效。

下，因预知无法改变的命运而使其遭受不必要的痛苦更有违人道主义精神。如果近血亲在这种恐慌的驱动下做出了某种非理性的或不必要的防御性治疗行为，例如为避免患乳腺癌而将双乳切除，而事后得知自己并未携带这样的患病基因或通过其他更为缓和的治疗方式也可以有效防范罹患疾病时，其所遭受的精神及肉体重创更难以想象。正像本案的初审法院所分析的，假设医师有义务对患者的近血亲做出警示，若这一警示被错误地传递给近血亲或被近血亲错误地理解了，此时他们便更可能将医师的法定义务描述成“不合宜的医疗注意义务”，从而发起另一种解说的侵权诉讼。[①] 由上可知，医师告知义务的改良绝非与医疗技术亦步亦趋地跟进般简单。从保护弱势方的关怀理念出发，加重医师的注意义务，对其告知对象做出扩张解释的观点尽管常在学术界占据上风，但站在理性分析的平台上，实务届在多数情况下倾向于做出回归传统的裁判也值得我们进行深刻的反思：似乎有必要在基因医疗领域形成一个确定的法律规则，让打破常规的告知有章可循，让墨守成规的告知也能够起到警示第三人的作用。这样才能更好地保护医方与患方的利益，构建和谐互信的医患法律关系。

（二）我国法律的借鉴与改良

在基因医疗飞速发展的时代，我国应当在将来出台的《侵权责任法》司法解释或在修订《执业医师法》时明确规定，在基因医疗的情形下，医师应该对患者做出与其所治疗的疾病相关的病患基因是否具有家族传递之风险的警示义务，并将告知情况记载于医疗意见书、医疗同意书等书面文件中，交由患者签字确认。但如果存在以下情形之一，可以不予告知：(1)患病风险的可能性很小；(2)患者已知悉该风险；(3)患者已明确要求不予对其告知；(4)向患者告知该风险可能不利于其康复；(5)该风险属于生活常识；(6)该风险尚未被医学界发现。医师直接对近血亲披露患者医疗信息应当经患者书面同意，但情况紧急或患者意识不清时医师对近血亲做出善意的警示以及法律有明确规定的情形除外。此处的近血亲是指直系血缘亲属以及其他在基因上具有紧密联系的家庭成员。医师未履行或未完全履行该告知义务应当承担由此而产生的过失侵权损害赔偿责任，主要为因医师及时有效地告知而产生的医疗护理费用与实际发生的医疗护理费用之间的明显差额。

不得不承认，医师及时、全面地履行其告知义务是构建健康有序之医患关系的关键。但是，医师的工作复杂而宽泛，而且很多疾病（甚至是绝大多数疾病）都或多或少地带有基因遗传的风险。如果法律责令其直接对包括委托人近血亲在内的第三人也负有一定的完整告知义务，则意味着他们的告知对象有可能包括

① Heidi Pate v. James B. Threlkel, 661 So. 2d 278 (Fla. 1995), rehearing denied(Oct 10, 1995).

父母、祖父母及外祖父母、兄弟姐妹、子女、孙子女及外孙子女等数量可观、地域分散的非契约方，告知的内容将可能远远超出本次医疗行为的主题信息，甚至超出医师自己科属领域的医疗信息。至此，医师履行其告知义务无疑将变得异常复杂、烦琐和困难。否则，其职业风险将拓展至在未来对委托人之外的不确定主体承担自己在现今无法知晓和防范的不确定责任，这就好比开启了一个可能引发指控医师侵权的潘多拉盒子，对医师来说显然过于苛责。而且，我们很难保证医师及医疗机构在如此苛责的法律处境中不做出任何防御性医疗行为，这些费财、耗力、误时的防御性医疗行为最终还是将风险成本分摊给了患病或可能即将患病的“患方”，使其处境雪上加霜。因此，有必要将医师警示的内容限定于与本次治疗的疾病相关的病患基因传递风险；将告知的标准限定于患者知晓该潜在风险并予以相应重视的程度；将告知的对象限定于患者。只有当情况紧急、患者意识不清或法律有明确规定的情形下，经患者书面同意，医师才可以直接对近血亲披露患者医疗信息。

在通常情形下，医师向患者告知病患基因遗传的风险属于其法定义务，向近血亲告知仅属于道德义务。如果在特定情形下没能取得患者的书面同意，而医师是出于悬壶济世、治病救人之职业道德而向近血亲提出合理审慎的建议或警示，且没有披露其他与该警示无关的不必要的患者隐私时，该警示应被视为是可以对抗侵犯患者隐私权的抗辩事由。

案例 4

循证医学证据的法律适用

——台湾台安医院维生素过敏致死案

一、案例背景

近年来，我国大陆地区及台湾地区医疗界正积极推动循证医学（Evidence-based Medicine，简称 EBM）的发展，以进一步改善医疗服务品质。循证医学的核心思想是医疗决策，即病人的处理、治疗指南和医疗政策的制定等应在现有的最好的临床研究依据基础上做出，同时也重视结合医师个人的临床经验。其包含五个主要步骤:(1)将临床需求转化为一个可以回答的问题;(2)寻找回答问题的证据;(3)严格评价所收集的证据,包括严谨度、重要性和适用性;(4)将可适用的最佳证据应用于患者身上;(5)评估施行的效果。[①] 透过以上五个环环相扣的步骤,让医师可以在茫茫的文献及资讯之中,找出对患者最有利的预防、诊断和治疗等医疗措施,然后向患者说明告知并与患者共同讨论以达成最后的决定。

目前国际范围内已拥有生物医学杂志 2500 余种,每年发表的论著达 200 万余篇,加上千余家网络系统,发表的证据资料更是难以计数。[②] 循证医学的发展正是建立在流行病学、统计学等方法所得证据基础之上。[③] 要求医师在大数据时代下浩瀚如海的医学文献中,针对每一位患者的具体病情,逐一检索、评估以及利用最佳研究证据来指导临床诊疗行为。这无疑对医师的检索能力、方法及时间提出较高的要求。解决之道即以循证医学的方法来制定循证临床指南(Clinical Practice Guidelines,简称 CPG),让忙碌的医师在较短的时间内,依据临床指南的指引,为每位不同的患者制订最佳、最合理的诊疗方案。

目前医疗界积极推动发展的循证医学,除了进一步改善医疗服务品质,其相关临床研究证据在法律层面也将成为处理医疗侵权相关案件的证据之一。据美国一项研究表明,在 1990—1992 年间共 259 例医疗纠纷案件中,有 17 例案件将循证医学证据直接作为审判依据,其中有 12 例是作为医师有罪的证据,4 例作为医师无罪的证据。[④] 台湾地区已有学者主张一旦医师完全依据循证医学理念制定的临床指南为患者提供诊疗服务,即不能认定医师存有医疗过错,即循证临床指南可以作为医师无过错的判断标准。[⑤] 循证医学理念及相关证据的发展,将会影响到医师告知义务的履行、医疗过错推定及因果关系的判断。如何赋予单一的循证医学证据本身以及基于循证医学证据发展所形成的循证临床指南对于医疗侵权损害赔偿上的适当意义,遂有探讨的必要性。

医疗侵权损害赔偿之成立,以有损害的发生及有责任原因的事实,两者之间存在相当因果关系为成立要件。此损害赔偿基本理论的每个环节,均可能与循证医学数据相关联。本文以循证医学证据本身以及从该等证据所发展形成的循

---

① 石雅慧、罗恒廉、翁逸豪等:《医师对实证医学之接受度:全国区域医院之分析》,《医学教育》2010 年第 3 期,第 11 页。

② 赵中夫、姚应水:《循证医学》,人民军医出版社 2013 年第 1 版,第 5 页。

③ 循证医学与流行病学存在着必然的联系,流行病学是产生最佳临床研究证据和评价研究质量的方法学基础,即循证医学以流行病学为方法学基础。

④ Hyams AL, Brandenburg JA, Lipsitz SR, etal. Practice Guidelines and Malpractice Litigation: A two-way street. Ann Intern Med. 1995,122(6):450-455.

⑤ 吴俊颖 、吴佳勋 、陈荣基:《临床指引在法庭审判的角色:赛局理论的观点》,《台湾医学》2010 年第 2 期,第 199—208 页。

证临床指南作为切入点，就其在医疗侵权损害之医方责任判定等方面具有的适用性进行分析，并进一步就司法实践中法官应如何运用循证医学证据与循证临床指南，以及医疗损害技术鉴定中运用循证医学的思维等做一探讨。

二、案例概要

患者甲因罹患零期乳房肿瘤（摸不到肿块、未发展到导管外的乳腺癌），至被告台安医院就诊，经台安医院雇用之医师乙诊断后，实施左侧乳房彻底切除术。术后患者甲情况良好，并在台安医院接受观察。然而医师乙明知患者甲术后情况良好，并无欠缺维生素 B_1 且维生素 B_1 可能引发过敏甚至死亡的情况下，未对甲实施微量皮内注射敏感测试，亦未尽告知说明并征得患者同意，就指示护士于术后当晚对患者甲施行混合含维生素 B_1 的“多力维他”的静脉注射，致使患者因过敏而全身发痒，心脏跳动微弱，并发脑水肿、脑干受损、四肢抽搐，陷入昏迷状态，终不治死亡。甲之家属遂将台安医院及医师乙诉至法院。

原告主张：医师乙与台安医院应对患者甲的死亡承担损害赔偿责任。被告台安医院及医师乙则辩称：乙系为避免患者甲在手术后因体液、电解质、维生素流失及术后禁食，造成脱水与维生素欠缺之虞，同时，避免电解质不平衡与营养吸收问题及因伤口不易愈合、酵素活性降低而产生组织不健全、低蛋白症、水肿等现象，才使用含维生素 B_1 成分之“多力维他”静脉注射。维生素 B_1 为极安全的药品，临床上仅在多次以大剂量注射时，仅有低于 0.1%的过敏反应或休克比率。医师乙基于医学专业知识，经询问患者并无过敏史后才施以仅含 10 毫克低剂量维生素 B_1 之“多力维他”（尚未全部滴注完毕）。“多力维他”的使用，符合现有技术、专业水准及医疗准则，无用药错误。患者甲引发过敏反应后，经医师乙及其他医护人员以心肺复苏术急救，并使用抗过敏、急救药物维那、肾上腺素及类固醇后，其血压趋于稳定，并转入加护病房。同时，积极请同院脑神经外科医师会诊，采取必要措施并实施适当的治疗，无医疗上的过失可言。患者甲因其个人特异体质而发生过敏并死亡，并非现今医疗专业水平所能避免或预防的。

台湾大学医学院附设医院与台北荣民总医院（以下简称二院）鉴定认为：对于某些特殊药物常引起过敏反应者，医帅会先做一些必要的测试，例如盘尼西林(Penicillin)注射前，会先以皮内试验方式检测患者是否存在过敏现象；有些药物通常较少引发过敏现象，因此并没有先前检测之必要。目前医学界就维生素 B_1 的注射并无事前做皮内注射的惯例，因此二院鉴定意见认为：一般均没有于注射维生素 B_1 前进行皮内注射敏感试验的先例。本案“多力维他”其成分含维生素 A、B_1、B_2、B_3、C、E 等均为安全的药物，临床上使用此类药物，以询问患者有无过敏病史即可。

本案经“最高法院”三度发回，最终“最高法院”于2009年做出终审判决(台湾“最高法院”2009年台上字第656号民事判决)①：注射维生素B_1可能产生致命过敏性休克为双方不争的事实，并有相关医药文献资料、“多力维他”药剂说明书为证。而医疗上维生素B_1之皮内敏感试验为很简单的试验，地区医院②确实有能力和设备做皮内敏感试验。医师乙所称：一般添加维生素B_1注射会引发过敏甚至死亡的概率为0.1%以下……乙既已明知注射维生素B_1可能产生致命过敏性休克，却未尽注意义务而对患者做皮内敏感试验，贸然为患者滴注混合含维生素B_1之“多力维他”，致患者过敏休克死亡，患者死亡与乙未尽注意义务贸然静脉注射“多力维他”有因果关系，乙对此应负过失责任，台安医院为医师乙之雇用人，应与乙连带负损害赔偿责任。

三、案例评述

本案涉及的核心问题在于法院能否将循证医学基础之医学研究证据直接作为医师注意义务的判断依据，即法院能否径行以“一般添加维生素B_1注射会引发过敏甚至死亡的概率为0.1%以下”的研究证据，直接作为医师客观预见可能性的认定基准，并以之作为医师责任原因的判定基础。

医师的注意义务是指：医师及其辅助履行人在进行医疗行为时，依据法律、法规、规章制度和具体操作规程，以及职务和业务上的习惯和常理，接受契约或委托的要求等，保持足够的小心谨慎，以预见医疗行为的结果和避免损害结果发生的义务。包括：结果预见的义务和结果避免的义务。前者是指行为人根据行为时的具体情况，所负有的应当预见自己的行为可能引起的结果发生的义务；后者是指行为人所附的避免因自己的行为而发生危害结果的义务。注意义务以有预见可能或回避结果的可能为前提，有预见可能性而没有预见就要对违反结果预见义务承担责任，同时，有避免结果发生的义务而未避免，要对结果的发生承担责任。③ 对照循证医学证据，所谓手术或治疗的并发症发生率或药物的副作用发生率等，均是医学文献上所陈述的客观事实，而该并发症与副作用的发生，不论发生概率的高低，既然医学文献中已经有所记载，自难谓其为客观上之不可预见。因此，对于医疗侵权损害赔偿，这些并发症或副作用的发生，毫无疑义都可以说是具有客观预见可能性的。

---

① 台湾地区实行“三审终审制”，这对减少和纠正许多二审错案，产生了积极的效果和作用，但因滥用三审制容易给当事人带来诉累。本案从1998年第一审到2009年最高法院的终审历时达11年之久。

② 台湾地区医院评鉴分为四个等级，即医学中心、区域中心、地区医院和诊所。医学中心等级最高，同时又是教学医院，具有医疗、教学、科研任务。区域中心与大陆地区的市级医院规模、等级相近，地区医院与大陆的县级医院规模、等级相近。台湾的诊所，有个体诊所的类别，也有类似小型医院的类别。

③ 刘鑫、王岳、李大平：《医事法学》，中国人民大学出版社2009年版，第74页。

然而，台湾大学医学院附设医院与台北荣民总医院的鉴定意见均认为，依二院之医疗常规，均未规定滴注维生素 B_1 前需先做皮内注射敏感试验，甚至将此试验称为“临床上并不实际”；二院若基于维生素 B_1 副作用发生率之循证医学证据（如发生维生素 B_1 过敏的个案中，产生严重过敏反应并休克死亡的概率几乎没有，或是施行皮内注射敏感试验并不能从根本上识别过敏者等），而制定无须事先施行皮内注射敏感试验之临床指南，则医师于注射“多力维他”前未做该试验，应属医学界所认可的医学专业上的正当行为。果真如此的话，连国家级医学中心的临床指南均不要求医师于滴注维生素 B_1 前先做皮内注射敏感试验，则本案医师应不具备施行该敏感试验的注意义务。

本案法院于判决中未先考量该医师注意义务是否存在，而直接以医师乙明知注射维生素 B_1 可能产生过敏性休克甚至死亡，却疏失未做皮内敏感试验，贸然滴注含维生素 B_1 之“多力维他”，未尽注意义务致使患者发生过敏性休克死亡，从而判定医师应承担损害赔偿责任。对于法院无视台湾大学医院与台北荣民总医院二院就滴注维生素 B_1 所施行的临床指南或医疗常规，其理由恐难以信服。在此，如果不以先做皮内敏感试验之注意义务的有无为前提，只将药物副作用发生率等循证医学数据作为医师客观上预见可能性的认定依据，并以之作为医师是否承担责任的判断基础，则可能致使医务人员被迫采取防御性医疗行为来避免存在的法律风险。因为任何药物均无法保证绝对没有过敏副作用。按此规定，在医疗过程中，医务人员为求自保只得依每一类药物的具体成分均进行皮内敏感试验，这无疑会增加医疗成本，拖延治疗时间，延长治疗过程。

以本案为例，“多力维他“的成分并非维生素 B_1 而已，尚含有维生素 A、B_2、B_3、C、E 等，各成分客观上或多或少均有造成过敏的可能，亦即该等药物成分只要医学研究证据表明患者可能对其产生敏感反应，对于医师而言均具有客观上的可预见性。如果依据本案法院的推理逻辑，不啻迫使医师于注射“多力维他”单一药物前，须先就其中各成分一一进行皮内敏感试验，方能尽到相应的注意义务。然而，医疗行为并非单一品种的给药，甚至连缝合伤口的各种缝线均有发生过敏的可能。照此，患者于术后给药前将忍受一连串皮内敏感试验，因此本判决理由的适当性有再斟酌的余地。

综上，倘若法院将循证医学证据自基于该证据所发展出的临床指南或医疗常规中抽离出来后，弃置不顾该证据相关的临床指南或医疗常规制定的目的性和合理性，而单独以该证据本身作为判断医疗事故中医方责任原因的基础，不啻由非专业的法院基于该抽象的循证医学证据，另自行订立一套应施行皮内敏感试验的临床指南而要求医师遵守，从而彻底颠覆了医学专业分科，此类做法难谓妥当。实际上，本案判断的核心在于医师于术后为患者滴注“多力维他”是否为医疗上之必要行为？倘若患者确实有使用该药物的临床指征，方须依前述方式进行判决。倘若该药物对该患者而言根本无临床适应证，则医师无端地将药物使用在不具有适应证的患者体内，无疑为医疗侵权行为，即使药物的给药过程并无过失或发生了极罕见甚至前所未闻的副作用，医师仍须就该药物对患者所造成的损害承担赔偿责任。

本案原审台北高等法院 2008 年度医上更(三)字第 3 号民事判决进行了较多的论述：维生素 B_1 注射确有可能发生过敏性休克甚至死亡，已如前述，虽其发生的概率仅为 0.1%以下，除非医疗上所必要，且无其他更安全的替代方法，而具有急迫性，时间上已不允许观察患者是否会对维生素 B_1 注射产生过敏，如不实施维生素 B_1 注射，将对患者生命产生重大难以挽回的危害，始得冒此 0.1%以下的人可能因产生过敏而死亡的危险。否则仅以医学常规上无须进行试验，亦无须施以适当检验方法为凭，不论病情如何，即于过敏不明的情况下，径行对患者施用维他命 B_1 注射，无疑漠视患者的生存权利而滥用药物，则人性之尊严将荡然无存。按此判决，即揭示以医疗上所必要与急迫性等作为无须施行皮内敏感试验此项医疗常规合理性与目的性的判断标准。①

从本案中可见，台湾地区在引入循证医学证据作为医疗侵权法律适用依据时，法官与医学专家就循证医学证据本身的法律适用已经产生异议。那么大陆地区司法实务中若引入循证医学的基本理念及相关研究证据，又会面临哪些问题呢？该如何加以规范？

1. 大陆地区是否有系统权威的循证医学证据评价体系

目前，大陆地区在推动循证医学证据评价方面还存在以下问题：

第一，世界上大多数的临床研究证据并非来自大陆地区，很少有来自大陆地区的研究结论被纳入系统综述或国际临床指南的制定。其中吴泰相等通过分析 1994 年至 2005 年间发表在自然知识数据库中关于 20 种常见病的随机对照试验研究发现，只有 7%的研究符合 Cochrane 系统综述准则的要求。②

第二，世界上绝大多数临床试验均在非华人群体中完成，一项以在美国以白人为研究对象所完成的临床试验结果，是否同样适用于人种不同的华人？是否允许医患双方当事人将来自外国的医学研究证据，直接作为法庭上判断医师医疗行为及因果关系的证据？

第三，从 2000 年开始，世界卫生组织（WHO ）倡议临床指南应全部依据循

---

① 吴志正：《实证医学数据于医疗事故损害赔偿上之意义》，《台大法学论丛》2011 年第 1 期，第 140—150 页。

② Wu TX，Li YP，Bian ZX，etal，Randomized trial published in some Chinese journals：how many are randomized? Trials 10：46(2006).

证加以制定，然而大陆地区制定的临床指南多为传统的专家共识，临床指南整体质量较低。在目前循证医学资料库尚不完善的情况下，是否可以选取欧美国家制定的临床指南或国际性临床指南作为临床指南的制定依据？

第四，大陆地区医师的临床决策尚未达到建立在最佳研究证据的基础之上。目前对循证医学尚存在认知与理解方面的误区，如将某项临床随机对照试验结果与循证医学相等同，将系统综述和 Meta 分析与循证医学等同，将 Cochrane 中心与循证医学相混淆等。[①] 为此，需要注意以下问题：

一是在使用循证医学证据作为医疗侵权法律适用之证据时，应区分本土的循证医学证据和国外的循证医学证据。其中国外的循证医学证据仅在无国内相关证据时始得适用，且仅能作为判断医师医疗行为的参考证据之一。在国外的循证医学证据的提交及翻译方面，委托中国循证医学中心并经其认定可以考虑做出规范的措施之一。此外，未经医学专家的检视及接受原被告之间的质证，不应作为医疗侵权法律适用的证据。

二是在制定大陆地区的循证临床指南时，是否可以选取国际性临床指南是一个技术性问题。现实中临床指南的制定不仅仅考虑患者的最佳利益，还须兼顾到成本效益的分析，因此循证临床指南的制定主体不应仅限定为医学会各专业委员会，还应适当考虑纳入经济学、医疗保险甚至法律等领域的专家。

三是应运用最新的、国际通用的证据分级水平和推荐意见的强度的 GRADE (Grading of Recommendation Assessment, Development and Evaluation) 质量评价标准。

表 1　GRADE 循证医学证据分级水平及依据[②]

推荐强度	证据类别	病因、治疗、预防证据	预　　后
A	1a	同质性良好的 RCT 系统综述	同质性良好的队列研究系统综述
	1b	95%可信区间较窄的单项 RCT	单项起点一致的队列研究，随访率＞80%
	1c	全或无（传统治疗全部无效）	系列病例报告全部死亡或全部生存
B	2a	同质性良好的队列研究的系统综述	回顾性队列/对照组未治疗的/RCT 的系统综述

① 倪虹：《循证医学热潮下的冷思考》，《医学与哲学》2005 年第 8 期，第 53 页。

② Gordon H Guyatt. GRADE: an emerging consensus on rating quality of evidence and strength of recommendations. *BMJ*, 924—926(2008). 转引自王吉耀：《循证医学与临床实践》，科学出版社 2012 年第 3 版，第 25—27 页。

续表

推荐强度	证据类别	病因、治疗、预防证据	预　后
	2b	单项队列研究及质量差的 RCT	单项回顾性队列/对照组未治疗的/RCT
	2c	结局研究	结局研究
	3a	同质性良好的病例对照研究的系统综述	
	3b	单项病例对照研究	
C	4	系列病例分析或质量差的病例对照研究	系列病例报告/质量差的队列，随访率＜80％
D—E	5	没有分析评价的专家意见或在病理生理基础上的意见	

A：良好的科学证据支持该干预行为；B：尚可的证据支持该干预行为；C：没有足够的证据推荐或反对给干预行为，但在其他场合可能会推荐；D：尚可的科学证据反对该干预行为；E：良好的证据反对该干预行为。

2.如何看待循证临床指南

本案中分析了循证医学证据本身不应作为医师注意义务的判断标准，那么依据循证医学证据所制定的循证临床指南该如何适用呢？临床指南可分为基于共识的临床指南和循证临床指南两类。前者基于专家临床经验和主观判断，就具体问题达成的共识；后者基于广泛收集的临床证据，按照循证医学的方法制定。① 可以预见，未来将会有越来越多的循证临床指南的出现。有美国学者认为，应将循证医学所得到的临床指南，作为医疗照顾标准与医师注意义务之间的桥梁，如果医师完全依照临床指南来为患者提供诊疗服务，一旦发生医疗纠纷，医师应受到临床指南的保护，不应认为有过错。②

由于医患双方在行动选择时往往无法达成约束性协议，医患纠纷过程中医患双方的博弈表现出选择次序性和多次性，加之医患双方之间存在固有的信息不对称现象，因此医患之间的博弈是不完全信息下的动态非合作博弈。③ 一个博弈模型需要参与者、行动、博弈信息、策略、获益、结果以及均衡等基本要素。④本研究的博弈模型包括三类参与者：立法者、医师和患者，均为理性人；行动及策略上，医师根据立法者的规则决定其诊疗模式，其中若立法者将循证临床指南作

① 曹红霞、梁万年：《循证临床指南的开发程序》，《中国全科医学》2003 年第 4 期，第 342 页。

② Hall，Law and Contemporery problems，1991，54：119—45.

③ 王蒂楠：《化解医患纠纷 构建和谐医患关系之博弈研究》，南方医科大学 2008 届硕士研究生论文，第 21 页。

④ E. Rasmusen，Games and information：An introduction to Game Theory[M]. Wiley Blackwell，2006.

为医师存有过错的证据，则医师倾向于选择防御性医疗，即对患者实施依照循证临床指南所指向的全部检查或治疗。若立法者将循证临床指南作为医师无过错的证据，则医师只要遵循循证临床指南的指引对患者开展诊疗服务，即可免于承担相关的过错责任，从而大大降低了医师的防御性医疗。最后由患者选择诉讼与否，若循证临床指南为立法者设定为医师有过错的证据，则患者可以在诉讼之前自行或借助相关专家先行检视医师行为有无遵循循证临床指南的指引，从而做出诉讼与否的决定。①

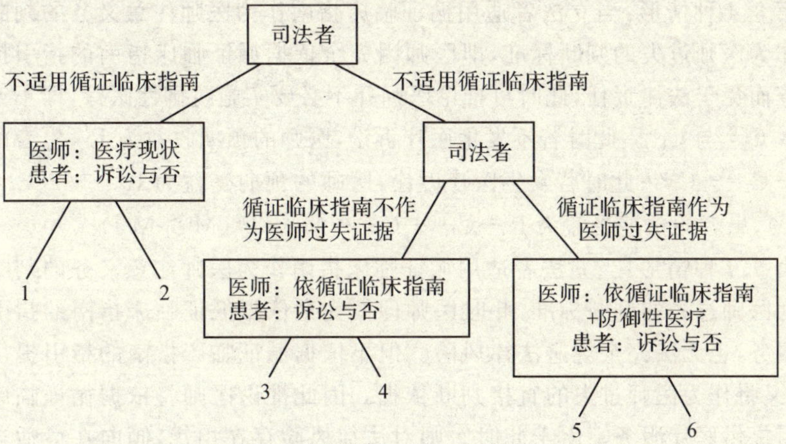

图 1　循证临床指南法律适用下医患双方的动态博弈树

为便于分析，在不影响研究的情况下，做如下基本假设：(1)假设 f 为某一特定疾病所需医疗服务量，医师在提供医疗服务 f 后所获得受益为 $R(f)$，相对应患者在接受医疗服务 f 后所获得受益为 $P(f)$。(2)假设医师遵守循证临床指南规范下的医师注意义务所提供的医疗服务量是最适当的服务量 f'，此时医患双方的获益均为最高，即为(R',P')。(3)当医师在最适当的服务量 f' 之外又因为防御性医疗等因素提供了额外的服务，此时造成医疗费用的上涨、患者医疗风险的增加等，统称为社会成本 C。(4)假设患者诉讼的概率为 n，则不发生诉讼的概率为$(1-n)$。从博弈树可以看出，该博弈分为三个阶段：

第 1、2 种情形：在不适用循证临床指南所规范的注意义务之前，医师的诊疗服务可能高于亦可能低于最适当的医疗服务量 f'，此时社会成本高于最适当的医疗服务量 f' 下的成本，假设为 C_1，且 $C_1 = C_1^R + C_1^P$(其中表示 C_1^R 表示医师负担的社会成本，C_1^P 表示患者负担的社会成本)，因此医师的受益为 $R'-C_1^R$。此

① 吴俊颖、陈荣基、杨增炜等：《医疗过失责任与医疗纠纷鉴定》，元照出版社 2013 年版，第 234—255 页。

时，患者除成本医患双方共同承担的成本 C_1^{P} 外，还需承担医疗损害造成的额外医疗成本（假设为 C_1^{p1}）以及误工费、交通费等必要的损失（假设为 C_1^{p2}），此时患者的受益为 $P'-C_1^{P}-C_1^{p1}-C_1^{p2}$。

若在不适用循证临床指南所规范的注意义务之前，医患双方发生诉讼，假设医师败诉并赔偿患者的费用为 M，M^{p} 为医师的诉讼成本，M^{R} 为患者的诉讼成本，此时医师的预期受益为 $R'-C_1^{R}-M-M^{p}$，患者的预期收益为 $P'-C_1^{P}-C_1^{p1}-C_1^{p2}+M-M^{p}$。

第 3、4 种情形：当立法者适用循证临床指南作为医师注意义务的判断标准且不作为医师过失的判断标准，即医师因完全依据循证临床指南的指引提供医疗服务而免于法律责任，此时可推论医师并不必要实施防御性医疗，即不产生社会成本 C_1^{R} 与 C_1^{P}。此时若不发生医疗诉讼，医师的预期收益为 R'，患者的受益为 $P'-C_1^{p1}-C_1^{p2}$；此时若发生医疗诉讼，医师的预期受益为 $R'-M-C_1^{R2}$（$C_1^{R}>C_1^{R2}$），患者的预期受益为 $P'-C_1^{p1}-C_1^{p2}+M-M^{p2}$（$M^{p}>M^{p2}$）。

第 5、6 种情形：当立法者适用循证临床指南作为医师注意义务的判断标准且作为医师过失的判断标准，此时医师即便完全依据循证临床指南的指引提供医疗服务，也无法完全规避法律风险。但不依据循证临床指南的指引提供医疗服务，又将作为医师过失的直接判断依据。因此推论医师将依据循证临床指南的指引提供医疗服务。由于此时医师对法律风险存在担忧，倾向在最适当的医疗服务量之外，再提供额外的医疗服务，即产生防御性医疗，使得医患双方的社会成本均有所提高。此时若不发生医疗诉讼，医师的预期受益为 $R'-C_1^{R'}$（$C_1^{R'}>C_1^{R}$），患者的受益为 $P'-C_1^{P'}-C_1^{p1}-C_1^{p2}$（$C_1^{P'}>C_1^{P}$）；此时若发生医疗诉讼，医师的预期受益为 $R'-C_1^{R'}-M-M^{p}$，患者的预期受益为 $P'-C_1^{P'}-C_1^{p1}-C_1^{p2}+M-M^{p2}$。

经过对以上 6 种情形下医患双方预期受益结果的对比分析，发现在第 3 种情形下，医患双方的预期受益均达到最高，分别为医师的预期受益（R'）和患者的预期受益（$P'-C_1^{p1}-C_1^{p2}$）。由此推论，当立法者试图适用循证临床指南并将其作为医师无过失的判断标准时，医患双方的预期受益都可以达到最高。

3. 法官运用循证医学的能力

循证医学的基本精神在于强调必须以临床流行病学的角度来评价医学研究文献的品质及其可信度。然而由于在医学研究文献可信程度评价指标体系方面，尚缺乏统一的、权威的结论，不同的专家学者或科研单位可能会得出不同的结论。如果医患双方各自依据不同结论的医学研究文献，并将其作为医疗纠纷司法审判的证据时，法官应采纳何种意见？抑或哪一类医学文献更具有证据学上的意义呢？循证医学强调的是医学研究文献客观方面的证据力，则循证医学的发展将不会完全依赖医疗鉴定意见来决定医学研究文献的证据等级。因此，需要法官运用循证医学的方法对相关证据加以评价。

医学证据的评价指标至少应包括外在指标：载体的公认度、被引用情况和影响系数等；程序指标：研究方案的科学性等；内容指标：结果或结论的真实性等。[①]

需要指出的是，医疗损害争议案件所需知识具有高度的医学专业性，法官多不具备运用循证医学检视医学研究文献的能力，若要求法官应用循证医学的理念于医疗纠纷审判，目前就实践上而言有相当的困难性。而且不同类型的医学领域往往有不同的评价方法，要求法官对检索所得的医学研究文献做临床流行病学的循证分析，即对真实性、可靠性和实用性进行评价，未免强人所难[②]。

4. 专家参审制

在法官运用循证医学能力较弱的背景下，通过引入专家参审制就显得尤为重要。专家参审制是指针对具体个案，透过专家的专业知识予以协助法官认定事实。专家的产生，须经诉讼当事人双方共同合议选定，双方当事人无法达致一致意见的，亦可由法院筛选制定。医学知识的高度专业性使得"清官难断医务事"，而专家参审制可以有效改进法官医学专业领域知识不足的缺点，使得法官有能力检视双方当事人所提交的证据及鉴定意见是否符合循证医学的要求。

5. 循证医学对医疗损害鉴定的影响

循证医学的发展为医疗损害鉴定的证据收集、证据评价、得出科学的鉴定意见提供了技术支持，也将影响到医疗损害鉴定的进行。在当今信息传输极为发达的大数据时代，循证医学通过强调在当前最佳的研究循证数据、医疗鉴定人的经验技能和委托方的意愿价值三者结合的基础上做出最接近事实真相的鉴定意见。这就要求参与医疗鉴定的专业人员必须有循证医学的严格理念。

一个合格的循证医学鉴定人，除了具备一般的医学知识外，还需要有循证医学特定的素质要求，包括循证思维能力、具备相关临床流行病学的背景知识、提出核心问题、具备熟练的文献检索能力及海量数据的获取能力、具备证据评价能力等。[③] 通过上述综合的知识背影融合铸造成基于循证医学的大数据时代的专业鉴定人员，从而更好地完成日益复杂的医学鉴定工作。

总之，循证医学下的医疗损害鉴定不能仅依据传统的专家经验，还必须依据

① 管红珍、彭智聪、傅鹰：《循证医学中文献证据等级标准的系统性综述》，《药物流行病学杂志》2002年第3期，第145—148页。

② Taroni F, Margot P. Fingerprint evidence evaluation: is it really so different to other evidence types, Sci Justice, 2000, 40(4): 277—278.

③ 舒细记：《循证法医学实践对鉴定人的素质要求》，《中国司法鉴定》2005年第2期，第32页。

临床研究证据作为鉴定的依据之一。

综上所述，发轫于20世纪90年代的循证医学，近年来得以快速发展。大陆地区和台湾地区医疗界掀起的循证医学浪潮对于提升医疗品质、改善医疗服务具有重要意义，对于医疗侵权的司法审判实务亦具有不容忽视的重要意义。医界和法界囿于各自的专业分科障碍，法界难以掌握循证医学的临床价值，而医界也并不明确循证医学在司法实务中的运用，甚至对循证医学的了解和应用尚不够明确。借此，医法两界应尽力消除双方沟通上的隔阂，使双方对循证医学及相关证据的解读达成一定的共识，促进医疗损害的事实判断趋于科学，法价值判断趋于公平与正义，从而真正实现医患关系之和谐。

案例5

医师告知义务范围的判断

——台湾白内障手术之上脉络膜猛爆性出血案

一、案例背景

近年来，海峡两岸医患关系问题层出不穷，均显愈益严重之趋势。大陆地区，中国医院协会2013年《医院场所暴力伤医情况》报告显示：医院场所暴力伤医事件逐年递增，每年每所医院发生的平均数从2008年的20.6次上升到2012年的27.3次。[①] 台湾地区，《远见》杂志2012年第313期《台湾的病人谁来医》指出：台湾医师已是犯罪率极高的高风险行业，[②]最优秀的医师纷纷弃守“五大科”（内、外、妇、儿、急诊），抢攻“五官科”（眼、牙、皮肤、耳鼻喉）。两岸地区医患关系紧张背后的重要原因之一便是医疗信息不对称。据《人民日报》报道，目前

---

① 丁香园调查派：《中国医院协会：“暴力伤医”愈演愈烈》，丁香园网：http://sr.dxy.cn/article/57914。

② 根据研究报告显示，台湾地区医师平均每年有36.7位医师因医疗纠纷被刑事起诉，远高于美国的每年1.2位，德国、日本的每年平均15位，如果换算成人口数，这样的指数相当于美国的400倍、德国的9倍、日本的13倍。参见台湾地区“法务部”：《医疗行为刑事责任之探讨》，2012年7月6日公听会会议记录，第16—17页。

大陆地区80%的医患纠纷的产生不是因为医疗差错，而是由于医患交流不够。[①]医患纠纷发生后，相关医疗信息的不对称有可能加剧医患纠纷的严重程度甚至酿成恶性社会治安事件。因此，如何实现医疗信息公开化已成为两岸医疗界和法律界需要研究和解决的重大问题。[②]

促进医患沟通交流、平衡医患双方的信息不对称，以医师能够履行告知义务为前提。告知义务是指医师在其执行医疗行为的过程中，将其诊疗对象（即患者）的有关疾病诊断、诊疗措施以及疾病发展和治疗措施所面临的风险等向患者本人或者其家属说明的义务。医师告知义务起源于英美法中患者知情同意"Informed Consent"的伦理期待，即所谓的"告知后同意理论"。该理论从字面上看，包括两层含义：医师的"告知"和患者的"同意"。医师的告知义务是患者同意的前提和基础；患者的同意是医师告知义务的目的，是医疗行为合法的必要条件。当告知后同意的伦理期待进一步演化为医事法律上某一具体的条款规定时，立法者则需要明确地界定双方的界限，或者制定一个可以合理期待的标准，否则司法实务将会陷入混乱。

台湾地区关于医师告知义务的范围，相关医事法律条款虽然进行了穷尽性列举，然而司法实务界判例却对告知义务的范围进行了扩张性解释。台湾地区2002年及2004年《医师法》和《医疗法》修订前，法律所规范的医师告知义务范围仅限于患者的病情、治疗方针及预后；2002年修订《医师法》并增订第12—1条，即"医师诊治病人时，应向病人或其家属告知其病情、治疗方针、处置、用药、预后情形及可能之不良反应"。2004年修订《医疗法》第81条，将医师法定义务的范围由原先的病情、治疗方针及预后扩张至修订后的《医师法》第12—1条所规定的内容。

然而司法实务界对于医师告知义务的范围却并不限于法条所规定的范围，以台湾地区"最高法院"2005年度台上字第2676号刑事判决为例，该判决认为"医师应尽之说明义务，除过于专业或细部疗法外，至少应包含：(1)诊断之病名、病况、预后及不接受治疗之后果。(2)建议治疗方案及其他可能之替代治疗方案

---

① 刘念：《用沟通赢得信任 用爱心化解纠纷》，《人民日报》2015年7月23日，第8版.

② 喻小勇、田侃：《试论医患纠纷中的医疗信息公开问题》，《南京医科大学学报（社会科学版）》2010年第2期，第108页。

暨其利弊。(3)治疗风险、常发生之并发症及副作用暨虽不常发生,[①]但可能发生严重后果之风险。(4)治疗之成功率(死亡率)。(5)医院之设备及医师之专业能力等事项;亦即在一般情形下,如曾说明,病人即有拒绝医疗之可能时,即有说明之义务";可见,台湾"最高法院"对告知义务的范围进行了扩张,要求医师必须说明虽不常发生,但可能产生严重后果的治疗风险、常发生的并发症及副作用;要求医师必须说明医院的设施、医师的专业能力;甚至只要在一般情形下,如曾说明,病人即有拒绝医疗之可能的,均属于医师告知义务的范围。

大陆地区关于医师告知义务的范围,相关法律虽然进行了规定,但关于告知范围的规定仍不够具体。《侵权责任法》第五十五条规定:医务人员在诊疗活动中应当向患者说明病情和医疗措施。需要实施手术、特殊检查、特殊治疗的,医务人员应当及时向患者说明医疗风险、替代医疗方案等情况,并取得其书面同意;不宜向患者说明的,应当向患者的近亲属说明,并取得其书面同意。该条规定了患者享有知情同意权,由于权利与义务的相互对应,因此此条视为医师告知义务的法律渊源。此外,《医疗事故处理条例》《医疗机构管理条例实施细则》等法规中亦有医师告知义务的相关规定。例如《医疗事故处理条例》第十一条:"在医疗活动中,医疗机构及其医务人员应当将患者的病情、医疗措施、医疗风险等如实告知患者,及时解答其咨询;但是,应当避免对患者产生不利后果。"《医疗机构管理条例实施细则》第六十二条:"医疗机构应当尊重患者对自己的病情、诊断、治疗的知情权利。在实施手术、特殊检查、特殊治疗时,应当向患者做必要的解释。因实施保护性医疗措施不宜向患者说明情况的,应当将有关情况通知患者家属。"上述法律法规均未明确告知的具体范围,对医师同时苛加如实告知病情的义务和避免产生不利后果的注意义务,导致对医师告知义务认定上的困难。

海峡两岸虽然都有医师告知义务的法律规定,但是在司法实践中医师告知义务的具体范围、判断标准、归责原则和举证责任、损害赔偿范围等问题,却无相应的法律依据。[②] 本文以台湾地区罕见并发症告知之司法判例作为切入点,分析罕见并发症是否在医师告知义务范围之内,医师告知义务的判断标准,是否就

---

① 并发症是指一种疾病在发展过程中引起另一种疾病或症状的发生,后者即为前者的并发症,如消化性溃疡可能有幽门梗阻、胃穿孔或大出血等并发症。并发症一般情况下是可以预见的,如股骨远端骨折可能会导致腘动脉损伤、食管癌切除术并食管胃吻合术后可能会发生吻合口瘘、甲状腺手术可能会损伤喉返神经等,医师对此类可预见的并发症亦应履行告知义务。参见百度百科:并发症词条,http://baike. baidu. com/link? url = qxmwobCW3VZl7gOHx — cqhScud0M1RVKH01B82oirgd9YWsvkD — 7NLS9V9JC6vFRwY8IK9z EFIXhIfCn9PfW6L_。

② 告知义务的议题是医事领域的一个世界性的难题,即便是告知义务起源地美国,对于告知义务的内容、范围、判断标准、程序及例外,仍存在很多争议。参见 Berg J W, Appelbaum P S, Lidz C W, etal. Informed Consent: Legal Theory and Clinical Practice. Informed Consent Legal Theory & Clinical Practice, 2001。

诊断与治疗行为区分不同的告知义务标准,“罕见”的判断标准等问题进行分析,以期对大陆地区医师告知义务这一颇受争议的议题的破解有所裨益。

二、案例概要

患者甲于2002年11月18日至被告医院眼科就诊,经医师乙检查后发现:患者甲右眼患有白内障。[①] 医师乙告知患者甲可施行白内障手术。患者甲于2002年11月21日至被告医院实施白内障摘除及人工水晶体植入手术(以下简称系争手术),由医师乙负责实施,手术过程中发生上脉络膜猛爆性出血,医师乙为患者实施缝合伤口及其他紧急处理。患者甲主张医师乙并未于系争手术实施前,就其身体状况充分告知系争手术风险与并发症的发生概率。手术失败造成其眼睛虹膜仅存1/3,黄斑部亦因手术时间过久及捞挖发生病变,视力仅存0.1,日后难以恢复,主张医师乙应负损害赔偿责任,被告医院亦应负连带赔偿责任。

被告医院及医师乙则辩称:被告医师自门诊起至手术后的各项医疗行为及处置均符合最低损害,并未违反注意义务及一般医疗常规。上脉络膜猛爆性出血现象,系无法事先预测,可能在手术中或立即术后的时间发生,其发生原因目前医学研究上并未有确切的答案,于手术前无法预防,故无法事先告知原告,且该现象之发生概率为0.05%至0.8%,并非一般手术会出现,被告告知义务内容仅包括一般手术常见的并发症,并不包括此类极罕见并发症。

“行政院卫生署(现为‘卫生福利部’)医事审议委员会”(下称医审会)鉴定意见认为:综合病程,本案为一白内障手术发生上脉络膜猛爆性出血案例。上脉络膜猛爆性出血乃因术中后睫状动脉破裂造成大量出血或大量渗出液聚集在上脉络膜腔而造成脉络膜剥离,若造成水晶体及其他内容物脱出则称为猛爆性。其发生率从0.05%至0.8%。其危险因子包括年纪大、有青光眼病史、高眼压以及较长眼轴长度……病人除了年纪大以外,并无青光眼或高眼压病史,而且目前超音波晶体乳化术已大大减少发生比率,故手术前无法预防。

本案经过台北地方法院一审(台北地方法院2004年度医字第5号民事判决)判决原告败诉,台湾地区高等法院二审并维持原判(台湾地区高等法院2007年度医上字第11号民事判决)。判决理由如下:

基于对患者自主决定权的保障与尊重,原告理应事先认识本案手术的风险,并由其自主决定是否愿意承担该风险之同意,而原告同意则以被告医师的充分

---

① 晶状体混浊并在一定程度上影响视力者称为白内障,晶状体混浊矫正视力低于0.5者有临床意义。通常将白内障分为老年性、并发性、先天性、外伤性、代谢性、药物及中毒性、辐射及电击性和后发性等几大类型。参见人卫医学网数据库:白内障,http://medbooks.ipmph.com/medical/medbooks/index.zhtml。

说明为必要。亦即原告就被告医师已说明部分，为同意接受该医疗给付之决定，将不会因得知被告医师遗漏未说明之信息而有所改变。至于被告医师是否为完全说明，首先应视被告医师是否基于一般有理性的患者所重视的医疗资料加以说明，其次如原告表明其主观上认为将影响其是否接受该诊疗意愿之重要事项，则被告医师亦负有说明义务。亦即依原告就医目的判断，该说明项目或内容为一般合理患者所客观重视，或本案原告表明为主观重视者，即为被告医师说明义务之内容。[①]

然而由于医学非万能而有其限制，因此基于医疗资源给付的有限性、经济性与患者同意权有效行使的考虑，应认为医师乙的说明义务范围有其界限存在，亦即应考虑原告接受医疗给付的目的，系为治疗疾病或预防疾病的不同，而就医师乙说明义务范围应有不同认定标准：

1.原告之目的如系接受治疗者，因其疾病治愈有其必要性及迫切性，此时被告医师必须立即进行医疗处置始能完成医疗给付，即便此类医疗行为具有罕见、极端之并发症或副作用，但对于一般理性的患者而言，基于疾病治愈的必要性与迫切性，即使知悉该罕见、极端之并发症，因该并发症的发生概率极低，与病症治愈概率相较之下，尚不至影响其同意权的行使；且医疗行为具有高风险性以及不确定性，对于医疗行为中所可能产生可预知或不可预知的并发症，若一概课予医师对患者需为详尽、无缺漏的说明义务，非但造成医疗资源的浪费，亦将使患者于决定是否接受医疗行为时变得无所适从，甚至造成患者同意权的行使空洞化，更与说明义务所欲保障者为患者自主决定权之目的相互背离，因此应认为罕见、极端并发症或副作用的发生，被告医师并无告知原告的义务。

2.但如原告之目的系为预防疾病或非以治疗为目的，因其疾病治愈并无迫切性及必要性，仅系为预防将来疾病的发生，或为咨询意见而接受医疗给付，并不以治愈现已发现的疾病为必要，则原告对于医疗行为中发生罕见、极端并发症或副作用的忍受度较低，甚至会因顾虑并发症或副作用所带来的不利益，而考虑不接受预防性的医疗给付，因此该并发症或副作用对于患者接受医疗给付时的同意权行使具有一定的影响，故应认定被告就医疗行为中可能发生罕见、极端并发症或副作用，负有告知义务。

患者甲系以治愈白内障为目的(即以治疗为目的)，而接受系争手术。依照上述说明，应认为被告医师之说明义务范围，仅限于一般常见可能发生之手术并发症及副作用，并不及于罕见、极端并发症或副作用。而上脉络膜猛爆性出血现象，属罕见的手术并发症，则应认为被告医师就此类罕见并发症的发生，并无对

---

① 由此可见，法院同时持“理性患者标准说”和“具体患者标准说”，极大地扩张了医师的告知义务范围，体现了台湾地区对于患者自主决定权的充分保障与尊重。

原告说明义务，从而最终认定被告的医疗行为，已符合一般公认之医疗行为准则，并无诊断错误及违反，且该并发症于手术上发生概率实属罕见，无法于术前事先得知而预防，其发生原因于目前医学研究上并未有确定答案，对于此种不可预知又极为罕见之手术并发症，即不应径行课予被告医师告知义务，亦不应令被告医师与医院负担无过失责任。法院最终判决原告败诉。

三、案例评述

台湾地区将医疗行为区分治疗目的和预防目的或非治疗目的，其中对于治疗目的的医疗行为，医师对于罕见并发症并不需要告知，而对于预防目的或非治疗目的的医疗行为，医师则负有告知义务。本案涉及罕见并发症之白内障手术上脉络膜猛爆性出血是否为医师告知义务的范围之内、医师告知义务的判断标准、是否就诊断与治疗行为区分不同的告知义务标准、“罕见”的判断标准等问题。

（一）告知义务的判断标准

医师告知义务的判断标准主要有以下几种学说①②：（1）理性医师标准说（reasonable physician standard）。是指一个理性的医师，在系争个案的情况下，根据职业习惯和行业规则，通常会向患者披露的信息。（2）理性患者标准说（reasonable patient standard）。是指一个理性的患者，在系争个案的情况下，通常都想知道的信息，医师皆有告知的义务。（3）具体患者标准说（subjective patient standard）。是指以该患者本人进行决定时主观上视为重要的信息作为告知义务的判断标准。（4）折中说。此说分为理性医师和具体患者标准的折中、理性患者和具体患者标准的折中。前者赞成具体患者进行决定时在主观上大致视为重要的信息，但同时强调，只有当医师能够预见到“该患者在主观上大致希望知道某种重要信息”时，该医师才应该对该信息承担说明义务，并且判断医师是否预见或应该预见，应当“以同样状况下的一般医师是否了解或应当了解患者的这一心态”为标准。后者认为医师向患者告知对一般理性患者在医疗决定有实质性影响的信息，同时医师有义务尽可能考虑具体患者个人的各种实际情况。

本案判决指出，被告医师是否为完全说明，首先应视被告医师是否基于一般有理性的患者所重视的医疗资料加以说明，其次如原告所表明的，其主观上认为将影响其是否接受该诊疗意愿之重要事项，则被告医师亦负有说明义务。从前半部分论述中可以推断，本案法院采纳理性患者标准说。而后半部分亦指出，若患者表明为主观重视者，即为告知义务之内容，已经不属于理性患者标准说，而

① 邓赵胜：《论医师的告知义务》，华中科技大学 2011 届硕士研究生论文，第 24—25 页。

② 邓奕羿：《医师履行告知义务的判断标准》，《医学与哲学》2012 年第 10A 期，第 65 页。

属于具体患者标准说，即法院应该根据每位患者其主观上的认知而进行个案判断。以罕见并发症为例，只要在医疗过程中发生了，患方均可主张该罕见并发症为其主观上所重视的，如果这样，将使得医师的告知义务范围无限制地扩张，医师亦将会无所适从。

笔者认为，大陆地区司法实务界应尽可能避免上述类似判决的发生。告知义务的判断标准须把握合理的尺度，若告知标准对医师过于宽松，患者的自决权将受到侵害；反之，又会导致患者以医师未履行告知义务为由提起诉讼，而医师为避免承担法律责任，必然会采用防御性医疗，这不利于医学事业的健康发展及对患者权益的保护。根据目前大陆地区医患双方极其不信任的现状，告知的标准应尽可能平衡医患双方的利益，既要尊重患者的自主决定权，又不能加重医师的负担，因此理性医师和具体患者标准的折中说似更符合大陆地区的实际情况。

（二）告知义务范围与医疗行为的类型

本案法院将医师告知义务的范围，借由患者接受医疗给付目的的不同而有所不同，如系以治疗为目的，则罕见、极端并发症或副作用的发生，医师对此即无告知之义务；但若患者目的系以预防疾病为目的或非以治疗为目的，则医师就医疗行为中可能发生罕见、极端并发症或副作用，负有告知义务。

1. 进一步将医疗行为进行归类

有学者认为，单纯借由区分医疗行为目的来限制以治疗为目的的医疗行为的告知义务范围，实质上纯属美意，且如此的区分标准违反法律上的比例原则，而且与医疗临床实务有所不同。告知义务系伴随医疗行为而发生，台湾地区《医疗法》或《医师法》之所以规范医师需要善尽告知义务，其立法目的在于让患者能够参与医疗行为的决定，从而可以在医疗行为进行之前充分了解其所可能面临的危险，由法律规范告知义务的目的进行观察，以治疗为目的的医疗行为风险通常较高，医师应该更为详细地告知。在临床实践中，大多数的医师也都会在进行较高风险的手术或者侵入性检查或治疗时，花比较多的时间对患者及其家属解释医疗行为的风险。倘若法院反而要求以预防疾病为目的或者以诊断为目的之医疗行为有较高的告知义务标准，不但违反了比例原则，也背离了医疗实务的运作。①

此外，台湾地区高等法院 2004 年度上易字第 2118 号刑事判决亦认为：所谓诊断及治疗，并非相同的概念。参考台湾《医师法》第十一条第一项规定“医师非亲自诊察，不得施行治疗、开给方剂或交付诊断书”，第十二条第一项关于病历的记载内容，第四款为诊断或病名，第五款为治疗、处置或用药等情形，均将诊断或

---

① 吴俊颖、赖惠蓁、陈荣基：《告知义务的范围》，《当代医学》2008 年第 9 期，第 738 页。

诊察作为治疗前之必要行为即可，亦即无诊断即无治疗可言。诊断与治疗同为两个不同概念，治疗行为如开刀、服药，对于患者的健康、生命，又常伴随一定的风险，此一风险又较诊断行为为高。因此，就治疗行为可要求医师尽详细之告知义务，而对于诊断行为，就不能以同一标准相要求。同时，医师诊断过程，依其必要性，常常需要辅以相关检查，如抽血、胃镜、大肠镜、超音波等才能发现病症，以对症治疗。除对于生命、身体健康有重大危害的侵入性检查，医师应详尽说明各项风险外，否则，通常仅以告知诊断方式已足矣。如不分各种诊断行为之风险高、低，均苛求医师均须穷尽说明，致医师、患者同受其扰，亦不合法定医师告知义务之本旨。

笔者认为，依据医疗行为的类型划分告知义务的范围具有较强的可操作性和科学性。大陆地区可将其引入到告知义务的判断中去，但应将医疗行为进行进一步归类，并区分不同的判断标准。对此，可以尝试将医疗行为分为诊疗目的性医疗行为和非诊疗目的性医疗行为。诊疗目的性医疗行为是以目前的疾病治疗及将来疾病的预防为目的所实施的医学上公认的、合乎医学水准的医疗行为，疾病预防和疾病治疗所实施的诊断行为均可划分在这一类医疗行为中；非诊疗目的性医疗行为可分为实验性医疗行为和其他非以疾病的治疗为目的的医疗行为，前者包括纯粹实验性医疗行为和非纯粹实验性而兼有治疗目的性医疗行为，如器官移植，后者则以美容整形、性变换手术为典型。[①] 对于疗诊目的性医疗行为，无论是治疗行为、诊断行为还是预防疾病的行为，均归为一类，此类行为对医师告知义务的要求通常低于非诊疗目的性医疗行为。

2. 应用汉德公式，综合考虑各类因素

告知义务的判断，除考虑医疗行为的目的以外，还应考虑医疗行为能为患者带来的利益以及医疗行为并发症发生的概率及其严重程度，进而与医师进行告知该风险的成本进行比较，最终做出综合判断。

本案判决亦提及，医疗行为具有罕见、极端之并发症或副作用，但对于一般理性的患者而言，基于疾病治愈的必要性与迫切性，即使知悉该罕见、极端之并发症，因该并发症的发生概率极低，与病症治愈概率相较之下，尚不至影响其同意权的行使；且医疗行为具有高风险性以及不确定性，对于医疗行为中所可能产生可预知或不可预知的并发症，若一概要求医师对患者尽极为详尽、无缺漏地说明义务，非但造成医疗资源的浪费，亦将使患者在决定是否接受医疗行为时变得无所适从，甚至造成患者同意权的行使空洞化，更与说明义务所欲保障患者自主决定权之目的相互背离。在本案中，法院实质上并不仅仅以并发症是否罕见作

① 黄丁全：《医事法》，中国政法大学出版社 2003 年，第 86—87 页。转引自艾尔肯：《论医疗行为的判断标准》，《辽宁师范大学学报（社会科学版）》2006 年第 4 期，第 22 页。

为医师告知义务判断的唯一依据，而参酌了并发症的严重程度、诊断或治疗方法给患者带来的效益等多种因素。在此，以肺癌患者接受化疗及肺部接受穿刺取病理检验为例，当穿刺检验有助于早期确诊肺癌，对于患者的医疗效益远远高于肺癌晚期患者所接受的化学治疗时，如果肺癌患者接受的化学治疗的效益有限时，医师应该对于可能出现的并发症多加说明；反之，接受穿刺检验对于其诊断肺癌有重大效益，应限制其告知义务的范围，而不应该再要求医师针对穿刺检验可能出现的罕见并发症进行说明。

此一看法与美国侵权行为法上的汉德公式(Hand formula)具有共通性。即相较于法院判决仅由医疗契约之目的来区分不同的告知义务范围，应运用汉德公式于诊疗目的性医疗行为的告知义务判断，同时考虑并发症发生的机会、其发生后的损害数额以及医师进行风险告知所需的成本，来评估告知义务的妥适性。[①] 其公式如下：

B=P×L，其中 B：burden，代表预防损害的成本；P：probability，代表损害发生的概率；L：liability，代表损害数额；如果 B>P×L，代表损害预防的成本大于损害发生的概率乘以损害数额，在政策上应该允许损害的发生，较符合经济效益；反之，当 B<P×L 时，代表损害预防的成本小于损害发生的概率乘以损害数额时，应设法防止损害的发生。[②] 即对于诊疗目的性医疗行为(包括治疗行为、预防行为、诊断行为)应进行综合性的 BPL 判断，对于非诊疗目的性医疗行为，医师应对罕见并发症详细加以说明。

(三)“罕见”的判断标准

在本案判决中提及，若患者的目的系以治疗为目的，则对于罕见、极端的并发症或副作用并无告知义务。但对于“罕见”的定义为何？究竟何种程度属于“罕见”？“罕见”的判断应由法官就个案具体认定，还是交由专门的鉴定机构进行认定并未确定，这就为“罕见”的判断带来了诸多问题。

本案法院认定上脉络膜猛爆性出血的发生概率仅为 0.05%—0.8%，极为罕见，因此医师乙针对此点无说明之义务。而关于是否属“罕见”的并发症，台湾地区台东地方法院 2006 年度诉字第 157 号判决认为：本案依据文献上报告显示，甲状腺切除致返喉神经麻痹发生率为 1%—2%，系临床上非罕见的手术并发症，通常手术医师于术前应告知患者发生之可能。针对上述两项判决，一项判

① 利用汉德公式判断医师告知义务的范围实际操作层面也存在一定的问题，如医师告知风险所需的成本评估在认定上有一定的困难等，但这并不妨碍司法实务中，法院借由该公式从医疗行为的目的性、告知风险的成本、并发症的发生概率以及医疗行为的收益等角度综合进行评价。

② 吴俊颖、陈荣基、杨增暐等：《医疗过失责任与医疗纠纷鉴定》，元照出版社 2013 年第 2 版，第 120—124 页。

决认为0.05%—0.8%属于“罕见”，另一判决认为1%—2%非属“罕见”，但两者皆未明确指出“罕见”与“非罕见”的判断依据究竟为何？若发生纠纷时，该由谁来判断是否为罕见副作用及并发症？

第一，“罕见”与“非罕见”的判断。并发症是否“罕见”或可通过借鉴“罕见病”的定义加以界定。目前关于罕见病，有三种界定方式：(1)使用患病人数界定罕见病，代表国家和地区有美国、日本、澳大利亚；(2)使用发病率界定罕见病，代表为欧盟、新西兰；(3)使用定性描述定义罕见病，代表为中国香港。[①] 但由于并发症是否“罕见”是一个纯粹的医学问题，不同治疗方法的并发症亦并不相同，因此，上述界定方式并不能对“罕见”与“非罕见”进行清晰的界定，应该针对个案，由相关医学专家进行选择判断，并非本文所能规范及阐述清楚的。

第二，由于罕见并发症具有客观性及不确定性，法院囿于专业障碍，此部分事实之认定应诉诸专业的医疗鉴定机构，由鉴定机构来判断是否为罕见并发症。法院仅做法价值上的判断。

综上所述，海峡两岸关于医师告知义务范围的法律规定均未将其具体化，从而造成司法实务上认定的困难。为此，建议医师告知义务的判断标准可采医师告知理性医师和具体患者标准的折中说，将医疗行为分为诊疗目的性医疗行为和非诊疗目的性医疗行为，并加以不同程度的告知义务要求，其中对于诊疗目的性医疗行为还应运用汉德公式对罕见并发症是否须医师加以告知进行综合因素的考量。此外，应由专门的鉴定机构来界定并发症中的“罕见”的内涵。若采纳上述观点的话，告知义务的范围判决实质上将是针对具体个案的综合判断，而非无止境的扩张。

---

① 臧运森、田侃、喻小勇：《世界孤儿药界定政策对我国的启示》，《中国新药与临床杂志》2015年第1期，第20—22页。

第四章　医疗损害赔偿责任

案例 1

循证医学理念在医疗侵权中的法律适用

——台湾台中荣民总医院胃腺癌案

一、案例背景

近年来，我国大陆地区及台湾地区医疗界正积极推动循证医学（Evidence-based Medicine，简称 EBM）的发展，以进一步改善医疗服务品质。循证医学意为“遵循证据的医学”，我国港台地区也译为“实证医学”，其为现代临床医学发展所形成的一种新的实践模式与思想方法论。[①] 国际流行病学专家 David Sackett 将循证医学定义为“谨慎、准确、明智地应用当前所能获得的最佳研究证据，结合医生个人的临床经验，并考虑患者的价值和愿望，将三者结合，制订出最合理的诊断与治疗方案”[②]。

（一）获得当前的最佳研究证据

循证医学证据是指以患者为研究对象的各种临床研究（包括防治措施、诊断、病因、预后、经济学研究与评价）等所得到的结果和结论。通常，这些研究不包括体外细胞实验、离体器官的研究和动物实验。[③] 根据研究的不同需要，可以将循证医学证据分为不同的类别。如从方法学角度，可以将证据分为原始研究证据和二次研究证据。其中原始研究证据是指直接以病人和（或）健康人作为研

---

① 吴泰相、刘关键：《关于循证医学的问题与思考》，《中国循证医学杂志》2005 年第 8 期，第 637 页。

② Sackett DL，Rosenberg WM，Gray JA，etal. Evidence based medicine：what it is and what it isn't. 312 *BMJ*，71—72(1996).

③ 刘建平：《传统医学证据体的构成及证据分级的建议》，《中国中西医结合杂志》2007 年第 12 期，第 1061 页。

究对象，通过运用随机对照试验、交叉试验、自身前后对照试验等方法，进行有关病因、诊断、预防、治疗和预后等所获得的第一手研究资料；二次研究证据是在全面收集针对某一问题的所有原始研究证据的基础上，经过严格评价、整合处理、分析总结而形成的研究报告，是对原始研究证据进行二次加工后得到的更高层次的研究证据。

如何看待和使用上述循证医学证据呢？David Sackett 认为，一项有关治疗措施的系统评价主要依据：①结果是否真实可靠。即随机对照试验的系统评价是否收集和纳入了所有相关研究？是否对单个试验质量进行了评价？各试验之间是否有良好的同质性？②结果是否有意义。即效果的幅度和精确性怎样？根据对系统评价结果真实性和意义的评估可以判断其结论的可靠程度和应用价值。[①] 实际上，循证医学界已建立并发展起一系列医学研究文献等级评价的规则，如系统性的综合文献回顾（Mata-analysis systemic reviews）＞随机对照试验（Randomized controlled trials）＞观察性研究（Observational studies）＞非分析性研究（Non-analytic studies）＞专家意见（Expert opinion）。[②] 目前，GRADE 标准（Grading of Recommendation Assessment，Development and Evaluation）为学界评估证据水平和推荐意见的通说标准。[③]

（二）结合医生个人的临床经验

传统医学以经验医学为主，即主要依据医师的临床经验或病理生理原理等提供诊疗服务。循证医学不同于传统医学，主要体现在以下几个方面：①循证医学的证据来源是临床研究而非动物实验和体外实验；②收集证据系统全面而非临床研究和过时的教科书；③疗效指标注重患者最终结局（终点指标）而非实验室指标的改变、仪器或影像学结果（中间指标）；④临床决策依据评价最佳临床研究证据而非个人的临床经验；⑤医疗模式以患者为中心而非以疾病为中心。[④] 循证医学要求医师从传统的单凭个人临床实践经验进行疾病诊疗的医学模式中脱离出来，依据最佳的医学研究证据来作为患者的诊疗依据。[⑤] 例如用硝苯地

---

① Sackett DL, Straus SE, Richardson WS, etal. Evidence-based medicine: how to practice and teach EBM. 2nd edition, Churchill Living stone, London. 2000. 转引自刘鸣：《应正确评价和使用循证医学证据》，《中国循证医学杂志》2006 年第 2 期，第 77—79 页。

② Robin Harbour, Juliet Miller. A New System for Grading Recommendations in Evidence Based Guidelines, *BMJ*, 2001, 323: 334—336.

③ Gordon H Guyatt. GRADE: an emerging consensus on rating quality of evidence and strength of recommendations. *BMJ*, 924-926(2008). 转引自王吉耀：《循证医学与临床实践》，科学出版社 2012 年第 3 版，第 25—27 页。

④ 赵中夫、姚应水：《循证医学》，人民军医出版社 2013 年第 1 版，第 5 页。

⑤ 刘静、王洁贞、刘云霞：《从量变到质变：浅谈经验医学到循证医学的转变》，《医学与哲学》2004 年第 2 期，第 27 页。

平治疗高血压，经传统临床经验，它可以有效地降低血压，对肝、肾、骨髓等脏器亦无毒副作用，大多数患者可以耐受，即认为它是一种安全有效的降压药物，从而被广泛推广应用。而随后一些跨国的大规模随机双盲安慰剂或以相关药物作为对照的前瞻性临床试验结果却表明，硝苯地平对上述评价指标的作用并不能平行反映它对患者预后的影响，并且对上述临床指标有着显著治疗作用的药物，反而可能增加患者病死率，使预后恶化，从而改变了人们对该药物使用的传统经验认识。

需要注意的是，循证医学与传统经验医学本质上并不矛盾，循证医学并不能否定和取代临床经验，通过循证获得的最佳证据必须在考量患者病史、体格检查和实验室检查的基础上，并结合医师的临床经验，审慎地做出临床判断。如有充分研究证据证明，对闭合性股骨干骨折采取髓内钉内固定是业内公认较好的治疗方法。[①] 若医师既擅长髓内钉，又擅长钢板，则髓内钉应是最明智的选择。但若医师很少做髓内钉，对于髓内钉操作并不熟练，但擅长钢板内固定，此时现有最佳证据虽表明髓内钉更好，但医师根据自身临床经验选择钢板固定显然更为合理与明智。

（三）考虑患者的价值和愿望

现代医患关系模式从“主动与被动式”发展到“指导与合作式”再到目前的“互补与参与式”，[②]医患双方更多地强调彼此之间的伙伴关系，患者开始主动参与到医疗决策中。[③] 循证医学与“互补参与式”的医患关系模式本质上是一致的，即要求患者在得到充分告知的前提下，对自身疾病的诊疗做出选择，从而主动参与到循证医疗决策中。由于循证医学强调个体化的临床决策，不同个体患者的价值观和愿望并不相同。

例如不同患者因心房颤动导致脑卒中的发生风险增加，在预防脑卒中发生的临床决策上会体现不同的选择。若服用华法林，患者次年发生脑卒中的风险会从2%降至1%。但服药后期需要定期做血液检测，且患者轻度出血或大量消化道出血的风险可能增加1%。患者甲认为，发生脑卒中是我最不愿接受的，为预防脑卒中，我不在乎服用华法林；患者乙则认为，发生脑卒中虽是坏事，但不至于致命。我讨厌服药，害怕做血液检查。我喜欢爬山，而服用华法林将限制我的

① 邢威、孙宇峰、刘昱：《闭合复位交锁髓内钉治疗56例股骨干骨折远期疗效评价》，《中国现代医生》2008年第11期，第21—22页。

② 晚近台湾地区有学者另提出“医用关系”作为医患关系的一种新的思考模式。“医用关系”强调医用之间多重的知识交流（医疗专业者与医疗使用者）；重视医疗使用者的自主性；使得使用者身体的经验和感受比以前更加受到重视。参见成令方：《“医”用关系的知识与权力》，《台湾社会学》2002年第3期，第11—71页。

③ 黄丁全：《医事法新论》，法律出版社2013年第1版，第134页。

活动，恐怕再也不能爬山。消化道出血的风险也使我感到恐慌，所以我愿意选择不服用华法林。可见，不同患者的不同经历导致他们对同一治疗措施的价值观和选择完全不同。[①] 循证临床决策本质上是当前可得的最佳同类证据指导下的高度个体化决策，医师需要顺应个体患者的价值观与愿望。

目前医疗界积极推动发展的循证医学，除了进一步改善医疗服务品质，其相关临床研究证据在法律层面也将成为处理医疗侵权相关案例的证据之一。循证医学理念及证据对医疗侵权法律适用会产生哪些影响？我们以台中荣民总医院胃腺癌案胃腺癌存活率为切入点，来看看台湾地区的判例带给我们的启示。

二、案例概要

患者甲以完全自费方式于 1999 年 5 月至台湾地区台中荣民总医院进行全身检查，发现胃部有黑点，经询问医师乙该黑点代表之状况为何，被告知为胃溃疡且并无大碍，吃药即可。于是医师乙开立四次胃溃疡的药物供甲服用(5 月至 8 月，一个月一次)，但并未循体检报告从事复查或切片检查。历经 4 个月治疗后，甲并未康复，且体重呈不正常下降，遂于同年 9 月接受十二指肠黏膜切片检查，发现患有胃腺癌，翌年 10 月不治身亡。甲的家属以医师乙及台中荣民总医院为被告提起民事诉讼(台中地方法院 2001 年重诉字第 334 号判决)，并对乙提出刑事告诉(台中地方法院 2003 年医诉字第 2 号判决、台湾高等法院台中分院 2004 年医上诉字第 413 号判决)。[②]

民事庭与刑事庭法院均认为，患者本身并非专业人员，对于医疗知识若非全然陌生，即为一知半解，对于自身将来可能如何变化的危险性亦无从知悉，因此患者自身的想法，不一定对其健康有利。患者既已求诊于医师，医师即应遵从其专业知识，提出最有利于患者的建议，其治疗方式亦应由医师决定，而非交由患者本人决定。医师虽无权强迫患者接受检查，然而其肩负救人职责，在门诊中，

---

① 李幼平：《循证医学》，高等教育出版社 2013 年第 3 版，第 60 页。

② 台湾地区医疗纠纷案件素有“以刑逼民”的说法，即医疗纠纷案件惯用刑事诉讼来解决，其原因主要包括：首先，刑事诉讼的门槛较低，患者可以提起自诉或者公诉，而在刑事诉讼中还可以附带民事求偿；其次，检察官是免费的，不像民事诉讼还必须承担律师费用；再者，刑事诉讼中，患者可以利用检察官的公权力来收集所需要的证据，同时可以利用检察官的职权将案件送医审会做专业的评估。然而，刘邦扬通过追踪 380 位医师，其中 365 名医师已经获得确定判决，298 人无罪确定，比例是 81.6%，有罪确定的医师共 67 人，比例为 18.4%。该研究还发现：一审判决高维持率，在地方法院获判无罪的医师有 98.2% 可以无罪确定；诉讼冗长，自医疗伤害发生时起至判决确定止，平均耗费 4.77 年；自诉有罪率极低，自诉案件仅有 3.1%的医师有罪确定；几无监禁风险，有 67 位有罪确定的医师中，有 14.6%仅受缓刑宣告、40.3%仅得易科罚金，剩下 44.8%受缓刑宣告，亦可易科罚金，即便获得有罪判决，也可以因缓刑期满、易科罚金而免于牢狱之灾。参见刘邦扬：《刑事医疗纠纷于判决上诉审的实证考查》，《科技法学评论》2011 年第 2 期，第 257—294 页。

理应充分向有可能罹癌者解说检查之必要性以及不检查时可能面对的风险，并沟通、说服患者再次接受检查。若患者经医师一再解说，仍不愿接受检查，放弃求生机会，始可谓医师已无过失。医师若不加解说或草草带过，任由患者在不知严重性之情况下，随意选择检查或不检查，日后发生纠纷，再推卸责任称是患者自己之意思云云，即为卸责之词。简言之，民事庭与刑事庭法院均认为：乙发现甲有胃溃疡现象时，未就切片检查的必要性、危险性等尽事实说明义务，使得甲不明白切片检查的重要，此一未履行实质告知义务之行为确有过失。

但是，在未做切片检查和甲死亡结果之间有无因果关系的认定上，民事庭与刑事庭法院的看法并不相同。民事庭判决被告必须承担损害赔偿责任，刑事庭判决被告无罪，上诉后亦维持原判。

此案，民、刑事庭认定被告是否应负损害赔偿责任、有无刑事责任的重要依据之一，即为医学文献的引用。医学文献即为医学研究证据，其为循证医学的基础，在医疗侵权法律适用上时常左右法官的自由心证。如本案中关于胃腺癌的相关医学文献，马偕医院、日本 Kimio Maruta 医师、澳大利亚 Rudolph Pointner 医师均指出，胃腺癌二期与三期的五年存活率并无不同，且从原被告提供的文献看出，双方对于文献记载并无争议。被告因疏忽未能及早发现患者的胃腺癌，错失治疗时机，使得患者存活率与治疗率降低而死亡。民事庭判决认为医师疏失与患者死亡结果之间存在因果关系，因此，应负赔偿责任。然而，刑事庭判决则认为，从文献的记载上看仍无法确定患者存活率与治愈率降低与其死亡结果之间有因果关系，因此判决被告无罪。①

三、案例评述

本案主要涉及以下三个问题，医师是否未尽履行实质告知义务、医师未尽告知义务的行为是否存在过失、未及时切片与患者死亡之间有无因果关系。

（一）医师是否履行实质告知义务

患者就医时，医师对即将采取的诊疗方案、预后与副作用的有限性、替代性治疗方案、与医患间利益冲突等有详加说明的义务，借以取得患者接受该诊疗同意。此类型之医师说明义务具有契约法与侵权行为法上多重意义与效力。本案中，医师以胃镜检查后发现患者胃中有黑点，询问患者是否接受切片检查后，遭到患者拒绝，乃以治疗胃溃疡的药物供患者服用。经服用胃溃疡的药物达两个月余，若诊疗正确，即患者罹患的确实为胃溃疡，服药后情形理应转好，但是患者反而出现了体重骤降的警讯；对此，因患者拒绝而未做切片检查，从而导致的一

① 张丽卿：《实证医学在医疗过失审判实务上的意义——从胃腺癌存活率谈起》，《东吴法律学报》2009 年第 2 期，第 1—26 页。

切后果,应探讨是否为医师未尽告知义务所致。

本案民、刑事庭均认为:依据医疗常规,医师实施胃镜检查后,若发现可疑病兆,应建议切片检查且征询患者意见,说明其必要性及危险性。从循证医学基本理念出发,医师应以患者为中心获取相关诊断、治疗、预后及康复等方面的临床研究证据,并向患者充分地告知。依照社会的一般价值理念,若患者明白不切片检查之危险性后,应不会拒绝切片检查。因此,患者拒绝切片检查,乃因医师并未履行实质的告知义务。

(二)医师未尽告知义务是否存在过失

医师未切实履行告知义务,不能就必然断定有医疗疏失。"台湾地区卫生福利部医事审议委员会"(原名"行政院卫生署医事审议委员会")及台湾大学医学院附设医院的机关鉴定均认为:对于患者拒绝接受切片检查,属于尊重患者意愿,并无疏失。且中山医院医师的个人鉴定亦认为,未即时切片检查对于患者死亡结果之发生并无影响。即鉴定意见倾向认为医师医疗行为并无疏失。[①]

然而民、刑事判决均未采纳上述鉴定意见。理由是:患者意愿的尊重是当前医疗行为的方向,据统计,有高达 87.0%的患者认为对于治疗的方案应有医患双方共同决策,仅有 6.6%的患者认为由医生独立决定。[②] 但是由于医学知识的信息不对称,患者毕竟不具有医学专业知识,难以在医疗行为决策中发挥预定的效用,所以参与医疗行为决策的前提,是要让患者对于其病情、治疗方案及手术风险等有相当程度的了解,即医师应履行实质的告知义务。

因此,医疗行为的实质告知义务,若以循证医学为基础,应能将医疗纠纷降至最低范围。因为循证医学重视患者个人的价值观,关注每一位患者临床时的个人偏好及期望。关于告知义务的履行,台湾地区《医师法》第十二条规定:"医师诊治病人时,应向病人及其家属告知其病情、治疗方针、处置、用药、预后情形及可能之不良反应。"此外,《医疗法》第六十三条规定:"医疗机构实施手术,影响病人或其法定代理人、配偶、亲属或关系人说明手术原因、手术成功率或可能发生之并发症及危险,并经其同意,签具手术同意书及麻醉同意书,始得为之。但情况紧急者,不在此限。"第六十四条:"医疗机构实施中主管机关规定之侵入性检查或治疗,应向病人或其法定代理人、配偶、亲属或关系人说明,并经其同意,签具同意书后,始得为之。但情况紧急者,不在此限。"由此可知,向患者履行充分的告知说明是医师医疗行为中最为重要的部分之一,因此,医师若未向患者做翔实的说明,将视为医疗行为存有疏失。

---

① 目前,台湾地区几乎所有的医疗纠纷涉讼案件,都委由官方所属的卫生福利部医事审议委员会(原名"行政院卫生署医事审议委员会"进行鉴定),除此之外,医师个人也可以出具个人鉴定。

② Muir Gray、唐金陵:《实证医学:医疗照护决策》,台湾大学医学院 2006 年版,第 264 页。

由于被告并未履行实质告知义务，台湾高等法院台中分院1993年医上诉字第413号刑事判决亦认为“医师在门诊中，理应充分向有可能罹癌之病患解说检查之必要性以及不检查时可能面对之风险，并沟通、说服病患再次接受检查，若病患经医师一再解说，仍不愿接受检查，放弃求生机会，始可谓医师已无过失。医师若不加解说或草草带过，任由病患在不知严重性之情况下，随意选择检查或不检查，日后发生纠纷，再推卸责任称是病患自己之意思云云，即为卸责之词”。由此可见，法院认为被告医师于门诊中未向患者充分解释检查的必要性及不检查的危险性，显有疏失。

（三）未及时切片与死亡有无因果关系

因果关系要件是指违法医疗行为与患者所受医疗损害结果之间存在着前者引起后者、后者被前者所引起的客观联系。[①] 因果关系认定既是医疗损害责任的中心概念，亦为责任诸要件中最难证明的构成要件。本案中未及时切片检查而造成患者延误治疗与胃腺癌造成患者死亡的结果之间有无因果关系，是判断被告医师民事上是否应负损害赔偿责任及刑事上是否有罪的关键之一。

台中地方法院民、刑事庭及台湾高等法院台中分院刑事庭于判决中，均采纳国内外相关医学文献，指出胃腺癌5年内的存活率于50%以下，并以此作为判断因果关系的依据。不过，判决结果截然不同，民事部分判决被告承担损害赔偿责任，刑事部分判决被告无罪。

1. 民事判决认为有因果关系

原告主张：“依马偕医院消化系恶性肿瘤报告，……若局限在胃黏膜层有95%的治愈率，若至黏膜下层仍有92%，仅肌肉内层还有76%，依之体检报告，食道、十二指肠、乙状结肠均无异常，仅胃前壁溃疡，若非被告之过失延误，显有95%之治愈概率，被告所辩其存活率不过或仅有五年，无法令人苟同。但被告主张：……就时间推算，在体检时，当时应有胃腺癌之存在，在1999年5月8日时就应若不是第三期就是第二期，不可能是第一期，从开刀时之病理报告显示，是第三期之胃腺癌，很难说早4个月发现……有何影响。”

台中地方法院1990年重诉第334号判决认为：(1)依被告所提出之日本Kimio Maruta医师 *Some Factors which Influence Prognosis after Surgery for Advanced Gastric Cancer* 一文，认为胃癌二期五年存活率为39.4%，三期五年存活率是32.4%；澳洲Rudolph Pointner医师 *Gastric Remnant Cancer Has a Better Prognosis Than Primary Gastric Cancer* 一文，则认为胃癌二期五年存活率为25%，三期五年存活率是20%；而依据原告提出的马偕医院关于消化系

① 杨立新：《医疗损害责任构成要件的具体判断》，《法律适用》2012年第4期，第23页。

恶性肿瘤(胃癌)之说明,认为第二期五年存活率约为 50%,而第三期五年存活率则为 15%或更少,足见第二期及第三期胃癌五年存活率确有差异,被告主张无差异云云,尚无可采。(2)刑事案件中,专家证人认为:在 1999 年 9 月 28 日手术时的病理报告显示,是第三期的胃腺癌,照经验来看,体检时应有胃腺癌的存在,若不是第三期就是第二期,不可能是第一期。且被告未举证说明胃腺癌在体检当时确已属第三期,则当时胃癌情形应为第二期较接近实情,而参酌前述文献,胃癌二期及三期五年存活率不同,则本案如能在体检时即发现,存活率自属较高,兹因被告过失,未能及时发现身上之胃癌,而错失治疗胃癌先机,致五年存活率及治愈率均降低,是该死亡结果,自应认为与被告之过失行为有相当因果关系。

2. 刑事判决认为无因果关系

台中地方法院 2003 年医诉字第 2 号判决认为:诸多医学研究文献皆可获悉,多数医学研究证据均认为患者所患的胃腺癌,无论是二期或三期,其五年存活率不及五成,确为一种死亡率极高的癌症,因此被告纵使于 1999 年 5 月间及时发现患者罹患胃腺癌,而可以治愈存活的机会仍然相当渺茫。患者死亡时间为 2000 年 10 月 7 日,距离被告将其误诊为胃溃疡的时间有一年有余。亦即被害人仍存活一年余,因此无法认定被告若未误诊,被害人即可避免其死亡结果。即被告过失与患者死亡结果之间,无相当因果关系。

高等法院台中分院 2004 年医上诉字第 413 号判决认为:被告医师的诊疗疏失与患者的死亡结果之间应无相当因果关系,因为经医学认定此为高死亡率的癌症,医学专家虽称:“越早发现当然是愈好,但是本案四个月的影响有多大,很难从事后反推……。”由此可知,实难以推断四个月以治疗胃溃疡的方式治疗患者期间,对于患者死亡结果有何影响,其究竟是否属胃腺癌死亡的原因,难以确定。简言之,法院虽认为胃腺癌是一种死亡率极高的癌症,但延迟四个月发现癌症的期间,及以治疗胃溃疡的方式医治患者,是否就是造成患者死亡的原因,难以认定有因果关系。因此本于事实存疑,应利于被告的原则(罪疑为轻)的精神,台中分院乃驳回上诉,维持原审无罪判决。

综观本案,台湾地区的法院将马偕医院、日本 Kimio Maruta 医师、澳大利亚 Rudolph Pointner 医师所作成的医学文献在医疗侵权案件中得以适用,并直接影响到因果关系的认定。上述医学文献,其实就是循证医学证据的基础。这些医学文献是通过实证统计分析方法,从相关医学研究数据库中加以检索、整理、分析所得,具有客观可信性。且依前述医学研究文献等级的系统评价规则,法院可参酌并采信证据等级较高的医学研究证据,从而借以更为明细地判断患者死伤结果与医疗行为之间是否存在因果关系。

（四）大陆地区对循证医学基本理念及相关证据的适用

大陆地区的司法实务中若引入循证医学的基本理念及相关研究证据，会对医疗损害法律适用究竟会产生哪些影响呢？本文以医疗损害责任的核心要素之过错推定及因果关系的确定作为切入点，加以分析。

1.循证医学下的医疗过错推定宜解释为“可推翻的推定”

《中华人民共和国侵权责任法》第五十八条第一款规定：“患者有损害，因下列情形之一的，推定医疗机构有过错：违反法律、行政法规、规章以及其他有关诊疗规范的规定。”由于医师的诊疗行为绝大多数为技术性行为，因此，当诊疗行为发生过错时，违反的绝大多数是“有关诊疗规范的规定”，违反法律、行政法规、规章的情况并不占多数。因此，“诊疗规范”成为医疗损害侵权法律适用中的重要规范，它不但是判断医师是否存在过错的依据，也是医师日常诊疗行为中必须遵守的技术规范。根据上述法律规定，医师的诊疗行为一旦违反“有关诊疗规范的规定”的，法律规定将直接“推定医疗机构有过错”。

法律之所以做出这样的安排，是因为在《中华人民共和国侵权责任法》实施之前的司法实务中经常存在：法院在查明被告医疗机构及其医务人员显然违反有关诊疗规范的事实之后，却仍然认定医疗机构不存在过错或者采纳所谓不构成医疗事故的鉴定意见，做出被告医疗机构不承担侵权责任的判决。全国人大法律委员会和全国人大常委会法制工作委员会认为，按照民法原理及《中华人民共和国侵权责任法》的立法思想，违反有关诊疗规范的这类行为本身即为过错。对这种情形，法院应当根据“违反有关诊疗规范”的事实，直接认定被告医疗机构有过错，既不应要求原告证明被告有过错，也不得许可被告举证证明自己无过错。此条所谓“推定医疗机构有过错”，属于不允许被告以相反的证据予以推翻的推定。[①]

将医师的诊疗行为与有关“诊疗规范”是否相符作为全然判定医师过错的通用性标准有失偏颇。诊疗规范虽通常是某类医疗专业领域集体智慧的结晶，应受到社会的普遍尊重。[②] 然而，诊疗规范并不固然存在，不排除某些医疗专业领域诊疗规范的缺失，此时法律必须另寻他径寻求医疗过错的法价值判断标准；再者，即便诊疗规范存在，亦无法保障其能够紧随医学的发展。据统计，医学知识每19年翻一番，[③]其半衰期已缩短到5年，甚至更短。[④] 医疗技术日新月异，诊

---

① 梁慧星：《论〈侵权责任法〉中的医疗损害责任》，《法商研究》2010年第6期，第38页。

② 朱冬：《作为医疗过失判断的“医疗水平“认定——来自美国和日本的经验与借鉴》，《辽宁医学院学报（社会科学版）》，2011年第2期，第17页。

③ 赵斌：《基于准时制的知识管理研究》，西安理工大学2006届硕士研究生论文。

④ 吕爽：《基于叙词表的医学领域本体的构建研究》，吉林大学2011届硕士研究生论文。

疗规范可能已经改变或忽略不同地域的医疗水平，医患双方不可避免地面临这样一种风险：低水平、滞后的诊疗规范成为医师的辩护理由或者成为患者的诉讼武器。可以说，诊疗规范滞后于临床实践，无法完全匹配实践经验总结得来的治疗方法成为不可争议的事实。而循证医学不论从临床决策的证据来源、证据检索与评价、判断指标、治疗依据，还是医疗模式等方面，均优于诊疗规范，有利于克服诊疗规范的滞后性。

例如，在传统中医药文献及现实中药处方开具中，大剂量用药屡见不鲜。如我国《药典》规定附子不超过10g，细辛不超过3g，而现实中存在附子超过100g、细辛超过10g的现象；[①]如小承气汤用大黄120g，大大超过我国《药典》的规定，《白虎汤》用石膏500g，回阳救逆汤重用附子，独参汤重用人参，等等。[②] 依据循证医学的要求，采纳最佳的医学研究证据作为患者的诊疗依据，而中药超剂量使用在临床实践中往往起到意想不到的效果，因而使得中医师面临选择好治疗效果或选择疗效不佳但不违法的两难。若故步自封、机械地遵循《药典》的规定，可能与患者的最佳利益相悖。若运用循证医学的思维去突破医疗常规的束缚，又会面临推定过错的法律风险。因此，"法律、行政法规、规章以及其他有关诊疗规范"的规定只能作为判断医疗过失的重要证据，但不应作为通用性决定性标准。如果医师能够证明其采取的诊疗手段是通过循证医学的方法，针对患者的具体病况所采取的最佳证据，即可推翻此推定。

2.循证医学证据有利于因果关系的认定

医疗损害责任构成中的因果关系要件是指违法医疗行为与患者所受医疗损害结果之间存在着前者引起后者、后者被前者所引起的客观联系。[③] 因果关系认定既是医疗损害责任的中心概念，亦为责任诸要件中最难证明的构成要件。

(1)循证医学证据有助于事实因果关系判断

医学上的事实因果关系是指单纯从客观规律和事实真相的角度出发，考察分析医疗行为与损害结果之间的内在联系，它要求从已经发生的损害结果出发，逆向分析致使该结果发生具有原因力之事实。事实因果关系作为法律因果关系判断之前提，本质上亦为一种准法律关系。[④] 由于事实因果关系的客观性及不确定性，法院囿于专业障碍，此部分事实之认定常诉诸医疗专业鉴定。目前对于医疗专业鉴定中的因果关系的认定多采用经验法则进行，即医疗鉴定专家多凭个人临床实践经验，根据基础理论推导事实因果关系是否存在。由于医学经验

---

① 根据江苏省无锡市第三人民医院（中西医结合医院）中医科某中医师口述记录。

② 周李刚：《浅谈〈药典〉对中药剂量的规定》，《浙江中医杂志》2009年第9期，第684—685页。

③ 杨立新：《医疗损害责任构成要件的具体判断》，《法律适用》2012年第4期，第23页。

④ 刘鑫：《医疗损害鉴定之因果关系研究》，《证据科学》2013年第3期，第340页。

法则本身就可能存在缺陷，现实中有时会出现经验法则与临床研究证据相互矛盾的现象，这样就会使鉴定结论出现错误的可能，因此有学者提出采用循证医学的方法来认定事实因果关系，其中流行病学（瘟学）上的因果关系学说①便是循证医学发展下形成的一个重要因果关系学说。

流行病学上的因果关系学说是指运用统计学的原理，在确认病因与疾病之间存在事实因果关系时，必须满足以下四个方面的条件：其一，该因子从发病前已经开始发生了作用；其二，该因子的作用越大，该疾病的患病概率便越高（Dose and effect relationship）；其三，从该因子的分布以及增长和消退的角度来看，可以通过既有流行病学上的理论对所观察到的流行疾病的特征进行解释，且不会出现矛盾（该因素被消除或者有所减轻的话，该疾病的患病概率或者程度就会降低）；其四，该因素作为疾病的原因其作用机制基本上可以得到生物学上的合理的说明，即使病理学上不能严密地加以说明，也可以肯定因果关系的存在。② 该学说在事实因果关系的认定上适用了概率统计的观点，参照群体性的高度盖然性的判断以推及个体，在客观事实以及法律事实的基础上增加了以统计学依据推断事实从而确定因果关系。由于该学说只要求科学上此类损害结果与行为之间的致害机理是可能存在的，而不要求是必要条件，一定程度上减轻了患者的举证责任。③

（2）循证医学逻辑演绎过程与法律因果关系论证存在微妙的共性

法律因果关系以事实因果关系的成立为前提，由法官依据法律、政策、当事人特定状况、社会公平正义等因素，对医疗行为与损害结果之间的因果关系做法价值上的判断。目前学界通常以相当因果关系作为法律因果关系的判断标准。相当因果关系是在违法医疗行为与患者所受医疗损害结果之间有其他介入因素，而又无法确定直接原因时，适用的一种判断准则。适用相当因果关系判断医

---

① 与流行病学上的因果关系相类似的还有法国法上的法医学因果关系理论和参与度理论。前者参见 R. Barrot. N. Nicourt, Le lien de causalité: Actualités médico- légales de réparation du dommage corporel, Masson, Paris, 1986: 86. 转引自叶名怡：《医疗侵权责任中因果关系的认定》，《中外法学》2012年第1期，第144页。后者参见朱广友：《医疗纠纷鉴定：因果关系判定的基本原则》，《法医学杂志》2003年第4期，第232页。

② 半田克己：《疫病学的因果关系和法的因果关系》，《法学家》第440期，第107页。转引自［日］植木哲：《医疗法律学》，冷罗生，等译，法律出版社2006年版，第212页。

③ 目前的医疗损害侵权之诉中，虽然医患双方在法律地位上是平等的，但医患双方信息不对称，患者举证难是一个不可回避的现实问题。这个现实问题直接导致了医患纠纷依法处理的比例不高，也增加了医疗机构在处理医患纠纷时的难度。参见田侃、吴颖雄、喻小勇：《关于侵权责任法在医疗侵权适用中的几个问题》，《南京医科大学学报（社会科学版）》2010年第2期，第94—97页。亦可参见喻小勇、田侃：《试论医患纠纷中的医疗信息公开问题》，《南京医科大学学报（社会科学版）》2010年第2期，第108—111页。

疗损害责任的因果关系要件，核心在于明确违法医疗行为是否是致使患者损害结果的适当条件，即是否是致使该种损害结果发生的必要条件。判断相当因果关系的公式为：①“大前提”：依据一般的社会知识经验，该种违法诊疗行为能够引起患者的该种损害结果；②“小前提”：在现实中该种违法诊疗行为确实引起了患者的该种损害结果；③结论：该种违法诊疗行为是该种患者损害事实发生的适当条件，因而二者之间具有相当因果关系。[①]

循证医学是从抽象的因果关系到具体因果关系的判断。运用循证医学判定原因事实与结果事实之间是否存在因果关系时，务必经历以下二阶段性步骤而成：第一步，通过循证方法对与系争案件同类情节的因果关系进行统计分析，如统计分析孕妇妊娠初期服用特定药物将会产生畸形胎儿或长期服用某一高血压药物致使肝脏损害的概率等循证资料，得出针对该类案件具有共同性、规律性之抽象上的因果关系；第二步，将系争个案事实与统计所得抽象上的因果关系之事实进行对比分析，借以判断该系争个案是否依循整体性、集合性之抽象上的因果关系历程而发生。[②] 此类由抽象上的因果关系到个案上的因果关系的论证过程，与相关因果关系的演绎论证存在微妙的共性，可以成为司法实务上法官自由心证的重要参考。

综上所述，循证医学是一门讲究证据的方法学，除了可以改善医疗质量外，在医疗侵权法律适用中亦可能产生重要的影响。受循证医学理念及其相关证据的影响，医师的告知义务范围将会进一步扩充，现行医疗过错推定可能会有所松动（应解释为“可推翻的推定”），循证医学证据有助于事实因果关系判断，循证医学逻辑演绎过程亦与法律因果关系论证存在微妙的共性，等等。

---

① 杨立新：《医疗损害责任构成要件的具体判断》，《法律适用》2012年第4期，第24页。

② 吴志正：《实证医学数据于医疗事故损害赔偿上之意义》，《台大法学论丛》2011年第1期，第152—154页。

案例2

医疗存活机会丧失的损害赔偿

——卓思林·迪克霍夫诉理查格林案[①]

一、案例背景

“机会丧失理论”(loss of a chance doctrine)又称为“存活机会丧失理论”[②],也有称“治愈或存活机会丧失”,由美国田纳西大学法学院的约瑟夫·金(Joseph. King. Jr.)教授提出,是指“当被告的侵权行为破坏或减少了原告获得更有利结果的机会时,原告可以就丧失的机会请求赔偿”[③]。由于“有利结果”并未最终发生,因此降低发生有利结果的机会本身是否能够成为侵权行为客体,进而能够赔偿就成为值得探讨的法律问题。

在国外很早以前,以“获利机会”为标的的经济纠纷中获利机会本身就能够得到赔偿。但是医疗纠纷领域,传统人身损害被定义为健康或生命受到实质侵害,如果医务人员的过失行为仅只是造成患者治愈或者存活机会丧失是不能构成损害的。但是“治愈或者存活机会丧失”有时确实加重侵害结果,例如,医生过失未诊断出疾病,导致本可治愈的疾病由于延误变得难以痊愈,或本可存活的疾病最终导致死亡;或者损害后果是由患者自身疾病、医生过失诊断和其他因素共同造成,而且在此当中,各种因素所占比例无法确定。按照传统因果关系“全有或者全无”或者“实质可能性”理论,如果认为自身疾病导致损害,对患者不公平;如果认为医生行为导致损害,则对医生不公平;所以大部分学者主张按各原因力大小确定损害后果的比例。这个理论虽可解决机会丧失后出现损害后果的情况,可是无法解决无损害后果,仅机会丧失的情况。如虽降低存活概率,但最终治愈,而因此增加大笔医疗费用,这时就无法确定各原因所占比例。因此学界在这种情况下出现分歧:在过错行为与损害后果之间因果关系存疑的场合,运用机会丧失理论来规避因果关系要件,从而实现部分赔偿的目的,这种场合下的机会

① Jocelyn Dickhoff v. Rachel Green, M. D. , et al. 2013 WL 2363550 (Minn.).

② 陈聪富:《因果关系与损害赔偿》,北京大学出版社2006年版,第166页。

③ See Joseph H. King, Causation, Valuation and Chance in Personal Injury Torts Involving Preexisting Conditions and Future Consequences, Yale Law Journa. l 90. 1981.

丧失就被称为“假的机会丧失”,机会丧失在这个意义上被称为“犹豫不决之法官的天堂”[①];有的学者倾向于将“机会”本身作为侵权行为客体和赔偿客体。但问题是法律上没有将“机会”作为医疗侵权客体的相关规定,因此,权属落脚点就成为各方争议的焦点。

下面这个案例是一起发生在美国明尼苏达州的存活机会丧失的案例。医生过失导致存活机会丧失是否能作为独立诉求?存活机会丧失应当是因果关系证明,还是损害赔偿的计算方法?带着这些问题,我们进入本案的介绍与分析中。

二、案例概要

Jocelyn 出生在明尼苏达州的 Willmar,由于早产了大约 5 周,Jocelyn 一出生就由于轻度的新生儿呼吸窘迫和肺动脉高血压而在明尼苏达大学医院的新生儿监护中心住院 16 天。当母亲 Kayla 在 2006 年 6 月 28 日首次把 Jocelyn 接回家时,她发现孩子的左臀部有一个小小的肿块。第二天,家庭科医生 Rachel 为 Jocelyn 进行了出生 2 周的新生儿健康检查。从一开始,母亲 Kayla 就将孩子臀部的肿块指示给医生,医生表示肿块可能是一个囊肿需要婴儿的父母适当留意。根据母亲和医生的证言,当时肿块约有豌豆大小,可在皮下移动。不过,就此后的健康检查中对该肿块的讨论频率,双方的说法存在较大差异。医生主张在一周岁检查之前,双方只讨论过一次;而母亲则主张,在 Jocelyn 出生 2 个月、4 个月、6 个月和 9 个月的例行新生儿检查中,她都和医生讨论过婴儿臀部的肿块,并且记得在出生 9 个月的检查中,肿块的直径已经增加到了 3 厘米,Jocelyn 的臀部明显凸起了一块。

2007 年 6 月 14 日,在 Jocelyn 的一周岁常规检查中,Rachel 医生才首次记录了肿块的存在。根据此后的证言,她承认当时肿块在臀部的位置与其最初发现相比已经发生了改变。后来,Rachel 医生迅速为 Jocelyn 联系了其他儿科医生,最终 Jocelyn 被明尼苏达大学医院的儿科肿瘤医生确诊为腺泡状横纹肌肉瘤——一种罕见而致命的儿童肿瘤。随后 Jocelyn 接受了化疗、手术和放疗,但癌症已经发展到了第三期。

2009 年 4 月,Joseph 和 Kayla 夫妇代表他们的女儿 Jocelyn 提起诉讼,诉称由于医疗过失,Jocelyn 的治疗时机被延误,今后可能伴随永久的损害甚至是致命的威胁,不仅损害了 Jocelyn 的生命质量,而且还带来了后续的治疗费用和痛苦。为了支撑以上主张,他们向法庭提供了两位医学专家证人,证明 Rachel 医生的检查违反了该州家庭科医生的执业规程,并且由于诊断的延误,病情发展到

---

① 叶名怡:《医疗侵权责任中因果关系的认定》,载《中外法学》2012 年第 1 期,第 144 页。

第三期的 Jocelyn 很可能已经无法治愈甚至危及生命。地区法院驳回了原告的起诉，理由是(1)原告所诉称的损害“缩短生命期待，增加复发风险”本质上属于存活机会丧失之诉，而根据此前的判例此类的诉求无法得到法院的支持；(2)没有证据证明癌症的复发与诊断的延误之间存在因果关系。

原告提出上诉，上诉法院随即将原判推翻，理由是原告的诉求与明尼苏达州的法律规定之间并无冲突，同时，原告的专家证人已经能够证明被告的医疗过失增加了癌症复发的风险。

判决结果认为，原告已经以优势证据证明了 Jocelyn 的“存活机会丧失”这一损害与医疗过失之间存在因果关系，地区法院的判决是错误的。

案件争议的焦点集中在：

1. 明尼苏达州的法律是否禁止“存活机会丧失”之诉

根据此前的判例，医疗损害的原告要支撑其诉讼请求，通过医学专家证人至少要证明：(1)为医学界所公认且适用于被告诊疗规范；(2)被告违背了该诊疗规范；(3)被告违反诊疗义务是医疗损害的直接原因；①在本案中，原告主张了两个方面的损害：一是 Jocelyn 的癌症复发所产生的医疗费用和痛苦；二是 Jocelyn 的存活概率从至少 60%下降到了最多只有 40%。而被告则认为，根据明尼苏达州的法律不论是癌症的复发还是存活概率的下降都不是可补偿的损害。

地区法院认为：根据 Fabio 案的判决，“存活机会丧失”在明尼苏达州的医疗损害诉讼中并不适用。

上诉法院认为：原告的诉求与明尼苏达州的法律并不冲突，所以原判驳回起诉是错误的。

明尼苏达州最高法院认为：首先，此前州最高法院在 Fabio 案中拒绝适用“存活机会丧失”之诉的立场并不具有拘束力，理由是(1)该论述位于判决书的附带意见中；(2)根据当时的表述，法院只是在 Fabio 案中拒绝适用，这意味着完全有可能在今后适当的时机重新考量。

其次，“存活机会丧失”之诉在医疗损害案件中具有特别的意义。在该诉求之下，并非是医务人员直接造成了损害，而是医务人员的延误造成了本来可以预防的损害。显然，和传统的侵权诉讼中损害的确定性相比，“存活机会丧失”之诉的损害具有盖然性。不过，对于患者而言，盖然性的损失仍是损失，虽然具体的做法还存在一定差异。已经有越来越多的州开始接纳“存活机会丧失”之诉。有的州减轻了原告对因果关系的证明责任，有的州则把“机会丧失”与损害等同视之。最终，法院选择了后一种解决思路，结论是患者“存活机会的丧失”是一种特

---

① *Plutshack v. Univ. of Minn. Hosps.*, 316 N. W. 2d 1, 5 (Minn. 1982).

别的损害，明尼苏达州的法律也支持患者在医疗损害诉讼中提出该主张。在医疗损害诉讼中支持“存活机会丧失”并不会破坏侵权法的根基，相反还能促进侵权法预防和补偿机能之实现。

2.“存活机会丧失”之诉中因果关系的证明

在机会丧失的情况下，需要证明的因果关系是医务人员过失与机会丧失这个损害之间的因果关系，而不是过失与最终的损害后果之间的困果关系。因为是否存在最终的损害后果与机会丧失侵权责任没有直接的关系。随着医学的发展与进步，存活机会的考量不再是抽象的猜测或估计，美国法律规定原告应当向法庭提供切实可信的具体数据来证明。本文的观点认为，因果关系的证明责任仍然应当适用医疗侵权责任中举证责任倒置的规定，由医院证明该患者存活机会丧失与医护人员过失之间不存在因果关系。因为限于患者医疗知识的匮乏以及诊疗资料的缺失，由患者承担证明责任往往是非常困难的，也是极不公平的。而证明程度问题，仍然适用美国民事诉讼法的优势证据规则即可。

3.“存活机会丧失”的具体计算方法

“存活机会丧失”有两种计算方式：第一种是计算已损失的机会概率，具体而言就是计算由于被告的侵害而损失的本可能获得的更好结果的概率；第二种是按比例折算出最终的损害，即患者的损害等于丧失的存活机会百分率与疾病造成的所有损害（死亡或伤害）的乘积。因为只有采用折算的方法，才能较为公平地计算出医疗损害的损失大小。虽然法院也承认损害的确定并不容易，但是和其他侵权案件相比也并无本质不同。

三、案例评述

从民法的基本原理出发，要成立侵权责任，一般需要具备如下构成要件：行为人实施侵害行为；造成受害人的损害；该侵害行为与损害之间具有因果关系；行为人有过错。“存活机会丧失”损害赔偿案件中，三个要件都会成为认定侵权责任的障碍。如何化解这些障碍呢？

（一）将“存活机会丧失”纳入侵权损害赔偿的权利基础

机会丧失理论的核心内容是如果被告的侵权行为破坏或减少了原告获得更有利结果的机会，那么，原告可以就丧失的机会请求被告予以赔偿。但是侵权法从来没有明确“机会”可以作为权利保护的客体。因此，目前学界就解决“机会”的权利基础问题有几种思路：一是以我国台湾地区侵权法为代表的人格权侵害论，二是以日本侵权法为代表的期待权侵害论，三是以美国为代表的独立权利论。

1. 人格权侵害论①思路认为，患者的存活机会是生命存续的概率，是作为民事主体的人之人格完整性和人身不可侵犯性所应涵盖的内容。因此，人的存活机会应属于人格权的内容加以保护。患者若罹患的是绝症，存活机会是其生命得以延续的概率。受到侵害后，生命提前被剥夺，因此，系生命权遭受侵害，这其中也可能伴随健康权的侵害，例如病情加重而使身体机能迅速恶化。而对于因医疗过失行为导致残疾的患者，丧失的是本可能治愈的机会，虽然其生命权未遭受侵害，但其身体权、健康权却受到侵害。

我国台湾地区亦采用此种观点。在台湾地区"高等法院"1992 年"台上字第 596 号"民事判决一案②，高等法院认为，人格权中的生命权系指享受生命安全之人格利益的权利。存活机会为患者对未继续生命的期待，存活机会受侵害，最终导致死亡时，即为剥夺生存机会，亦应认为人格权中的生命权受侵害，且被害人无须发生死亡结果，即得请求损害赔偿，故存活机会应为人格权概念所包涵。

2. 期待权侵害论系指"因具备取得权利之部分要件，受法律保护，具有权利性质之法律地位③"。这种思路认为"对符合现代医疗水准的适当诊疗的期待利益受到侵害"，系因病患对于享有接受符合医疗水准的医疗具有期待权，对病患期待权的侵害，被害人得依侵权法的规定，请求损害赔偿。期待权侵害论的保护利益被定位为两个方面：一是在不作为存在过失，但结果回避可能性较小的情况下，可以作为生存可能性利益被侵害来处理；二是在不作为存在过失，但根本不存在死亡回避可能性的情况下，可以作为以下各种利益被侵害来处理：①得到适当治疗后，追求生活方式（life style）以及生活质量（life quality）的利益；②适当治疗机会的利益；③期待得到符合医疗水准诊疗的利益。④

日本就是这一思路的代表，东京地方裁判所 1976 年 2 月 9 日（载于《判例时报》824 号第 83 页）判决认为："作为患者，希望得到符合现代医学水准的适当治疗而死去是理所当然的，这种期待因医生的怠慢、过误而被辜负，在没有得到适当治疗的情况下而死去时，可以想象，患者一定承受了莫大的精神痛苦。"

---

① 解娜娜：《医疗损害案件中的机会丧失理论》，《法学杂志》2010 年第 4 期，第 116—119 页。

② 受害人于 1988 年 9 月 18 日该时概处于肺腺癌第一期，其 5 年存活机会为 36%至 71%，因侵害人过错而迟至 1989 年 3 月 27 日该时，其确诊处于罹患肺腺癌第三 B 期，其 5 年存活概率已降为 7%左右。

③ 陈聪富：《"存活机会丧失"之损害赔偿》，《台湾中原财经法学》2002 年第 8 期。作者倾向于认为期待权应当属于人格权的保护范畴："至于病人存活之机会，系病人对于生命存活之期待，此项期待利益实为生命或身体健康之延续，单独以'权利'识之，而为存活机会之期待权，固无不可。将之解释为存活机会之期待利益，包含于人格权之内涵，而受法律保护，不仅可免除期待权构成要件之争执，且可达成存活机会之法律上保护目的，应较可采。"

④ 陈志杰：《"治愈或存活机会丧失"损害赔偿问题研究》，http://cdmd.cnki.com.cn/Article/CDMD-10385-2009015268.htm。

3. 独立权利论是将丧失机会划定为独立的诉讼案由，作为一种可补偿的事件去审理。医生误诊导致患者原本可以治愈的疾病未能治愈，从而导致患者丧失治愈机会或存活机会，那么，该医生须为患者失去治疗该疾病的机会承担责任，即所谓“失去康复机会的诉讼原因”（a cause of action for lost chance of recovery）问题。

第一种思路认为机会丧失侵害人格权，在法律上欠缺可诉性。人格权包含一般人格权和特别人格权，一般人格权包括人的存在价值、人性尊严及人与精神活动之不可侵犯的权利；一般人格权经具体化而形成各种特别人格权，包括生命、身体、健康、名誉、自由、信用、隐私、贞操等权利。可见人格权范围及其宽泛，如果生命权和健康权包含阻断或者降低生存、健康之可能性，则无疑会扩大生命权、健康权的范畴，使得任何对具体或者抽象之人格有所损害的案件全部可以纳入人格权侵害的范畴。各国司法实践中“机会丧失”最初得到普遍认可是在合同领域，也就是说，“机会”是一种特殊的权利，在合同领域作为预期经济利益损害赔偿，在侵权领域作为存活机会丧失的损害赔偿，如果机会丧失的权利基础设定为人格权，无形中将机会丧失的范围解释得过于狭隘。

第二种思路认为机会丧失是期待利益受到损害，因而可获得赔偿。但是其一期待具有主观性，期待利益作为法律保护的法益范围有不确定性。期待权在法律上也不是一种明确的、独立的可受保护的权利。因为期待从本质上来说是一种主观感觉，是非常抽象的，要通过法律制定一个客观的标准来弥补这种主观损害难度很大。其二“期待利益”的描述至今也没有一个确定的范围，日本法将其描述为“对适当治疗可能性的期待”以及“对享受余生可能性的期待”等生活质量或生活方式的追求利益，这种抽象的描述方式无疑给后续的损害确定和赔偿带来范围的不确定性，其三“符合医疗水准的医疗具有期待权”标准本身存在问题。符合医疗水准究竟是符合城镇标准还是乡村标准，符合先进医疗水准还是符合普遍医疗水准，符合当地医疗水准还是符合平均医疗水准，这些都给标准制定带来难度。

第三种思路目前看来不会导致前两种思路的困难。随着现代社会的发展，侵权行为法的保护范围正在逐渐扩大，侵权的“权利”应当解释为“法益”。“机会”虽不是法律保护的“权利”，但属于“法益”的范围。因为“机会”虽不可称之为一种权利，但其具有民法所保护的权利的特点，且随着医学的进步，具备可衡量性的可赔偿性。①

首先，因为机会利益本身具有法律保护的价值，机会丧失导致的结果是剥夺

① 张新宝：《侵权行为法的一般条款》，《法学研究》2001 年第 4 期，第 42—54 页。

或者降低患者生存或者治愈的可能性，客观上会导致患者生命权和健康权受到侵害。机会丧失的适用范围越来越大，目前不仅包括合同上预期利益的损害赔偿、医疗上存活机会降低的损害赔偿，而且其他信赖利益的保护也逐渐进入机会丧失保护的范畴。例如律师与委托人之间因法律职业过失行为引发的侵权。

其次，机会利益的丧失使受害人遭受了利益丧失。“治愈或存活机会”是自然人所具有的绝对利益，此种利益的存在和实现具有公开的排他效力，任何人不得对他人所享有的“治愈或存活机会”造成侵害。[①] 医务人员过失诊断以致耽误病情，贻误治疗时机，对于本可治愈的疾病来说剥夺了治愈的机会，或者降低了治愈可能性；对于不可治愈但尚可延续生命的疾病来说，剥夺了患者选择治疗或者不治疗，选择此种治疗或者彼种治疗来延续生命的选择权；对于已不可延续生命的绝症患者来说，剥夺了安排剩余生活的权利。例如，梅艳芳在罹患癌症剩余的日子里选择以演唱会结束自己的职业生涯等许多例子，证明在剩余日子里完成自己最重要的心愿对于癌症患者来说具有极其重要的意义。从另一个角度可以解释为本来患者具有选择权，可以选择机会成本较低的方式以达到最大化的利益，但是医务人员过失剥夺了这种权利，造成患者机会成本的被动上升，因此给患者带来不必要的损失。

再次，“存活机会”具有侵权法上的可救济性。即使“机会”本身意味着可否达到预期的结果具有不确定性，但机会本身就是一种利益，“可通过责令侵害人承担赔偿责任予以填补和救济”[②]。普遍做法是把受害人遭受的最终损害作为赔偿的客体，或者适用“多因一果”，将机会丧失折算到最终损害中的一定比例是不合适的。因为在这样的案件中，受害人是否会遭受最终的损害具有不确定性。笔者认为机会丧失的损害赔偿可以适用经济学上的“机会成本（opportunity cost）”理论。将在下文中详细叙述。

（二）“机会丧失”侵权案件中的损害

“损害”一词来源于拉丁文“Damnum”，台湾民法学者王泽鉴先生指出，损害“系指权利或利益受侵害时所生之不利益。易言之，损害发生前之状态与损害发生后之情形两相比较，受害人所受之不利益，即为损害之所在”[③]。不同于一般侵权案件，“存活机会丧失”有两种情形，一是最终损害已经发生。即受害人因治愈机会丧失，而遭受了最终损害。例如，本有存活机会的患者死亡，或者本能够

---

① 陈志杰：《“治愈或存活机会丧失”损害赔偿问题研究》，http://cdmd.cnki.com.cn/Article/CDMD-10385-2009015268.htm。

② 陈志杰：《“治愈或存活机会丧失”损害赔偿问题研究》，http://cdmd.cnki.com.cn/Article/CDMD-10385-2009015268.htm。

③ 王泽鉴：《不当得利》，中国政法大学出版社，2002 年版第 34 页。

治愈的患者伤残等。二是最终损害尚未发生。即医生的过失只是增加了受害人遭受最终损害的风险,但损害结果尚未发生。例如,罹患癌症的患者最终死亡,或者本可以治愈的患者仍然得到治愈。换句话说,损害后和损害前两相比较丧失的仅只是“机会”,但没有导致最终损害,因此学界对“损害结果”的认定出现了不同意见:

1. 以受害人“最终死亡或伤残结果”作为损害

这是传统损害事实的认定标准,认为只有患者最终确因机会丧失导致最终死亡或者伤残,才应当获得“机会丧失”的赔偿。但是当机会丧失后并没有对患者造成实质损害的情况下,例如上文列举的缩短患者寿命的情况,患者将无法获得赔偿。按照王泽鉴先生的观点,遭受侵害前和遭受侵害后仍然存在寿命缩短的损失,这个损失本身对于罹患绝症的患者来说可能是不能承受的,还能活 3 年和还能活 3 个月对于患者的意义来说绝对不同。因此这个理论存在很大的弊端,导致对患者保护不足以及医生对待重病患者和绝症患者注意义务的松懈,因为医生无论是否善尽职责,患者最终仍然要死去,因此医生只要在最终结果不会更坏的基础上出现的医疗过失将不会受到惩罚。这显然与医患关系的发展和人权的保护相违背。因此在这个理论基础上发展的两种折中的说法,就是以受害人“因机会丧失导致的损害总和”作为损害和“损害及赔偿客体分离说”。

2. 以受害人“因机会丧失导致的损害总和”作为损害

这种观点认为丧失的存活机会本身不属于损害,但是因其导致的身体伤害、精神痛苦以及衍生性损害,如增加的治疗费用才是损害。持这种观点的英国学者 Todd S. Aagaard 认为应该严格区分对待三种损害,即患者原生病痛为“自有损害”,由于医疗过失而导致的“侵权行为损害”以及在侵权行为发生后而发生的“最终损害”。[①] 例如车祸导致伤残,医疗过程中医务人员的过失导致最终患者被截肢。那么车祸导致的伤残即为自有损害,而医务人员过失加重部分的病痛为侵权行为损害,患者被截肢的结果为最终损害。这个理论将损害分为了侵权行为造成的损害和没有侵权行为仍然会达到的损害。也就是将早期所说的最终损害划分成了两个部分。但是该理论有两个问题难以解决:一是在医疗领域中,患者最终损害很难像金钱根据不同的原因划分出不同的结果,由于致病过程的复杂性以及个人体质等特点,往往原生疾病和过失行为纠结在一起甚至掺杂了一些其他因素导致了最终损害,很难说哪部分损害是哪部分原因造成的。二是如果医疗过失行为没有导致最终损害,而只是降低患者生存的概率或者导致患者死亡提前,又或者本可提前治愈的疾病被过失拖延成为重病,虽然最后仍然治

① 王徽:《浅析医疗侵权中的“机会丧失之诉”》,《法制与社会》2012 年第 14 期,第 157—158 页。

好，但是患者依然无法依据这种理论获得赔偿。

3. 损害及赔偿客体分离说

该理论为了解决前面的理论只将眼光着眼于最终损害，而认为“机会丧失”不是损害的做法，提出机会丧失本身也是一种损害，如果导致最终损害则有可获赔偿性；但是如果没有导致最终损害，则没有可赔偿性，也就是承认机会丧失本身作为损害的特性，但认为机会丧失不是赔偿客体，最终损害才是赔偿客体。[①] 该理论巧妙地利用了机会丧失和最终损害之间的关系，营造出一种既相分离又相关联的假象，部分地承认机会丧失的意义，但仍无法解决前述理论同样的问题，即给予机会侵权客体的地位，但不给予机会赔偿客体的地位，使得损害客体和赔偿客体相分离，损害的没有得到赔偿，赔偿的不是受到的损害，所以该理论仍然不是一种彻头彻尾能解决“机会丧失”独立问题的说法。

4. 以受害人“存活机会丧失”为损害

机会丧失是一种中间损害（le dommage intermediaire ），从而与最终损害（le dommagefinal）相对。[②] 机会的丧失并非必然导致最终损害结果的出现，但是机会本身作为一种中间损害是医生过失诊疗行为导致的必然的、实质的、确定的损害，而这个中间损害是否会导致最终的损害后果，例如患者伤残、死亡等，是不确定的，是具有盖然性的。由于机会丧失这种损害的确定性，使其具有可计算性和可赔偿性，而无须借助最终损害而进行折算。也就是说，机会本身可附着于医疗费、误工费、精神损害赔偿等进行赔偿，也可在未增加任何其他治疗费用的基础上就治愈机会本身的降低进行赔偿。法国判例有力地支持了这一观点：机会丧失系指只要由于侵权行为的效果致使某种有利的事件的发生概率消失，因丧失机会而构成的损害本身就具有直接的和肯定的特征，即使从定义上来看，“机会从来都不是肯定的”（最高法院刑事庭，1975 年 10 月 9 日）。[③] 该理论主要适用于获取某种利益的可能性的剥夺（privation），避免某种损失的机会的丧失等。在这两种情况下，获得某种利益的机会的损失和避免某种损失的机会的丧失就不再仅仅是一种或然的损害，因为获得利益的机会和避免损失的机会代表着受害人的财富，在其财产中已经具有了一种可以根据可能性予以计算和确定的价值。[④] 这种观点厘清了医务人员过失、机会丧失（中间损害）、过失与机会丧失之间的因果关系、机会丧失的损害赔偿和医务人员过失、最终损害、过失与最终损

① 可参见邱克强：《生存机会丧失理论在医疗法中的应用》，《法制与社会》2011 年第 31 期，第 253—254 页。

② 叶名怡：《医疗侵权责任中因果关系的认定》，《中外法学》2012 年第 1 期，第 144 页。

③ 罗结珍译：《法国民法典（下）》，法律出版社，2005 年第 1083—1084 页。

④ 陈志杰：《“治愈或存活机会丧失”损害赔偿问题研究》，http://cdmd.cnki.com.cn/Article/CDMD-10385-2009015268.htm。

害之间的因果关系、最终损害的损害赔偿两种不同侵权之间的关系。

如上所述，在机会丧失的情况下，需要证明的因果关系是医务人员过失与机会丧失这个中间损害之间的因果关系，而不是过失与最终损害后果之间的因果关系。因为是否存在最终损害后果与机会丧失侵权责任没有直接的关系。

（三）因果关系证明

传统的因果关系由于停留在证明医务人员过失行为导致机会丧失，从而导致最终损害恶化之间的因果关系。由于机会丧失的性质未能彻底厘清，事实上证明的仍然是过失行为与最终损害之间的因果关系。但由于机会丧失横亘在过失行为和最终损害之间，因此给传统因果关系证明理论造成困难。学界对此做出许多论证，结论就是传统侵权因果关系理论中的必要条件规则、盖然性证据优势（more likely than not）和“全有或全无”原则（all or nothing）三大基石在机会丧失案件中已无适用余地。

事实并不是这样的。机会丧失案件只要证明过失行为与“治愈或者生存机会降低或者丧失”之间具有因果关系。

机会丧失为独立的侵权案件，并非为了补救因果关系的缺陷和不足，也不是为犹豫不决的法官提供模糊的中间地带。因此，因果关系证明仍然可以适用必要条件规则、盖然性证据优势和“全有或全无”原则。对于损害结果最终是否发生，并不影响机会丧失侵权责任的成立。

2000 年，美国南达科他州最高法院将丧失康复机会作为一种准予诉讼的伤害。一方面，法庭接受丧失机会是可诉的伤害的观点，同时认为，作为独立的诉讼案由，丧失机会的诉讼必须通过传统的举证准则获得证实。换言之，原告必须用占有优势的证据（大于 50%）去证明被告的手术减少了原告得到更好疗效的机会。一旦因果关系在传统的准则下被证实，就要对丧失的机会进行评估。该学说并没有改变或消除对因果关系的举证要求，原告仍需用占优势的证据加以证明，或者说，用比没有因果关系更有说服力的证据去证明医生的行为使病人减少了获得更好疗效的机会。另一方面，法院认为，将已丧失的机会认定为一种可补偿的损害并进行了相应的评估，而不是对本身应有的损害进行赔偿，正是该学说成功的关键。①

（四）机会丧失损害赔偿责任

关于生存机会丧失理论适用的损害范围，欧美在实务上仅限于死亡，日本在

① 陈志杰：《“治愈或存活机会丧失”损害赔偿问题研究》，http://cdmd.cnki.com.cn/Article/CDMD-10385-2009015268.htm.

实务上已经将生存机会丧失的赔偿范围扩大到避免重大后遗症的可能性[1]。本文的观点是:只要导致机会丧失的损害都应该纳入生存机会丧失的赔偿范围。因为即使仅只是机会丧失,而没有导致损害后果,病人会因未得到及时治疗,不仅治愈机会更小了,还往往伴随着经济负担的增重,如医疗费、误工费以及身体和精神上的折磨等。

总体来说,案例中法院仍然认定被告医务人员过失违反诊疗义务与医疗损害之间具有因果关系,仍然停留在将机会作为因果关系证明的理论情形下,而不是将机会本身作为侵权行为客体。病人死亡的原因是罹患癌症,有死亡的可能性40%,存活的可能性60%,而被告将这种存活概率降低为40%,因此需要原告向法院提供切实可行的具体数据来对存活机会加以证明。但是需要指出的是,对存活概率的统计数据是普遍性数据,基于一般理性人的假设,而个案中的当事人个性不同、病情不同,因此对医疗的理解、配合和接受都不同,不能通过统计数据来证明个案发生的可能性,例如,病人罹患重病需要输血,对于一般理性人来说肯定会接受输血,但对于部分宗教信仰的信徒来说,认为输血是罪恶的、肮脏的,因此,他们绝不会接受输血。所以,单纯以统计数据来说明,医生只要进行正确的诊疗,患者就一定会接受,从而疾病得到治愈是片面的。在证明因果关系时,要综合考虑病患的个人情况,而不能仅靠统计数据来证明过失行为与损害后果之间的因果关系。

案例中,存活机会丧失的计算方法适用的是比例计算方法,即患者的损害等于丧失的存活机会百分率与疾病造成的所有损害(死亡或伤害)的乘积,但如前所述,丧失的存活机会百分率与疾病所造成的损害之间并没有因果关系,即使丧失的存活机会导致存活机会降低为1%,只要患者最终未遭受死亡或者伤害的结果,也不能得到赔偿,不论患者因此额外支出多少医疗费用。因为按照传统理论,让患者遭受经济和精神损害的是疾病本身,医生最多是加重或者拖延,并没有致死或者致伤,尤其是在疾病最终治愈后,医生的过失显得那么微不足道,此时,少有追究医生过失的行为,这就给医生不负责任留下隐患。就如美国此前判例 *Fabio v. Bellomo* 案[504 N. W. 2d 758, 762－63(Minn. 1993)],原告 Delores Fabio 起诉保健医生由于过失未能诊断出自己所患的乳腺癌。至少有2次时间保健医生都注意到她的左胸部位有肿块,却告诉她,不用担心只是纤维块(fibrous mass),而之后 Fabio 的乳腺癌发生了转移。她认为保健医生由于过失未能及时进行触诊或乳房 X 光,迟延的诊断使得自己升高了癌症复发的风险,降低了自己的存活概率。地区法院认为原告未能以优势证据证明医疗过失与损

① 邱克强:《生存机会丧失理论在医疗法中的应用》,《法制与社会》2011年第31期,第253—254页。

害之间存在因果关系，于是支持了被告驳回原告的起诉。基于同样的理由，州最高法院维持了原判。在附带意见中，州最高法院还提到由于此前从未在医疗损害案件中支持"存活机会丧失"的诉求，因此，法院不能在该案中予以支持。显而易见，医生至少两次将病人一再强调的乳腺癌肿块误诊为纤维瘤，未尽到医护人员的注意义务。但是由于判例认为患者对过失行为和最终损害的因果关系之间无优势证据，仍然判令驳回起诉，对原告以及未来癌症患者来说显失公平。如果让仅仅证明过失诊断与机会降低之间的因果关系，而医务人员可就机会丧失做出赔偿，对医疗服务行业今后认真履行注意义务、告知义务，善尽义务人员的职责具有重要意义。

案例 3

药品标签警示缺陷所致损害赔偿责任

——惠氏公司诉莱维纳案(Wyeth v. Diana Levine) ①

一、案例背景

在医疗损害侵权纠纷中有一部分是药品侵权纠纷。从 20 世纪 50 年代末、60 年代初发生在国外的孕妇因服用"反应停"而导致的"海豹婴儿"事件②，到 2012 年发生在中国的"毒胶囊"案件，药品侵权事件在全球时有发生。药品侵权不同于一般的医疗侵权，在药品侵权中，医方在医疗过程中一般没有过错，患者的损害是由药品的缺陷所致。依据《中华人民共和国侵权责任法》(以下简称《侵

---

① Wyeth v. Diana Levine No. 06-1249(2008), 555 U. S. 806; 129 S. Ct. 337; 172 L. Ed. 2d 14; 2008 U. S. LEXIS 6656; 77 U. S. L. W. 3196.

② 1959—1962 年间，西德、美国、日本出生了许多没有胳膊、没有腿，像海豹一样的婴儿，人们把他们叫作"海豹婴儿"。这一触目惊心的事件引起世界各国的关注，经过 3 年左右的研究，人们才弄清楚导致"海豹婴儿"悲剧的罪魁祸首就是一种深受孕妇欢迎的具有镇静与安眠功能的药物——反应停。反应停由西德研制，曾在西方国家风靡一时。但是该药在对孕妇具有良好的镇静与安眠功能的同时却也能导致胎儿畸形，当时人们却并不知晓这一严重副作用。据统计，自 1962 年 5 月至 1963 年 3 月期间，西德、美国共出生了 13000 多个海豹婴儿。现代医学科学已经证明，除反应停外，氯丙嗪、奋乃静、苯巴比妥、利眠安、眠尔通等镇静药物也能致胎儿畸形。

权责任法》)第五十九条[1]等相关规定,因医疗产品(包括药品)的缺陷造成患者损害所产生的责任,属于产品责任,适用无过错责任原则。那么何谓产品责任呢?所谓产品责任是指产品生产者、销售者因生产、销售缺陷产品致使他人遭受人身伤害、财产损失或有致使他人遭受人身、财产损害之虞而应承担的赔偿损失、消除危险、停止侵害等的特殊侵权责任。

那么何谓产品缺陷呢?依据《中华人民共和国产品质量法》第四十六条的规定,所谓产品缺陷是指"产品存在危及人身、他人财产安全的不合理的危险;产品有保障人体健康和人生、财产安全的国家标准、行业标准的,是指不符合该标准"。可见,我国对产品缺陷的认定采用的是"不合理危险标准"与"技术标准"的二元标准。从法条的规定来看,技术标准的适用要优先于不合理危险标准。通常情况下,产品不符合国家的相关标准,自然会有致人损害的不合理危险,据此认定产品存在缺陷并无不妥。但是如果产品符合国家标准或行业标准,却具有不合理危险并最终导致消费者损害,依据本条的规定就难以确定产品存在缺陷。司法实践中,生产者也往往以产品符合国家标准或行业标准来进行抗辩。如2003年发生在广东的"童车咬人"案中,被告方的抗辩理由就是:"他们生产的该款儿童自行车所配置的'F'形铁链罩其设计原理符合国家《童车安全要求》,况且2001年广东质检局的监督抽检结果显示,该型儿童自行车所检项目符合国家标准要求,而且他们的童车还批量出口,证明产品的质量是没有问题的。"[2]因此,我国立法中对产品缺陷的二元认定标准也存在一定的弊端,这有待于在未来的立法中加以解决。鉴于《侵权责任法》对产品缺陷未做界定,故而,应当继续适用《产品质量法》对产品缺陷的规定。

产品缺陷的种类包括:①制造缺陷。是指产品在制造过程中所产生的不合理危险。导致产品危险的原因多种多样,如质量管理不善、技术水平差等。此种缺陷可能发生于从原材料、零配件的选择到产品的制造、加工和装配工序等各个环节。②设计缺陷。是指产品的设计(如产品结构、配方等)存在不合理危险。考察设计缺陷,应当结合产品的用途,如果将产品用于所设计的用途以外的情形,即使存在不合理危险,也不能认为其存在设计缺陷。③警示缺陷。是指产品提供者未对产品的合理危险和正确使用方法做出必要的警示与说明所造成的不合理危险。警示包括警告与指示说明,警告是对产品所具有的危险性运用标志

---

① 《中华人民共和国侵权责任法》第五十九条规定:"因药品、消毒药剂、医疗器械的缺陷,或者输入不合格的血液造成患者损害的,患者可以向生产者或者血液提供机构请求赔偿,也可以向医疗机构请求赔偿。患者向医疗机构请求赔偿的,医疗机构赔偿后,有权向负有责任的生产者或者血液提供机构追偿。"

② 参见程浩朋:《浅议我国的产品警示缺陷制度》,http://www.chinalawedu.com/new/201305/wangying2013052215193177847078.shtml。

或文字所做的提示；指示说明是对产品的主要性能、正确的使用方法以及错误使用可能招致的危险等所做的文字说明。凡是具有合理危险的产品就必须进行充分的警示说明。①

下文中的案例是一起发生在美国的因药品标签警示缺陷所引发的损害赔偿案。从该案判决我们可以明确：判定药品警示是否充分的标准是什么，因药品缺陷所致损害应如何承担法律责任，如何理解产品跟踪观察义务。让我们带着这几个问题进入到对本案的介绍与分析中。

二、案例概要

2000 年 4 月 7 日，美国佛蒙特州女吉他手莱维纳（Levine）在华盛顿州的卫生中心（Washington County Community Health）治疗偏头痛和恶心。医生给她首次肌肉注射了用于治疗偏头痛杜冷丁（Demerol）和用于治疗恶心“非那根”（Phenergan），但是效果不理想。于是，Levine 女士于当天晚些时候在这家卫生中心接受了第二次治疗。这次为 Levine 女士治疗的是一名医生助理，该医生助理为 Levine 女士静脉推注了“非那根”。由于操作上的失误致使部分非那根注射液流入 Levine 女士的动脉血管内，导致动脉坏疽，最终导致 Levine 女士的手臂被切除。

非那根是惠氏（Wyeth）公司生产的一种用来治疗恶心的抗组织胺药物。非那根可采用肌肉注射和静脉注射两种方式，其中静脉注射又可分为静脉推注（IV-push）和静脉滴注（IV-drip）两种方式。非那根具有腐蚀性，如果药物被注射或渗透到动脉血管中将导致严重的坏疽，最终会导致截肢。

Levine 女士在起诉了诊所和医生助理后，又将惠氏公司诉至法院。Levine 女士认为，尽管惠氏公司在非那根的标签上做了如下警示：如果疏忽将非那根注射到动脉血管内，将导致坏疽并截肢；但却未在药品标签中对其已知的直接静脉推注非那根存在的巨大风险做出具体而充分的警示，也未建议临床医生采取静脉滴注方式取代风险较高的静脉推注方式，导致了其损害的发生。另外，她还诉称，静脉注射非那根不具有合理的安全性，因为可以预见的坏疽与截肢的风险远远高于这种治疗方法所带来的益处。她提供的证据证明在她之前至少存在 20 例因注射非那根失误而导致的坏疽或截肢的医疗事故，且惠氏公司就此向联邦食品和药品管理局（FDA）做了报告，并对非那根的标签做出了一些修改。这表明惠氏公司对非那根静脉推注的危险性有充分的了解。但是，惠氏公司却未能在非那根标签上对其静脉推注的危险性做警示。由此，可以认定惠氏公司对非

① 参见杨立新：《中华人民共和国侵权责任法》，知识产权出版社 2010 年版，第 189、190 页。

那根的使用方法警示存在缺陷。因此，她主张根据普通法上的过失理论和严格责任理论，惠氏公司应当对其承担侵权损害赔偿责任。

Levine 女士起诉后，惠氏公司提交动议认为联邦法律优先于(preempt)州法律的规定。惠氏公司认为，根据联邦食品和药品管理局的规定，药品标签的变更应当经联邦食品和药品管理局的许可，未经许可不得变更标签的内容。华盛顿郡高等法院经审理认为，如果非那根药品标签包含了充分的警示，要求采用静脉滴注而不是静脉推注的方式，那么 Levine 女士的损害就不会发生。惠氏公司尽管在非那根药品标签上就其动脉注射和周围组织渗透的危险性给予了警示，但是这种警示并不包含对静脉推注所存在的风险的充分警示。华盛顿郡高等法院认为从国会立法的意图来看，国会不会禁止患者依照州法律规定要求制药企业就其未能对使用方法进行充分警示承担赔偿责任，惠氏公司主张联邦法律具有优先性的观点不能成立。因此，判决惠氏公司赔偿 Levine 女士所遭受的精神损害、医疗费用损失以及丧失从事原来职业能力的损失。佛蒙特州最高法院维持了华盛顿郡高等法院的判决。惠氏公司不服向联邦最高法院提起上诉。

联邦最高法院受理了惠氏公司的上诉请求，大法官史蒂文斯(Stevens)代表多数对本案出具了判决意见：直接注射非那根进入患者的静脉引起了具有灾难性损害后果的巨大风险。佛蒙特州最高法院的陪审员认为惠氏公司未能提供足够的风险警示，应当赔偿 Levine 女士因截肢而产生的损害。1955 年，在非那根作为惠氏公司的新药被联邦食品和药品管理局批准时，其标签上的风险警示是足够的；以后联邦食品和药品管理局又对其标签内容变更进行了批准。我们必须要决定的问题是：联邦食品和药品管理局的批准是否足以对抗 Levine 女士对惠氏公司的侵权赔偿请求，我们认为不可以。具体理由如下：

1. 关于非那根药品标签的警示是否充分的问题。尽管惠氏公司在非那根的标签上对“疏忽的动脉注射”可造成坏疽以及截肢的危险做了警示；但是 Levine 女士认为非那根标签因未能提示医生用静脉滴注的方式代替风险高的静脉推注方式而存在警示缺陷。另外，她还主张，静脉注射非那根不具有合理的安全性，因为可以预见的坏疽与截肢的风险远远高于这种治疗方法所带来的益处。因此，根据普通法上的过失理论和严格责任理论，惠氏公司应当对其承担侵权损害赔偿责任。联邦最高法院认为惠氏公司在非那根标签上对动脉血管内注射以及血管周围组织渗透做了警示，并建议采用静脉滴注方式使用非那根；但是却未能对静脉推注的风险做特别警示。因此，联邦最高法院认可佛蒙特州最高法院的判决意见：陪审团的裁决与联邦食品和药品管理局对非那根标签的要求并不冲突，因为惠氏公司对静脉推注作警示并未超越联邦食品和药品管理局的批准，因为联邦标签要求只是为州立法设立了一个地板(下限，即最低要求)而不是设立了一个天花板(上限,即最高要求)。最终,联邦最高法院认为惠氏公司的非那根标签存在未对静脉推注的危险性做警示的缺陷。

2. 惠氏公司关于医务人员的过失行为构成其免责的主张是否成立的问题。本案的证据显示:医生助理给 Levine 女士注射的非那根剂量超过了标签上所允许的剂量,并因疏忽将非那根注射到 Levine 女士的动脉血管中,且在 Levine 女士感觉到疼痛时仍然继续注射。这些证据表明:医生在注射非那根药物时存在过失。因此,惠氏公司认为医生助理的过失行为是造成 Levine 女士损害的直接原因,构成阻却惠氏公司承担责任的理由。但是联邦最高法院认可了陪审团的裁决:陪审团拒绝认可惠氏公司主张医务人员的过失构成其承担责任的一个阻却因素,因为,Levine 女士的损害是可以预见的,惠氏公司要负过失与严格责任;审判记录表明,非那根标签警示不充分是 Levine 女士受到损害的最直接的原因,对此,惠氏公司并不否认。最终,联邦最高法院支持了初审法院的认定:如果非那根标签对静脉推注的危险性做了充分警示的话,那么 Levine 女士的损害就不会发生。因此,惠氏公司的主张不成立。

3. 惠氏公司关于不能同时遵守州和联邦法律的主张是否成立的问题。惠氏公司主张其按照联邦食品和药品管理局的规定进行药品标签的申请,未经联邦食品和药品管理局的批准,惠氏公司不能变更药品标签的内容。因此,惠氏公司认为它不能同时按照州法律的规定对非那根的静脉推注提供充分的警示而又不违反联邦食品和药品管理局的要求。联邦最高法院认为尽管制药企业一般来说只有在联邦食品和药品管理局同意补充申请后才能更换标签,但是联邦食品和药品管理局规定的“有效改变(changes being effected, CBE)”规则允许某些标签的预先许可,即当这些标签的变更是为了增加或者加强促进药品安全时,制药企业可以预先获得许可变更药品标签。根据 CBE 规则,惠氏可以单方面加强对静脉推注的警示。联邦最高法院认为没有证据显示联邦食品和药品管理局会拒绝这种标签的变更。惠氏公司未能证明当其按照州法律的要求给予药品标签充分警示时会被联邦食品和药品管理局所禁止。佛蒙特州最高法院认为联邦食品和药品管理局没有确定地表示要维持非那根静脉推注的方式,或者意图禁止惠氏公司加强对静脉推注的警示。联邦最高法院对此表示认同。惠氏公司因未能证明其不能同时遵守联邦和州关于药品标签的法律规定的存在,联邦最高法院认为惠氏公司关于“联邦食品和药品管理局禁止惠氏公司对非那根静脉推注危险性做警示”的主张不能成立。

4. 关于国会对药品及药品标签规制的立法意图探究。惠氏公司主张,要求其遵守州法律的义务——提供有关静脉推注的更强的警示将阻碍联邦对药品标签管理的目标和意图的实现。惠氏公司认为 Levine 女士主张优先适用州法律妨碍了“国会委托专家机构对药品标签做出决定的意图”。联邦最高法院通过回顾国会在管理药品标签方面立法的历史来确定国会的意图。尤其是国会于1962年通过的《联邦食品、药品和化妆品法》的修正案扩大了联邦食品和药品管理局在“保护公共健康”和“确保药品安全性、有效性与可靠性”方面的权力，并采取谨慎措施避免联邦法律对州法律的过分入侵。修正案还规定了保留条款：除州法律的规定直接并积极地与联邦食品和药品管理局的规定相冲突外，不得使州法律条款无效。据此，联邦最高法院认为惠氏公司的这一观点是对国会意图的错误理解，并且过分夸大了联邦食品和药品管理局优先于州法律的权力。

最终，联邦最高法院维持了佛蒙特州最高法院的判决。

三、案例评述

（一）药品标签的警示标准

本案中，惠氏公司因未对非那根静脉推注的危险性做充分警示而被判令对Levine女士承担损害赔偿责任。那么如何判断药品标签的警示是否充分呢？在回答这一问题之前，让我们先来分析产品警示缺陷的特征。在此基础上，我们再来分析一个产品的警示是否符合警示缺陷的特征，如果符合就说明该警示不充分。

警示缺陷主要包括以下两个特征①：

第一，由产品警示缺陷所带来的危险必须是不合理的、可预见的危险。那什么是合理的危险？什么是不合理的危险？如果根据一件产品的固有性质，作为具有一般常识的人都能推知其具有某种危险，就可以认为该种危险是合理的危险，否则就是不合理的危险。例如，使用菜刀切菜时可能会切伤手，就是合理危险。而静脉推注非那根，鉴于医药行业的高度专业性，一般患者并不知晓其可能带来的巨大伤害危险，此种危险对患者来说即为不合理危险。为避免此种不合理危险的产生，生产者应当对该药品的危险性及正确使用方法做出充分的警示与说明。此外，产品带来的危险还必须具有可预见性。当产品制造者与销售者不能预见由产品产生的危险时，当然谈不上对此种危险做警示的义务。

第二，警示或说明不足是导致不合理危险产生的主要原因。设定产品警示义务的最终目的是为了降低最终消费者使用产品的危险性。具体来说，主要基于以下两个方面的考虑：一是产品本身具有合理危险。一种产品存在某种潜在的危险有时是难以避免的，只要这种危险在人们的可控范围之内就是合理的、可接受的危险。因此生产者与销售者有义务提醒消费者注意该种商品存在的潜在

---

① 程浩朋：《浅议我国的产品警示缺陷制度》，http://www.chinalawedu.com/new/201305/wangying2013052215193177847078.shtml。

危险，以唤起消费者的警惕，从而避免相关的人身、财产损失。当然消费者也可能在利益权衡之后放弃该种产品的使用。最为明显的例子就是药品说明书中对不良反应与禁忌的提示，比如“维C银翘片”的说明书在“不良反应”中标明“可见困倦、嗜睡、口渴……长期大量用药会导致肝肾功能异常”；在“禁忌”中标明“严重肝肾功能不全者禁用”。消费者可以据此结合自身身体情况决定是否购买、服用此种药物，并对服用期限进行控制。二是使用产品的方法不当将可能导致危险的产生。有些产品因使用方法不当将可能造成相应的危险，如果有正确的使用方法的指示，则会大大降低这种危险的发生概率。比如本案中的惠氏公司如果对非那根静脉推注的风险做充分警示，并对其正确使用方法做必要指示，就会大大降低非那根对患者所带来的损害。所谓充分警示，应当以使用者获取足够信息从而将危险发生率控制在最低限度内为目标。

本案中，Levine女士提供的证据表明，在其发生损害之前至少发生过20起类似的医疗事故，且惠氏公司就此向联邦食品和药品管理局做了报告，并对非那根的标签做出了一些修改。这表明惠氏公司对非那根静脉推注的危险性有充分的了解，但是，惠氏公司却未在非那根标签上对其静脉推注的危险性做充分警示。由此，可以认定惠氏公司对非那根的使用方法警示不充分。

我国《产品质量法》第二十七条规定：“产品或者其包装上的标识必须真实，并符合下列要求：……（五）使用不当，容易造成产品本身损坏或者可能危及人身、财产安全的产品，应当有警示标志或者中文警示说明。……”我国《消费者权益保护法》第八条第一款规定：“消费者享有知悉其购买、使用的商品或者接受的服务的真实情况的权利。”第二款规定：“消费者有权根据商品或者服务的不同情况，要求经营者提供商品的价格、产地、生产者、用途、性能、规格、等级、主要成分、生产日期、有效期限、检验合格证明、使用方法说明书、售后服务，或者服务的内容、规格、费用等有关情况。”第十八条规定：“经营者应当保证其提供的商品或者服务符合保障人身、财产安全的要求。对可能危及人身、财产安全的商品和服务，应当向消费者做出真实的说明和明确的警示，并说明和标明正确使用商品或者接受服务的方法以及防止危害发生的方法。”我国《药品管理法》第五十四条规定：“药品包装必须按照规定印有或者贴有标签并附有说明书。标签或者说明书上必须注明药品的通用名称、成分、规格、生产企业、批准文号、产品批号、生产日期、有效期、适应证或者功能主治、用法、用量、禁忌、不良反应和注意事项。麻醉药品、精神药品、医疗用毒性药品、放射性药品、外用药品和非处方药的标签，必须印有规定的标志。”可见，获得产品警示说明是消费者的一项法定权利，给予充分警示说明是产品制造者和销售者的一项法定义务，未履行或未正确履行这项义务就构成警示缺陷。

（二）医疗产品损害责任的内涵

1. 医疗产品损害责任的归责原则及构成要件

根据《侵权责任法》的规定，医疗产品主要包括：药品、消毒药剂、医疗器械、血液及血液制品。当然，将血液归属于产品，学界有不同的看法和疑义，在此我们不做探讨。医疗产品损害责任属于产品责任，适用严格责任、无过错责任。所谓严格责任、无过错责任是指不以过失为要件来追究民事责任的一种责任形态。决定责任的基本要件是损害结果与行为违法及二者存在因果关系，而不考虑行为人的过错。只要受害人能够证明医疗产品存在缺陷，无论侵权人有无过错，都构成侵权责任。这种归责原则使得受害人不必证明医疗产品生产者或者销售者的过错，减轻了受害人的诉讼负担，有利于最大限度地保护受害人的权利。根据无过错责任原则的规定性，医疗产品损害责任应当具备如下要件：(1)医疗产品存在缺陷。包括制造缺陷、设计缺陷、警示缺陷、跟踪观察缺陷；(2)造成患者人身损害。须将医疗产品应用于患者，并由于医疗产品存在缺陷而造成患者的人身损害；(3)医疗产品缺陷与人身损害后果之间存在因果关系。因果关系由受害人证明。①

英美法系国家的产品责任经历了合同责任、过失责任、保证责任、严格责任四个阶段。美国在《侵权法重述第三版：产品责任》中将产品缺陷分为制造缺陷、设计缺陷、警示缺陷。该法第一条规定："凡从事产品销售或者分销业经营活动，销售或者分销缺陷产品，应对该缺陷所造成的人身或财产损害承担责任。""一份产品在销售或者分销的时候，包含制造缺陷，产品设计存在缺陷，或者因为缺乏使用说明或警示而存在缺陷，该产品构成缺陷产品。……(c)当产品之可预见的损害风险，能够通过销售者或其他分销者，或者他们在商业批发销售链中的前手提供合理的使用说明或者警示而加以减少或者避免，而没有提供这样的使用说明或者警示，使得产品不具有合理的安全性能，该产品则存在缺乏使用说明或警示的缺陷。"②

本案中，联邦最高法院认为：惠氏公司的非那根标签警示不充分，存在警示缺陷；Levine 女士的损害是可以预见的；因而药品警示缺陷与 Levine 女士的损害之间具有因果关系。最终，联邦最高法院依据严格责任原则要求惠氏公司承担损害赔偿责任。

2. 医疗产品损害责任的竞合

患者受到有缺陷的医疗产品的侵害，基于医疗服务合同的存在，取得两个损

---

① 杨立新：《中华人民共和国侵权责任法》，知识产权出版社 2010 年版，第 239 页。

② 美国法律研究院：《侵权法重述第三版：产品责任》，肖永平、龚乐凡、汪飞雪译，法律出版社 2006 年版，第 15—16 页。

害赔偿请求权：一是产品责任请求权，二是医疗合同违约责任请求权。此时，就发生了医疗产品损害责任的竞合。① 根据我国《合同法》第一百二十二条的规定，“因当事人一方的违约行为，侵害对方人身、财产权益的，受损害方有权选择依照合同法要求其承担违约责任或者依照其他法律要求其承担侵权责任”。即在发生法律责任竞合时，权益受到侵害的一方可以选择对自己有利的方式进行诉讼。

违约之诉与侵权之诉的主要区别如下：①精神损害赔偿不同。违约之诉，不能主张精神损害赔偿。侵权之诉，可以主张精神损害赔偿。这也是一般情况下，患者会选择侵权之诉的重要原因。②时效不同。违约之诉的诉讼时效为2年，侵权之诉中的人身损害诉讼时效为1年。但是依据我国《产品质量法》第四十五条的规定，“因产品存在缺陷造成损害要求赔偿的诉讼时效期间为2年，自当事人知道或者应当知道其权益受到损害时起计算”。③管辖法院不同。违约之诉的一审管辖法院可以是违约方住所地法院，可以是合同履行地法院，而侵权之诉只能是侵权行为发生地法院。④诉讼对象不同。在医疗产品损害责任中，如果以违约起诉，则只能起诉医疗服务合同的相对方——医疗机构。如果以侵权起诉，依据《侵权责任法》第五十九条的规定，则既可以向医疗机构行使请求权，也可以向生产者和销售者行使请求权。但需要注意的是，产品责任使医疗机构承担责任的前提条件是：医疗机构须有过失存在。无过失即无责任，医疗机构并不承担无过错责任，除非医疗机构不能指明缺陷医疗产品的生产者，也不能指明缺陷医疗产品的供货者，抑或医疗机构就是医疗产品的生产者（详见下文分析）。

3. 医疗产品损害责任的分担形态

医疗产品损害责任，依据《侵权责任法》第四十一、四十二、四十三、五十九条的规定，其责任分担形态是不真正连带责任。所谓不真正连带责任是指多数行为人对一个受害人实施加害行为，或者不同的行为人基于不同的行为而致使受害人的权利受到损害的，各个行为人对产生的同一内容的侵权责任，各负全部赔偿责任，并因行为人之一的履行而使全体责任人责任归于消灭的侵权责任形态。在医疗产品侵权责任中，只要医疗产品有缺陷造成了损害，不论受害人向法院起诉生产者还是销售者或是医疗机构，被告就应当承担责任。②

---

① 所谓法律责任的竞合，是指由于某种法律事实的出现，导致两种或两种以上相互冲突的法律责任的产生的现象。法律责任竞合是法律上竞合的一种，既可发生在同一法律部门内部，如出卖人交付的物品有瑕疵，致使买受人的合法权益遭受侵害，买受人向出卖人既可主张侵权责任，又可主张违约责任，即发生民法上侵权责任和违约责任的竞合，此时不能同时追究这两种责任，只能追究其一。法律责任竞合也可发生在不同的法律部门之间，如民事责任、行政责任和刑事责任等之间的竞合。此时，一般来说，应按重者处之。如果相对较轻的法律责任已经被追究，再追究较重的法律责任时应适当考虑折抵。

② 杨立新：《中华人民共和国侵权责任法》，知识产权出版社2010年版，第194、195页。

4.医疗产品损害责任的责任主体

依据《侵权责任法》第五十九条之规定，医疗产品损害责任的责任主体有三：一是医疗机构。医疗机构将有缺陷的医疗产品应用于患者身上，造成损害，医疗机构应当承担过错责任；如果医疗机构不能指明缺陷产品的生产者，也不能指明缺陷产品的供货者，应当承担无过错责任。二是医疗产品生产者。生产者制造了有缺陷的医疗产品，并且造成了患者的损害，应当承担责任。三是医疗产品的销售者。按照《侵权责任法》第四十一、四十二、四十三条的规定，销售者对于缺陷产品造成损害具有过错的，应当承担过错责任；如果销售者不能指明缺陷产品的生产者也不能指明缺陷产品的供货者，应当承担无过错责任。

5.医疗产品损害责任中的最近规则与最终规则

医疗产品损害责任中的最近规则，是指受害患者有权在上述三个责任主体中，选择对自己最为有利的、法律关系“最近”的一个主体行使请求权。据此，受害患者可以选择医疗机构作为索赔主体，请求其承担赔偿责任；也可选择医疗产品的生产者或者销售者作为索赔主体，请求其承担赔偿责任。

医疗产品损害责任中的最终规则，是指医疗机构对受害患者承担赔偿责任之后，若其本身无过错，则有权向负有责任的生产者或者销售者进行追偿。这种追偿权只有基于其自身过错造成患者损害的部分才不能进行追偿，否则行使的是全额的请求权，包括在诉讼中产生的损失。当然，若医疗机构本身有过错或者医疗产品就是其生产的，则应由医疗机构承担责任。

在诉讼中，如果受害者将医疗机构、生产者和销售者一并作为共同被告起诉的，法院在审理中，若查明医疗机构无过错，应当直接适用最终规则确定责任承担者，不必先实行最近规则让医疗机构先承担责任再由其进行追偿。但是，如果最终责任者无力承担赔偿责任，医疗机构则应当承担，但可保留对最终责任者的追偿权。

本案中，惠氏公司认为，依据佛蒙特州《比较过失法》(comparative negligence statute)第一千零三十六条的规定[①]，由于Levine女士已经与诊所在另外的诉讼中就同一损害达成了协议，因此，惠氏公司只应承担由于惠氏公司的过失所造成的损害部分。据此，惠氏公司主张将诊所承担的赔偿数额从惠氏公司的赔偿数额中扣除。佛蒙特州最高法院认为依照传统规则应当由多个侵权人承担连带责任(jointly and severally liable)，本条规定在本案中不适用，因为该法律规定在被告之间赔偿数额的分担只有当被告都在同一诉讼中时才划分赔偿比例，并且Levine女士在本案中不存在过失，因此，在立法机关未修改佛蒙特州

① 惠氏公司认为该条不仅适用于原告主张被告共同过失的情况，适用于在同一诉讼中的多个报告人，也适用于原告任何时候从除了被告以外的任何其他人处获得赔偿的情况。

《比较过失法》之前，佛蒙特州最高法院只能坚持对第一千零三十六条的理解。最后，佛蒙特州最高法院认为，问题留给立法机关加以解决，维持了华盛顿郡高等法院不支持惠氏公司这一主张的判决。联邦最高法院对此问题未做特别论述，维持了佛蒙特州最高法院的判决。①

（三）产品的跟踪观察义务

《侵权责任法》第四十六条规定："产品投入流通后发现缺陷存在的，生产者、销售者应当及时采取警示、召回等补救措施。未及时采取补救措施或者补救措施不力造成损害的，应当承担侵权责任。"根据本条规定，生产者将产品投放市场后，应当尽到必要的跟踪观察义务，若违反该义务，未及时采取补救措施（如警示、召回等）或者补救措施不力造成损害的，则应当承担侵权责任。这一责任也被有些学者称之为跟踪观察缺陷责任。继而成为继制造缺陷、设计缺陷、警示缺陷后的第四种产品缺陷种类。②

产品跟踪观察义务的确立，是对《产品质量法》第四十条规定的一般的产品侵权责任免责事由即"产品投入流通时，引起损害的缺陷尚不存在，或者将产品投入流通时的科学技术水平尚不能发现缺陷的存在"的突破，因而给产品使用者提供了更有力的权利保护。

就制药企业而言，比一般公众更具有药品方面的专业知识与经验，如在药品流通中发现药品可能具有某种潜在危险性时，应当及时向药品管理机构申请变更药品标签。同时，也可以采取"有效改变"规则，在向药品管理机构申请变更后，可以预先许可，而不必等待药品管理机构的核准。当具有某种潜在危险性的药品致人损害发生之后，如有证据证明制药企业知晓此种危险性而未尽到跟踪观察义务或充分警示义务时，则制药企业应当承担侵权责任。

---

① 参见韩赤风、冷罗生、袁达松等：《中外侵权法经典案例评析》，法律出版社 2011 年版，第 164 页。

② 参见杨立新：《中华人民共和国侵权责任法》，知识产权出版社 2010 年版，第 190 页。

案例 4

未尽充分告知的侵权赔偿责任

——韩药业士草乌过量使用致死案(Korean Pharmacist Infringement of Not Fully Informing Kusnezoffii Overdose)

一、案例背景

中草药的广泛使用,为人类健康发挥了不可替代的作用。然而,近年来,有关中草药安全性问题的报道增多,中草药的不合理使用成为重要的风险因素之一。[①] 其中特别是含毒性药材中,中草药作为一种特殊类别,由于其毒药性剧烈,安全用药范围相对较窄,故更应重视其使用的合理性以趋利避害。因此,在明确影响含毒性药材中成药安全性因素的基础上,提出含毒性药材中成药合理使用的基本原则,尤其是用药时医师须谨慎尽到的注意义务及告知义务,对不良反应的预防和处置具有重要的现实意义。

韩药业士是指具有了解韩国药材成分和效能及用法等相关专业知识的人,也就是在韩国药店销售药材的人。这一概念最早是由韩药种商发展而来,随着1971年1月13日韩《药剂师法》的修订,正式改名为韩药业士。韩药业士如果将导致人体致命危害的药材卖给一般人时,应根据诚实信用原则,有义务向购买者就其效能、危害和安全用量、用法等进行详细的说明,使购买者自己选择决定是否服用或服用方法。如果韩药业士没有履行该义务,导致购买者受到损害,应视为侵害了购买者选择权和决定权,负有损害赔偿义务。

我国中医药历史悠久,从神农尝百草开始,历经几千年的历史。传统上,社会大众广泛认可中医中药,认为中草药药性温和,有病治病,无病强身,其可靠性与安全性应该不成问题。然而,近年来,因中草药使用不当,而造成之伤害或中毒的事件日渐增多,加之相关的法律法规不健全的情况下,韩药业士草乌过量使用致死案的判决和分析非常值得我们借鉴。

---

① 张力、杨晓晖:《在中药安全性监测和评价过程中充分引人药物警戒理念》,《中国中西医结合杂志》2009年第29卷第9期,第863-866页。

二、案情概要

1994年4月26日下午，李某腿部酸痛，其妻子王某听说草乌可缓解疼痛，于是便到当地孙某经营的药店购买了32g草乌，购买时王某未告知孙某其丈夫腿痛的具体情况。而孙某常规告知王某草乌需与一只明太鱼一同煎熬，放凉后即可服用，且须适当少量。王某买回草乌回家后便按孙某告知的方法将药与明太鱼煎熬，熬至药汤到一咖啡杯剂量时停止将其放置晾凉。次日(4月27日)早上6点半，便让其丈夫李某将一杯汤药一次性全部服用，服药后李某脸部发生了麻痹症状，随后经抢救无效，于上午9点11分死亡。

王某将药店经营者诉至法院。法院认为孙某在销售草乌时仅对一般性服用方法做了说明，并未将其毒性强及草乌的副作用、危险性、具体服用方法进行充分告知，被告未履行相关的说明义务，侵害了死者服用与否的决定权，因此判定被告赔偿原告精神损害赔偿金3200万韩元。

三、案例评述

韩药业士草乌过量使用致死案为死者遗属向未尽说明义务的韩药业士提起的损害赔偿之诉。该案判决首次认定了在韩国销售毒性药材者如果未尽充分的告知义务而导致服用者致死，侵害了服药者的知情权，故应承担相应的损害赔偿责任。这也是韩国首次将药业销售者的说明义务等同于医师、药剂师的说明义务。但这二者是否等同，对此仍存在争议。此外，本案例还涉及了侵权行为责任与债务不履行责任的相互关系的设定问题。

在本案中，若判决认定购买药材的王某与销售者孙某之间构成买卖合同，那王某丈夫李某是否应受该买卖合同的保护。若认定买卖合同成立，则销售者孙某债务不履行的违约责任成立，故该违约责任与侵权责任竞合的构成成为问题。原审判决仅认定了精神损害赔偿责任，这就是说，判决认定：韩药业士未尽说明义务与服药者死亡间不存在因果关系，故不承担相应的赔偿责任。但判决中又认为："没有尽到说明义务导致购买者选择错误的服用方法造成其生命或身体危害的，可视该行为构成侵害上述选择及决定权的违法行为。"从这点上看，判决又认定了韩药业士未尽说明义务的行为和服药者存在因果关系。故应对是否认定该损害赔偿责任进行探讨研究，从以下几个方面具体阐述：

(一)韩国医师及药剂师对于药物的药效、服用方法等是否应尽相应的告知义务

在韩国，医生的说明义务是以保护患者的承认权(即同意权)及保障决定权为基础发展起来的，患者可自己决定是否接受治疗及接受治疗的时间、方式等，

也是患者的决定权。由于患者自身医疗知识的局限性无法真正评估医疗行为对自己的真正意义，故医生应尽到说明义务（即告知义务），包括对疾病的症状描述、治疗方法，风险评估等，进一步做到对该权利的实质性保障。

如果医生违反了告知义务侵害了患者的知情同意权，可视为患者因违法行为遭受到了不可预知的医药副作用带来的精神痛苦，其家属自然也受到了精神上的痛苦，因此被告也应承担相应的精神损害的赔偿责任。韩国大法院认为作为医生诊疗合同上的义务或取得手术承认的前提，首先是：对于本来应得的利益，却由于医生违法行为，或者未履行的债务偿还而导致的利益损失。因此，医生应就有关疾病症状、治疗方法内容及必要性、可预知的危险等负有向患者或法定代理人进行说明的义务，使患者充分了解治疗方式的必要性和危害性后，决定是否接受该医疗行为，从而达到最佳的治疗目的，即医生负有向患者或其代理人就相关诊疗方法及其他的健康管理必要事项进行详细说明，以应对相应的后遗症义务。其次，医生在开具处方、注射等医疗行为时，也应将药物的用法用量、治疗效果、毒副作用等进行详尽告知，若未尽告知义务的对患者造成损害的应当承担相应的赔偿责任。

在韩国不凭医生处方自行在药店购药服用后出现副作用的情况时有发生，故药剂师在售药时是否应将药物的药效及副作用一并告知给顾客。对此，韩国大法院认为："药剂师在制药销售过程中，与医生同样负有说明义务"，即"用药中要求的医生说明义务原则上适用于药剂师配药销售给患者服用的情形"。

（二）韩国医师和药剂师的告知义务是否等同于韩药业士

韩药业士是指在韩国药店销售药材的人。这一概念最早是由韩药种商发展而来，随着 1971 年 1 月 13 日韩药剂师法的修订，正式改名为韩药业士。由于 1983 年韩国取消了韩药业士的资格考试，故现在除了已有的药店经营者外已经没有新的经营者。根据韩国《药剂师法》的规定，韩药业士在取得特别市长、广域市长或道知事的许可后，可以销售医药品。

根据旧《药剂师法》的规定，韩药业士是单纯意义上的销售商，他需要通过考试并取得销售药物的许可。而本案例适用于旧《药剂师法》，大体上是将其说明义务等同于药剂师的说明义务。故韩药业士应承担与韩国医师等同的因告知说明义务欠缺而承担的责任。

（三）韩药业士未尽告知义务导致患者知情权和决定权受侵害是否可以认定

本案例王某因丈夫腿痛听说草乌可以缓解疼痛，故决定去孙某药店买药，即使孙某未尽充分告知也并不影响王某购买草乌的决定。反之，若王某到药店购药，事先向孙某说明其丈夫的症状，并希望获得孙某的咨询意见再决定是否购买药材，此时，如果孙某未尽充分的告知义务，则可认定其侵害了王某的知情权和决定权。而该案中王某事先未向孙某咨询也未将其丈夫的具体情况告知孙某，故不应认定韩药业士侵害了购买者的知情权和决定权。假设本判决认定了韩药业士的说明义务，也不能视为说明义务的相对人是患者本人，这点与医生保障患者本人的决定权截然不同。

医生的说明义务，特别是在手术或治疗方案实施前履行的说明义务，是医生针对患者本人的说明义务，是为了更好地保障患者的知情权和决定权。而本案中韩药业士履行说明义务的对象是患者的妻子，而现实中更多情况是销售者无法直接告知患者，此时，不应认定销售者的说明义务。但并非将该说明义务局限于此。医生和药剂师向患者介绍一些合理用药、药物不良反应等，有助于患者增强忧患意识，预防风险等。本案焦点在于韩药业士是否应尽说明义务，及说明义务的具体范围。此义务可以定义为信息提供义务、注意义务。孙某的说明止步于“少量服用”的告知上。如果孙某对草乌的毒性、每次用量、煎熬方式时间及服用禁忌做到详尽告知说明，就不会发生李某因误食过量的药物导致死亡的后果。因此，在销售类似草乌这样有毒性的药材时，应认定销售者必须就用法用量及注意事项等负有详细说明告知的义务。

（四）在买卖合同中韩药业士是否构成债务不履行责任

在此案例中，判决认定韩药业士违反了说明义务的侵权责任；而在其买卖合同中，如何认定其责任问题仍值得进一步探讨。韩国大法院在债权关系中对保护义务或安全照顾义务的问题可分为以下几类：

1.房屋租赁合同中，出租人向承租人提供安全舒适的房屋供其居住，且提供相应的没有危险的配套设施，保障承租人的正常生活，负有照顾承租人的安全保护义务。该义务是按照诚实信用原则认定的附随性义务，若违反该义务而导致承租人受到损害的，应承担一定的债务不履行责任。

2.劳动合同中，同样作为附随义务的保护注意义务及安全照顾义务也被认定。雇主雇用员工，应提供安全的人力物力保障，负责给员工购买保险，若因雇主未尽安全注意义务，员工在工作期间发生意外造成人身损害的，雇主应该承担相应的责任。之前的判例在工伤事故中只认定雇主的侵权责任，现在大法官的判例均以认定雇主违反安全照顾义务而承担债务不履行责任。

3.证券公司职员劝购投资的情况，违反保护义务或安全照顾义务，则认定侵权行为责任。在民法的责任体系中，对保护义务和安全照顾义务并无明确概念，但韩国大法院的判例中既有以违反保护义务和安全照顾义务为由认定债务不履行责任的判例，也有认定侵权行为的判例。如果当事人之间存在合同关系，则可以认定债务不履行责任。

4.销售危险物品，考虑到购买者的安全，销售者应负有针对买卖标的物的危险告知义务，及相对有效的回避方法的说明义务。虽然民法责任体系中对其二者概念并无明确概念，但可视为此保护义务或安全说明义务为销售人的附随义务，违反该义务的，也应承担相应的责任。在因违反保护义务认定债务不履行责任时，若该行为也同时满足侵权行为的构成要件，则成立侵权行为责任，此时二者相竞合；反之，若当事人之间不存在合同关系，可以在一定条件下，认定因违反保护义务而构成侵权。此外，两种责任竞合时仍适用于民法的规定，以侵权行为为基础的损害赔偿案件中，可以认定精神损害赔偿请求权，但以违约行为为基础的追究债务不履行责任时，对精神损害请求权应不予认定。

在本案中，李某的妻子王某在韩药店中购买草药，给李某服用后造成损害，根据条件的不同仍存在不同的可能性。第一，销售者孙某在销售有毒性药材时并未针对药物毒性及正确的服用方法及用量向购买者告知清楚，致使购买者服药后发生损害后果的情况。可视为其销售者违反了销售危险物品时未尽相应的附随性告知说明义务，不仅可以成立债务不履行责任，也可成立相竞合的侵权责任。第二，如果购买者王某购买毒性药物后，使其丈夫李某服药后发生损害后果的情况，则仅能认定是否成立侵权责任。此案中，妻子王某购药后，其丈夫李某服用后死亡。《韩国民法典》第八百二十七条第一款规定夫妻之间就日常性家事具有互相代理的权限，而本案中购买草乌的行为应属于日常性家事代理权的范围。原审大法院均将妻子王某视为购买者，日常性事务代理均不严格要求满足显名代理要件。《韩国民法典》第八百三十二条规定，夫妻一方就有关日常性家事与第三人发生侵权行为责任的，由此产生的债务，另一方承担连带责任。本案中，原告王某并未向法院主张日常性家事代理且法院也没有对此进行审理，此外，即使认定丈夫李某的购买者地位，其子女的合同当事人地位也不能确定。

根据韩国的判例和法律，即使销售者违反了说明告知义务，造成损害后果的一方的遗属也无法主张债务不履行责任的精神损害赔偿。因此，侵权责任的认定至关重要。本案中原告基于侵权行为请求损害赔偿，法院据此判断侵权行为是否成立。如果成立，原告请求精神损害赔偿就能够得到支持。

（五）如何确定韩药业士违反告知义务的损害赔偿范围

要研究这一问题，首先有必要看一下医生违反告知义务的损害赔偿范围。针对医生违反告知义务的损害赔偿范围，有两大学说观点：

第一，身体侵害说。认为医生的告知义务为侵权行为上的注意义务，违反告知义务的，对身体侵害或死亡都负有损害赔偿的义务。

第二，自由权侵害说。认为仅发生侵害自己决定权的精神赔偿请求权。韩国大法院一般仅认定医生违反告知义务时的精神赔偿。自1994年以来，大法院认为医生因违反告知义务对患者进行手术导致患者死亡等重大后果的，患者的决定权受侵害，丧失选择的机会，可以请求精神损害赔偿。请求违反告知义务导致的全部损害赔偿的，该重大后果与医生违反说明义务甚至取得承诺过程中的错误行为间存在相当因果关系。

本判决中，对韩药材销售者的孙某的判决适用了医生告知义务的法理。孙某未尽告知义务和服药者李某的死亡存在相当的因果关系，故孙某应承担因违反告知义务而对李某造成损害后果的全部赔偿责任，这适用身体侵害说。相反，服药者无法行使自己是否服药的决定权，失去了选择的机会，仅可请求精神赔偿，这里适用的是自由权侵害说。而本案最终的判决中仅认定了韩药业士孙某精神损害赔偿责任。原因是侵权行为导致损害赔偿范围适用《韩国民法典》第三百九十三条的规定，即使认为损害后果是特殊损害，但韩药业士在销售危险性药材时，也可预见其服用者致死的情况。本案中，草乌的价格仅1000韩元，要求其承担死亡导致的损害赔偿责任可能存在过限的感觉，这属于过失相抵调整的范围，即李某的妻子王某，其过失为被侵权人方的过失，在确定赔偿数额时应考虑这一点。

本判决的意义在于韩药业士销售毒性韩药没有尽到说明义务致使购买者服用死亡时，基于侵权行为认定其损害赔偿责任。但判决中将韩药业士的告知义务的根据确定为服药者的自主决定权，对此笔者也存在一定疑问。即使韩药业士拥有一定的韩药材的专业知识，但其仅为药材销售人员，不可等同于专业的药剂师或医师。另外，韩药业士的服务对象复杂，不仅仅面对服药者，存在无法直接对服药者进行当面的告知。那么，作为认定韩药业士侵权行为责任的前提是什么？推导出告知义务的根据又是什么呢？侵权责任法不仅具有填补事故导致的损害的赔偿作用，还有通过设立损害赔偿制度消除社会发生危险的作用。本案中韩药业士在销售危险性药材时，对其用法和危险进行充分告知，便可以有效地避免服用者服用后致死的情况。

韩国是我国近邻，韩制药商的经营状态和习惯与我国极为相似，同样的事件极有可能在我国发生。通过对本判决的探究，对中医药的销售，特别是具有毒性的中医药销售，韩国药品销售者承担的说明告知义务，尤其是销售有毒性药品的说明告知义务等同于医师的说明告知义务应是值得我国学习和借鉴的。

案例5

误诊的法律责任

——莫里恩诉恺撒基金会医院案[①](Stephen H. Molien v. Kaiser Foundation Hospitals et al)

一、案例背景

临床上的误诊是指医生在临床医疗工作中因主观或客观因素的影响做出了不符合或不完全符合病情的结论。误诊可表现为将“无病”诊断成“有病”,将“有病”诊断成“无病”或将“此病”诊断为“彼病”等情形。根据误诊的性质和程度的不同,大体可将误诊分为以下六个类型:错误诊断、延误诊断、漏误诊断、病因判断错误、疾病性质判断错误、对新发生疾病和并发症的漏诊。[②] 误诊不仅会给被误诊的患者带来负担和损害,也会给社会、家庭、医院及医务人员带来不良影响,误诊还是引发医疗纠纷的重要因素。

导致误诊的原因是多方面的,既有主观方面的因素,也有客观方面的因素,有责任性误诊和技术性误诊。造成误诊的主观因素主要有:①医生对病史采集草率,忽视相关病史采集;②体格检查不认真,遗漏重要阳性体征;③忽视必要的鉴别诊断;④对相关辅助检查结果的分析不认真、不及时;⑤盲目自信,不听取他人合理建议;⑥业务水平低下等。[③]

造成误诊的客观因素主要有:①疾病自身发展规律影响,如某些疾病早期症状不典型,其发生、发展、演变过程尚需时日;②某些疾病病因未知,缺乏有效的诊断手段;③特殊少见病、疑难病难以及时明确诊断;④技术水平、设备条件的限制;⑤患者个体差异,在临床上常见同一种疾病,在不同的患者身上表现出不同的症状和体征;⑥早期治疗影响了疾病的自然过程,改变了临床症状和体征,影

---

① Stephen H. Molien v. Kaiser Foundation Hospitals et al, 27 Cal. 3d 916; 616 P. 2d 813; 167 Cal. Rptr. 831; 1980 Cal. LEXIS 207; 16 A. L. R. 4th 518.

② 参见百度百科:“误诊”词条,http://baike. baidu. com/view/3924385. htm#5。

③ 刘昭彦:《医学上的误诊不等于法律上的过失》,http://www. lantian-law. com. cn/NewsInfo. asp? ArticleID=882。

响正确诊断；⑦患者及家属隐瞒重要病史或不执行医嘱进行相关辅助检查等。①

误诊在临床中普遍存在，医务人员应当尽可能地避免因主观因素导致的误诊，但是鉴于误诊也可因客观因素而导致，因而误诊又是不可能完全杜绝的。需要注意的是，误诊不等同于错误或过失（将在案例述评部分分析）。

下面这个案例是一起发生在美国的误诊案例。这个误诊到底是由主观原因引起还是由客观原因引起？医方是否要承担责任？应承担何种责任？带着这些问题，我们进入本案的介绍与分析中。

二、案例概要

原告莫里恩（Molien）的妻子身体不舒服，便到恺撒基金会医院（Kaiser Foundation Hospitals）就医。医生对她做了相关检查，认为她患了梅毒，并对她实施了大剂量的青霉素治疗。原告经建议也去该医院做了检查，验血检查表明他未感染梅毒。后原告妻子经复查，结果表明她没有感染梅毒，也就是说恺撒基金会医院原先的诊断是错误的。原告将医院诉至法院，认为由于医院的过失从而导致了对其妻子的误诊与误治，并由此导致他妻子怀疑他有婚外性行为，而将梅毒传染给自己，致使他妻子变得焦虑不安，并对他有了猜忌与敌意，双方的婚姻关系已濒临破裂。据此，原告提出两个诉讼请求：

第一，要求被告赔偿原告“配偶权利损失”，也就是配偶一方未尽到配偶的义务而对相对方配偶造成的损失。

第二，被告赔偿原告“一般的精神损害”。

初审法院判决原告败诉，原告上诉，最后上诉到加利福尼亚州最高法院，莫斯克（Mosk）大法官对案件进行了法律分析。

莫斯克大法官分析了双方的争议：被告医院应否对原告的精神损害承担过失的赔偿责任。对此，原告认为：被告对原告所遭受到的精神创伤有着不可推卸的过失责任。而被告则认为：医生在下诊断的时候原告并不在现场，而是后来从他妻子那里得到的诊断结果。这就意味着，原告并不是被告过失行为的直接受害人，被告医院就不对原告的精神损害承担过失的责任。

莫斯克大法官认为：被告的观点不成立。在本案中，原告的伤害风险是被告可以合理预见的。因为该风险极易预见：错误的梅毒诊断以及其可能的感染来源将会导致夫妻不和，并导致患者配偶的情感痛苦。

此外，医生建议原告妻子让原告去检查是否患有此病的事实也证明了原告是这一过失诊断的可预见的受害者。鉴于梅毒这种疾病通常是通过性关系传染

---

①　刘昭彦：《医学上的误诊不等于法律上的过失》，http://www.lantian-law.com.cn/NewsInfo.asp?ArticleID=882。

的，因而，当患者得知感染上这种疾病的时候，丈夫和妻子都会经历焦虑、猜忌和敌视，这是通常可以预料的。因此，莫斯克大法官同意原告的理由，也就是被告的行为既影响到妻子也影响到丈夫。因为，他所遭受到的伤害是可以被合理预见的。被告在对原告妻子进行身体检查的时候，就对她的丈夫负有一种合理注意的义务。最终，莫斯克大法官认为因过失而致的精神痛苦可以成为一个诉因，并支持原告的这一诉讼请求。莫斯克大法官强调，被告对原告妻子的误诊以及随后的误治，客观证实了被告对原告造成了可以合理预见的严重精神反应，因而可以成为原告诉请精神损害赔偿的有效证据。

本案涉及的另外一个法律问题：原告只是遭受到了精神的伤害，而没有受到实际的身体损伤。在这样的情况下，原告是否可以提起专门的精神损害赔偿诉讼？莫斯克大法官说，一百年来精神损害案件有两个基本前提：

第一，它是一种附带性质的赔偿。

第二，精神问题要么是一个心理问题，要么是一个身体伤害问题。

在20世纪，医学特别是心理科学得到迅速的发展，但传统的规则还是在起作用。传统的规则要求提起精神损害赔偿的诉讼必须要有身体的伤害。设立这个屏障的理由是为了减少原告夸大其词的权利请求或者虚假的伤害陈述，从而保障权利请求的客观性和真实性。莫斯克大法官说，如今的法院大多坚持传统的方法，但也有另外一种新的思路，学者们认为人为设置这样的障碍是没有必要的。著名的普洛塞教授说："这个困难并不是不可以克服的。惊惧和休克可以有特定的身体症状，其他形式的心理伤害同样有身体症状，它们都可以依据医学的证据来证明。"莫斯克大法官说，这种说法已经被纽约上诉法院所采纳，他们在先例里已经宣告"免于心理障碍的自由如今在本州是一项被保护的利益"。① 莫斯克大法官总结认为：区分心理和身体特征只会混淆视听，根本的问题却还是一个证据的问题。本案中原告配偶所受伤害的程度是否严重到足以引起其配偶权利的损失是一个证明问题。在这样的情形之下，陪审团是最好的评判者，他们按照他们的经验可以判断被告的行为在多大程度上导致了原告的精神损害。另外，医疗专家的证词也是一个客观的尺度。

莫斯克大法官最后的结论是支持原告可以单独提起精神损害的诉讼，并可以要求赔偿由此而发生的"配偶权利损失"。②

三、案例评述

本案涉及以下几个重要问题，即误诊与医疗过失之间的关系、英美法过失认

①② 参见徐爱国：《妻子被误诊患梅毒　丈夫告医院》，http://newspaper.jfdaily.com/shfzb/html/2010-08/04/content_386112.htm。

定中的注意义务、美国法医师注意义务的标准以及"配偶权利损失"的内涵等。

(一)误诊与医疗过失之间的关系

正如前文所言,误诊并不等同于错误或者过失。误诊是否要承担责任,应依据民事侵权构成要件来分析。医疗侵权责任除因不合格或有缺陷的医疗产品引起的医疗侵权责任适用无过错责任原则外,一般适用过错责任原则。医疗过失是指合理的医生未尽到高度注意义务的疏忽和懈怠。因此,医疗侵权责任一般应包括以下四个要件:①医疗行为具有违法性,即医方违反了对患者的生命权、健康权、身体权等权利不得侵害的法定义务;②造成了患者的人身损害,如生命的丧失或者健康的损害等;③违法的医疗行为与患者的人身损害后果之间具有因果关系;④医方具有主观上的过失。

认定医疗过失,通常采用客观标准,即以医疗卫生管理法律、行政法规、部门规章和诊疗护理规范及常规等关于医方的注意义务的规定为标准,或者以医方应尽的告知、保密等法定义务为标准,只要医方未履行或者违反这些义务就被认定为有过失。通常认为高度注意义务是比善良管理人的注意义务更高的注意义务(善良管理人的注意也称为善良家父的注意,其注意标准高于处理自己事务时的注意程度,更高于普通人的注意义务)。另外,认定医疗技术过失,应当以医疗行为发生时的医疗水平为标准,而不应是案件审理时的医疗水平①,并要适当考虑不同地区、不同资质的医疗机构、不同资质的医务人员等差别因素,即以"当时的国家标准加相关差别因素"来考量、认定。②

由此,因"医务人员在诊疗活动中未尽到与当时的医疗水平相适应的诊疗义务"这一主观上的过失导致误诊,从而导致患者损害时,即构成医疗侵权,医方应当承担赔偿责任。反之,客观原因导致的误诊,医方不存在过失,因而不构成医疗侵权,亦无须承担赔偿责任。因而,误诊与医疗过失之间的关系是交叉关系,而不是包含关系。③

曾经发生在北京的一个案例可以较好地说明误诊与医疗过失之间的这种交叉关系。

案情如下:患者陈某因排便不适伴有肛门肿块突出,到北京某甲医院就诊。该医院门诊诊断患者患有"混合痔",将其收治入院后对其施行了"混合痔"切除手术,送检了病理标本,病理诊断为"结核"。术后,陈某出现低热症状,出院时,

---

① 《中华人民共和国侵权责任法》第五十七条规定:"医务人员在诊疗活动中未尽到与当时的医疗水平相应的医疗义务,造成患者损害的,医疗机构应当承担赔偿责任。"此处采用的就是以"当时的医疗水平"为标准。

② 参见杨立新:《〈中华人民共和国侵权责任法〉精解》,知识产权出版社2010年版,第242、243页。

③ 参见刘昭彦:《医学上的误诊不等于法律上的过失》,http://www.lantian-law.com.cn/NewsInfo.asp?ArticleID=882。

甲医院嘱咐其门诊随访，继续抗结核治疗。一个月后，陈某经甲医院建议在北京某乙医院接受治疗，做出的病理切片诊断也是“结核性肉芽肿”，据此做抗结核治疗。数月后，陈某到北京某丙医院接受治疗。丙医院经病理检查，结合病史考虑为克隆病（又名克罗恩病），据此对陈某进行激素治疗。经治疗，陈某病情好转。陈某出院后，对甲医院对其实施的混合痔切除手术及抗结核治疗和乙医院的抗结核治疗等提出异议，认为存在误诊、误治。甲医院认为，该医院手术切除具有适应证，抗结核治疗无明显不当，克隆病的诊断是在抗结核治疗不佳，逐步排除的基础上明确的。陈某不满该医院答复，向当地卫生行政部门提出医疗事故处理申请，卫生行政部门委托当地医学会组织医疗事故技术鉴定。鉴定结论认为：克隆病较少见，确诊较为困难；甲、乙两家医院对陈某的诊断、治疗符合常规，没有过失，本次医疗事件不构成医疗事故。

本案中的误诊是疾病的特殊性与罕见性这一客观原因所致，前两家医院的医务人员在诊疗活动中已尽到与当时的医疗水平相适应的诊疗义务，并无主观上的过失，因此两医院对误诊所造成的不利后果不应承担法律责任。本案中的医疗事故技术鉴定结论是正确的。我国《医疗事故处理条例》第三十三条规定，“在医疗活动中由于患者病情异常或者患者体质特殊而发生医疗意外的”情形不属于医疗事故。我国于 2010 年 7 月 1 日正式施行的《侵权责任法》在第六十条中更明确地规定：“限于当时的医疗水平难以诊疗”造成患者损害的，医疗机构不承担赔偿责任。毫无疑问，对医学科学规律的尊重也是法律公正原则的具体体现。

（二）英美法过失认定中的注意义务

通常认为，英美法的过失侵权包括四个构成要件：义务的存在、违反义务的行为、因果关系和损害后果。由此构成要件可知，只有当行为人负有注意义务，且行为人的行为未达到所需的行为标准而违反该注意义务对被害人造成损害时，才有可能构成过失，才有可能向相对人承担责任。可见，注意义务在过失侵权认定中具有重要的地位。正如英国法官 Atkin 在 1932 年 Donoghue v. Stevenson 一案的判决中所说的：“过失是一种被告违反其对原告所应给予的注意的义务。”[①]那么，英美法上的过失侵权中的“注意义务”的具体内涵是什么呢？

在英美侵权法中，虽然注意义务是一种法定的义务，但是，并不是任何不谨慎的行为都会构成侵权，也不是任何损害都可以获得法律上的救济，只有那些没有尽到合理的谨慎义务，并造成了不合理危险的人，才可能负有过失侵权责任。换言之，侵权人承担赔偿责任，需要具备一定的条件。目前，就侵权人承担“注意

① 转引自张淑宁：《浅析英美法上的过失侵权》，http://www.chinacourt.org/article/detail/2007/01/id/231516.shtml。

义务”的构成要件在理论界和实务界还存在不同的观点。一般认为，在英美侵权法中，侵权人承担注意义务应具备三个相互关联的条件：危险是能预见的；能预见的危险是可以避免的；负有注意义务的人与受害人之间具有一定的联系。[①]

1. 危险是能预见的

在判断行为人是否有注意义务时，需要判定行为人的行为可能会对他人造成伤害后果是否能够预见。关于认定伤害可预见性的标准，理论上存在着主观和客观两种标准。所谓主观标准是指从行为人的角度来判定，即在特定的环境下行为人是否有可能认识到危险存在的可能性。这种标准存在着很大的局限性：

一是主观标准过分偏重医学、心理学，导致同一事件可能发生截然不同的结果。

二是受害人的举证难度较高，不利于保护受害人的利益。所谓客观标准即“理性人”标准，是指从一个谨慎的人的角度来断定是否能合理地预见到危险。这种理论能够更好地保护受害人的利益。英美法采用的是客观标准，即以一般的、正常的理性人的注意义务为认定标准：“行为人是否预见其行为可能损害他人因而必须注意以期避免，原则上与行为人具体之认知无关，应从一般人之标准认定之。”那么，理性人的含义是什么呢？理性人是指法律上被理想化和标准化了的假想人，具有法律所期望的一般人所应有的谨慎和理性。当判断被告的行为是否谨慎时，我们要看一个理性人处在被告的情况下会如何行事。如果理性人处在被告的情况下不会像被告那样行事，那么，被告的行为就不符合理性人的标准，就可能是不谨慎的。如果行为人是具有特殊技能的专业人员，如医生、律师、会计师等，那么，判断其行为的标准就会涉及“专业过失”标准。这个行为标准比一般的过失行为标准要高，他不仅要求以一个谨慎的专业人员的行为为标准，而且还要以一个合格的专业人员通常的和习惯的行为为标准。也就是说，每一个职业都有它本身的职业行为标准，如果特定行业人的行为符合该行业的行为标准、习惯和做法，他一般都不会被认为有过失。

2. 能预见的危险是可避免的

行为人对其所实施的行为承担注意义务尚需以能预见性与可避免性之间存在某种联系为前提。能预见性与可避免性之间存在以下几种组合方式：能预见且可避免、能预见但不可避免、不能预见且不可避免。其中只有第一种组合——能预见且可避免需要承担注意义务，若违反该注意义务造成损害则需要承担法律责任。

---

① 参见张淑宁：《浅析英美法上的过失侵权》，http://www.chinacourt.org/article/detail/2007/01/id/231516.shtml。

(1)能预见且可避免。如给患者肌肉注射或静脉滴注青霉素可能会出现过敏反应。此种情况下,行为人应当承担注意义务。具体来说,即医方应依照青霉素注射规范在注射或滴注青霉素前对患者进行青霉素皮试,经过观察,如果患者对青霉素皮试无过敏反应现象,才可给患者进行青霉素肌肉注射或者静脉滴注。此时,即便发生过敏反应也属于医疗意外,医方不承担法律责任。否则,未经皮试直接给患者肌肉注射或静脉滴注青霉素后出现过敏反应,医方则应承担法律责任。

(2)能预见但不可避免。如临床的并发症。临床上通常将并发症分为"难以避免的并发症"和"可以避免的并发症"两类。"难以避免的并发症"是指医务人员在对患者进行诊疗护理过程中,患者发生了现代医学科学技术能够预见但却不能避免和不能防范的不良后果,而这种不良后果的发生与医务人员是否存在医疗过失无直接的因果关系。如腹腔手术后的肠粘连、颅内血肿清除术中开颅造成对头皮和颅骨的损伤以及各种手术时的切口创伤性损伤等。针对"难以避免的并发症",只要医方在术前做了全面、客观的告知,在术后做了相应的对症处理即不应承担任何责任。

(3)不能预见且不可避免。如医疗过程中发生的医疗意外。医疗意外,是指医务人员在从事诊疗或护理工作过程中,由于患者的病情或患者体质的特殊性而发生难以预料和防范的患者死亡、残疾或者功能障碍等不良后果。发生医疗意外时,医务人员没有过失,医务人员的行为与损害结果间不具有直接的因果关系。因此,医疗意外不属于医疗侵权损害,医疗机构也不承担赔偿责任。比如患者疾病危重,急需手术,手术无误,但术中死亡或术后出现严重后遗症者,即属于医疗意外。

3.负有注意义务的人与受害人之间具有一定的联系

在具备了前两个条件之后还应具有"主体关系"的要件,即负有注意义务的人与受害人之间具有一定的联系。法官 Atkin 在 Donoghue V. Stevenson 一案提到这种关系时说:"在法律中到底谁能成为你的邻居呢?所谓邻居是那些与你关系密切并且直接受你的行为影响的人,由于你的邻居会为你的行为所影响,那么当你将自己的想法付诸行动或可能发生疏忽时,应当对你的邻居予以合理的考虑。"[①]美国法院对该联系的解释经历了一个从严格到宽泛的发展过程。在 Vince v. Wilson 一案中,交通事故肇事人的祖母给其钱去买车,而事实上该肇事人并未具备开车的资格,其祖母在知道这一点的情况下仍给了钱;此外,售车商也在知道肇事人不具备资格的情况下,仍将车出售给他。当本案原告要求肇事

---

① 参见张淑宁:《浅析英美法上的过失侵权》,http://www.chinacourt.org/article/detail/2007/01/id/231516.shtml。

人的祖母及售车商承担赔偿责任时，被告要求法庭适用传统的较为严格的归责标准，将侵权当事人限制在直接侵权当事人之间。但是，法院没有采纳被告的主张，而是采取了较宽泛的归责原则，认为两被告对原告负有注意义务，其具体理由如下：一是许多州的判例已经扩大适用了范围；二是美国《第一次侵权法重述》中规定，如果一个人直接或间接地向另一个人提供某物，而事实上提供人知道或有理由知道由于接受人的年轻、缺乏经验或其他原因致使他在使用其提供的物品时会对其自身或其他人造成身体伤害，那么，提供者就要为由此而产生的伤害承担责任。到了《第二次侵权法重述》时，提供者的适用范围又扩大至其他人——任何提供物品给其他人使用的人，提供者包括卖主、出租人、赠予人或者授予人以及所有各种保证人，而不管是否保证是免费的或有对价的。[①]

依据英美法上过失认定中的注意义务，莫里恩诉恺撒基金会医院案中的医生应当能够预见到梅毒（性传播疾病）诊断将对夫妻关系带来的夫妻之间的猜忌敌视，甚至离婚，以及由此带来的情感与精神痛苦等严重的不良后果，而这种不良后果本可以避免，却因医生的误诊而未能避免，造成了对原告及其妻子的情感与精神损害。因此，医生的行为违背了注意义务，应当承担因此而产生的赔偿责任。

（三）美国法上医师注意义务标准的确定规则

医疗过失（医师对注意义务的违反）是医疗损害责任认定中最为重要的条件，如何确定过失是医疗纠纷和诉讼中最为关键的问题。美国法上确定医师注意义务标准的规则如下：

1. 医师职业标准确定中的“可接受的做法”规则

在美国法上，确定医师的职业标准（professional standard）或者说医师的注意义务标准（Standard of Care）是依照“可接受的做法”（the accepted practice），还是依照“习惯做法”（the customary practice），对此一直存在着不同的观点。[②]现在占支配地位的观点是：医师职业标准或者说医师注意义务标准是“可接受的做法”。这种“可接受的做法”是指该职业中合理的、有资格的执业者（a reasonably competent member）所期望的做法。这一标准不是该职业在历史上已经存在的独一无二的做法，也不是该职业中的从业者的习惯做法或者他们习惯遵循的做法。正如法官在 Blair v. Eblen 一案中所指出的：一名内科医师有义务履行这种程度的注意和技术是该医师同一个阶层（class）中的合理的、有资格

① 参见张淑宁：《浅析英美法上的过失侵权》，http://www.chinacourt.org/article/detail/2007/01/id/231516.shtml。

② 参见姚苗：《英美法对医疗过失的判定原则及对我国的启示》，《法律与医学杂志》2007 年第 14 卷第 1 期，第 52—58 页。

的从业者(a reasonably competent practice)在相同的情况下所期望的。[①]

现代法学观点之所以拒绝历史上以“习惯做法”(the customary practice)为标准,取而代之以“可接受的做法”(the accepted practice)为标准,系基于以下考虑:

第一,担心地方的习惯标准缩小和规避法律对医疗行为的审查监管。

第二,如果以习惯做法为标准,将会使医师过于保守,丧失采取更好的医疗手段的动机。[②]

2.医师职业标准在过失认定中的初步证据规则

在美国,对医师职业标准(professional standard)是被告的合理注意的标准(Standard of Care),还是仅仅构成这种合理注意标准的证据一直存有争议。在一般的过失案件中,被告的行为符合职业标准(professional standard)只是证明其不具有过失的初步证据,而不能直接决定其不具有过失。否认职业标准具有决定性作用的学者认为:如果让职业标准(professional standard)具有决定性,使它等同于合理的注意义务标准,那么,那些危险的、没有效果的、为金钱而不惜做坏事的医疗习惯行为将可能逃避法律的审查。[③]

3.尊重少数派学者观点的规则

医学领域问题往往是错综复杂和不可估量的。在特定的临床情境下,对什么是合适的诊疗方案或方法,往往很少有一个完全一致的观点,或者独一无二的观点。法官们深感在决定各个互相冲突的观点孰优孰劣时无能为力;并且认识到,对一个遵循被少数值得尊敬的从业者所赞同的医疗行为的医师,往往不能判定为存在过失。针对医疗领域中存在着各种不同观点的实际情形,法官们创立了尊重少数派学者观点的规则(“Respectable Minority”Rule)。

例如,在 Downer v. Veilleux 一案中,法官认为:“一名医师不能因为在几种被认可的治疗方案中选择了一种方案而负(过失)责任。”[④]在 Chumbler v. McClure 一案中,法院认为:“检验是否有过失不适用像公民投票那样的以多数裁决的方法。对一种特定的疾病的适当的治疗方法,存在着两派或多派不同的

---

① 461 S. W. 2d 370,373. 转引自 Joseph H. King The Law of Medical Malpractice 1977, p. 42. 转引自姚苗:《英美法对医疗过失的判定原则及对我国的启示》,载《法律与医学杂志》2007 年第 14 卷第 1 期,第 52—58 页。

② Joseph H. King The Law of Medical Malpractice 1977, p. 44. 转引自姚苗:《英美法对医疗过失的判定原则及对我国的启示》,《法律与医学杂志》2007 年第 14 卷第 1 期,第 52—58 页。

③ 姚苗:《英美法对医疗过失的判定原则及对我国的启示》,《法律与医学杂志》2007 年第 14 卷第 1 期,第 52—58 页。

④ 322 A. 2d 82,87 (Me. 1974). 转引自 Joseph H. King The Law of Medical Malpractice 1977, p. 57-58. 转引自姚苗:《英美法对医疗过失的判定原则及对我国的启示》,《法律与医学杂志》2007 年第 14 卷第 1 期,第 52—58 页。

做法，每一种做法都有负责任的(responsible)医学专家支持。在一个特定的城市中，不能认为占少数的做法就是有过失的。”①

(四)英美法关于配偶权利损失的内涵及演变

依据历史上的英国普通法，丈夫对致其妻子受伤的侵权人有请求赔偿其配偶权利损失(loss of consortium)的权利。配偶权利损失是个总称，其中既包括财产性质的利益丧失，如配偶提供劳务利益之丧失(loss of services)以及为配偶治病支出的医药费等，也包括非财产性质的利益丧失，如配偶提供陪伴利益之丧失(loss of society)，该项配偶提供陪伴之利益涵盖了妻子提供给丈夫的情感的关怀和性的满足等利益。另外，父亲对致其孩子受伤的侵权人亦有请求赔偿因孩子不能提供劳务之(财产性)损失(loss of services)的权利，但不包括孩子不能提供陪伴之(非财产性)损失。在普通法历史上，妻子和孩子成为男人的某种财产，因此，从本质上看，配偶权利损失(loss of consortium)这种侵权形式是与婚姻家庭制度联系在一起的。进入现代社会，尤其是随着女权运动的兴起，这种制度遭到强烈控诉，结果英国通过立法彻底废除了普通法中的这种制度，即丈夫和妻子都不能再对第三人主张配偶权利丧失的请求权。美国的一些州和英国一样，通过立法彻底废除了普通法中的这种制度，而另外一些州则保留了普通法上的这种制度，但将上述丈夫的请求权扩张至妻子也同样享有。至于孩子的请求权，许多州则仍持保守态度，不承认孩子因父母受伤而有请求赔偿的权利。② 本案发生在美国加利福尼亚州，从本案的判决结果可见，该州仍保留着普通法中的配偶权利保护制度。

---

① 505 F. 2d 489，492(6th Cir. 1974)，转引自 Joseph H. King The Law of Medical Malpractice 1977，p. 58. 转引自姚苗：《英美法对医疗过失的判定原则及对我国的启示》，《法律与医学杂志》2007 年第 14 卷第 1 期，第 52—58 页。

② 参见孙维飞：《英美法上第三人精神受刺激案型的处理其借鉴意义——以第三人派生的请求权与独立的请求权及其关系为视角》，《华东政法大学学报》，2012 年第 3 期，第 130—149 页。

案例 6

精神病人殴伤护士的责任分析

——阿尼塞特诉甘特案(Edgar Anicet v. Preston Gant)①

一、案例背景

精神健康问题是现代社会的一个副产品,精神疾患发病率在全世界都呈上升趋势。中国疾病预防控制中心精神卫生中心 2009 年初公布的数据显示,我国各类精神疾病患者人数在 1 亿人以上,其中重度精神病人人数已超过 1600 万。② 精神病人不同于正常人,也不同于一般残疾人,在我国是一个庞大的群体。长期以来,我们关注的主要是对精神病人权益的保护。《中华人民共和国民法通则》与《中华人民共和国侵权责任法》规定了精神病人行为能力制度、监护制度以及侵权责任制度;《中华人民共和国刑法》《中华人民共和国行政处罚法》和《中华人民共和国治安管理处罚法》等规定了精神病人违法免除刑事责任与行政责任制度;2013 年 5 月 1 日正式施行的精神卫生领域的基本法——《中华人民共和国精神卫生法》确立了精神病人"自愿住院"原则,并对精神障碍患者权益保护做了全面、系统的规定。应当说,依法保障精神病人权益已成为全社会的共识,与此相关的制度建设也日趋完善。但是,另一方面,担负着精神疾患诊疗、康复重任的精神卫生机构及其工作人员却处境艰难。第十一届全国人大常委会委员信春鹰曾在调研中指出,中国政府对精神卫生领域投入过少,导致精神障碍患者床位供不应求,精神障碍患者看病难的问题普遍存在;同时对精神卫生工作者缺乏支持与保护制度,导致精神卫生工作人员的匮乏与流失。③ 此外,精神病科医务人员遭受精神病人攻击的事件也时有耳闻。有资料显示,对于入住精神病院的精神病人来说,其攻击对象多为与患者有密切接触的医护人员、病友、家属或陪护,其中尤以医护人员受攻击的频率最高,据统计,医护人员占被攻击对象的 41.66%—68.3%,居被攻击者首位,而护士所占比例又高于医生。④ 目前,仅

---

① Edgar Anicet v. Preston Gant No. 90-547(1991), 580 So. 2d 273; 1991 Fla. App. LEXIS 4587.

②③ 参见陈丽平:《精神卫生科人员和医院要"吃皇粮"》,http://epaper.legaldaily.com.cn/fzrb/content/20120920/Articel03002GN.htm。

④ 朱红姣:《住院精神病人攻击行为分析及护理进展》,《内科》2009 年第 3 期。

北京市每年发生的精神病人致伤医务人员的事件就高达上百起。在缺乏相应制度保障的情况下，有的医院只能通过颁发"挨打奖"的方式来安抚被打医务人员，[①]其中的无奈可略见一斑。

下面的这个案例是一起发生在美国佛罗里达州的精神病人殴伤护士的案例。那么，精神病人是否要对被其侵害的医务人员承担损害赔偿责任？精神病人侵害医务人员与侵害一般人员的法律后果有何不同？英美法中是如何处理此类案件的？我国法律对此又是如何规定的？让我们带着这样几个问题进入本案的介绍与分析中。

二、案例概要

原告甘特(Gant)是南佛罗里达州立医院的护士，被告阿尼塞特(Anicet)是一个有攻击倾向的精神病人。依据佛罗里达州法律贝克法案(the Baker Act)的规定，被告被强制收治住入南佛罗里达州立医院，且被安排住入该医院为具有最大危险性倾向的精神病人而设计的病房里。原告的具体工作职责包括处理像被告在内的这样的病人，并控制他们的危险行为。这一天，当原告透过病房窗户看到被告正在向同病房的一个病人扔椅子时，原告就走进了病房，并试图让被告安静下来，同时警告被告：如果他还不停止向他人扔椅子的话，他将会被单独限制在一间"禁闭室"里。当原告离开房间的时候，被告拿起一个重烟灰缸朝原告头部砸去，原告在弯腰躲闪时严重受伤。原告起诉了被告，初审法院支持了原告。被告上诉到佛罗里达上诉法院。

首席大法官舒瓦茨(Schwartz)在判决意见中写到，这个案例需要解决的问题是：一个住在精神病院里的有攻击倾向的精神病人是否对其殴伤精神病院护士的行为负法律责任？通过对本案事实的确认以及所涉法律问题的分析，大法官认为被告不负法律责任。大法官通过对先例的回顾，总结出已经确立的处理精神病人侵权行为的规则是：一般情况下，一个精神病人要像一个正常人那样承担侵权行为责任，这个责任既包括故意的侵权行为，也包括过失的侵权行为。这个规则蕴含的理由是：第一，在无辜的受害人和无行为能力的加害者之间，后者应该负担损失；第二，给精神病人设置责任，可以最大限度地限制病人的行为，以免他们伤害无辜的人。但是对精神病人来说，一般原则中的"故意""过失"和"过错"只有大体上相似的含义，因为精神病人无法控制他们的行为，无法合理地进行推理，我们本身就不能拿"理性人"的标准来要求他们。大法官说，就本案的具体情况而言，上述规则存在的两个理由都不成立。因此也就没有必要适用这些

① 李秋萌：《精神科医务人员每年被打百起　医患权益拟立法保护》，http://health.people.com.cn/GB/13093030.html。

规则。[1] 为此，大法官分别分析了原、被告双方所涉及的法律问题。

Gant认为，一个精神病人应当对其故意的侵权行为负责，即便他不能够形成一个故意去实施的侵权行为，也不能够在道德上认定他有"过错"。他认为这是基于一种正义理念的要求，即在两个具有同等的道德责任与能力保护自己的人之间，导致伤害的侵权行为人应当承担责任。历史上也有这样的先例。但是大法官认为这一正义理念并不适用于本案。因为，本案中的Gant并不是一个对精神病人的侵害行为不能预料与防范的无辜的人。恰恰与此相反，他是一个医护人员，他的工作本身就包含了要应对护理中的危险；更为重要的是，他在应对危险时因受到损害所致的任何经济损失都由劳动保障机制进行补偿。在这种情况下，基本的正义原则并不表明Gant的损失能够通过侵权行为法体系得到救济。大法官认为，医护人员与病人的关系类似于消防人员与房主的关系。医护人员与消防人员都是受雇专门从事具有特定危险工作的人员，他们受到的伤害并不能通过侵权行为法体系由危险制造者来进行救济，即便危险制造者不是本案中的精神病人而是有过失或其他过错的房主或相关人员，也是如此。就消防人员来说，他们的服务应当得到他们为之服务的公众的合适的补偿，这种补偿既体现为危险补偿，也体现为薪金福利。这种原则同样适用于房主雇用承包商或专业人士装修房屋的情况，也就是说，房主已经为雇用承包商或专业人士支付了报酬，无须再承担侵权责任。本案中的Gant如同消防人员或承包商，应当适用同样的救济规则。

大法官说，不言自明的是，对精神病人设定责任的目的是为了防止他们暴力攻击他人，但是这一目的并不适用于本案。因为，对病人自己、对病人家属乃至对社会而言，最大限度地控制病人的方法莫过于将病人限制在医院里，本案即是如此。因此，让他们承担额外的侵权负担并不能起到有益的作用。大法官接着说，就"公平"来说，对Anicet施加责任是不公平的。因为，他是精神病人，他不能控制自己的行为，从"公平"的最基本意义上来说，即使他做了不当的事情，他也是一个无辜者。这里适用的规则与适用于消防人员以及承包商的规则是一致的。这个规则是建立在这样的理念基础上，即作为社会的一员或者作为雇主，他已经花钱雇用另外一个人去应对一个特定的危险，他就不应再次为这种危险所致的损害而支付赔偿金——甚至即便他在危险产生中有过错也应如此。这个原则毫无疑问地适用于无辜的Anicet。本案应当适用的基本法则是"无过错即无责任"，因为这一法则的有限的例外适用的理由如适用于精神病人的理由（如精神病人殴伤一个无辜的路人——笔者注），并不能适用于本案。最后的结论是：

[1] 参见徐爱国：《名案中的法律智慧》，北京大学出版社2005年版，第175、176页。

撤销初审法院的判决。

三、案例评述

(一)英美法上的精神病人承担法律责任的基本规则

精神病有多种形态,其中有些精神病人具有攻击性倾向,这往往会导致两个结果:其一是犯罪,即对社会秩序和安全造成危害;其二是侵权,即对他人的人身与财产造成侵害。就精神病人犯罪而言,在19世纪以前,英美法并未对精神病人做出特别的规定,犯罪的精神病人与一般犯罪人一样受到监禁与惩罚。随着精神病学的产生与发展,人们认识到精神病人与常人不同:前者一般没有犯罪计划,没有特定的犯罪对象,犯罪不计后果,犯罪后没有罪恶感。基于此,医生与犯罪学家们认为,让精神病人与一般犯罪人受到同样的法律制裁是不人道的,法律上需要对之进行区别对待。主要理由如下:其一,法律惩罚的目的是为了改造罪犯,既然精神病人是因为疾病而不是主观恶意对社会造成了危害,那么对他们实施惩罚就没有法律上的意义;其二,精神病人本来就是不幸之人,再在他们身上实施惩罚,有悖于人道主义精神。在这种思想的指导下,西方国家开始建设精神病院,把犯罪的精神病人送进精神病院治疗而不是送到监狱监禁与惩罚。①

就精神病人侵权而言,英美法的一个基本原则是:精神病人的精神错乱本身不能成为免于追究其民事侵权责任的理由。也就是说,精神病人也要承担侵权赔偿责任。而大陆法系国家中的大多数国家都豁免精神病人的责任。在我国,精神病人不承担犯罪的刑事责任,一般也不承担侵权行为的民事责任,而是让其监护人代为承担赔偿责任(见后文分析)。

英美法通过一系列的判例确立了精神病人承担侵权行为责任的两个规则:第一个规则是,一般情况下,精神病人对他人造成的损害应该承担侵权行为责任,包括故意的侵权行为,也包括过失的侵权行为。这也是一项公共政策,其目的在于保护无辜受害人的权益,并督促精神病人的家属最大限度地防止精神病人的暴力行为,同时也是为了防止正常人冒充精神病人来规避法律责任。但是在本文案例中,大法官认为这个规则不适用,因为病人攻击的不是一般的无辜的人,而是负责看管精神病人的医护人员。这便引出了第二个规则,即精神病人在医院里对负责看管他们的医护人员造成人身伤害,不承担侵权赔偿责任。理由是,医护人员与消防人员、承包商一样都是“自愿承担风险的人”,雇主或社会已经为雇用他们专门从事具有某种特定危险的工作支付了薪酬与福利,他们就不能以其所从事工作的特定危险为侵权行为发生的原因来要求赔偿。这些职业人

---

① 参见徐爱国:《名案中的法律智慧》,北京大学出版社2005年版,第10页。

员从事特定危险工作所致损害只能从劳动保障体系中获得补偿，而不能从侵权行为法体系中获得赔偿。[①]

(二)英美法上的精神病人承担法律责任的理论难题

前文述及，就精神病人侵权而言，英美法的一个基本原则是，一般情况下，精神病人的精神错乱本身不能成为豁免其承担侵权责任的理由。也就是说，英美法确认了精神病人的被告资格。这有其可取之处，但是也存在着理论上的难题。侵权法的主导法则是过错责任——所谓无过错即无责任，要求被告在实施侵权行为时主观上必须要具备过错(故意或者过失)。若以这一主观要件来判定精神病人的侵权行为就会存在悖论，因为精神病人与常人不同，其在实施侵权行为时缺乏主观上的辨认与控制能力，无法形成故意或过失的主观状态。让精神病人承担侵权责任，实际上是让他们承担严格责任。而严格责任适用于精神病人是否合适、可行，学界对此并未达成共识。

为了解决上述的理论难题，英美国家的法官又提出了"正义"原则。这一原则是指：在两个具有同等道德责任与能力保护自己免受不法侵害的人之间，导致伤害的行为人应该承担责任。即侵害者与被侵害者都没有道德上的过错，由谁来承担这个损害责任才合乎正义呢？法官认为，正义的做法是让造成损害事实的人来承担责任。本文案例中的护士 Gant 就是以这一理由提出让精神病人 Anicet 承担赔偿责任的。这个正义原则也适用于紧急避险的案件中，即应该由避险人承担紧急避险造成的损害。[②] 但是，这一"正义"原则并不能适用于职业危害中(见前文分析，即职业危害由职业保障机制进行补偿)。本案即是一起职业危害案例，故不适用该"正义"原则。

(三)大陆法系精神病人承担侵权责任的规范模式

按照 19 世纪法国民法学的通说，只有致害人的行为具有可归责性方可构成侵权责任。因此，幼儿(7 岁以下)、精神病人、痴呆症人等欠缺理性的人不必为其致害行为负赔偿责任。[③] 据此，大陆法系各国(地区)民法一般都规定精神障碍者因欠缺识别能力而不必对其致害行为承担赔偿责任。精神障碍者的民事责任能力与法律行为能力状况一般是一致的，即不具备法律行为能力的精神障碍者也不具备民事责任能力。但是，新修订的《法国民法典》与《荷兰民法典》却是例外，依照其规定，对精神障碍者的民事责任能力的要求低于法律行为能力的要求。1804 年的《法国民法典》并未对未成年人与精神障碍者是否需要承担责任

① 参见徐爱国：《名案中的法律智慧》，北京大学出版社 2005 年版，第 177、178 页。

② 徐爱国：《名案中的法律智慧》，北京大学出版社 2005 年版，第 178 页。

③ 杨代雄：《重思民事责任能力与民事行为能力的关系——兼评我国〈侵权责任法〉第 32 条》，《法学论坛》2012 年第 2 期，第 56—63 页。

的问题做出明确规定，直至20世纪中期，民法学界与司法实践中依然坚持“精神障碍者因欠缺识别能力而不必对其致害行为承担赔偿责任”这一立场。[①] 但是，20世纪中期以后，情况发生了变化。1968年的《法国民法典》第489—2条明确规定：“处于精神紊乱状态之下的人给他人造成损失者，仍应负赔偿责任。”自此，精神障碍者被认为具备承担侵权责任之能力。[②] 1992年实施的新《荷兰民法典》第6编第165条第1款采取同样的立场，按照该款规定，某人在精神障碍的影响下实施的致害行为，不妨碍作为侵权行为由其承担责任。[③]

(四)我国关于精神病人权益保障的主要法律制度

1. 精神病人民事行为能力制度

依据《中华人民共和国民法通则》(以下简称《民法通则》)第十三、十四条的规定[④]，我国精神病人民事行为能力制度的主要内容有：不能辨认自己行为的精神病人是无民事行为能力人，由其法定代理人代理民事活动；不能完全辨认自己行为的精神病人是限制民事行为能力人，可以进行与其精神健康状况相适应的民事活动，其他民事活动由其法定代理人代理，或者征得其法定代理人同意；无民事行为能力精神病人的民事行为无效。精神病人的监护人是其法定代理人。

2. 精神病人监护制度

监护制度是法律为保护某些特殊自然人人身和财产权利而设置的一种法律

---

① 张民安：《过错侵权责任制度研究》，中国政法大学出版社2002年版，第245页。转引自杨代雄：《重思民事责任能力与民事行为能力的关系——兼评我国〈侵权责任法〉第32条》，《法学论坛》2012年第2期，第56—63页。

② 在最新修订的《法国民法典》中，该条被调整为第四百一十四—三条。参见罗结珍译：《法国民法典》，北京大学出版社2010年版，第138页。转引自杨代雄：《重思民事责任能力与民事行为能力的关系——兼评我国〈侵权责任法〉第32条》，载《法学论坛》2012年第2期，第56—63页。

③ 杨代雄：《重思民事责任能力与民事行为能力的关系——兼评我国〈侵权责任法〉第32条》，载《法学论坛》2012年第2期，第56—63页。

④ 《民法通则》第十三条规定：“不能辨认自己行为的精神病人是无民事行为能力人，由他的法定代理人代理民事活动。不能完全辨认自己行为的精神病人是限制民事行为能力人，可以进行与他的精神健康状况相适应的民事活动。”第十四条规定：“无民事行为能力人、限制民事行为能力人的监护人是他的法定代理人。”

制度。依据《民法通则》第十四、十七、十八条的规定[①]，我国民法规定了精神病人监护制度，其主要内容有：无民事行为能力或者限制民事行为能力的精神病人，由配偶、父母、成年子女、其他近亲属担任监护人；关系密切的其他亲属、朋友愿意承担监护责任，经精神病人所在单位或者住所地居民委员会、村民委员会同意的，可以担任精神病人监护人；对担任监护人有争议的，由精神病人所在单位或者住所地居民委员会、村民委员会在近亲属中指定，对指定不服提起诉讼的，由人民法院裁决；没有前述监护人的，由精神病人所在单位或者住所地居民委员会、村民委员会或者民政部门担任监护人。

3.精神病人侵权责任制度

与前述精神病人的民事行为能力制度与监护制度密切相关的是精神病人侵权责任制度，对这一制度的分析，也有助于从比较法视角对本文案例进行考察。

《民法通则》第一百三十三条第一款规定："无民事行为能力人、限制民事行为能力人造成他人损害的，由监护人承担民事责任。监护人尽了监护责任的，可以适当减轻他的民事责任。"第二款规定："有财产的无民事行为能力人、限制民事行为能力人造成他人损害的，从本人财产中支付赔偿费用。不足部分，由监护人适当赔偿，但单位担任监护人的除外。"《中华人民共和国侵权责任法》(以下简称《侵权责任法》)第三十二条第一款规定："无民事行为能力人、限制民事行为能力人造成他人损害的，由监护人承担侵权责任。监护人尽到监护责任的，可以减轻其侵权责任。"第二款规定："有财产的无民事行为能力人、限制民事行为能力人造成他人损害的，从本人财产中支付赔偿费用。不足部分，由监护人赔偿。"另外，最高人民法院《关于贯彻执行〈中华人民共和国民法通则〉若干问题的意见(试行)》第二十二条、第一百六十条也对精神病人侵权或被侵权做了相关规

---

① 《民法通则》第十七条规定："无民事行为能力或者限制民事行为能力的精神病人，由下列人员担任监护人：(一)配偶；(二)父母；(三)成年子女；(四)其他近亲属；(五)关系密切的其他亲属、朋友愿意承担监护责任，经精神病人的所在单位或者住所地的居民委员会、村民委员会同意的。对担任监护人有争议的，由精神病人的所在单位或者住所地的居民委员会、村民委员会在近亲属中指定。对指定不服提起诉讼的，由人民法院裁决。没有第一款规定的监护人的，由精神病人的所在单位或者住所地的居民委员会、村民委员会或者民政部门担任监护人。"第十八条规定："监护人应当履行监护职责，保护被监护人的人身、财产及其他合法权益，除为被监护人的利益外，不得处理被监护人的财产。监护人依法履行监护的权利，受法律保护。监护人不履行监护职责或者侵害被监护人的合法权益的，应当承担责任；给被监护人造成财产损失的，应当赔偿损失。人民法院可以根据有关人员或者有关单位的申请，撤销监护人的资格。"

定。① 由上述规定可知，我国法律并不认可精神病人（为无民事行为能力人或者限制民事行为能力人）的主体资格，精神病人的侵权责任由其监护人承担民事责任；监护人尽了监护责任的，可以适当减轻他的民事责任；有财产的精神病人造成他人损害的，从本人财产中支付赔偿费用，不足部分，由监护人适当赔偿，但单位担任监护人的除外。

《民法通则》第一百三十三条与《侵权责任法》第三十二条设立的无民事行为能力人与限制民事行为能力人（包括精神病人）侵权责任制度对保护精神病人以及受害人的权益具有积极的意义，但是这些规定尚存在诸多弊端。鉴于《民法通则》第一百三十三条与《侵权责任法》第三十二条规定的内容基本一致，现以《侵权责任法》第三十二条为例来进行分析。从《侵权责任法》第三十二条第一款的规定来看，无民事行为能力人、限制民事行为能力人都不具备民事责任能力，其致害行为都由监护人负责，言下之意，只有完全民事行为能力人才具备民事责任能力。② 无民事行为能力人无民事责任能力是可以理解和接受的，但是限制民事行为能力人则应当具有与其行为能力相应的民事责任能力，并非一概不具备民事责任能力。该款规定将可能导致某些精神病人对自己致害行为的放纵，不利于对他人与社会利益的保护，也不符合合理的公共政策的要求。

从《侵权责任法》第三十二条第二款的规定来看，有财产的无民事行为能力人、限制民事行为能力人需从本人财产中支付赔偿费用，换言之，他们需要承担损害赔偿责任，而监护人只承担补充责任。此处，立法者实际上是在以过错能力为基础的责任能力之外又确立了另一个责任前提——财产能力。也就是说，只要致害人具备过错能力与财产能力这两个责任前提中的一个，他就需要承担责任。有学者将这种立法模式称为“双轨式的侵权责任法律前提”。③ 该款立法旨在：充分救济受害人，防止监护人财产能力不足的情况下受害人得不到赔偿；④ 减轻监护人的负担，避免出现没有人愿意担任监护人的状况。⑤ 但是，其弊端也十分明显：其一，难以获得伦理上的正当性。若行为人是否承担赔偿责任仅取决于其是否拥有财产，而不论其是否具有行为识别能力，事实上会导致一个行为识

---

① 最高人民法院《关于贯彻执行〈中华人民共和国民法通则〉若干问题的意见（试行）》第二十二条规定：“监护人可以将监护职责部分或者全部委托给他人。因被监护人的侵权行为需要承担民事责任的，应当由监护人承担，但另有约定的除外；被委托人确有过错的，负连带责任。”第一百六十条规定：“在幼儿园、学校生活、学习的无民事行为能力人或者在精神病院治疗的精神病人，受到伤害或者给他人造成损害，单位有过错的，可以责令单位适当给予赔偿。”

②③ 参见杨代雄：《重思民事责任能力与民事行为能力的关系——兼评我国〈侵权责任法〉第三十二条》，《法学论坛》2012 年第 2 期，第 56—63 页。

④ 王利明：《自然人民事责任能力制度探讨》，《法学家》2011 年第 2 期，第 50—61 页。

⑤ 薛军：《走出监护人“补充责任”的误区——论〈侵权责任法〉第 32 条第 2 款的理解与适用》，载《华东政法大学学报》2010 年第 3 期，第 114—122 页。

别能力强但却无财产的人反而比一个行为识别能力弱但却有财产的人更能得到法律的优待。这显然违背了根植于自由意志论基础之上的过错责任原则这一最基本的民法伦理与原则。其二,容易导致监护人玩忽职守,尤其是在监护人并非被监护人的父母的情况下,这种弊端就更加明显。其三,不利于维护被监护人的利益。让一个年幼无知或精神障碍缺乏理性判断能力的人以其财产赔偿他人的损失,而监护人却不承担赔偿责任(即便其严重失职,也是如此),这显然有失公平,而且可能导致被监护人丧失生活或未来发展的经济基础。[①]

总体看来,关于我国精神病人侵权责任制度,前述的相关法律规定尚未解决如下问题:监护人承担的是无过错责任还是过错责任?监护人承担的是替代责任还是补充责任?单位监护人为何不承担赔偿责任?精神病人侵权责任承担是应依据其财产能力还是应依据其行为识别能力?如何理解民事行为能力与民事责任能力之间的关系?这些问题都涉及基本的民法原理与伦理探究以及侵权责任制度设立的本旨考量,因而,这些问题的解决有待在民法基本原理与伦理梳理基础上的立法完善。

4.精神病人宣告制度

宣告达到法定年龄但缺乏辨认和控制自己行为能力的自然人为无民事行为能力人或限制民事行为能力人是各国的通行做法。如法国、日本等国将心神丧失、完全失去意思能力者被宣告为禁治产人。[②] 我国民事立法对无民事行为能力或者限制民事行为能力的精神病人也采取宣告制度。依据《民法通则》第十九条的规定[③],我国精神病人宣告制度的主要内容有:精神病人的利害关系人,可以向人民法院申请宣告精神病人为无民事行为能力人或者限制民事行为能力人;被人民法院宣告为无民事行为能力人或者限制民事行为能力人的,根据他健康恢复的状况,经本人或者利害关系人申请,人民法院可以宣告他为限制民事行为能力人或者完全民事行为能力人。

5.精神病人刑事责任与行政责任免责制度

精神病人在不能辨认和不能控制自己行为的情形下,违反刑法或行政法律规定,免除其刑事或者行政处罚的责任,这就是精神病人免责制度。我国《刑法》

---

① 杨代雄:《重思民事责任能力与民事行为能力的关系——兼评我国〈侵权责任法〉第32条》,载《法学论坛》2012年第2期。

② 参见徐继敏:《我国精神病人制度分析》,载《中国法学会行政法学研究会2010年会论文集》,2010年7月。

③ 《民法通则》第十九条规定:"精神病人的利害关系人,可以向人民法院申请宣告精神病人为无民事行为能力人或者限制民事行为能力人。被人民法院宣告为无民事行为能力人或者限制民事行为能力人的,根据他健康恢复的状况,经本人或者利害关系人申请,人民法院可以宣告他为限制民事行为能力人或者完全民事行为能力人。"

《行政处罚法》和《治安管理处罚法》等法律规定了精神病人免责、从轻或者减轻处罚制度。依据《刑法》第十八条的规定[①]，精神病人在不能辨认或者不能控制自己行为的时候造成危害结果，经法定程序鉴定确认的，不负刑事责任，但是应当责令他的家属或者监护人严加看管和医疗；在必要的时候，由政府强制医疗；间歇性的精神病人在精神正常的时候犯罪，应当负刑事责任；尚未完全丧失辨认或者控制自己行为能力的精神病人犯罪的，应当负刑事责任，但是可以从轻或者减轻处罚。依据《行政处罚法》第二十六条的规定[②]，精神病人在不能辨认或者不能控制自己行为时有违法行为的，不予行政处罚，但应当责令其监护人严加看管和治疗；间歇性精神病人在精神正常时有违法行为的，应当给予行政处罚。依据《治安管理处罚法》第十三条的规定[③]，精神病人在不能辨认或者不能控制自己行为的时候违反治安管理的，不予处罚，但是应当责令其监护人严加看管和治疗；间歇性的精神病人在精神正常的时候违反治安管理的，应当给予处罚。

6. 精神病人自愿住院制度

精神病人自愿住院制度是指，除非符合法定条件，并经法定程序，任何人不得强制精神病患者住院治疗。联合国《保护患精神疾病的人和改善精神卫生保健的原则》中对强制住院的具体措施做了如下规范：(1)(a)因患有精神病，很有可能即时或即将对他本人或他人造成伤害；或(b)一个人精神病严重，判断力受到损害，不接受入院或留医可能导致其病情的严重恶化，或无法给予根据限制性最少的治疗方法原则，只有住入精神病院才可给予治疗。在(b)项所述情况下如有可能应找独立于第一位的另一位此类精神保健工作者诊治；如果接受这种诊治，除非第二位诊治医生同意，否则不得安排非自愿住院或留医。(2)非自愿住院或留医应先在国内法规定的短期期限内进行观察和初步治疗，然后由复查机构对住院或留医进行复查。住院或留医理由应不得迟缓地通知患者，同时，住院或留医之事情及理由因立即详细通知复查机构、患者私人代表(如有代表)，如患者不反对，还应通知患者亲属。(3)精神病院仅在经国内法规定的主管部门加以指定之后方可接纳非自愿住院的患者。

---

① 《刑法》第十八规定："精神病人在不能辨认或者不能控制自己行为的时候造成危害结果，经法定程序鉴定确认的，不负刑事责任，但是应当责令他的家属或者监护人严加看管和医疗；在必要的时候，由政府强制医疗。间歇性的精神病人在精神正常的时候犯罪，应当负刑事责任。尚未完全丧失辨认或者控制自己行为能力的精神病人犯罪的，应当负刑事责任，但是可以从轻或者减轻处罚。"

② 《行政处罚法》第二十六条规定："精神病人在不能辨认或者不能控制自己行为时有违法行为的，不予行政处罚，但应当责令其监护人严加看管和治疗。间歇性精神病人在精神正常时有违法行为的，应当给予行政处罚。"

③ 《治安管理处罚法》第十三条规定："精神病人在不能辨认或者不能控制自己行为的时候违反治安管理的，不予处罚，但是应当责令其监护人严加看管和治疗。间歇性的精神病人在精神正常的时候违反治安管理的，应当给予处罚。"

我国《精神卫生法》确立了对精神障碍患者诊断以及入院治疗的“自愿原则”，体现了患者利益最大化的立法价值取向。《精神卫生法》第五条规定：“全社会应当尊重、理解、关爱精神障碍患者。任何组织或者个人不得歧视、侮辱、虐待精神障碍患者，不得非法限制精神障碍患者的人身自由；精神障碍患者的监护人应当履行监护职责，维护精神障碍患者的合法权益。”第二十七规定：“除法律另有规定外，不得违背本人意志进行确定其是否患有精神障碍的医学检查。”第三十条第一款规定：“精神障碍的住院治疗实行自愿原则。”第四十四条规定：“自愿住院治疗的精神障碍患者可以随时要求出院，医疗机构应当同意。对有本法第三十条第二款第一项情形的精神障碍患者实施住院治疗的，监护人可以随时要求患者出院，医疗机构应当同意。医疗机构认为前两款规定的精神障碍患者不宜出院的，应当告知不宜出院的理由；患者或者其监护人仍要求出院的，执业医师应当在病历资料中详细记录告知的过程，同时提出出院后的医学建议，患者或者其监护人应当签字确认。对有本法第三十条第二款第二项情形的精神障碍患者实施住院治疗，医疗机构认为患者可以出院的，应当立即告知患者及其监护人。”

与此同时，出于对他人安全、公共利益以及精神障碍患者自身利益的考虑，《精神卫生法》第三十条第二款规定了精神障碍患者住院治疗制度，但必须同时满足两大条件：就诊者被诊断为严重精神障碍患者，并且已经发生伤害自身或他人安全的行为，或者有伤害自身或危害他人安全的危险。[①] 并在第三十一条中对符合第一种情形的住院治疗赋予了监护人“同意”的限制；[②]在第三十二条中对符合第二种情形的住院治疗赋予了患者及其监护人“要求再次诊断与鉴定”的权利。[③]

（五）我国关于精神卫生工作人员权益保障的法律规定

《侵权责任法》第六十四条对医务人员合法权益保护做了如下规定：“医疗机

---

① 《精神卫生法》第三十条第二款规定：“诊断结论、病情评估表明，就诊者为严重精神障碍患者并有下列情形之一的，应当对其实施住院治疗：（一）已经发生伤害自身的行为，或者有伤害自身的危险的；（二）已经发生危害他人安全的行为，或者有危害他人安全的危险的。”

② 《精神卫生法》第三十一条规定：“精神障碍患者有本法第三十条第二款第一项情形的，经其监护人同意，医疗机构应当对患者实施住院治疗；监护人不同意的，医疗机构不得对患者实施住院治疗。监护人应当对在家居住的患者做好看护管理。”

③ 《精神卫生法》第三十二条规定：“精神障碍患者有本法第三十条第二款第二项情形，患者或者其监护人对需要住院治疗的诊断结论有异议，不同意对患者实施住院治疗的，可以要求再次诊断和鉴定。依照前款规定要求再次诊断的，应当自收到诊断结论之日起三日内向原医疗机构或者其他具有合法资质的医疗机构提出。承担再次诊断的医疗机构应当在接到再次诊断要求后指派二名初次诊断医师以外的精神科执业医师进行再次诊断，并及时出具再次诊断结论。承担再次诊断的执业医师应当到收治患者的医疗机构面见、询问患者，该医疗机构应当予以配合。对再次诊断结论有异议的，可以自主委托依法取得执业资质的鉴定机构进行精神障碍医学鉴定；医疗机构应当公示经公告的鉴定机构名单和联系方式。接受委托的鉴定机构应当指定本机构具有该鉴定事项执业资格的二名以上鉴定人共同进行鉴定，并及时出具鉴定报告。”

构及其医务人员的合法权益受法律保护。干扰医疗秩序，妨害医务人员工作、生活的，应当依法承担法律责任。”《精神卫生法》对精神卫生工作人员的权益保障主要体现在第七十一条：“精神卫生工作人员的人格尊严、人身安全不受侵犯，精神卫生工作人员依法履行职责受法律保护。全社会应当尊重精神卫生工作人员。县级以上人民政府及其有关部门、医疗机构、康复机构应当采取措施，加强对精神卫生工作人员的职业保护，提高精神卫生工作人员的待遇水平，并按照规定给予适当的津贴。精神卫生工作人员因工致伤、致残、死亡的，其工伤待遇以及抚恤按照国家有关规定执行。”第八十条：“在精神障碍的诊断、治疗、鉴定过程中，寻衅滋事，阻挠有关工作人员依照本法的规定履行职责，扰乱医疗机构、鉴定机构工作秩序的，依法给予治安管理处罚。违反本法规定，有其他构成违反治安管理行为的，依法给予治安管理处罚。”第八十一条：“违反本法规定，构成犯罪的，依法追究刑事责任。”《精神卫生法》第八十一条的规定与《侵权责任法》第六十四条的规定类似，主要是对扰乱医疗卫生秩序以及妨害医务人员工作、生活者的行政责任与刑事责任追究。而《侵权责任法》第六十四条还包含对侵权者民事责任的追究，但是该条却并不能适用于精神障碍患者住院期间侵害精神卫生工作人员的民事责任追究，因为依据前文案例分析可知，此种职业危害不能通过侵权行为法体系得以救济，而是通过职业保障机制加以补偿。基于此，《精神卫生法》第七十一条的规定就显得尤为重要，因为该条是对精神卫生工作人员的职业保护、职业待遇、职业津贴以及工伤待遇等的规定。但是这些规定都只是原则性、概括性规定，尚待相关法规、规章对之加以细化与落实。

总之，只有真正落实对精神卫生工作人员的职业保护与职业待遇，才能推动精神卫生人才队伍建设，才能提高对精神疾患的诊疗水平，才能解决精神疾病患者看病难的问题。精神卫生属于公共卫生的范畴，公共卫生系公共产品，公共产品的最终责任主体是国家。故而，政府的重视与投入，直接关乎精神障碍患者与精神卫生工作人员权益保障的落实以及精神卫生事业的发展。

案例7

手术延迟的法律责任

——托马斯·波林诉利宝互助保险公司案

一、案例背景

美国的医疗保障制度是社会医疗保险、管理型医疗保险和私营医疗保险的结合体。社会医疗保险有 Medicare 和 Medicaid;管理型医疗保险在节省医疗费用以及提高医疗质量方面有显著的优势,成为主要的医疗保险形式;私营医疗保险在美国整个医疗保障中占据重要地位,包括非营利性的医疗保险和营利性的医疗保险,雇主为职工投保也基本为此类型。

互助保险属于私营医疗保险,是一种由一些具有共同要求和面临同样风险的人自愿组织起来,预交风险损失补偿分摊金的保险形式。互助保险具有传统保险共同的性质,如均为一定范围内的群体、众人分摊损失的性质,但是传统保险是以全社会公众为对象,而互助保险则是以其互助团体内部成员为限。互助保险因具有群众性、互济性、公益性、民主性、灵活性等特点而在西方各国的保险中占据重要的地位。其中职工互助保险是由社会团体提倡和组织的,职工在自愿的基础上所开展的一种操作成本低廉、形式灵活多样,以互助为目的的民间保险。

我国的医疗保险制度主要由社会保险和商业保险组成,而互助保险初步发展。其中,社会保险主要是由政府行政机构建立的社会保障制度之一;商业保险是以营利为目的的企业法人建立;而互助保险则是由以公益为目的社团法人建立,如职工互助医疗保险,由行业工会组建。

发生在德克萨斯州的托马斯·波林诉利宝互助保险公司案[1]就是一例涉及互助保险公司的责任及其赔偿的条件的案例。根据德克萨斯州的法律规定,如果保险公司拒绝了合理清楚的赔偿请求,或未能合理地调查索赔请求,则违反其诚实信用和公平交易的责任。而德克萨斯州的工人赔偿制度,建立了一个预授权/并发审查的评审系统,对某些类型的治疗建议(包括手术)进行评审。如果一

① westlaw 数据库。

个治疗需要预授权，那么保险人就没有义务实施治疗，除非它自己进行预授权治疗，或者由德克萨斯州工人赔偿委员会（即 TWCC）命令其治疗。从托马斯·波林诉利宝互助保险公司案中，我们可以对美国的互助医疗保险制度略窥一斑。

二、案情概要

（一）案件事实

原告托马斯·波林（以下简称波林）在被告利宝互助保险公司（以下简称“利宝”）提供工伤保险的公司工作。1993 年 5 月 12 日，波林在工作时左脚和身体其他部位受到伤害。利宝接受了波林的工伤赔偿请求，并开始支付其医疗费和提供收入利益。1998 年，波林的右脚因为其原始的伤害而出现问题。他的治疗医生 Bishop 博士建议进行手术治疗。Bishop 博士在 1999 年 12 月申请了手术的预授权。同年 12 月 27 日，利宝给 Bishop 博士和实施手术的德克萨斯州骨科医院发送了信件，分别通知了手术请求被拒绝的消息。在信中，利宝概括了德克萨斯州工人赔偿委员会（TWCC）审查医疗纠纷的程序。但是，波林不接受手术请求被拒绝的事实，2 个星期后，利宝再次提交了对波林右脚的手术进行评审的申请。第二次的评审医生达成与第一次相同的结论，拒绝了手术请求。利宝提起的两次独立的同行评审，都因评审医生不能从 Bishop 博士认为手术必要的结论中得到足够的信息而拒绝预授权。2000 年 1 月 18 日，利宝给 Bishop 博士、波林以及德克萨斯州骨科医院致信通知手术被拒绝，并因此援引了行政复议的程序。

虽然利宝并不知道，但是根据德克萨斯州工人赔偿委员会（TWCC）的记录，波林在 2000 年 2 月 22 日已经联系了 TWCC。TWCC 的代表建议波林进行预授权的申请，并告知其医疗审查部门可以协助他。而在 2000 年 2 月 22 日到 2000 年 3 月 14 日的期间，医疗纠纷调解的请求被提交到 TWCC，手术请求也显示在 TWCC 的记录中。但这份请求本身并不是 TWCC 的文件。2000 年 3 月 14 日，TWCC 发出信件并解释说请求有不足之处。然而，在那之后，Bishop 博士和波林都没有进行更正、更新，也没有以其他任何方式寻求 TWCC 审查。因为没有进一步的医疗争议请求，TWCC 并没有采取任何行动。同时，利宝也没有收到来自 TWCC、Bishop 博士以及其他人关于审查申请的任何形式的通知，更不用说由 TWCC 达成的任何决定。

然而，利宝却主动征求了另一个医生的意见，这个医生对波林的医疗记录进行了审查，并认为波林右脚的问题很可能跟最初的伤害有间接的关系，但是还需要进一步的检查测试。利宝与 Bishop 博士进行磋商后，Bishop 博士告诉利宝，在他看来，波林右脚的问题没有进一步检查测试的必要。

2000年6月，尽管没有通过特定的评审，也没有得到TWCC的最终授权，利宝还是在它并不知道有关医疗纠纷调解的请求已经被中止的情况下，自愿批准了波林的手术。2000年7月28日，利宝给Bishop博士和波林的律师发出了手术的书面授权。但是直到2000年10月2日，波林才实施对其右脚的手术治疗。随后，波林对利宝提起违反合同和不守信用的赔偿诉讼。

波林指控：利宝在审批他的工人伤害赔偿中涉嫌拖延手术，违反了诚信和公平交易。因此，他请求伤害赔偿和惩罚性赔偿，还要求基于有关法律正式宣告利宝的责任。

这一案件由美国德克萨斯州南部的地区法院的Simeon Lake法官主持并最终做出简易判决，所有的索赔都被处理。2002年12月20日，波林对地方法院做出的有利于利宝互助保险公司（被告）的简易判决提出上诉。

（二）地区法院的诉讼过程及判决概要

这件由工人提起的违反合同和不守信用的赔偿诉讼，针对利宝提出了三次。在第一次的诉讼中，原告波林诉称利宝拒绝了对其足部实施手术的请求。这一诉讼因属事管辖权被驳回，因为原告在适用德克萨斯州工人法案之前没有请求行政补救措施。波林又于2001年12月20日重新对利宝互助保险公司提出了违反合同及普通法之不守信用的第三次诉讼。

在波林第一次被驳回的诉讼和最后提交的诉讼中，唯一改变的事实是：波林所要求的足部的手术已经实施。尽管利宝没有法律义务，但还是为波林自愿批准了手术，波林最终也接受了手术，而之所以没有为波林提供手术的义务，是因为波林从未尽力追求适当的行政补救措施以获得手术。针对此问题，波林辩称：尽管其没有用尽所需的行政救济渠道并等待着被批准后2个月内安排手术，但是利宝应对从最早建议手术时到手术获得批准之间的延误给其右脚造成的伤害承担责任。波林称，这种延误导致了他的脚受到永久性的神经损伤。

事实上，波林主要的论点依据是德克萨斯州的劳动法，要求治疗右脚，因为利宝没有在受伤的60天之内提出应予赔偿的异议。没有议案、概要、备忘录、命令或判决认为原告右脚的损伤不应予以补偿。相反，很明显，利宝相信伤害应予赔偿，并对其进行了相应的处理。利宝从来没有对它认为不应该赔偿的伤害进行三次的评审，并且批准了手术的请求。因为没有人会为一个被认为不予赔偿的索赔通过预授权的程序。

利宝辩称：(1)从来就没有批准对波林受伤的脚实施手术的义务。因为自始至终没有得到TWCC批准手术的命令。(2)波林接受手术上的任何延迟都不是利宝的责任。从利宝于2000年1月18日拒绝到2000年7月28日自愿批准的期间，波林手术的延迟，是由于波林正处在TWCC决议所需的医疗纠纷进程中造成的。而从2000年7月28日利宝自愿批准手术到2000年10月2日实施手术之间的延误，是由波林或他的医生造成的。

（三）上诉法院的判决

上诉法院所要解决的基本问题是：在没有任何批准手术的法律义务的证据和没有任何利宝引起波林手术迟延的证据的情况下原审法院做出的简易判决是否适当？

1. 利宝从来就没有批准波林右脚手术的法律义务

根据德克萨斯州的工人赔偿法案，一个保险公司只承担由德克萨斯州工人赔偿委员会（TWCC）预授权的紧急情况下“合理且必要”的医疗费用，非紧急的住院治疗和门诊手术需要预授权或者并发审查。工人赔偿保险公司的其他管理方式或方法可能通过同行评审决定推荐的治疗是否“医疗必要”的或具有可赔偿性。

工人赔偿的索赔人或医疗服务提供者对预授权请求的决定不满时，可以通过医疗纠纷调解程序从TWCC寻求救助。这个程序以当事人之一向TWCC提交具有一定信息的医疗服务的审查或纠纷解决的申请开始。在提交请求的同一天，请求方“应当给应诉方发送邮件的副本”。

当审查完成的时候，TWCC的医疗审查部门会给争议双方审查决定。对决定不服的当事人有权进行由州行政听证办公室组织的行政听证会，而直到2001年修订“劳动法案”之前，行政决定的司法审查是不允许的。

在本案中，由于请求的治疗包括手术，所以预授权是必需的。当利宝收到波林右脚手术的预授权请求时，它遵照必要的程序将其提交进行评审，并且不是一次，而是两次。这两次的审查医生不能建议批准手术。请求治疗被拒绝后，从TWCC的医疗纠纷调解程序中寻求救济成为波林和他的医生的责任。这种行政救济途径在利宝给波林和他的医疗服务提供者的拒绝批准手术的信件中被指出，并解释如何在TWCC请求医疗纠纷审查。它表明，波林或Bishop博士在2000年1月18日试图申请行政复议，TWCC发现请求有缺陷并拒绝。虽然他曾经联系过TWCC，并被告知可以帮助他，波林依然没有在TWCC对争议采取进一步行动。因此，行政程序至少是不当地开始并且被放弃了，或者从未被涉及。在任一情况下，结果是相同的。

2. 原告接受手术上的任何延迟都不是利宝的责任

波林诉称他的伤害是由于利宝延迟批准手术而造成的。然而，作为一个法律问题，利宝并不对涉嫌拖延负责任。事实上，根据利宝遵从的规则和劳工赔偿法案，延迟是由波林或他的医生造成的。

很难想象利宝能够做多少，以及波林和Bishop博士可以做多少。然而，波林并没有对他请求医疗纠纷调解的失败做出解释。相反利宝总是迅速地采取行动，并且严格遵守程序和规则。

(1)从2000年1月18日到2000年7月28日的延迟是波林或Bishop博士的责任。

如上所讨论的，波林接受手术过程中的任何延迟，包括从利宝2000年1月18日拒绝，直到2000年7月28日利宝自愿批准，是波林和他的医生没能成功援引TWCC的医疗纠纷调解程序的结果。如果波林或Bishop博士及时地提出争辩并且获得一个决定——假设（当然不太可能）TWCC下令批准了手术——波林的手术便可以更早地实施。

(2)手术被批准之日到被实施之日的任何延迟是由波林或Bishop博士造成的。

利宝在2000年7月28日自愿批准了波林右脚的手术，尽管它并没有法律责任这么做，并及时通知了Bishop博士和波林的律师。但是，直到2000年10月2日，波林的手术也没有进行。波林手术从批准到实施超过2个月并不是利宝的过错，因为它已经通知有关各方手术被批准。

作为一个法律问题，当重大事实没有真正的问题，并且动议方被给予判断的权利时，简易判决是适当的。

波林反对利宝的原因之一就是利宝未能履行法律义务，涉嫌拖延批准其手术。基于以上原因，波林右脚手术涉及的拖延不是利宝的责任，在重大事实上是没有争议的。因此，上诉法院得出最后决定，地区法院的判决是正确的。

三、案件评析

本案争议的焦点是：(1)波林是否有权利从利宝得到手术的预授权，或利宝是否有责任在不审查波林的情况并进行评审的情况下对其手术进行预授权？(2)波林手术的延迟是否是利宝的责任？即利宝是否应该对波林受到的右脚永久性的神经损伤负责？

由本案可以看出，波林不适当地依据德克萨斯州劳动法，他似乎相信可赔偿性是不必争辩的，在某种程度上利宝必然要批准他或他的医生建议的任何手术。然而，这是不符合法律规定的。德克萨斯州行政法规说明，德克萨斯州劳动法适用于作为一个整体的索赔中承保人的责任，而不是一个索赔中的单个方面。当承保人争辩受伤的程度时，并不是否认作为一个整体的索赔的可赔偿性，它是在争辩索赔的一个方面。这类似于承保人接受了索赔但是却对残疾的存在提出争论。而有关残疾的争论是一个人有权得到的残疾福利金额的争论。同样的道理，涉及伤害程度的争辩是雇员有权得到的福利数量或福利类型，以及特殊医疗福利的争辩；总之，它并不是对雇员福利权利的否认。尽管规则赋予了承保人提交受伤程度争辩的时间，但未能及时这样做是一个合规性的问题，它并没有产生责任。因此，应否赔偿不是该案中存在的问题。

利宝于年前认可了波林的伤害的可赔偿性，并且已经支付了相应的利益。但问题是特殊的手术程序是否必要且适当。利宝唯一的问题不是反对可赔偿性，而是失去了反对可赔偿性的能力。但是它并没有失去对受伤程度或决定是否对特殊建议手术的预授权提出问题的能力。

波林认为他的伤害具有可赔偿性，利宝没有权力对建议的手术进行评审，而根据德克萨斯州的法律，利宝进行评审是符合规定的。波林的另一途径即寻求行政救助措施，寻求 TWCC 的授权，因为根据德克萨斯州法律的规定，需要得到预授权的医学治疗，包括手术，在没有承保人或 TWCC 的预授权的情况下，承保人是没有义务批准其医学治疗的。但是，根据 TWCC 的相关记录，波林和 Bishop 博士并没有在寻求行政救助措施的过程中做最大的努力，虽然也曾咨询并申请，但是在资料不足的情况下放弃了救济措施，这也导致利宝从来没有收到来自 TWCC 的批准波林手术的命令。

根据德克萨斯州劳动法案中关于医疗审查的规定，委员应该通过规定指定的那些医疗护理和服务要求明示的预授权或并发审查。但同时也规定，紧急情况的医学治疗和服务是不需要明示的预授权的。对于那些指定的需要预授权的医学治疗和服务，保险公司是不承担责任的，除非申请人或者医疗保健提供者申请预授权，或从保险公司获得批准，或者得到委员的命令。如果特殊的医疗保健治疗或服务按照规定被授权，则医学治疗或服务将不会受到治疗或服务的医疗必要性的审查分析，即医疗必要性不是进行某项治疗或服务的必要条件，当然在有预授权的情况下，治疗或服务可以实施，而不必审查其医疗必要性。另外规定，相关部门并不禁止保险公司和医疗保健提供者自愿探讨服务，不论是预先的或者是当时进行的，也不禁止保险公司认证或同意支付与协议一致的医疗保健，保险公司对自愿进行预授权的医疗保健护理、治疗计划和医药服务，以及没有异议的认证或同意预授权的健康护理、治疗计划和医药服务，在之后的时间里，是负有责任的。

从该案波林的情况看，在利宝否决了波林的手术申请之后，波林或其医生可以申请对手术的预授权，获得 TWCC 的授权，或者得到利宝的自愿批准手术。在利宝或 TWCC 没有预授权的情况下，利宝对波林的手术是没有责任的，只有在利宝批准了手术而又不积极履行支付或其他义务的情况下才负有责任。波林与 Bishop 博士向 TWCC 提交的申请不符合请求之后，没有进行进一步的行动，也导致了利宝并未收到 TWCC 的关于手术预授权的命令，虽然利宝在最后批准了波林右脚的手术，但是并不能认为这期间的延迟应该由利宝负责，因为利宝并没有义务必须批准波林的手术，也没有收到相关命令，其最后批准手术，并不是基于批准波林手术是利宝的责任，而是一种自愿的行为，也就是说，没有法律或其他规则强制利宝去履行批准的义务，利宝自然不必对波林的手术负责。当然，并不能因为利宝最终批准了波林的手术而认为利宝对波林的手术是有责任的，或认为利宝没有批准波林的申请或者没有更早地自愿批准手术涉嫌对波林手术批准的延迟。由此可见，波林认为他的手术的延迟是由利宝造成的是没有依据的。

在该案中，波林争辩的事实，即他的伤害具有可赔偿性，利宝没有权力审查Bishop博士推荐的治疗，这种看法是不正确的。此外，波林没有向TWCC采取必要的措施抗议利宝的行为。缺少利宝或TWCC的预授权命令也就意味着利宝没有义务进行手术。

波林未能证明利宝对手术的合理、清楚的责任，并且没有利宝是否违反了诚实信用和公平交易责任的重要的事实。因此，波林的诉称缺乏基本的证据，对于其争辩的利宝的违反诚实信用和公平交易的责任、利宝涉嫌拖延批准其手术的责任都没有可靠的证据证明。

案例8

第三方付款人的法律责任

——威克莱恩诉加利福尼亚州政府案

一、案例背景

1965年，美国国会通过了两大公共医疗保障计划，即医疗照顾（Medicare）和医疗援助（Medicaid）计划；这两大计划也成为美国医疗保障中重要的制度。美国加利福尼亚州的医疗救助服务开展已久，也在不断进行完善，尤其在救助款项的支付方式上，按阶段不同主要有两种方式，即按次偿付和按人头偿付。1994年之前，加利福尼亚州医疗救助主要实行传统的按次偿付的方式。在这样的体制下，医疗机构向受益人免费提供医疗保健服务，再从政府（医疗救助机构）那里按照每项服务的偿付率取得偿付。按次偿付的方式鼓励医疗机构给病人使用收益较高的服务,在规定的偿付范围内的医疗服务的费用也会随之提高,因此造成了医疗救助的费用急剧增长的局面。而相比较商业保险来说,医疗救助的偿付率相对较低,医疗机构不愿接收医疗救助范围内的病人的情况也经常会出现。

为了控制医疗救助成本的增长,同时为接受医疗救助的人提供高质量、有保障的医疗健康服务,加利福尼亚州的医疗救助由注重在医疗费用上按次偿付的方式逐渐转向了注重预防保健和基本医疗的新模式,即管理医疗模式,其最显著的特点即是按照人头付费,而相比较按次偿付的方式,对政府(医疗救助提供者)来说,按人支付固定的医疗救助费用,没有不确定性的风险,总的医疗救助成本是能够控制的,在管理上有明显的优势,并且在规定的范围让医院提供基本的医疗保健服务对于受救助者来说也会获得最大的利益。

当时,"Medi-cal"是美国加利福尼亚州政府规划的医疗保险计划,是维护弱势人群健康品质的社会福利计划,由联邦及加利福尼亚州政府的税收划拨经费,专门为收入低的儿童及成年人支付医疗费用。享受该项服务要经过申请和审核的程序,并对申请人资格进行每年一次的审查,申请者递交 Medi-cal 申请表后,审核人员会查核申请人是否符合资格。通常符合年度计划低收入标准的 65 岁或以上长者、儿童、接受联邦政府补助者、盲人或残障人士、孕妇、居住在长期护理机构的人、难民或政治庇护者等,均符合申请 Medi-cal 的资格。此外,申请者还须按照不同的需要提交一些证明文件,如出生证明、驾驶执照、薪资支票、选民登记卡、学校记录、美国护照等申请人身份证明文件,居住地址(租金或支付贷款收据、水电费单等)、薪资收入、其他收入(福利支票、子女抚养费支票影印本、赡养费支票等)、移民身份、社会安全号码(社安卡)、资产(银行账单、抵押贷款账单、人寿保险单)、医疗账单(所有家庭成员的医疗账单)、住房及其他账单(租金收据、租约、财产税账单、水电单等)、特殊医疗账单(只限规定范围内的特殊人群)。

威克莱恩诉加利福尼亚州政府案[①]就是一起典型的 Medi-cal 申请案,通过本案的诉讼和判决,让我们看看美国的医疗保障制度对于我国正在开展的医疗保障制度的制定和开展具有怎样的借鉴意义。

二、案情概要

(一)案件起因及过程

1976 年,45 岁左右接受过有限教育的已婚妇女威克莱恩为治疗背部和腿

① 239 Cal. Rptr. 810 (Cal. App. 1986), review dismissed, 741 P. 2d 613 (Cal. 1987).

部，就诊于斯坦利·Z.丹尼尔医生处。丹尼尔医生是一名从事于家庭执业的一般的医生。威克莱恩在丹尼尔医生处的治疗方法失败后，丹尼尔医生让威克莱恩于1976年10月转到万·努伊斯社区医院接受治疗，并将其交给了另一位周围血管外科（与全身除心脏以外的血管有关的外科）专家罗德·E.波罗斯基医生进行会诊检查。波罗斯基医生对原告（威克莱恩）做了检查，将其症状诊断为腹部主动脉栓塞动脉硬化，一般称之为Leriche综合征。在波罗斯基医生看来，Leriche综合征的唯一治疗方法就是外科手术。威克莱恩当时病情已经较重，波罗斯基推断已有必要将原告动脉一部分切除并在其位置植入人造移植物。在同意手术后，丹尼尔医生提出了Medi-cal申请，作为对丹尼尔医生提出申请的回应，Medi-cal授权进行外科手术，威克莱恩可获得10天的住院治疗的医疗援助。

1977年1月6日，威克莱恩被允许住进了万·努伊斯社区医院，次日，波罗斯基医生对其进行了外科手术，术中威克莱恩的部分动脉被切掉，植入了一段人造的动脉以取代原动脉。波罗斯基医生将该手术称之为"主要手术"。当天晚些时候，波罗斯基医生被告知威克莱恩右腿出现了循环问题，他推断是移植中产生了栓塞，因此对威克莱恩再次进行了手术，她的右腹股沟被重新打开，栓塞被取出，移植处被重新缝合。威克莱恩在1月7日的两次手术后反应很强烈，感觉很疼，小腿血管有些痉挛，并且产生了幻觉。1977年1月12日，威克莱恩重返手术室，波罗斯基医生为其进行了腰部交感神经切除术。（腰部交感神经切除术是一个主要的手术，手术中脊柱两侧部分神经被切除，该手术导致患者四肢末端大范围麻木以减轻患者血管痉挛，不解除会引起栓塞。）

按照已申请的Medi-cal，威克莱恩要在1977年1月16日出院，而在此规定的出院日期之前，波罗斯基医生认为威克莱恩从医疗上说有必要在原规定以外在医院再住8天，科夫勒医生和丹尼尔医生同意波罗斯基医生的意见。波罗斯基医生引述了很多理由以说明他对原告有必要在急性病看护期再行住院治疗8天的看法，诸如感染及血栓的危险。主要理由是波罗斯基医生认为他能够挽救威克莱恩的双腿，而且他认为患者待在医院里有利于对其进行随时的观察，有利于在遇到紧急情况时对其施以治疗。要让威克莱恩的住院治疗期延长就必须填写并呈交被称为"住院延长请求书"的Medi-cal表格，该表格通常被称为"MC-180"或"180"。最终，Medi-cal顾问只同意所要求的8天延期住院中的4天。之后，威克莱恩回家，并证实说她回到家的最初几天中她开始觉得右腿疼痛，该腿开始失色，在接下来的几天中疼痛逐渐加剧，右腿开始呈现发白的雕像般的大理石外表，但威克莱恩的丈夫认为是正常的康复症状，并未告诉她任何意外的情况。最后疼痛加剧、右腿颜色变得发灰的时候，威克莱恩的丈夫给科夫勒医生打了电话，威克莱恩记得这大概是在她出院3天之后。科夫勒医生建议威克莱恩多服用一些止痛药。在熬过了随后的几天后,原告的腿越来越灰最后变成了青紫色,科夫勒医生通过电话所开的大剂量的止痛药不能缓解威克莱恩所受的痛苦,威克莱恩证实说当时疼痛难耐,任何止痛药都不管用。最后,威克莱恩的丈夫再次给科夫勒医生打电话,这次科夫勒医生要求原告返回医院,威克莱于当晚返回医院,当时是 1977 年 1 月 30 日,距离原告出院已有 9 天的时间。

1977 年 2 月 8 日,波罗斯基医生截掉了威克莱恩膝关节以下的腿,因为他不这样做的话,患者就会死掉。但是第一次手术后患者并未痊愈,1977 年 2 月 17 日,医生又截掉了威克莱恩膝关节以上的腿。

威克莱恩认为自己的腿被截肢是由于 Medi-cal 的错误决定让其提前出院造成的,因此提出诉讼。

(二)法院判决

洛杉矶县法院的法官和陪审团在审视了本案过程及证据后做出了有利于原告威克莱恩的判决,但加利福尼亚州政府提起了上诉。

上诉法院认为,虽然 Medi-cal 只同意给予威克莱恩 4 天的延长住院治疗期限,但是出院的决定还是由其治疗医生做出的,最终决定让威克莱恩出院的也是其治疗医生,Medi-cal 对此并不负有法律责任,因而推翻了原有利于原告的判决。上诉法院的罗文法官认为:(1)病人在受到伤害时,本应该得到的照顾没有得到时,剥夺病人享受这种福利的人应该负责,当然,也包括适当时候的医疗保健付费者。(2)当医疗的不适当的决定是由于设计或实施成本控制机制造成的时候,第三方付款人的医疗服务可以被追究法律责任。(3)医生对第三方付款人施加的限制没有抗议,则不能避免对病人护理的最终责任。(4)Medi-cal 对出院决定不承担责任。

三、案件评析

本案所涉及的案件争议焦点:

1. Medi-cal 顾问对威克莱恩的延期出院申请的审核是否合理

上诉人主张,出院的决定是由原告的三个医生根据普遍流行的执业标准做出的,以她当时出院的情况来看也是合情理的,Medi-cal 在原告的出院中并未起什么作用,因而即使这样做的决定是由其医生错误做出的,它也不承担责任。

在审查了 180 表格后,格拉斯曼医生证实使其授权 4 天而非 8 天的因素是没有患者体温、饮食、肠功能的信息,因此他假定这些信息都是正常的。另外,180 表中提到的威克莱恩能够在帮助下行走,根据从治疗当天开始的信息显示,格拉斯曼医生推定病人正在很好地恢复而不是病得很严重。针对此问题,被上诉人争辩道,格拉斯曼医生只是基于体温、饮食、肠功能这样一些与原告正接受的治疗的循环状况基本上不相干的症状做出其决定，却没有正确对待医生根据威克莱恩的症状做出的决定。

2. 波罗斯基医生做出的让威克莱恩出院的决定是否合理

审理中，波罗斯基医生证实说在 1 月 16 日或 17 日向 Medi-cal 提出了第一次延期申请后到患者规定的出院时间即 1977 年 1 月 21 日这段时间里，威克莱恩的状况既未出现恶化也未发生危急情况；并且指出，在威克莱恩出院时，她的腿看起来也没有处于危险中。但是，波罗斯基医生认为，在该问题上当时的医疗顾问更多地考虑了州的利益而不是患者的利益。此外，他认为 Medi-cal 有权告诉他这个治疗医生患者应当在什么时候离院。因此，波罗斯基医生虽然主观上认为威克莱恩病情严重，她的危险还未结束，但他没有将此观点告诉顾问，而是让患者于 1977 年 1 月 21 日出院。他证实说如果威克莱恩的状况依其医学判断看来在 1977 年 1 月 21 日是危急的或者在恶化，他本会做出努力将患者留在医院，即使 Medi-cal 否决为其支付住院费，而由他自己为患者支付费用。

从该案案件事实来看，波罗斯基医生对 Medi-cal 方案有些过于谨慎。当患者病情要求其做出其他行为时，他并非没有力量做出适宜的行动；如果依其医学判断让患者在 Medi-cal 原来授权的 4 天之外再在医院待 4 天对患者有利的话，波罗斯基医生应该做出努力将威克莱恩留在医院，波罗斯基医生应该清楚自己对患者所负的责任。无论如何依其医学判断波罗斯基应该在威克莱恩应该出院时让其出院。

此外，所有审判中为原告或被告作证的医生都同意波罗斯基让威克莱恩出院的决定符合当时适用的医疗标准。波罗斯基医生认为，如果威克莱恩依照他以及其他治疗医生原来要求多住院观察 8 天的话，就不会承受之后截肢的后果。波罗斯基证实说按照他的医学观点，Medi-cal 顾问拒绝所要的 8 天急性病住院延长而只授权 4 天的延期，没有遵守当时存在的一般的医学标准，他指出，按照这些标准，医生不能在既没有查看患者、审查患者申请表，也没有与患者治疗医生及其他医生探讨过患者病情的情况下做出决定。

3. 威克莱恩出院的责任是否应该由应该 Medi-cal 顾问处承担。

按照 Medi-cal 授权的有限的延长期限，威克莱恩于 1977 年 1 月 21 日离开了万·努伊斯医院，波罗斯基医生和丹尼尔医生每个人都签署了出院令，在患者离院时，原告三位治疗医生每个人都知道 Medi-cal 顾问只同意所要求的 8 天延期住院中的 4 天，虽然三位医生都知道他们可以通过打电话给顾问再获得延长的住院时间，但他们都没有这样做。

各方的专家证人都同意按照 1977 年 1 月时的医疗标准，患者的治疗医生决定患者的医疗进程，同时也决定急性病住院是否需要以及需要多长时间。患者的医生在决定医疗上所需的住院天数比 Medi-cal 顾问处在更有利的位置，因此，出院的决定是患者的治疗医生的责任。考夫曼医生认为如果在原告离开万·努伊斯医院的 1 月 21 日，她的任何一位治疗医生依其医学判断决定有必要将威克莱恩留在医院再待一段时间，他们或者他们中的某个人本会填写延期住院的另一申请表。并且，Medi-cal 也希望医生认为必要时可以提出这样的申请，他们将会在收到申请书后，对延长住院时间做进一步的考虑。Medi-cal 顾问处并不是做出医疗决定的医方，因而对错误做出该决定所导致的伤害不负责任。

针对本案的焦点，给予了我们很多对本案的反思：

首先，本案所争议的起因，即患者认为其最后受到截肢的损害，是由于 Medi-cal 顾问处不同意其 8 天的住院治疗申请，而只授权 4 天的住院治疗期限是出于对成本的考虑，也就是对政府支付款项的控制。Medi-cal 在本案中起到了作为医疗费用资金的来源的作用，它依据病情投入资金决定住院时间长短具有极端的重要性，Medi-cal 在患者出院时并未将治疗医生的判断搁置一旁，它没有机会这样做，因此，对出院决定导致的结果并没有可行的诉因。因此，案件争议的焦点便成为 Medi-cal 节省经费计划对医生做出的患者所需求的住院治疗的判断所造成的影响。虽然经费意识已成为医疗系统的一个永久的困惑，但经费限制方案不允许损害医疗判断却是极为重要的标准。从本案争议焦点及事实推断出，本案中经费节约方案并不能成为影响医疗判断的依据。也是根据这些理由，上诉法院最终认定上诉人不对被上诉人威克莱恩的伤害负责。

从当时的医疗保险制度角度分析，当时加利福尼亚州医疗保险制度实行按次支付医疗费用的模式，所以出现原告威克莱恩所遇到的问题有其必然性。在利益的驱动之下，医院会提高医疗保险支付范围内的医疗服务的费用，最终导致政府支出成本过大，不利于该项制度的开展，也会损害受益者或潜在受益者的利益。在医疗费用过高时，不得不出于对保险成本的减缩提出申请的患者的医疗服务，而这样就很有可能会给患者带来损害。

其次，本案的另一关键问题是“时间”，相关医护人员填写关于延长威克莱恩的住院治疗期限的申请表，Medi-cal 顾问根据患者的病情对所申请的事项进行判定，最后授权延长威克莱恩 4 天的住院治疗时间，而在这 4 天中患者的病情没有恶化，治疗医生同意其出院，回家后却因病情加重最终腿被截掉。而此案最具争议性的地方正是因为从时间上来看，威克莱恩感到疼痛和腿部颜色发生变化是在距离原定出院时间 8 天之内的，也就是说，如果 Medi-cal 顾问同意了延长 8 天的住院治疗时间的话，患者就可以在医院得到随时的观察和紧急治疗，不至于最后的截肢。因此，这也成为患者提起诉讼的主要原因，认为是 Medi-cal 的错误决定导致其受到伤害。

Medi-cal 顾问认为以当时的病人情况而言，没有必要还在医院住院 8 天，因此只决定了 4 天的延长期；并且认为如果患者的治疗医生认为有必要，可以再次提出延长住院期限的申请，他们会根据病人的情况做出最终的决定。而波罗斯基医生认为他之所以没有再次提出申请，是因为第一次申请的 8 天没有被同意，认为 Medi-cal 是出于对成本的考虑，即更多地考虑到了州的利益而不是患者的利益。因此，波罗斯基医生虽然主观上认为威克莱恩病情严重，尽管在延长的 4 天中没有发生紧急情况，患者的危险却还未结束，但是波罗斯基医生没有再次提出申请并将此观点告诉 Medi-cal 顾问，而是按照 Medi-cal 顾问的决定让威克莱恩在延长 4 天的住院治疗的时间后出院。波罗斯基让威克莱恩在规定日期出院的另一重要原因是在离院时她的情况并不是危急的或者在恶化。

患者需要治疗，而本应提供的治疗未被提供时，因此而受到损害的患者应当自所有那些剥夺这种治疗的人中，包括医疗服务付费人那里对其所受的损害获得赔偿。第三方医疗服务付费人也可能因医疗上不合理的决定，或源于节省费用机制的设计或运作过程中的缺陷，如患方要求医疗或住院的请求被武断地忽视或不合理地不予考虑，或者是被搁置一边时是负有法律责任的。但是，当治疗医生的判断与第三方付款人的决定相矛盾时，其无异议地遵从第三方付款人施加的限制，不能成为其最后对患者治疗所负的责任的借口，当其自身决定意义上的医疗决定有错时他不能将付费方作为其所应付责任的替罪羊。

第五章 证据及举证责任

案例 1

精神病人强制医疗的证明标准

——阿丁顿诉德克萨斯州案(Addington v. Texas)

一、案例背景

强制医疗系严重剥夺人身自由的措施,且人身自由限制之期限不确定。除人身自由之限制外,强制医疗还给当事人带来其他严重影响,如污名、歧视与社会排斥、丧失自尊等①。就此而言,强制医疗给精神病人带来的消极后果或许并不比刑罚等违法行为制裁更轻,甚至可能有过之而无不及。因此,为保障精神病人的基本人权与尊严,有必要建立严格的强制医疗标准和程序。综观各国立法,强制医疗的条件主要包括两个:患有精神疾病和危险性,而在强制拘禁的决定中必然涉及何种程度的证明标准能够证明强制医疗条件的成立。换言之,应采取何种证明标准证明个人患有精神病和具有危险性从而应予以强制住院。

在美国,公立精神卫生机构对精神病人的强制住院被视为是州的行为,根据正当程序的要求,州对人身自由的限制与剥夺必须具有重大利益(compelling interest)方具有正当性。不管是出于国家监护权(parens patriae)还是警察权(police power),各州对精神病人的非自愿拘禁都必须证明其符合法定的标准,而各州对此所承担的举证责任及其程度则取决于做出非自愿拘禁决定应采用的证明标准。然而,在 20 世纪 70 年代之前,法院几乎没有考虑民事拘禁所涉及的证明标准问题。直到 1972 年的 Lessard v. Schmidt 案②联邦法院才开始考虑民

① Note. *Developments in the Law*: *Civil Commitment of The Mentally Ill*. Harvard Law Review. 1974,(87):p1190.

② 349 F. Supp. 1078 (E. D. Wis. 1972).

事拘禁的证明责任问题，而联邦最高法院对证明责任问题的专门讨论则是在1979年的阿丁顿诉德克萨斯州案①。

二、案情概要

(一)案件事实及诉讼概况

上诉人阿丁顿在1969年至1975年期间曾7次被拘禁于德克萨斯州的多家州立精神卫生机构，且拘禁期限不确定。1975年12月18日，上诉人因"恐吓攻击"其母亲而被逮捕，之后上诉人的母亲根据德克萨斯州法律提出不定期拘禁上诉人的申请。郡精神病检查人员会见了上诉人，并在检查后签发了"精神疾病医学检查证明"，证明上诉人患有"精神疾病并需要住院治疗"。

在初审中，陪审团对本案的审理需认定以下问题：(1)患者是否患有精神疾病？(2)为保护本人或他人的利益，患者是否应在精神病院住院？(3)患者是否具有行为能力？对此，州提交证据证明上诉人患有严重的幻想症，并经常威胁要伤害其父母及其他人；在住院期间他多次实施攻击性行为，并对本人住所和父母家的财产造成严重损害。对于这些无可争议的事实，两名作证的精神病医生认为，上诉人患有精神分裂症，且具有偏执倾向，对本人和他人均具有危险性。鉴于上诉人曾经拒绝门诊治疗计划，并多次从精神病院中脱逃，他们认为上诉人应在封闭的环境中接受住院治疗。上诉人对州政府的证人所做出的事实认定没有提出异议，并承认自己患有精神疾病，但认为没有实质性的证据证明他对本人或他人具有危险性。

初审法官对陪审团做出两个方面指示：(1)根据清晰、明确和令人信服的证据，阿丁顿是否患有精神疾病？(2)根据清晰、明确和令人信服的证据，阿丁顿是否应住院？上诉人反对这些指示，认为本案应适用"排除合理怀疑"的证据标准。经审理，陪审团最终认定上诉人患有精神疾病并需要住院。随后，法庭下达命令，将上诉人不定期拘禁于奥斯丁州立医院。

上诉人上诉至德州民事上诉法院，辩称初审法院适用的拘禁标准侵害其实体正当程序权利，且采用任何低于有关刑事定罪的"排除合理怀疑"的证明标准，都侵犯其正当程序权利。民事上诉法院同意上诉人关于证明标准的意见，从而撤销了初审判决。

在申诉中，德克萨斯州最高法院依据之前该院在State v. Turner案②中做出的判决，撤销了民事上诉法院的判决。在Turner案中，德克萨斯州最高法院认为，民事拘禁不同于刑事定罪，不应采用刑法上的"排除合理怀疑"证明标准。

---

① Addington v. Texas 441 U. S. 418.

② 556 S. W. 2d 563 (1977).

同时，根据德克萨斯州陪审团程序的规定，陪审团只有在排除合理怀疑或优势证据标准下接受法官的指示，从而拒绝采用“清晰和明确”的证明标准。因此，在民事拘禁程序中，“优势证据”标准符合正当程序要求。在重申 Turner 案后，德州最高法院总结道：尽管初审法院对陪审团的指示违反法律，但对上诉人有利，这一错误并无害处。因此，肯定了初审法院的判决。联邦最高法院随后对本案签发调卷令，并进行了审理。

（二）联邦最高法院的判决要旨

联邦最高法院首先认为，证明标准的功能是“指导事实认定者”，并服务于诉讼当事人之间错误风险之分配。在诉讼领域主要有三种证明标准，分别是优势证据标准（preponderance）、排除合理怀疑标准（beyond reasonable doubt）和中间标准（intermediate standard），即“清晰和令人信服”（clear and convincing）或“清晰、明确和令人信服”（clear, unequivocal and convincing）。三种证明标准适用范围不同，且存在一定的差异。对于民事拘禁程序应适用哪种标准，法院认为“必须评估个人不受非自愿不定期拘禁的利益与州在特定证明标准下拘禁精神病人的利益”，并铭记“法律程序的功能是将错误判决的风险降至最低”。法院解释道，任何目的的民事拘禁均构成对自由的严重剥夺，从而应受到正当程序的保护；同时，非自愿拘禁将对个人产生不利的社会影响，应谨慎选择相关证明标准。

首先，法院拒绝了优势证据标准，因为该标准将增加个人被错误拘禁的风险，且不会增进州政府的任何利益。法院解释道：“曾几何时，每个人的异常行为都可能被视为精神或情绪障碍的表征，但事实这都在可接受的行为范围内。很明显，这些行为没有强制治疗和拘禁的依据。然而，仍有这种可能：裁判者仅仅根据孤立的异常行为就将个人拘禁。提高证明标准是强化法官（调查者）认识到裁决的重要性，从而减少做出不适当拘禁决定的概率。”因此，当对个人的伤害可能性明显大于州利益受损可能性时，个人就不应要求与社会平等地承担错误风险。民事拘禁程序中的个人利益如此重要，正当程序要求州承担比优势证据更为严格的举证责任以证明拘禁的正当性。

其次，法院也拒绝了上诉人关于适用“排除合理怀疑标准”的辩护。因为，排除合理怀疑标准“历来适用于刑事案件”，民事拘禁程序完全不同于刑事诉讼——在民事拘禁中，州的权力并不具有惩罚性质。在刑事诉讼中，适用严格证明标准的目的是将“对个人错误风险降至最低，即便某些人有罪仍可能被释放”①。但这一理念并不适用于民事拘禁。同时，民事拘禁程序中的初次审查完

① Patterson v. New York, 432 U.S. 197, 208 (1977).

全不同于违法行为或犯罪行为追诉中的核心问题。后者是一个“直截了当的事实问题——被告是否实施了被指控行为”,而拘禁程序中的核心问题是精神疾病和危险性,查清该事实必须要有精神医生和心理医生的证明。但精神疾病的诊断具有主观性和不确定性,即便是训练有素的专家也很难“对任何患者得出确切的结论”。法院对此问题总结道:“如果缺乏精神医学诊断的确定性和可靠性,则存在一个严重问题:州能否排除合理怀疑而证明个人患有精神病和危险性。”

最后,在拒绝优势证据和超越合理怀疑标准后,法院提出“清晰、明确、令人信服的证据”标准能够平衡个人权利和州的合法利益。法院对此进一步论证,20个州通过法律采用了“清晰和令人信服”的证明标准,3个州适用了“清晰、有力和令人信服”标准,2个州要求“清晰、明确和令人信服”的证据。同时,在涉及驱逐出境的 Woodby v. INS 案①和涉及剥夺国籍的 Schneiderman v. United States 案②中,法院均采用了“清晰、明确和令人信服”的证明标准。因此,联邦最高法院最后认定,初审法院采用“清晰、明确和令人信服”的证据充分符合宪法。然而,决定采用比“清晰和令人信服”同等或更为严格的证明标准属于州法的事由,应留给德克萨斯州最高法院决定,从而将案件发回重审,以进一步审理与本判决不相符的问题。

三、案件评述

(一)强制医疗案件中证明标准的选择

1.英美法中的证明标准及其类型

在英美法中,证明标准(standard of proof)是指“证明责任被卸除所要达到的范围和程度,它实际上是在事实裁判者的大脑中证据所产生的确定性或可能性程度的衡量标尺,也是负有证明责任的当事人最终获得胜诉或所证明的争议事实获得有利的事实裁判结果之前,必须通过证据使事实裁判者形成信赖的标准”③。在诉讼中,证明标准不尽是程序问题,而且直接涉及诉讼当事人的实体权利。在美国,各类诉讼中的证明标准主要包括三个:优势证据标准、排除合理怀疑标准和中间标准,即“清晰和令人信服”标准或“清晰、明确和令人信服”标准。

优势证据标准通常适用于当事人之间涉及财产争议的民事案件,这种证明标准“所具有的盖然性必须达到一种合理的程度,但不能像刑事案件要求的那样

---

① 385 U.S. 276 (1966)

② 320 U.S., at 125

③ Peter Murphy. *Murphy on Evidence*, Blackstone Press Limited,6th ed,1997,p.109;转引自,牟军.《民事证明标准论纲——以刑事证明标准为对应的一种解析》.2002年第4期,第27页。

高。当法院就举证这样说：'我们认为其可能性大于不可能时'，此证明负担即可卸除，但可能与不可能之间势均力敌时，证明负担则不能卸除。"[①]因此，优势证明标准的实质是要求负有举证责任的一方当事人对其所主张的事实提出的证据的分量和证明力比反对该事实存在的证据更具说服力[②]。

排除合理怀疑标准(beyond reasonable doubt)适用于刑事案件，在这些案件中被告的利益如此重大要求采取"尽可能排除错误判决的可能性"的证明标准予以保护。[③] 在英美国家，"排除合理怀疑"是否应进行定义以及如何定义均存在激烈的争论[④]，但这并不意味着其在实践中"缺乏可操作性"。相反"排除合理怀疑"证明标准尽管受到种种质疑和挑战，仍然没有被其他标准所取代，并且为司法界和社会公众广泛认可，成为英美刑事诉讼证据制度的重要内容和标志之一。[⑤] 在阿丁顿诉德克萨斯州案中，联邦最高法院首席大法官伯格表示："在刑事审判中，我们的社会承担着错案的危险。在正当程序条款下，通过要求控方将被告人的犯罪证明到排除合理怀疑程度，误判得到了一定程度的克服。"对于何谓"合理怀疑"，英美判例中将其界定为"在日常生活中足以使人在决定重要事务时产生犹豫的不确定性""一种有理由的怀疑，不能是一种推测或猜疑""一种建立在共同意识基础上的怀疑"以及将"排除合理怀疑"界定为"一种对被告人有罪的内心的坚定相信""一种道德上的确定性"等界定方式[⑥]。但无论如何，"排除合理怀疑"作为严格的证明标准，要求追诉方对被告人指控之证据必须达到排除合理怀疑的程度。因为，"在刑事案件中，被告的利益如此重要，从而受到证明标准的严格保护，以最大可能排除错误判决的可能性。"

中间标准——通常并列使用"清晰"、"令人信服的"(cogent)、"明确的"(unequivocal)、"令人可信的"(convincing)等词语。尽管更少使用，但"在民法中并不稀奇"[⑦]。这一标准最典型的是适用于涉及欺诈或其他准犯罪行为的民事案件，这些案件中所涉利益被视为比纯粹金钱损失的案件更为重要。此外，一些司法管辖区为了减轻被告无故受到名誉损害之风险，而增加了原告的举证负担，从而采取该证明标准。同样，一些法院使用了"清晰、明确和令人信服"的证明标

---

①② Rosamund Reay. *Evidence*, OLD Bailey press, 1999: P89；转引自冷根源：《英美证据法上的民事证明标准》，《政治与法律》2000 年第 5 期，第 34 页。

③ Addington v. Texas. 441 U.S. 418.

④ 陈永生：《排除合理怀疑及其在西方面临的挑战》，《中国法学》2003 年第 2 期，第 150—162 页；杨宇冠、孙军：《"排除合理怀疑"与我国刑事诉讼证明标准的完善》，《证据科学》，2011 年第 6 期，第 645—648 页；赖早兴：《美国刑事诉讼中的"排除合理怀疑"》，《法律科学》，2008 年第 5 期，第 161—169 页。

⑤ 余剑：《"排除合理怀疑"证明标准在我国刑事审判中的运用》，《东方法学》，2008 年第 5 期，第 155 页。

⑥ 陈永生：《排除合理怀疑及其在西方面临的挑战》，《中国法学》，2003 年第 2 期，第 150—162 页。

⑦ Woodby v. INS, 385 U.S. 276, 285 (1966).

准以保护在各种民事案件中特定个人的重要利益。①

2.强制医疗决定中证明标准的选择

在诉讼中选择适当的证明标准主要考虑以下3个因素②:(1)司法成本或司法效益(Judicial Economy)。如选择过高的证明标准是否会过度增加司法成本或降低司法的效率,这就涉及"对司法效率是否比个人权利的保护更为重要"这一问题。(2)错误信息(Erroneous Information)。即,采取不当的证明标准将可能导致不当证据的采信,从而导致错误判决的发生。而"法律程序的功能就是要将错误判决的风险降至最低"③。(3)被告权利(自由)的性质及其重要性。正当程序的一项基本原理是权利越重要,程序保护程度和范围也随之增加。因此,当被告面临重大自由利益损害之时,正当程序要求给予更大力度的程序保护④。

具体到精神病人非自愿拘禁决定程序中的证明责任分配问题,联邦最高法院在阿丁顿案中主要考虑:(1)个人利益的保护及其平衡。首先,"民事拘禁程序中的个人利益如此重要,正当程序要求州承担比优势证据更为严格的举证责任以证明拘禁的正当性"。其次,"'清晰、明确、令人信服的证据'标准能够平衡个人权利和州的合法利益"。(2)纠正错误判决的可能性。刑事案件中适用严格证明标准的目的是为了最大限度地避免错误判决的发生,"但这一理念并不适用于民事拘禁",因为在民事拘禁中即便出现错误也能够在"第一时间予以纠正"。(3)证明的可能性及其成本。精神医学诊断的不确定性和主观性,使得"排除合理怀疑"的证明很难证明个人患有精神病和危险性。因此,联邦最高法院最终拒绝将"排除合理怀疑"标准和"优势证据"标准作为民事拘禁的最低限度证明标准。

(二)非自愿拘禁程序中证明标准的发展

在20世纪70年代之前,法院几乎没有考虑民事拘禁所涉及的举证责任问题。第一例广泛关注举证分配的案件是1972年的Lessard v. Schmidt案。法院认为,在民事拘禁中,采用更为严格的"排除合理怀疑"证明标准系宪法上的要求。由于最高法院已经在一例驱逐出境案中裁定,剥夺自由应比"纯粹过失案件"适用更高的举证责任⑤,法院认为拘禁所伴随的剥夺人身自由比驱逐出境更为严重。因此,仅依"单纯的优势证据"做出判决将难以获得正当性,应适用"排

① Addington v. Texas. 441 U.S. 418.

② Scott M. Brennan. *Due Process Comes Due: An Argument for the Clear and Convincing Evidentiary Standard in Sentencing Hearings*. Iowa L. Rev. 1992,(77): p1814-1817.

③ Addington v. Texas. 441 U.S. 418.

④ Speiser v. Randall, 357,U.S. 513, 520-21(1958).

⑤ Woodby v. Immigration & Naturalization SERV. 358 U.S. 276,(1966). 在该案中,联邦最高法院采信了"清晰、明确和令人信服"的证据标准。

除合理怀疑"作为民事拘禁的证明标准。Lessard 案被其他法院所遵从，但也有法院拒绝适用这一严格的证明标准，认为"非自愿拘禁听证的目的不仅仅是剥夺自由"，"治疗和帮助个人确诊患有精神病和对本人或他人具有即刻的危险性，是更重要的目的"①。

在阿丁顿案中，联邦最高法院开始着手解决民事拘禁的证明标准问题。法院考虑到精神医学诊断的不确定性，如果适用过于严格的证明责任，将给州施加不合理的负担，并对需要治疗的精神病人之治疗树立不合理的障碍，从而认为正当程序并不要求将"排除合理怀疑标准"作为民事拘禁程序的证明标准。同时，考虑到对人身自由的保护和正当程序的要求，民事拘禁的证据标准应比优势证据标准更为严格，并认为"清晰、明确和令人信服"等中间标准能够平衡个人权利和州的合法利益。值得注意的是：联邦最高法院在判决中并没有明确规定应采用何种层次的证明标准。因此，各州可以在立法和司法中自由选择"排除合理怀疑标准"和"清晰和令人信服"的标准，只要采用的证明标准比优势证据标准更为严格即可。结果是各州在认定个人对本人或社会是否具有危险性时，所采用证明标准不相同②。

从后续的判例看，联邦最高法院对非自愿拘禁的证明标准似乎并没有采取一致的观点。例如，在 Heller v. Doe 案中③，肯塔基州的法律规定，对精神疾病非自愿拘禁的审查应采用严格标准（超越合理怀疑标准），而对精神发育迟滞的拘禁采用更宽松的标准（明确、可信服标准）。联邦最高法院在该案判定这一区分具有合宪性，且不违反平等保护条款。同样，在 Jones v. United States 案中④，联邦最高法院对因精神病而无罪释放者的民事拘禁适用优势证明标准，而没有适用阿丁顿案的证明标准，理由是在刑事追诉中被告自己提出精神病抗辩，且在精神病无罪的认定中已对精神病的危险性做出了认定，从而已最大程度降低了错误拘禁的风险。

（三）阿丁顿案的影响

评论者普遍赞扬阿丁顿案是一个具有逻辑性和平衡性的裁决，"敏锐地满足了平衡个人自由利益和州政府为患者提供治疗的利益之间的冲突"。也有人批

① French v. Blackburn，428 F. supp. 1351，(M. D. N. C)，443 U. S. 901(1977).

② Peter D. Keane. The Use of the Clear and Convincing Evidence Standard in Civil Commitment Proceedings Pursuant to The Adam Walsh Act Does Not Violate Due Process. Journal of Health & Biomedical Law，2012，(3)：p673.

③ 509 U. S. 312

④ 103 S. Ct. 3043 (1983).

判该案“是将正当程序引入精神疾病领域的倒退”①。但无法否认的是：阿丁顿案对非自愿拘禁证明标准的解释对后续判决和各州的立法产生重大影响。在判决之前，13个州和哥伦比亚特区的民事拘禁法采取了排除合理怀疑标准，25个州只要求明确和令人信服标准。为回应判决，许多州降低了证明标准，将“明确和可信服”标准取而代之②。但是各州和法院对民事拘禁的证明标准仍存在分歧，一些司法管辖区仍维持具有州宪法基础的“排除合理怀疑”标准。

案例2

延命利益及因果关系的证明

——日本延命利益的损害赔偿案

一、案例背景

医疗损害案件中如何确定医师注意义务的违反与损害后果之间的因果关系一直是极为复杂和关键的问题，决定着损害责任是否成立以及损害赔偿范围的大小。如何判定因果关系，也是司法实务中必须正视的问题。在举证责任方面，因果关系的举证，我国经历了由医方承担举证的举证责任倒置向患方承担举证的谁主张谁举证的回归，为了探明医疗损害责任中的因果关系，我国司法实践中往往依赖专家鉴定的方式，通过法医鉴定书或医疗事故鉴定书来判明。

但医疗损害案件中因果关系的探明不可能像自然科学的严格证明，医学的因果关系判断也不能代替法律的判断。在这个问题上，日本的法律界及司法裁判给出了值得借鉴的探索，一方面，通过利用经验法则，综合考虑证据证明只要具有高度盖然性就可以判定因果关系的成立，从而缓和了患方的举证责任；另一方面，确认“期待权”及“延命利益”等法律的存在，使得侵权行为因果关系的证明存在可能。

---

① Michael L. Perlin. *Mental disability law: civil and criminal* (*volume* 1)[M]. Matthew Bender &company, 1998. p399.

② Alexander Tsesis. *Due Process in Civil Commitments*. Washington & Lee Law Review. 2011, (68): p272.

二、案例概要

1989年7月8日凌晨4点30分左右，A因突然背部疼痛而醒来，5点35分左右，A在Y(被告/被上诉人/上告人)医院的晚间急救室接受了C医生的检查，同时告诉C医生其上背部和心脏局部有痛感。C医生在为A诊断之时，只进行了触诊和听诊，既没有询问病人是否有胸部疾病史，也没有测量血压、脉搏、体温和心电图检查，也没有再做其他检查，C医生推断其患有急性胰脏炎和缺血性心脏病，遂决定对A打点滴(内含急性胰脏炎治疗药物)，没有给A服用心脏病药物。但是，A在打点滴过程中出现痉挛、打鼾等现象，C医生随即对其实施以胸外心脏按压和复苏术，后A于上午7点45分左右死亡。

A在家中时缺血性心脏病已经发作，之后又转为心肌梗死，在C医生检查的时候，心肌梗死的状态已经相当严重，在打点滴过程中发生致死性心律不齐，病情急速恶化，最终从不稳定型缺血性心脏病转变为急性心肌梗死，因心脏衰竭而死。C医生在为A诊断之时，只进行了触诊和听诊，既没有询问病人是否有胸部疾病史，也没有测量血压、脉搏、体温和心电图检查，虽然怀疑病人有缺血性心肌梗死，但并没有让病人含服硝酸甘油舌下片，可以说对于有可能患有胸部疾病的病人没有履行初期医疗中的基本义务。即使C医生对A进行恰当的医疗，A并不因此就有得以获救的高度盖然性，但却存在获救的可能性。

A的妻子即A的继承人X等(原告/上诉人/被上告人)遂基于《民法》第七百一十五条的使用人责任和债务不履行责任，对C提起损害赔偿之诉。

东京地方裁判所于1995年4月28日一审判决认为，C医生的作为和不作为与A的死亡之间不存在因果关系，因此驳回了X的诉讼请求。X等人上诉到东京高等裁判所。东京高等裁判所1996年9月26日第二审裁判认为，C医生对患者未尽谨慎注意义务，不当剥夺了患者接受适当治疗的机会，因此C需负担200万日元的精神损害赔偿以及20万日元的律师费。C因此上告到最高裁判所。2000年9月22日最高裁判所驳回了上告，维持了二审判决。最高裁判所指出，虽然患者因疾病而死亡，当医生存在过失，其治疗行为没有达到当时的医疗水平之时，即使无法证明医疗行为与患者的死亡之间存在因果关系，但只要能证明如果施以符合当时医疗水平的适当治疗行为，患者在死亡时点仍有相当程度的生存可能性，医生就要基于侵权行为对患者负担损害赔偿责任。并指出，对于人类来说，维持生命是最基本的利益，上述可能性是法律所保护的利益，而医生过失未实施符合当时医疗水平的医疗，则是侵害患者的法益。

三、案例评述

(一)医疗侵权行为成立的因果关系要件的证明程度强调高度盖然性

日本民法确立的侵权行为成立要件有四个方面,即:①过失或故意;②权利侵害;③因果关系;④损害发生。这些要件都应该由主张侵权行为成立者即原告方承担举证责任。

日本最高裁判所1975年10月24日的判例指出,故意或过失与权利侵害的因果关系并不需要自然科学上的严格证明,而是通过利用经验法则①,综合考虑证据证明具有高度盖然性即可,即医生的注意义务违反与因果关系之间存在相当程度的可能性,就认定因果关系成立。

这个判例所指出的证明原则实际上缓和了证明度,但是,高度盖然性的证明依旧需要主张侵权行为的一方提出。

(二)确认期待权构成法益

1. 期待权法益理论的意义

机会丧失理论,又称为"治愈或存活机会理论",最初是由美国的法学教授Joseph King提出并应用于司法实践中。King将理论简要地阐释为:"当被告的侵权行为破坏或减少了原告获得更有利结果的机会时,原告可以就丧失的机会请求赔偿。"在实务中,King主张将"治愈或存活丧失的机会"作为损害的一种,并且适用依照比例让被告承担责任。②

而所谓期待权,是指未来有实现或取得的可能性的权利。其起源于德国,是一项独立的权利。当期待权受损,依侵权行为法的规定可以请求损害赔偿。日本学者在研究"机会丧失"理论,并结合本国法院判例中的"期待利益侵害说"的基础上发展形成了期待权侵害理论,用于缓和不作为型医疗过失事实因果关系判断的困难。"期待权侵害理论"的保护利益,也即损害的概念大致被定位在以下两个方面:

第一,在存在不作为过失,但结果回避可能性较小的情况下,可以将"生存可能性利益侵害(亦即延命利益侵害)"作为损害内容。

第二,在不作为存在过失,但根本不存在死亡回避可能性的情况下,可以将以下各种利益作为损害内容处理:①得到适当治疗后,追求生活质量以及生活方

---

① 经验法则即是指人们从生活经验中归纳获得的关于事物因果关系或属性状态的法则或知识。既包括一般人日常生活所归纳的常识,也包括某些专门性的知识,如科学(法学)、技术、艺术、商贸等方面的知识。

② 王聪、魏丹丹:《"治愈或存活机会丧失"型医疗纠纷中"损害"研究》,《科技风》2014年第12期,第232—233页。

式的利益；②适当治疗机会的利益；③期待得到符合医疗水平诊疗的利益。[①]

这两个理论的出现，使得侵权行为因果关系的证明存在可能。以上两种理论的共同点在于，在不改变因果关系传统判断规则的情况下，通过转换或创设特别的损害概念谋求低治愈率患者医疗损害因果关系判断难题的解决。其主要区别在于“期待权侵害理论”适用范围较“机会丧失理论”更广。适用“机会丧失理论”需证明生存机会存在，这只是期待权侵害理论适用范围的第一方面，而无生存可能性情况下的“期待适当治疗利益侵害”则是期待权侵害理论所特有的。

2. 日本裁判中“期待权”法益的发展

在医疗诉讼中，医生和患者之间不但在专业知识上差距很大，而且对于医疗行为相关信息掌握度方面也有差距，患者经常无法充分掌握关于实际症状和治疗过程的相关资料。由于医生可以主张患者从发病到死亡等结果的整个过程中存在数种可能性，患者因此难以充分举证证明因果关系，加之在不作为的事例中，需要先确认医生应当如何作为，再举证其与结果回避之间的因果关系，这种证明本来就极为困难。因此，就算证明医生有过失，但是因为无法证明因果关系存在，经常会导致医生免责，患者无法得到救济的结果的出现。

因此，在医疗行为未达到医疗水平而存在过失的情况下，医疗行为与患者的死亡等结果之间的因果关系无法证明之时，日本学界学说和下级审判通过确认“期待权”为损害利益，使得侵权行为因果关系的证明存在可能，从而保证了低治愈率患者受到损害时能够得到适当的救济。日本出现的系列审判也做出了如下回应：①确认患者对“医生根据医疗水平进行适当医疗的期待”构成法益，从而承认损害赔偿（期待权侵害论）[②]；②死亡与后遗症及伤害一样，将“如果接受适当治疗，则实际死亡的时点仍有生存可能性”作为法益，对此侵害构成权利侵害，承认损害赔偿（延命利益侵害论）；[③]③丧失适当的治疗机会即构成权利侵害，承认损害赔偿（治疗机会丧失论）；[④][⑤]④构成生活品质以及生存方式选择自由的侵害，从而承认损害赔偿；[⑥]⑤从存活率出发，构成存活可能性侵害，承认损害赔偿。[⑦] 与此相对，有学说认为上述利益是主观利益，不能用侵权法上保护的利

① 夏芸：《医疗事故赔偿法》，法律出版社 2007 年版，第 233—234 页。

② 福冈地方裁判所 1977 年 3 月 29 日判决。

③ 东京地方裁判所 1976 年 2 月 9 日判决。

④ 石川寛俊：「期待権の展開と証明責任のあり方」，载『判例タイムズ』1989 年第 686 号，第 29 页。

⑤ 古瀬駿介：「損害の発生(1)」，载根本久：『裁判実務大系 17 医療過誤訴訟法』，青林書院 1990 年版，第 312 页。

⑥ 新美育文：「医療事故事例における『期待権』の侵害について」，载『自由と正義』1996 年第 47 卷 5 号，第 63 页。

⑦ 中村哲：「医療過誤訴訟 における損害についての2、3の問題」，『司法研修所論集』1989 年第 80 号，第 128 页。

益,而应当用契约保护,看其是否构成债务的内容。①②

本判决中,最高裁判所以"患者在死亡时点仍有相当程度的生存可能性"为由,承认了"延命利益"这种期待权的法益性,认为即使不能证明医疗行为和患者死亡之间存在因果关系,但只要施以达到医疗水平的医疗行为,患者在实际死亡的时间点还存在相当程度生存可能性,那么医生就要负担侵权行为责任。这就是本判决的重大意义所在。

综合上述的学说及司法判决,我们可以看到,在日本期待权法益不断发展,其权利内容十分丰富,并已经形成多种可以保护的法益。日本期待权的权利内容包括:医疗期待权、延命利益权、治疗机会、生活品质以及生存方式选择自由权、存活可能性等等。日本的系列判决也明确指出,只要医疗行为未达到医疗水平而存在过失,并且医疗行为与患者的死亡等结果之间的因果关系无法证明之时,存在上述权益丧失、侵害后果的相当程度可能性,就认定医方侵权责任的存在,承认损害赔偿。这种理论及司法实践,考虑到患方证明的困难,通过转换损害观念,使得侵权行为的因果关系证明成为可能,极大地保护了患者利益。

(三)"延命利益可能性"法益的出现降低了医疗侵权因果关系证明度

与本判决相对,最高裁判所1999年2月25日(第一小法庭)判例认为,在医生不作为和患者死亡的因果关系的判断上,"如果能证明医生未尽注意义务进行治疗行为后,患者在实际死亡的时点仍应当生存这一事实的高度盖然性得以证明,则应当肯定医生的不作为和患者的死亡之间存在因果关系","患者在上述时点之后存活多久,关系到可得利益损失等损害额的算定,与前述因果关系的判断没有直接关系"。对于死亡这一概念,1999年判例认为"并非在实际死亡时点不死亡,一直活到平均余命",而是"在实际死亡的时点仍应当生存"。

而本判决的意义在于承认了"患者在死亡时点仍有相当程度的生存可能性"的法益性,即"延命利益的可能性"成为可保护的法益;这已经大大不同于1999年判决将"在实际死亡的时点仍应当生存"即百分百的生存可能性作为的法益。

当然,无论哪个判决,对于医生的故意或过失与法益侵害之间的因果关系,都主张要证明"高度盖然性"。即使如此,本案判决在法益侵害的概念里面纳入百分之几的生存可能性这种概率,无疑是在实际上减轻了证明程度。因此可以认为,本案判决通过承认新的法益侵害类型,从而降低了因果关系的证明度。并且本案最高裁判所认定的医疗侵权的因果关系的证明度很低。本案判决虽然并没有判定"相当程度的生存可能性"中"生存可能性"需要怎样的证明度。但是,在本案判决的事实鉴定书中曾指出:"如果进行适当的急救治疗,病人获救概率

① 稻垣喬:『医事訴訟と医師の責任』,有斐阁1981年版,第320—321页。

② 渡边了造:《有过失无因果关系情况下的精神损害赔偿》,载《判例时报》686号,第69页。

在20%以下,存在获救可能性。”[①]另外,在本案判决之后,2003年11月11日最高裁判决在避免重大后遗症的相当程度可能性的证明中,认为即使50%以下的概率也是被容许的,表明最高裁判所要求的证明程度相当低,不必一定高于50%。这就说明只要患者证明了医师存在未尽注意义务进行治疗行为的过失,即使病人获救的概率在20%以下、避免重大后遗症的可能性在50%以下,也依然可以认定医师过失行为与损害后果之间存在因果关系。这极大地降低了患者证明因果关系的难度。

(四)延命利益权不限于医疗事故

本案判决的出现,回应了期待权侵害论、延命利益论等理论学说和下级审判的判决,表明了日本最高裁判所在认可期待权的基础上,进一步支持了延命利益论。

不过,日本最高裁判所对于延命利益的这种立场是否仅限于医疗事故的范围,是否也适用于其他,本案最高裁判所判决中没有涉及这个问题,但是在随后几年的日本地方判决及最高裁判所判决中在其他手段之债的诉讼中都认可了这种公民的延命利益权利。

由此看来,日本司法实务中是承认延命利益的法益性,并继而认可延命利益这种法益也适用于其他类似手段的。比如横滨地方裁判所2006年4月25日“关于警察是否违反救护义务”的判决中,就承认了延命利益论侵害的成立,进而认可了精神损害赔偿。上述2003年最高裁判所判决更是不局限于延命利益,而是将客体扩张到重大后遗症的避免上;最高裁判所2004年1月15日的判决更认为,本判决的逻辑可以适用于医疗诉讼中的债务不履行责任,也即延命利益可以成为契约责任的保护对象。

(五)延命利益的损害限于精神损害赔偿

在损害赔偿责任上,本文判决只是承认了延命利益的精神损害赔偿,没有承认逸失利益[②]赔偿。但上述1999年判决不仅承认精神损害,而且明示承认逸失利益赔偿,但是本文判决基于“差额说”的立场,明确只承认精神损害赔偿,这可以说是这两个判决截然不同之处。至于今后最高裁判所在这一点上的立场向何处发展,还有待观察。

关于“存活机会”或延命利益损害如何计算?是按照受害人的存活机会比例计算还是赔偿被害人所有损害?理论上有三种赔偿方法:一是全部赔偿。这种方式不改变传统的因果关系原则,而仅仅是利用这种存活机会丧失理论走出现有的因果关系证明困境,法院放弃优势证据原则,放宽了原告因果关系的举证难

---

① 杉原则彦:《最高裁判解民事篇》,2000年度(下),第863页。

② 逸失利益是指对于本来应得的利益,却由于违法行为,或者未履行的债务偿还而导致的利益损失。

度。二是按比例赔偿。此种方式减轻了原告的因果关系举证责任，以被告的过失在最终损害中所占的比例来确定赔偿数额。三是法官自由心证。将机会丧失本身视为损害，基于机会丧失的比例来计算赔偿额。少数美国法院让陪审团评估损害，法官行使较大的自由裁量权来决定赔偿数额。

本案中，二审判决没有承认逸失利益赔偿，也就没有采取以上三种赔偿方法，而是直接判决精神损害赔偿。

目前，我国对于“生存机会丧失”“延命利益受损”及“期待权侵害”等法益，无论是法律、学说、法理抑或是在司法实践中，均没有明确规定。依据我国侵权法理论，赔偿损害包括直接损失和间接损失，前者是丧失的既得利益，后者是虽受害时尚不存在，但受害人在通常情况下如果不受侵害，可能得到的利益。由此看来，那些“可能”得到的利益就得不到法律的救济和保护。日本法上主张变更损害为“生存可能性利益侵害”或“适当治疗机会利益侵害”的“期待权侵害理论”在我国现行法律框架下具有借鉴意义。

第六章　生命伦理法律

案例 1

医生帮助自杀若干问题的思考

——美国瓦科诉奎尔案[①]

一、案例背景

医生帮助自杀简称为医助自杀(Physicians Assisted Suicide),一直被认为与安乐死(Mercy Killing)没有太大区别,[②]均是指患不治之症的患者在垂危状态下,由于精神和躯体的极端痛苦,经医生认可,用人道方法使患者在无痛苦状态中结束生命过程。[③] 安乐死分为主动安乐死与被动安乐死。被动安乐死是按患者意愿停止疗程(例如除去患者的维持生命系统或让患者停止服药),使其自然死亡,已经为大部分欧洲国家如奥地利、丹麦、法国、德国等所接受,美国纽约州法律也允许患者自愿取消维持生命的治疗。但主动安乐死以及医助自杀仍然被认为是非法的。

国内外仍然有许多学者认为主动安乐死与医助自杀其实并无区别。但从医助自杀(Physicians Assisted Suicide)及安乐死(Mercy Killing)的英文中很明显地可以看到,二者实施主体截然不同。医助自杀为医生帮助患不治之症的患者在生命垂危的条件下实行自杀行为,实施主体为患者自身,医生为辅助角色,由

① DENNISC. VACCO, ATTORNEFY GENERAL OF NEW YORK, ET AL., PETITIONERS V. TIMOTHY E. QUILL ET AL. LexisNexis Jun 16, 2013.

② 安乐死又名无痛死亡(Mercy Killing)或医生协助自杀(Physicians Assisted Suicide),它源于希腊文,意为"善终",即通过协助自杀缓解疼痛和苦难。参见《安乐死应该合法化的 10 个原因》http://www.qian10.net/2015/03/29/11302/。

③ 参见《专家:目前安乐死立法条件不成熟　应开展死亡教育》http://news.sina.com.cn/o/2009-02-18/173915182793s.shtmlhttp://news.sina.com.cn/o/2009-02-18/173915182793s.shtml。

医生开具致死药物，患者自己注射或者喝下致死液体；而安乐死由患者或其家属提出申请，医生实施致死行为，实施主体为医生，医生通常用一支致死的注射剂对患者实施致命行动。① 医助自杀与主动安乐死的另一个区别是当医生为患者开具致死药物或者连通致死装置后，是否服用或者启动的主动权掌握在患者手中，患者在任何时候都有反悔的机会。

医生协助自杀最典型的案件是帮助过百余人实施自杀行为而被视为“死亡医生”的杰克·科沃基恩案。在当时，混淆了主动安乐死和医助自杀之间的差别，科沃基恩的行为被认定为对患者实施了安乐死，而不是医助自杀。同时，因为受杰克·科沃基恩帮助自杀的死者中有60%的并没有“病入膏肓”，因此，科沃基恩被判处二级谋杀。科沃基恩案中有两个重要的焦点，一是医助自杀与主动安乐死在主体上的差别，二是患者是否“病入膏肓”。

安乐死争议历时半个世纪，成为一个古老的话题。但对于主动安乐死，世界各国均持审慎的态度。因此，医助自杀的出现，势必带来一场争议和观念上的冲击。下面，我们就来看看美国杰克·科沃基恩案和瓦科诉奎尔案带给我们一些什么启示。

二、案例概要

杰克·科沃基恩是20世纪美国著名的病理学家，其自制的简易的“注射装置”被称为“死亡机器”。内装安乐死的注射药物（巴比妥盐酸和氯化钾）或化学气体（一氧化碳），其与患者身体相连，一旦患者决定自杀，在前面的步骤由杰克·科沃基恩完成后由患者亲自启动最后的自杀注射装置，即连通完成致死。科沃基恩通过这个装置最终完成了一百多例患者的死亡，因此，杰克·科沃基恩也被被称为“死亡医生”。

科沃基恩的行为在当时被认定为对患者实施了安乐死。今天看来，当时的观点混淆了主动安乐死和医助自杀之间的差别。科沃基恩完成前期步骤后，由患者亲自启动自杀装置，自杀的主动权掌握在患者手中。科沃基恩的角色是参与并辅助患者完成自杀行为，因此应当被称为医助自杀而不是安乐死。

在科沃基恩案件审理中发现，在受他帮助的百余名死者中，其中60%的死者并没有“病入膏肓”，仅有超过1/3的人忍受疼痛，一些人可能仅患有臆想病或抑郁症；在尸检中发现了5例没有任何病兆的死者；因此这些死者并不符合“安乐死”的条件，科沃基恩被判谋杀。

瓦科诉奎尔案中，瓦科是纽约州的检察官，奎尔是纽约州的医生。奎尔等几

① 参见王德顺编译：《医生协助自杀与主动安乐死的差别》，《医学与哲学》2000年第21卷，第4期，总第227期

位医生和三名重病患者对纽约州“禁止医生协助病人自杀”的禁令提起诉讼。因为纽约州法律把医生协助患者自杀认定为犯罪，即使在患者患有不治之症并不得不忍受巨大的痛苦的情况下。

纽约州和世界上大多数国家一样，当患者病入膏肓时有拒绝继续挽救生命治疗的权利，但是不允许任何人帮助这样的患者实行或者企图实行自杀行为，因为法律规定任何人帮助实行或企图帮助他人实行自杀都是犯罪行为。[①] 奎尔等声称，虽然为精神健全，濒临死亡并承受巨大痛苦，渴望医生帮助自己结束生命的患者开具致死药物并不违背医疗实践标准，但他们仍然不能这样做，因为医生这个职业并不能获得纽约州协助自杀禁令的豁免。他们和三个重病患者状告国家总检察长，声称这一禁令违反了宪法第十四修正案第一部分的平等保护条款(Equal Protection Clause of the Fourteenth Amendment)。[②]

无独有偶，哈罗德·格拉克斯伯格是华盛顿州的医生。他和其他几位医生为三位患有不治之症的患者以及一个为医助自杀的患者提供咨询服务，向法庭提起诉讼，对华盛顿州禁止医生协助患者自杀的立法提起诉讼。最后两起案件均上诉到美国联邦最高法院。

1997 年 6 月 26 日，联邦最高法院判决医生协助患者自杀的行为不受宪法第十四修正案的保护，因为这种做法一直而且仍将与整个国家的传统和做法相抵触。判决还认为，华盛顿州禁止这么做是为了维护医疗道德，保护残障者及患有不治之症的患者免受歧视，而最重要的一点是，保存人类生命。

联邦最高法院首席大法官伦奎斯特(William Hubbs Rehnquist)在代表多数法官的陈述意见中指出：“全美上下，人们正在就医生协助自杀的道德性、合法性以及实用性进行激烈的辩论。我们的裁决允许该辩论继续下去，一个民主社会理应如此。”联邦最高法院不出台统一的法律而把医助自杀是否合法的决定权交给了各州。

三、案例评述

(一)医助自杀的伦理学辩护

医助自杀在医学伦理学上被质疑的最大原因就是可能引起道德滑坡。纽约

---

① 生效于 1994 年的《纽约州刑法典》§ 125.15 规定：“故意引起或帮助他人自杀的”，构成“二级非谋杀罪”。

② Section 1. All persons born or naturalized in the United States, and subject to the jurisdiction thereof, are citizens of the United States and of the State wherein they reside. No State shall make or enforce any law which shall abridge the privileges or immunities of citizens of the United States; nor shall any State deprive any person of life, liberty, or property, without due process of law; nor deny to any person within its jurisdiction the equal protection of the laws.

的生命和法律研究组在他们的报告《当谋求死亡时：医疗情境中的协助自杀和安乐死》(*When Death Is Sought: Assisted Suicide and Euthana-sia in the Medical Context*)中建议，继续禁止医生协助自杀，理由是"将协助自杀合法化是不明智的、危险的公共政策"。医生协助病人自杀一旦合法，将使病人自愿的安乐死和谋杀变得难以区分；老人、穷人、残疾人等脆弱的人群轻易放弃生命，导致协助自杀在社会弱势群体中的滥用。因此，允许医助自杀可能导致社会不公，伤害社会群体的平等性。对于理性的政策的制定者来说，站在社会公平正义的角度来分析，确实可能导致这样的结果。但是以一个普通人的角度，甚至有医助自杀需求的患者或其近亲属的角度来说就完全不同。1948 年，针对医助自杀进行的盖洛普民意调查(Gallup Poll)中，37%的受访者认为如果患者和他们的家人希望得到帮助，医生应该有权力"以一些无痛的方式来终结患者的生命"，到了 2014 年 5 月份这一比例上升到了 70%。越来越多的人接受了杰克·科沃基恩的观点：死亡并不是一种罪行，而是一项权利。

既然各国的基本法都承认人具有选择的权利，许多国家的刑罚也都允许患者自主决定是否停止延续生命的救治方式(被动安乐死)，例如关闭心脏起搏器，停止透析、胰岛素注射等必需的治疗，那么人们为什么没有权利决定当自己病入膏肓时主动结束生命呢？这项生命权应当在活着的时候体现为生存权，在濒临死亡时体现为死亡权(Right to Die)。根据卢梭《社会契约论》的思想，政府的权力来源于公民权利的让渡，除了惩罚罪大恶极的犯罪，生命权应当掌握在人自己手中，而不是掌握在政府或者医生手中，有尊严地死去应当属于一项基本人权。

而从另一个角度来说，患者即使无法获得法律的允许，一个求死意愿强烈的患者也会寻找到其他方式自杀。与其让人们羞愧地、偷偷摸摸地、不顾一切地寻求致命药物①，或者以更暴力的手段自杀，为什么法律不能允许医生拥有协助自杀，让患者平静死去的权利呢？很显然强迫生命垂危的患者忍受非人的痛苦直至自然死去，并不比医助自杀更有利于保护法律所希望保护这类群体。2010 年英国患上"闭锁综合征"的尼克林森(Tony Nicklinson)全身瘫痪，数十年如一日由陌生的护理人员照顾，这种毫无隐私和尊严的生活让他觉得羞耻和无奈，而他对当初救他的医生也并无感激之情。他声称如果时间能够倒流，如果知道自己会成这个样子，他就不会叫救护车，而是顺其自然地死去。因为对于人类来说，总有一些比生命更值得看中的东西。

再针对道德滑坡的问题进行仔细考量。将道德滑坡概率理论作为支撑医助自杀非法化的基础是否真具有现实意义呢？2013 年，美国调查统计在 122 名取

---

① 在瑞士，协助他人自杀是合法的。根据 *BMJ* 杂志 2014 年的一项调查，全世界有许多国家的人慕名前往瑞士自杀诊所。

得致命药物的患者中,仅有71人使用了这些药物,其他人都是自然地死去,而这些药片则静静地躺在抽屉里。事实和猜测往往背道而驰。表明许多患者虽希望获得医助自杀的权利,但他们不一定会真的寻死,病入膏肓时知道有这样一项可以选择死亡的权利,对于他们来说就是一个安慰。因此,医助自杀比主动安乐死更具优越性的地方就是即使医生开具致命药物,最终是否服用的决定权仍然掌握在患者手中,他可以在任何时候决定继续生存或死亡。所以,2014年,美国新墨西哥州、俄勒冈州等5个州的法律通过医助自杀合法化。

(二)医助自杀的罪与非罪

天主教组织"美国生命联盟"(American Life League)主席布朗(Judie Brown)认为:"不管病人面对什么情况,自杀是绝对不被允许的。"这样的观点被许多宗教人士所接受。但我们所要做的并不是当存在某种法律风险时就禁止人们行使某项权利,而是结合实际情况对人们行使权利进行有效监管。如果极个别案例以医助自杀的合法外衣掩盖谋杀的非法目的,导致人们对医助自杀全盘否定,岂非因噎废食。

已经通过医助自杀合法化的国家和地区,在进行医助自杀的程序上都有诸多的要求,少则七八项,多则数十项,但都不外乎对患者病症、精神状态、存活时间提出严格限制。在此笔者考量医助自杀的几个重要的决定性因素:知情同意、病症要求以及患者的行为能力问题。

1. 医助自杀中患者的知情权(Informed decision)和请求权

杰克·科沃基恩被判处二级谋杀的原因是其中有部分患者并没有病入膏肓,不符合实行医助自杀的条件。其中部分患者可能患有臆想病或抑郁症。有数据显示,在希望自杀或通过他人协助自杀的人中,高达90%以上的在精神上或多或少有异常。对这样的患者是否可以按照患者要求实行医助自杀?这样的患者是否有知情同意的能力?

被要求协助自杀的医生应当掌握并如实告知患者其绝症病情,以协助患者做出理智的决定,这应当是医生的一项权利,同时也是一项义务。这项权利和患者医助自杀请求权相对应,这项请求权也称之为"求死权"。知情同意不仅能够保护医生和患者,也是划清医助自杀与谋杀的界限。医生应当告知包括病情、治疗方案、疼痛、剩余生存时间等等在内的,帮助患者决定是否医助自杀的因素①。

---

① 根据美国俄勒冈州《尊严死法案》的规定:"告知的决定"(Informed decision):有行为能力的病人要求或获得处方、通过人道和有尊严的方式结束他或她的生命的决定,这一决定的基础是对相关事实的评价,是在主治医生全面告知信息后做出的,评价包括:(a)他或她的医疗诊断;(b)他或她的医疗预测;(c)采取一定医疗措施的潜在相关风险;(d)采取一定医疗措施的可能后果;(e)可行的选择,包括但不限于缓和性治疗,收容治疗和病痛控制。

知情是患者申请医助自杀的基础。而同意在这里体现为医助自杀的请求权。当患者的情况符合法律规定的条件时，患者有请求医生给予医助自杀的权利，在法律对医助自杀有详细规定的情况下，可以理解为患者单方面的权利；在法律没有规定医助自杀罪与非罪的情况下，请求权为契约关系中患者权利之一。

而知情同意的前提是患者没有患有影响正常理智判断的心理疾病，医生对此负有判断的责任。对于患有心理疾病的患者应当进行心理治疗。对于没有心理疾病的患者，法律可以规定一个“冷冻时间”，患者经过这段时间的冷静思考仍然做出同样的决定，医生方可为患者开具致死药物。各个国家或地区对这个时间的规定不尽相同，有的为15天，有的甚至更长。

另外，知情同意的基础是给予患者替代方案。1993年荷兰通过法律议案允许医生协助临终病人自杀，但必须提供专业意见，并告知患者除医助自杀和安乐死外的其他选择，方可免于起诉；患者也必须签署一份包括病情知悉在内的授权文件，方可允许医生实施医助自杀行为。

2.不可治愈的疾病(Terminal disease)

部分地区规定，医生应当在满足两个前提条件的情况下，才为那些希望结束自己生命的人提供所需的自杀药物与设备，而不构成犯罪：其一，该患者已被确诊没有治愈的希望，并且自杀行为是由患者自己实施；其二，医生并没有从协助自杀的行为中直接获利。在患者申请协助自杀前，应当由专科医师、心理医师及疼痛治疗专家[①]对病患的病况进行全面评估，确认申请人确实承受不可治愈疾病或治疗过程中面临无法忍受的副作用。美国新泽西州众议院对晚期绝症患者要求医助自杀的程序做出了规定，即要有第二名医生(也称之为顾问医生Consulting physician)对首位医生(也称之为主治医生 Attending physician)的诊断做出评估，以确认该患者患有绝症；并且患者必须头脑清醒，有自己做出决定的能力，在这样的情况下，该名患者才能要求得到自杀性药物。

是否需要考量申请医助自杀的患者的剩余生存年限？美国新泽西州众议院在2014年11月13日以41比31的票数通过了一项法案，该法案允许医生向那些晚期绝症患者开出自杀性药物，帮助他们结束生命，要求自杀性药物只能给予被诊断只剩下6个月或更短生命的患者，而且医生还必须向患者提供反悔的机会。但是事实上，大部分国家或地区并不将剩余生存年限考虑在内，医助自杀合法化的目的是为罹患绝症的患者提供一种死亡选择，以减少疾病带来的痛苦和免除继续生存付出的代价。结合个人体质特征、医疗条件、生存意志等因素，不是所有的绝症患者都能够通过医学准确地判断剩余生存年限，这项规定实质上

---

① 也称之为“咨询”(Counseling)：在州的执照精神病医师或心理学者和病人之间进行的磋商，其目的是判断病人是否受到精神或心理紊乱之苦，或罹受引致削弱性评价的沮丧。

只是让一个“正在死去”的患者“提前死去”的理由，让立法者和医生减轻心理负担，而并无实际意义。让一个已经罹患绝症，承受巨大痛苦，但却仍能够生存数年或数十年的患者继续忍受直至生命的最后半年再进行医助自杀，依然违背伦理道德和法益保护的本质。

3. 医助自杀适格病人（Qualified patient）

比利时在2002年9月通过的安乐死法案中严厉规定申请安乐死的病人膏肓或无法治愈的患者必须是一名成年患者（18岁以上的个人），神志清醒并能自我决定。美国俄勒冈州《尊严死法案》（*The Oregon Death With Dignity Act*）的起草者之一伊莱·斯塔茨曼（Eli D. Stutsman）认为“患者必须是成年人，有能力自己做出决定，而不需要别人为他做出决定”。但密歇根州律师迈耶·摩根罗思认为，安乐死、医助自杀（人道杀人）和尊严死这三者之间并没有什么区别，都是指医生或家人为患有不治之症的患者直接进行死亡注射或促使其加速死亡，以解除其难以忍受的病痛，也就是患者既可以是成年人也可以是未成年人，而且不必一定神志清醒。

对于后者观点笔者无法认同，在医助自杀领域里，由于患者需要行使知情同意权和实施结束生命的行为，因此，申请医助自杀的患者具有行为能力是毫无疑问的。在要求实行医助自杀或者安乐死的案例中，患者与医生之间形成的是对于生命权处分的契约，该契约的有效必然要求医生和患者即契约双方具备使契约成立的要件，因此当患者为无行为能力或者限制行为能力人时，契约是无法成立的，而不是效力待定的。而患者如果要实施结束生命的行为，必须具有完全行为能力并具有可以实施此行为的可能性。无法动弹的患者即使有知情同意能力，也无行为的可能性，即患者自身无法完成注射或者吞咽动作，因此不具备实行医助自杀的能力。

不仅仅如此，医助自杀要求患者具备行为能力，将神志不清、年龄幼小、丧失辨认和判断能力的老人、孩子、残疾人等被排除在外，进一步避免医助自杀给弱势群体带来伤害。毫无疑问，医助自杀对于有行为能力的成年人来说是一项选择权，但是对于丧失行为能力的人来说，又意味着不得不承受疾病带来的痛苦。在各国立法中，法律赋予欠缺行为能力的人以法定代理人，弥补行为能力的缺失，代为行使法律行为。在医助自杀领域中，欠缺行为能力的人是否可以由法定代理人代为进行医助自杀的申请仍然是一个问题。这涉及欠缺行为能力的人是否让渡了所有的权利给法定代理人，是否法定代理人代为行使的权利里包括生命权。在成年病患中出现过类似的案例，在生命垂危但尚未丧失意识的时候，患者授权委托近亲属或朋友，当自己丧失行动能力的时候，代为申请医助自杀的权利。但是当行使结束生命行为的主体为医生而不是患者本身的时候，问题已经不再是医助自杀,而是安乐死领域。对于个案来说,法院应当结合医院对病患的精神、心智诊断证明,病情,法定代理人的态度,生活环境等综合判断,由患者本身或其法定代理人代为行使生命权。

对于医助自杀的态度集中体现了一个国家、政府和公民对待生命的态度。2015 年 6 月 3 日英国《每日电讯报》报道,现年 73 岁的英国物理学家霍金谈及自己对安乐死的看法时透露:当自己对世界再无贡献、仅仅成为周围人的累赘时,会考虑"协助自杀"。他认为违背自己的意愿而活是"最大的侮辱"①。而一国政府对待医助自杀的态度是宗教、历史、文化等各种条件博弈的结果,单在医助自杀未来的发展方向上,相信更多的国家会抱持更为宽容的态度。只是在医助自杀的制度设计上要考虑得更充分一些、更完善一些,以避免与法律、道德、伦理、医学、道义、风俗、功利主义和国情的冲突。死,本来就不是一件容易的事。

案例 2

患者的拒绝治疗权

——罗达斯诉显达康复医院案

一、案例背景

1976 年 8 月,美国加利福尼亚州率先通过了《自然死亡法案》并于 1977 年 1 月 1 日正式实施。《自然死亡法案》对患者维生医疗决定权予以特别立法,也是世界上第一部在法律上对患者拒绝维生治疗予以规制的法案。在此之后,美国各州也相继制定类似法律,以保障患者的医疗自主的权利。

《自然死亡法案》允许不使用生命支持系统来延长不可治愈患者的临终过程,也就是允许患者依照自己的意愿选择自然死亡。该法案规定,成年患者须完成被称为"生前预嘱(Living Will)"的法律文件,根据医生的判断,该病人确实已经处于不可治愈的疾病末期。生命维持系统的唯一作用只是在延缓死亡的过程,医生就可以基于其之前的"生前预嘱"的授权,使用或者停止使用维生医疗措

① 《若对世界再无贡献 霍金直言会考虑"协助自杀"》,http://www.js.xinhuanet.com/2015-06/03/c_1115502830.htm.

施。而一份有效的生前预嘱，必须至少有两位非患者的亲属和配偶、非患者的遗产继承人或直接负担患者医疗费用的成人签署见证。

生前预嘱的实施，解决了一直以来医患双方面临的困境，病人可以根据自己的意愿自由地决定在条件符合时选择使用或者停止使用维生医疗措施，而通过病人的授权，医生遵从其生前预嘱做出相应的医疗行为将不构成犯罪。在减轻病人痛苦的同时，也减轻了医生的压力。

在美国加利福尼亚州通过《自然死亡法案》后，1991 年 12 月，美国联邦政府的《患者自决法案》(*Patient Self-Determination Act*)也正式生效。该法案的主要内容是尊重患者的医疗自主权，通过预立医疗指示（Advance Medical Directives)以维护患者选择或拒绝医疗处置的权利。同时，在这部法律实施之后，所有参与美国联邦政府社会医疗保险和医疗补助（即 Medicare 和 Medicaid 计划）的医院、养老院，护理机构，都必须以书面的形式告知患者他们所拥有的这种权利。

患者拒绝治疗的权利的行使条件是什么？如何审查？如何实施？1986 年罗达斯诉显达康复医院一案①，在经过漫长的审判后给了我们很多的启示。

二、案情概要

1986 年 2 月 10 日，34 岁的罗达斯先生在脑血管中风后进行自我静脉用药，并被他的妻子和紧急救援队送到了圣玛丽医院进行治疗，又于 1986 年 3 月 5 日被送到显达医院（一家非营利性的私人企业机构）。当时，罗达斯先生思想功能正常，但是身体受到严重损伤，颈部以下瘫痪、无法说话和完成吞咽，几乎不能转动眼睛和头部；脚、脚趾和双手只能有轻微的移动，几乎不能控制全身的肌肉。虽然他对其身体机能有清楚的感知，但是却几乎不能控制它们。他通过自己头部的运动来回答是或不是的问题，并通过一个字母板进行沟通。罗达斯先生住院之初，在腹部切口插入胃管，以此用来提供药物、营养和水化。在此期间，罗达斯先生未处于昏迷状态，未使用过呼吸器。

1986 年 6 月 17 日，罗达斯先生通过字母板和显达医院的一位助手沟通时，表明他不再希望使用胃管，并希望停止管内用药、营养和水化。当这个消息被告知给 Cobb 博士和显达医院的管理人员后，Cobb 博士立即联系了罗达斯先生的律师。Cobb 博士考虑到罗达斯先生做出拒绝胃管提供药物、营养等液体的决定可能是受到其心理机能和状态的影响，便向显达医院所在科罗拉多州法院提起了遗嘱认证诉讼。

---

① http:// www. leagle. com/decision-result/? xmldoc/19872204676FSupp1528 _ 11965. xml/docbase/ CSLWAR 2-1986-2006 Westlaw 数据库。

1986年8月22日，显达医院和Cobb博士在科罗拉多州地区法院提交了一份请愿书。该案例名为“赫克托·O.罗达斯案”(No. 86 PR 139)，由查尔斯·巴斯法官主持。请愿书提议：(1)给罗达斯先生委托监护人。(2)认定罗达斯先生是否有权利在显达医院通过撤除胃管、停止供给来终止他的生命。罗达斯先生反对请愿书的提议，认为自己的心理状态能够独立做出拒绝治疗的决定，不需要监护人，并要求确定在法院诉讼期间的延误和显达医院的继续治疗侵犯了他的宪法权利和隐私权；但此阶段他并没有提出以康复法案为依据进行索赔。

该案从1986年12月16日开始，进行了为期3天的法院审理，并于1987年1月22日形成基本意见，后又于1987年4月3日进行了修正。

科罗拉多州地区法院意见概要是：在诉讼程序的前期，州法院就为罗达斯指定了一个临时监护人，并责令他维持食物和水化的供给，以待案件的最后确定。Schraa博士被指定为法庭专家，来评价罗达斯先生的心理承受能力。州法院认为，胃管给罗达斯先生带来了持续的疼痛，尤其是当它被触碰或移动的时候，而导尿管的使用也让他非常痛苦，并且罗达斯先生也因为不能控制排便而不得不使用尿布。所有的医学证词都表明：罗达斯先生颈部以下身体无法行动的状况不可改善，尽管他的生命能够维持多久尚有不可确定性，但他会过早地死亡是有医学上可能性；并且，从罗达斯先生的医学症状来看，他的生命有可能最长不会超过10年。显达医院和罗达斯先生的医生不认为罗达斯先生需要在显达医院进行住院护理，但是，无论他去哪里，他都将需要一天24小时的护理，而他的直系亲属无法提供这样的护理。由于罗达斯先生要求终止治疗，没有医院、敬老院、或临终关怀机构愿意接纳他，给他提供必要的设备支持。

州法院认为，显达医院和Cobb博士有责任证明罗达斯先生的精神状况，因为他们认为他不应该被允许终止治疗是因为他的精神状况使他无能力理解自己所做决定的后果。因为参与权是受宪法保护的重要的权利，有明确且令人信服的证明标准；审判时，所有的心理学家和医生都做证认为，罗达斯先生并没有出现抑郁的情形，其身体状况也未严重到足以上升为一种心理障碍的程度或精神疾病。最终，州法院认定：罗达斯先生有拒绝治疗的权利和精神能力，但不支持其依据康复法案的索赔请求。之后，罗达斯先生虽然提出了上诉，但索赔请求仍然未得到上诉法院的支持。

本案争议的焦点为：

1. 显达医院和Cobb博士的医疗行为是否违背了罗达斯先生本身的意愿，并侵犯了其权利？罗达斯先生是否有拒绝治疗的权利及精神能力？罗达斯先生在整个治疗期间是否有拒绝治疗的心理承受能力？对此，上诉法院认为，显达医院和Cobb博士关注罗达斯先生是否能够在知情同意的基础上做出拒绝治疗的有效的意思表示是合理的。因为在1986年，罗达斯先生的妻子和他解除了婚姻关系，同时在这一年，移民局试图将他驱逐出境，而罗达斯先生在瘫痪期间也曾两次试图自杀。罗达斯先生面临着的这些压力问题，容易影响到他的判断和精神稳定性。在罗达斯先生表达拒绝治疗的意愿后，Cobb博士咨询了医院里的心理指导专家戴尔·鲍文博士，鲍文博士认为：罗达斯先生入院及表达死亡的愿望与他被诊断为患有适应障碍和抑郁情绪有关系。但同时，罗达斯先生曾对电动轮椅表现出兴趣，鲍文博士解释这是进行长期治疗的有利因素，因为在显达医院有些严重残疾的表达过拒绝治疗愿望的患者，最终也改变主意、接受治疗。

1986年8月5日，罗达斯先生的律师首次正式提出要求显达医院和Cobb博士停止罗达斯先生的水分和营养供给的要求，声称：罗达斯先生已经进行了评估，并且没有任何迹象表明他缺乏精神上的行为能力。但同时，他的精神科医生托马斯·米勒博士也表明，这个结果是暂定的，该结果不应该被任何人用来作为做出某种决定的依据，并且在短期内他会再次对罗达斯先生进行检查。而在1986年7月15日，罗达斯先生的喂食管脱落，将此事告知他的律师后，律师表示不反对重新插入喂食管，因此，罗达斯先生的喂食管被重新插入。

显达医院的管理员莎莉·谢弗证实说："显达医院最初就告知罗达斯先生，除非显达医院得到法律所需的文件，否则不能遵从他的意愿终止治疗。我经常在接触时问他：'我们还在努力，你还好吗？'他总是表示他很好，并且能够明白。我们也从来没有给他增加其他压力。"与此同时，罗达斯先生的妹妹Yazmin Griego表示，如果显达医院和Cobb博士撤除罗达斯先生的胃管，她将会起诉他们。

在诉讼中，罗达斯先生主张显达医院和Cobb博士或者遵守他的要求撤除胃管，或者提起诉讼由法院对他心理承受能力进行司法鉴定，并且拒绝营养和水化的权利并不是患者拒绝治疗权不适当的部分。

2. Cobb博士和显达医院的行为是否可归属为州政府的行为，能否依据康复法案予以索赔。

罗达斯先生认为Cobb博士和显达医院的行为应归属为州政府的行为，理由如下：(1)广泛地对显达医院进行管理的州法规。(2)科罗拉多州给显达医院和Cobb博士的许可授权。(3)显达医院通过医疗得到的补偿、医疗补助，以及社会保障计划。(4)显达医院的资金、效益，以及从城市、乡村等获得的权威。(5)显达医院在Grand Junction区域内对康复机构的垄断性。(6)科罗拉多州法规中关于对精神病患者的护理和治疗。(7)Cobb博士的行为代表显达医院。

上诉法院认为，显达医院是科罗拉多州一家私人的、非营利性的公司。显达医院接收医疗报销和医疗补助费用，并由州政府授权和监管。Cobb博士是一个私人医生,他没有得到任何公共资金用于治疗罗达斯先生。而作为得到州许可执业的医生,Cobb 博士并不直接或间接地为州政府工作。本案中,罗达斯先生依据医院享有政府资金、政府监管和局部地域垄断等事实而指控 Cobb 博士和医院的行为是州政府的行为是不恰当的。本案中,罗达斯先生并没有指控这些事实与他所提及的任何重大的具体行为之间有关系,即未能证明 Cobb 博士与医院的具体行为可以被认为是与其所受损害有因果关系的州政府行为。显达医院接受医疗保险和医疗补助资金亦不足以证明这一切。州政府和 Cobb 博士之间的联系较之显达医院就更少了,英国保诚保险公司通过 Cobb 博士给罗达斯先生寄送账单票据,Cobb 博士的行为无法延伸并归属于州政府。

3. 对于罗达斯先生在审判中提出的关于依据康复法案索赔的争论,显达医院认为是不成立的,因为:(1)医院方的行为不是政府的行为。(2)罗达斯先生没有减少损失,无法恢复他的遗产。(3)医院方受合格的豁免原则的保护。(4)罗达斯先生的索赔诉讼是在州法院提起的诉讼中的强制反诉。

州法院认为他没有足够的证据证明该案涉及违反康复法案,罗达斯先生不能以此为依据索赔。上诉法院也认定罗达斯先生依据康复法案进行索赔的请求不成立。因罗达斯先生没有足够的证据证明政府与被挑战的私人实体的行为有足够的密切关系,故 Cobb 博士和显达医院的行为不可能被视为政府行为,索赔不能成立。

4. 罗达斯先生索赔的行为是否违背了禁反言原则和既判力原则。

在最初的诉讼程序中,罗达斯是否有完整、公平的机会提出康复法案下的主张是判断禁反言问题的关键。罗达斯先生辩称:限于州法院的法律程序的有限性,他没有足够的机会寻求一个完整且公平的司法裁决。同时,罗达斯先生辩称 Cobb 博士和显达医院认为应该为他找到一个监护人,以及宣告自己没有终止维持生命的医疗的权利、不能被要求停止治疗是没有道理。原告进一步指出自己并没有提及损害赔偿。相反,法院和双方当事人应该将该项行为作为遗嘱认证诉讼对待。

上诉法院认为,罗达斯先生的抗辩不成立。首先,罗达斯先生有充分、公平的机会提起涉及康复法案的任何问题。其次,州法院进行了漫长的审判,也听到了众多证人的证词,之前诉讼程序的质量、公正性得到了充分的保证。因此,符合禁反言原则的条件。

上诉法院认为,既判力原则同样适用于该案。既判力原则要求满足:(1)主体一致。(2)案由一致。(3)当事人一致。(4)当事人的个人资格或针对谁提出索赔是一致的。原告主张既判力原则并不适用,因为罗达斯先生被允许提供与康复法案相关的证据。相反,罗达斯先生提供的证据主要是证明他有自己做出医疗决定的精神行为能力。原告的争辩是没有说服力的。无论被告是否违反康复法案，罗达斯先生在州法院有关康复法案争议的事实与原告提起申诉是同样的。罗达斯先生是州法院诉讼中的一方，事实上，在该诉讼中，罗达斯先生是应诉方。因此，既判力原则的条件满足。

5.罗达斯先生在治疗中是否因残疾而受到歧视。

罗达斯先生认为显达医院是因为其精神不健全才未按照他的意愿移除胃管，是对他的歧视。对此，显达医院辩称：罗达斯先生住进显达医院的目的就是治疗身体和精神的障碍，而显达医院对其撤除胃管的要求做出的决定是与此相关联的。同时，罗达斯先生并没有证明显达医院对其构成实质性的歧视。罗达斯先生未能证明在医院任何场合受到不同于其他人的医疗及相应的照护，Cobb博士对罗达斯先生继续治疗也并不是基于对其残疾的歧视。

尽管最终罗达斯先生获得放弃医学治疗的支持，法院也认可了他具有拒绝治疗的精神行为能力，但显达医院的行为也很难被认为是对罗达斯先生精神或身体残疾的歧视。

针对本案的焦点，最初州法院认定：(1)罗达斯先生具有理解和交流他的想法的能力，他没有心理障碍或精神疾病。(2)罗达斯先生拥有拒绝治疗的宪法权利，即他有在知情同意的情况下决定是否撤除胃管、终止治疗。(3)罗达斯先生有做出接受或拒绝治疗的能力。(4)对于罗达斯先生在审判中提出的关于依据康复法案索赔的争论，州法院认为他没有足够的证据证明该案违反康复法案。(5)拒绝罗达斯先生要求法庭指派律师的请求。虽然根据遗嘱认证法规，如果罗达斯先生不足以支付聘请一个律师的费用的话，他有权要求法庭指派律师，而由于他有律师并同意不收取费用，将不再适用遗嘱认证法规的规定。

罗达斯先生对拒绝支付的律师费及其他费用的部分提起了上诉。显达医院和Cobb博士没有提起上诉。上诉法院最终也没有支持罗达斯先生依据康复法案索赔的请求。

本案进行了一次漫长的审判，涉及了许多问题，尤其是罗达斯先生的精神能力问题，可见双方对此问题争议之激烈。法院最终认定，Cobb博士和显达医院怀疑罗达斯先生的精神能力是合理的。这并不是罗达斯先生认为的歧视治疗，而是秉着谨慎的态度判决拒绝治疗的问题，毕竟这将决定着生与死的后果。因此，在该案的审理过程中，罗达斯先生依据康复法案的索赔没有得到支持。

三、案件评析

美国加州《自然死亡法案》的出台，为患者拒绝治疗提供了法律依据。而此案中争议的焦点则主要在患者是否有做出拒绝治疗权利的精神行为能力。医院不同意患者放弃治疗的请求是否存在歧视？是否侵犯患者的权利？通过本案的审理，明晰了一个问题，即患者有拒绝治疗的权利。同时，医院拒绝放弃治疗的请求不存在歧视，也不存在侵犯患者的权利，因此也不存在赔偿责任。

但面对病人撇开法律术语和适用法规的技术问题，还可以发现该案有个重要问题是，即基于 Cobb 博士的道德信念，一家以延长生命以及鼓励康复的医院，如果同意了罗达斯先生终止治疗的要求，是否会构成谋杀？罗达斯诉显达康复医院一案所遭遇的问题在面临患者拒绝治疗时，不论是国内还是国外都同样应该面对。

美国通过自然死亡法案给予患者拒绝治疗的权利，而我国台湾地区也于 2000 年通过了《安宁缓和医疗条例》，该条例规定末期病人得立意愿书选择安宁缓和医疗，也即赋予意愿人拒绝维生治疗的权利。其目的即是为尊重不可治愈末期病人之医疗意愿及保障其权益，安宁缓和医疗是指为减轻或免除末期病人之痛苦，施予缓解性、支持性之医疗照护，或不施行心肺复苏术。《安宁缓和医疗条例》主要规定，末期病人得立意愿书选择安宁缓和医疗；20 岁以上具完全行为能力之人，得预立意愿书，意愿人得预立医疗委托代理人，并以书面载明委任意旨，于其无法表达意愿时，由代理人代为签署；未成年人签署意愿书时，应得其法定代理人之同意；末期病人意识昏迷或无法清楚表达意愿时，意愿书由其最近亲属出具同意书代替之，但不得与末期病人于意识昏迷或无法清楚表达意愿前明示之意思表示相反。

国内在患者拒绝治疗方面一直持回避态度，涉及患者拒绝治疗方面的规定十分不健全，虽然在实践中已经出现了类似的案例，但是立法上的空白使得这种情况尴尬又无奈。不过，也有极少的规定，如 2006 年，为促进我国重症医学科的发展，规范我国医疗机构 ICU 的组织与管理，中华医学会重症医学分会制定了《中国重症加强治疗病房(ICU)建设与管理指南》。2009 年，为加强对医疗机构重症医学科的建设和管理，保证医疗服务质量，提高医疗技术水平，合理使用医疗资源，我国原卫生部颁布了《重症医学科建设与管理指南(试行)》。两部指南对 ICU 的收治范围和应转出 ICU 的患者做出了规定，但是并没有直接规定患者拥有放弃治疗的权利。

虽然放弃治疗存在法律、医学及伦理等诸多方面的争议，特别是在承认患者拥有拒绝治疗权利时的程序规制很难限制谋杀，但是予以正式的立法已经成为当下的趋势，毕竟赋予患者拒绝治疗的权利在维护患者自主权利、尊重患者尊严的基础上，也有利于重症医学科的发展和更好的建设。

案例3

人体药物临床试验中的法律问题

——美国 C. E. A. 诉临床试验研究人员案

一、案例背景

“药物的临床试验”是指任何在人体(病人或健康志愿者)进行的药物的系统性研究,以证实或发现试验药物的临床、药理和/或其他药效学方面的作用、不良反应和/或吸收、分布、代谢及排泄,目的是确定试验药物的安全性和有效性。[①]其是新药上市的必经环节,在这个过程中,必须要遵循伦理道德原则、科学性原则、药物临床试验质量管理规范(Good Clinical Practical,GCP)和相应的法律法规。

作为在人体内研究药物安全性和有效性的手段,临床试验可能会对参加试验的受试者带来潜在的风险,有时甚至是致命的伤害。因此,严格的伦理道德准则,保护受试者的权益、健康和安全是临床试验不容忽视的首要原则。在涉及人体试验科学研究中的历史上,曾因违反受试者安全、健康权益的保护而给人类带来了血淋淋的教训。鉴于此,国际上先后制定了多个涉及人类受试者的伦理学准则的文件,主要有《纽伦堡法典》《赫尔辛基宣言》《贝尔蒙报告》《涉及人类受试者生物医学研究的国际伦理准则》,这些文件反复强调以人体为试验对象时,事先征得受试者的自愿同意是绝对必要的;人类的健康幸福的利益高于科学研究的利益等。这些都是全世界进行人体试验的科学研究者所必须遵循的原则。在新药开发过程中,药物经过了相关的非临床研究之后,开始进入Ⅰ期临床研究,此时,需要拟订具体的临床研究方案。

在国外,临床试验方案一般由申办者的负责组织该研究的临床研究助理或医学顾问起草;在我国现阶段,临床试验方案则由申办者和主要临床研究者共同制订,在定稿后,双方均应在临床试验方案上签字。而且该方案在实施前必须得

① 田少雷、绍庆翔、桑国卫:《药物临床试验与GCP实用指南》,北京大学医学出版社2012年版,第16页。

到伦理委员会的批准，并向国家药品监督管理部门报备。①

2006年，张祖宁诉拜耳医药公司新药试验合同纠纷案，暴露了我国药物临床试验中的法律关系及各方法律地位、权利义务，医学伦理审查及责任的承担等诸多问题，也暴露了我国在这方面立法上的不足。从美国C. E. A.诉临床试验研究人员案②的审判中，其对新药试验中研究人员与受试者的法律关系的分析，对受试者知情同意权的保护以及试验研究方案的设计等，对我国的新药临床试验颇有借鉴意义。

二、案例概要

（一）案例起因

C. E. A.是琳达·A.安德和查尔斯·安德的孩子，生于1993年8月13日。当时有一个始于1985年，由威斯康星州政府家庭和健康服务部指导下的"囊胞性纤维症研究项目"正在进行，菲利普·法瑞尔和诺曼·佛斯特是该项目的共同主持人。为了能够找到患有囊胞性纤维症疾病的患者，该项研究额外地使用了从新生儿那儿提取的血液样本，而这些血液样本原本计划用于进行法律规定的其他先天性代谢障碍的检验。根据研究方案的要求，参与研究的新生儿如果被检测出患有囊胞性纤维症，将被分为两部分，一部分患儿被分到"知情组"，这组患病新生儿的家长将被告知患儿的患病情况；并且该研究会立即为患儿准备好一份营养计划。根据研究人员的理论，如果在患有囊胞性纤维症的儿童显示出症状之前就满足他们对营养的需求，这将会限制该疾病的强力发展，并减少对整体健康状况的损害。而另外一部分患儿将被分进"不知情对照小组"，这组患儿即使被检测出具有显示患有囊胞性纤维症的因素，患儿的父母和他们的医生也不会被告知该情况。而本案中的C. E. A.就在这个"不知情对照小组"，因此，她的父母和她的主治医师艾米·普朗医生并没有被告知她被检测为阳性。

在对这些新生儿的血液进行囊胞性纤维症检测之前，研究项目准备了一本小册子，在这本小册子上说明了需要使用新生儿血液进行的各种检测项目。同时，它上面还注明了囊胞性纤维症检测将会作为该项研究的一部分用于该研究项目。在小册子中还描述了囊胞性纤维症的危害并阐明了囊胞性纤维症是一种

① 田少雷、绍庆翔、桑国卫：《药物临床试验与GCP实用指南》，北京大学医学出版社2012年版，第63页。

② 1. LINDA A. ANDE, CHARLES ANDE, C. E. A., A MINOR, AND C. L. A., A MINOR, V. MICHAEL ROCK, NORMAN C. FOST, PHILIP M. FARRELL, ELAINE H. MISCHLER, RICHARD A. ARONSON, AND ANITA LAXOVA. [EB/OL] [2015-02-09] HTTPS://E127F.AZUREWEBSITES.NET/#NEWWINDOW=1&SAFE=STRICT&HL=ZH-CN&Q=ANDE+V.ROCK.

遗传性疾病。这本小册子可以说也暗示了阳性的检测结果将会被告知该新生儿的医师,并且还留下了一个电话号码提供给想要了解更多检测信息的新生儿的家长。但在检测过程中,没有人向安德一家提供征得他们同意 C. E. A. 参加该囊胞性纤维症检测,或该检测结果不用告知他们的知情同意书。

出生之后,C. E. A. 在成长过程中面临了很多困难。1995 年 6 月 23 日,也即是 C. E. A. 差不多 2 岁大的时候,她被诊断出囊胞性纤维症。而正当安德一家知道 C. E. A. 患上了囊胞性纤维症时,琳达·A. 安德已经怀上了第二个孩子。而安德家的这第二个孩子 C. L. A.,也患有囊胞性纤维症。

(二)法律冲突焦点

在诉讼中,安德一家的诉讼请求主要集中于三个方面:(1)囊胞性纤维症检测是在没有获得他们的知情同意的情况下进行的;(2)在研究人员知道营养疗法会减轻 C. E. A. 患的囊胞性纤维症的严重程度的情况下,C. E. A. 并没有获得相应的治疗;(3)他们没有被告知 C. E. A. 的检测结果。安德一家认为以上三种行为使得他们的利益在两方面受到了损害:(1)如果他们被告知了检测结果,他们就会让 C. E. A. 接受治疗来缓解因她患有的疾病的发展而带来的严重危害;(2)如果他们被告知了检测结果,他们就不会怀上另一个孩子 C. L. A.。在起初进行检测时,由于缺乏对新生儿家长的知情同意,使得他们没有意识到他们会遭受损害。

被告辩称:他们并没有在安德一家不知情和不同意的情况下对 C·E·A 血液样本进行检测。他们同时还主张,尽管所有处于不知情对照小组的儿童是作为新生儿进行的检测,但是没人去复审过对照组的检测结果。这些囊胞性纤维症显示因素的检测结果有的是阴性,有的是阳性。因此,被告认为他们并没有向安德一家隐瞒信息。被告同时提交了许多积极抗辩主张,包括无法要求索赔和有限豁免。

(三)法院判决

1. 原被告双方不存在医患关系

法院认为原告起诉的被告中,没有任何一人是医疗损害的主体,同时法官还提出了认定医生与患者具有医患关系的标准是:一项医疗损害诉讼是否会针对某一位特定的医生而出现,取决于是否在那位医生和原告之间存在一种医患关系;医患关系是一种信任关系,由一位医生向一位患者提供专业服务时就会建立的一种关系;只有一位“治疗某位患者”的医生才承担相应的法律责任,需要告知该患者治疗的方式,以及该治疗方式的利益与风险。而在该案件中,阿伦森是一名州政府的官员,也是该新生儿疾病筛查研究项目的负责人,隶属于威斯康星州家庭与社区健康公共卫生分部的威斯康星州健康与家庭服务部门,他并不从事医疗实践，也不是任何患者的主治医师，因而没有权力或责任去指导或控制囊胞性纤维症的研究，而这项研究正是本案件的中心问题。其余的被告则似乎都在一定程度上与囊胞性纤维症研究计划有所关联。但是他们都与安德一家没有任何关系。例如，法瑞尔是威斯康星州立大学医学院的院长，他与佛斯特是囊胞性纤维症研究的共同主持人。原告没有提供任何的法庭陈述或其他证据来表明安德一家和本次诉讼中任何一位被告具有医患关系。因此，法庭驳回了原告医疗损害索赔的诉讼请求。

2.被告并未侵犯原告的自由利益和财产利益

诉讼中，原告父母提出的被告剥夺了他们的自由利益和财产利益，原因在于课题组武断地将 C. E. A. 置于囊胞性纤维症研究的不知情对照组，并向他们隐瞒了 C. E. A. 的检测结果大约 2 年的时间。而这段时间也使得 C. E. A. 没有获得对她有利的治疗，也正是在这段时间内，安德一家拥有了另外一个患上囊胞性纤维症的孩子。对此，法院审理认为原告及其父母没有受到宪法上规定的生命利益、自由利益和财产利益的损害。首先，根据威斯康星州法律的判例，原告及其父母没有接受被告告知 C. E. A. 的检测结果的法定财产权利。其次，针对原告指控的被告没有取得原告父母的知情同意就对原告进行了检测，并且没有向他们披露检测信息，侵犯了原告一家的自由利益。法庭认为公民拥有在身体完整性方面受宪法保护的权利，在确定什么样的医疗方式应该被接收或拒绝这一权利中也存在着受宪法保护的自由权利。威斯康星州最高法庭还承认，家长拥有受到宪法保护的权利去为他们的孩子获得必需的医疗服务，只要这个孩子的权利在接受医疗服务的过程中得到了保护。但是因为无论是州最高法庭还是美国联邦最高法庭，都没有确定下列事项：(1)接收来自于研究计划、与个人生育有关、患有基因遗传疾病倾向有关的信息是否属于受到宪法保护的自由利益。(2)接收来自于研究计划、能帮助家长替他们的小孩做出明智的医疗卫生选择的信息是否属于受到宪法保护的自由利益。(3)无法确定隐瞒 C. E. A. 的囊胞性纤维症检测结果没有涉及 C. E. A. 或她的家长的自由利益。原告并未因被告没有经过其同意就对 C. E. A. 进行检测而受到伤害，原告诉称自己受到的损害主要来源于他们没有在该项目执行的时候或者执行之后获得检测结果。因此，法庭认为被告并未侵犯原告的知情同意利益。

而关于原告诉称没有及时通报 C. E. A. 囊胞性纤维症检测结果这一问题。

原告的理由来自于威斯康星州法律 WIS. STAT. §253.13(5)①，主张理查德·阿伦森负有法定责任来对先天性疾病检测结果进行通报。作为被告之一，理查德·阿伦森是威斯康星州新生儿筛查计划的医疗主管，而该计划是在威斯康星州健康和家庭服务部的指导下进行的。对此，法庭认为：①在 1993 年，即 C. E. A. 出生的这一年，威斯康星州在其法律 WIS. ADMIN. CODE §HSS 115.04 (1993)中陈述了应当被完成的检测项目，但囊胞性纤维症并不是被要求进行的检测项目。②根据§253.13 的条例，应该提供什么样的所需信息也被规定。③根据§HSS 115.04 及 1995 年 1 月 31 日起生效的紧急条例，囊胞性纤维症被加进了检测列表，该列表中的检测项目都是要求对新生儿进行的检测项目。④安德一家直到 1995 年中期才获得 C. E. A. 的检测结果。对此法庭认为：法律是在 1995 年 1 月份才明确规定囊胞性纤维症的检测结果应该被告知所有新生儿家长的，而 C. E. A. 是在 1993 年接受的检测，因此，在 1995 年 1 月之前，C. E. A. 的父母没有法律上明确规定的权利来要求研究人员告知 C. E. A. 的检测结果。

最后，威斯康星州最高法庭驳回了原告的所有诉讼请求。

三、案例评析

毫无疑问，药物临床试验对社会做出了重大贡献，但是它在发展过程中也引发了许多深刻的伦理问题，直到 1964 年《赫尔辛基宣言》发布，20 世纪 80 年代到 90 年代各国逐渐发布药物临床试验管理规范之后，药物临床试验才进入了"有组织有纪律的"状态。②

（一）关于临床试验中受试者的知情同意

1. 受试者知情同意的主要内容

在药物临床试验中必须要注意受试者知情同意权的保护，一般在试验开始之前，研究人员需要与受试者签署知情同意书，主要告知以下内容：(1)试验的研究背景、研究目的和方法。(2)如参加该项目，受试者和药品生产厂家最终会从该试验中获得哪些收益，受试者可能会遭受哪些可预见的风险、不适甚至是伤害。(3)受试者能够获取哪些替代治疗的方案。(4)若受试者在试验期间出现不良反应及其他身体损害，研究者应当为受试者提供免费医疗服务。(5)因参与研

① 威斯康星州法律 WIS. STAT. §253.13(5)条款如下："有关部门应当向患有先天性疾病的孩子所在的家庭通报信息，而且考虑到后续可用的咨询和特殊饮食治疗的需要，以及对婴儿进行必要检测的需要，应当向有先天性疾病病史的育龄期妇女通报信息。而且该相关部门还应当让患有先天性疾病的孩子所在的家庭求助于对其有帮助的健康和家庭服务计划。相关部门应当周期性地咨询合适的专家，来对本州的婴儿筛查计划进行审查和评估。"

② 《药物临床试验：风险与获益并存　你敢参与吗？》[N].(2012-06-21)[2015-08-04]http://health.sohu.com/20120621/n346237850.shtml.

究导致的疾病、残疾或者死亡，是否为受试者本人或受试者亲属给予相应的赔偿、补偿或者保险。(7)受试者拥有在研究期间随时退出试验的权利，并不受任何人的惩罚和报复。(8)对受试者的可识别身份性资料的保密，如姓名、年龄和住址等信息。(9)视具体情况向受试者告知的内容，比如选择他作为受试者的理由、研究设计的某些特征(例如单盲、双盲或者三盲法，对照组和随机抽样)等，如果研究方案中采用对照组和盲法研究的情况，在研究结束后，告知受试者被分入哪一组和接受哪种药物治疗。(10)在研究中产生相应的顾虑、身体不适、对相关政策的疑问等，可以向某个人或者机构提出，以及该个人或者机构的联系方式。(11)研究中研究人员需要做的具体工作。(12)研究中受试者需要做的具体事项。

2.对于特殊人群知情同意的处理

特殊人群是指未成年人、痴呆患者、不能辨识自己行为及其后果的精神病人、休克病人等无民事行为能力人或者限制民事行为能力人。如果特殊人群有必要作为受试者参加人体试验时，需要由其法定监护人或者指定监护人代理知情同意并代为实施，在极其特殊的特殊情况下，可以免除知情同意。

根据《中华人民共和国民法通则》第十六条："未成年人的父母是未成年人的监护人。未成年人的父母已经死亡或者没有监护能力的，由下列人员中有监护能力的人担任监护人：(一)祖父母、外祖父母；(二)兄、姐；(三)关系密切的其他亲属、朋友愿意承担监护责任，经未成年人的父、母的所在单位或者未成年人住所地的居民委员会、村民委员会同意的。对担任监护人有争议的，由未成年人的父、母的所在单位或者未成年人住所地的居民委员会、村民委员会在近亲属中指定。对指定不服提起诉讼的，由人民法院裁决。没有第一款、第二款规定的监护人的，由未成年人的父、母的所在单位或者未成年人住所地的居民委员会、村民委员会或者民政部门担任监护人。"第十七条："无民事行为能力或者限制民事行为能力的精神病人，由下列人员担任监护人：(一)配偶；(二)父母；(三)成年子女；(四)其他近亲属；(五)关系密切的其他亲属、朋友愿意承担监护责任，经精神病人的所在单位或者住所地的居民委员会、村民委员会同意的。对担任监护人有争议的，由精神病人的所在单位或者住所地的居民委员会、村民委员会在近亲属中指定。对指定不服提起诉讼的，由人民法院裁决。没有第一款规定的监护人的，由精神病人的所在单位或者住所地的居民委员会、村民委员会或者民政部门担任监护人。"

3.知情同意的免除

为促进急救医学的发展，以危重病人作为受试者也是必要的。因为从科学的角度看，临床急救方面的人体试验最好是由危重病人作为受试者，但是在治疗过程中往往无法及时获得知情同意。为此，1996年美国食品和药品监督管理局提出了“免除知情同意”的概念，并规定了严格的条件：病人处于危及生命的状态，现有的治疗方法并非最佳；无法获得知情同意；有可能使病人直接受益；不免除知情同意就无法进行研究；研究方案定义了一个治疗时窗，如果不在该时窗内获得知情同意该研究就无法进行；研究过程已由伦理委员会同意；研究已经向公众说明；与社区代表进行了协商，规定强调保护危重病受试者，保证他们从试验性治疗中直接受益。为此，不允许危重病人参加比标准治疗有更多风险的研究，如果可以辨识出不愿参加者，必须慎重对待。国外的这些有益经验值得我国探索借鉴。①

（二）原被告之间是否存在医患关系

该案件中，争议的一大焦点就是研究人员与原告之间是否构成医疗服务合同，是否产生医患关系。对此，原被告双方并没有就研究事项形成相关合意，患者对研究的整个分组过程并不知情，且双方在整个过程中没有明确的权利义务分配，因此，笔者认为双方之间不存在合同关系。

（三）被告方的行为过失

在发现原告C. E. A. 检测结果为阳性时，被告为了获取“不知情对照组”中阳性患者在不予治疗的情况下囊胞性纤维症的发展状况，以检验其前期研究理论“如果在患有囊胞性纤维症的儿童显示出症状之前就满足他们对营养的需求，这将会限制该疾病的强力发展，并减少对整体健康状况的损害”是否与临床实践相符合。罔顾原告C. E. A. 所患疾病是一种非常严重的先天遗传性疾病这一事实，而只顾及研究利益，未将原告检测结果为阳性这一事实告知原告的主治医生和家属，导致原告在两岁发病之前没有得到任何治疗，并且原告的母亲因为不知道自己的孩子C. E. A. 患有先天遗传疾病囊胞性纤维症，又怀上了第二个患相同疾病的孩子。试想一下，如果原告母亲事先知道C. E. A. 患有囊胞性纤维症这种先天遗传疾病，她就会慎重选择怀第二个孩子或者是在怀孕初期对胚胎或者胎儿进行相关的检测，以确定对第二个孩子的处理方式。本案中，医院以小册子的方式告知原告的父母：需要使用新生儿血液进行的各种检测项目，同时，还注明了囊胞性纤维症检测将会作为一项研究的一部分用于该研究项目。它描述了囊胞性纤维症的危害并阐明了囊胞性纤维症是一种遗传性疾病。这本小册子可以说也暗示了阳性的检测结果将会被告知该新生儿的医师，并且还留下了一个电话号码提供给想要了解更多检测信息的新生儿的家长。原告的父母在医院和课题研究小组抽取了C. E. A. 的血液进行检测之后，并没有收到检测结果，因

① 邱祥兴、孙福川、王明旭：《医学伦理学（第3版）》，人民卫生出版社2011年版，第170页。

此，这使得原告的父母误以为其孩子的血液检查结果是正常的，并正常养育原告C.E.A.和怀上了他们的第二个患病的孩子。

另外，从1995年1月威斯康星州政府颁布的法律WIS. STAT. §253.13(5)规定"有关部门应当向患有先天性疾病的孩子所在的家庭通报信息，而且考虑到后续可用的咨询和特殊饮食治疗的需要，以及对婴儿进行必要检测的需要，应当向有先天性疾病病史的育龄期妇女通报信息。而且该相关部门还应当让患有先天性疾病的孩子所在的家庭求助于对其有帮助的健康和家庭服务计划。相关部门应当周期性地咨询合适的专家，来对本州的婴儿筛查计划进行审查和评估"中也可以看出，州政府意识到了研究小组之前对新生儿家长的告知义务是不充分的，于是通过立法的形式明确要求必须向所有患先天性疾病的孩子所在家庭(包括安德一家)通报检测信息，而不论该小孩是被分配进治疗组还是"不知情对照组"，于是在1995年6月，安德一家被告知了C.E.A.检测结果是阳性的信息。

综上，笔者认为被告方没有告知原告父母检测结果的行为是有过失的。

(四)人体临床试验伦理原则的违背

1.研究方案所涉疾病不符合设置"不治疗对照组"的条件。

该案件反映了一种典型的研究人员为了科学的利益而忽视受试者健康利益的做法。《赫尔辛基宣言》第六条："在涉及人类受试者的医学研究中，个体研究受试者的福祉必须优先于所有其他利益至上。"第三十二条："除非在下列情况下，一种新干预措施的益处、危险、负担、有效性等必须与当前被证明的最佳干预措施进行对照试验。其一，在当前被证明有效的干预措施不存在时，研究中使用安慰剂或无治疗处理，是可以接受的；其二，出于不得已和科学上得当的方法学理由，必须使用安慰剂或无治疗处理以确定一种干预措施的功效或安全性，而且使用安慰剂或无治疗处理的患者不会冒任何严重的或不可逆转伤害的风险时，对这种选择必须极其谨慎与避免滥用。"

在国际上，临床试验时采用安慰剂或不知情对照组的方式来进行研究，是要受到很多关于保护受试者生命健康利益伦理原则的限制的。因此，该方式一般仅限于在以下情况采用：尚没有有效药物可作为对照的试验药物；治疗慢性功能性疾病的药物；轻度疾病，例如轻度精神抑郁的治疗，这类病人往往不需要特殊药物治疗；诊断已经明确不需要药物治疗的病人；慢性疼痛的病人。①

在美国人体试验研究历史上有一个臭名昭著的案例是Tuskegee梅毒案。实验研究(Tuskegee Disease Hospital)从1930—1970年间阿拉巴马的一组黑人

① 田少雷、绍庆翔、桑国卫：《药物临床试验与GCP实用指南》，北京大学医学出版社2012年版，第80页。

患了梅毒后多年未予以治疗,以观察梅毒的自然病程。即使在1945年后,能够安全有效地用于梅毒治疗的青霉素广泛应用后,该研究也仍然未停止,直到该事件被一家媒体揭露后该研究才被终止。① 正是该案件以及其他性质严重的人体试验案件的发生,美国国会于1974年任命了一个国家委员会以审核临床研究中的基本原则和伦理原则。

在本案中,原告C. E. A.所患囊胞性纤维症是一种先天遗传性疾病,主要累及肺脏和消化道,如果不加以治疗干预,会严重影响患者的身体发育和生理活动,而被告在自己早期的研究理论中已经显示早期的干预措施会限制该疾病的强力发展,并减少对整体健康状况的损害的情况下,仍然采取在研究计划中设置"不知情对照组"。该案件虽然不像Tuskegee梅毒实验研究涉及较大的公共利益,但是该研究方案所涉疾病是一种严重的遗传疾病,同样不符合有关人体试验中采用不治疗对照组的条件,损害了原告一家的知情同意权和C. E. A.的健康权。

2.告知方式违反知情同意原则

该案件中,从研究人员将C. E. A.的血液用于囊胞性纤维症的检测开始,原被告双方就已经确立了研究者与受试者的关系。只是因为研究人员采用的告知方式不恰当,没有按照临床试验的伦理审查的要求与原告签署知情同意书(该同意书上需要明确双方的权利义务),而是简单地以一本宣传小册子的形式,发放给当时的新生儿家长。研究人员的行为违反了临床试验中对受试者知情同意权利保护的伦理要求医学上任何一项新成果或者治疗手段,在广泛运用于临床之前,为了确定其疗效和安全性,都必须进行大量的人体试验,其最终目的是减轻病人的痛苦,提高人民大众的健康水平,造福于人类。但是作为临床试验的受试者,可能从试验中受益,也可能不仅没有利益,反而受到严重的伤害,因此,各国对受试者的保护主要是通过国家食品药品监督局的新药注册的审核与各地伦理审查委员会的审核,审核方式是对研究方案是否符合相关的伦理原则方式实现,同时建立跟踪审查制度,以持续审查研究过程是否符合相关的伦理要求。

我国在原有相关规范的基础上,从2010年开始,相继印发了《药物临床试验伦理审查工作指导原则》《药物Ⅰ期临床试验管理指导原则(试行)》《疫苗临床试验严重不良事件报告管理规定(试行)》等六项规范性文件,以此强调需要高度关注试验方案的科学性和对受试者利益的保护,以确保临床试验能够规范地进行。同时也成为提高我国新药临床试验的水平,推动自主研发的新药能在国际上获得其他国家认可的重要措施。在我国逐步成为世界上主要药企新药临床试验重要基地的背景下,仅仅加强监管和审查还远远不够,还要建立受试者获得赔偿的

① 田少雷、绍庆翔、桑国卫:《药物临床试验与GCP实用指南》,北京大学医学出版社2012年版,第29页。

保障机制。如建立完善新药临床试验的保险制度，让受害人能够通过保险获得足够的理赔，而不必向试验组织者要求赔偿；如果进入诉讼，应要求具体实施新药临床试验的医疗机构作为连带责任人承担相关的赔偿责任。①

案例4

连体婴儿分离术的伦理法律问题

——英国玛丽和朱迪连体女婴分离手术案

一、案例背景

连体婴儿(conjoined twins)②是单卵双胎在孕早期发育过程中未能分离或分离不完全所致，多数性别相同。③ 连体婴儿是一种罕见的先天畸形，大多数在胚胎期就死亡了。据医学统计，每4万至10万例新生儿中约有1例连体婴儿，每20万例中存活约有1例。④

连体婴儿的种类很多，常见的有以下几种类型：(1)胸腹连体(Thoracopagus)，躯干从上胸腔到腹部下端，常合并心脏连体，也可能共用肝脏或消化系统，是连体胎儿最常见的类型，占总病例的35%至40%。(2)脐部连体(Omphalopagus)，即从胸骨到腰部之间相连，很可能共用一个肝脏、胃肠道或泌尿生殖器官，约占总病例的34%。(3)臀部连体(Pygopagus)：骨盆相连，占总病例的20%。(4)头颅连体(Craniopagus)，颅骨相连，身体分离，可能是头颅的后部、前部除面部外或侧部相连，占总病例的6%。(5)寄生式连体(Parasitic twins)，即不对称的连体双胞胎，其中一个较小，发育不全，完全依赖另一个大的

---

① 全国人大周光权：《为试药建规立制》，http://news.sina.com.cn/o/2013-03-06/070526441114.shtml。

② 连体婴儿英文还可以用Siamese Twins，意思是暹罗式孪生，是因为1811年暹罗(今泰国)诞生了一对男性连体婴，一个叫恩(Eng)，一个叫昌(Chang)，两人一生相连，顽强地生活、结婚、生子，直到63岁去世。从此之后"暹罗双胞胎"(Siamese twins)就成了连体人的代名词。

③ 谢幸：《妇产科学》，人民卫生出版社2013年版，第112—113页。

④ 李爱冬：《连体人之谜》，《大自然探索》，2003年第3期，第59—61页。

婴儿生存,占总病例的5%①。

1957年伯特伦·卡茨医生和他的外科团队开展了第一例连体婴儿器官分离术,他们成功分离了一对肝脏共用但有各自心脏的双胞胎男婴。② 从此,连体婴儿分离术逐渐开展起来,有成功的案例也有失败的案例,总的来说,在分娩的连体婴中,由于大多合并复杂的心血管畸形,90%的连体婴不适于手术分离,能成功进行手术分离且术后两婴儿均能存活的非常罕见。③ 脊椎下端骶骨水平相连的婴儿的分离手术有68%的成功率,但对于心脏在心室水平相连的连体婴儿还没有成功分离的案例。脑部分离手术的存活率很低。④ 分离手术是一项风险极高的外科手术,会导致连体婴儿一个或两个都死亡,特别是头部连体或者重要器官连体的情况。因此,这项手术的实施引发了伦理和法律的大讨论:如果不分离,连体婴儿能够存活,乃至成年,也能生活得很好。然而,一旦选择分离手术,他们就要面临残疾或死亡的风险,那么分离手术究竟应不应该做?谁有权决定做?发生在2000年英国的玛丽和朱迪连体女婴分离手术案就引发了人们对连体婴儿分离手术的争论与思考。

二、案例概要

2000年7月,一名来英国治病的马耳他妇女在曼彻斯特的圣玛丽医院生下一对下腹部骨盆处脊柱相连(pelvis with a fused spine)的双胞胎女婴,这两名女婴分别被取名为玛丽(Mary)和朱迪(Jodie)。她们坐骨连接在一起,脊柱下端融合,虽然各有各的器官,但妹妹玛丽的心脏和肺没有正常的功能,大脑没有发育完全。她们拥有共同的主动脉,但四只脚则长在连体右方即姐姐朱迪一方。玛丽依靠朱迪的心脏供应含氧血以维持二人共同的生命。医生预测,如果不实施分离手术,两个婴儿生命最多维持3—6个月;如果实施分离手术,玛丽必死无疑,但至少可以拯救朱迪的生命。然而,连体女婴的父母由于信奉罗马天主教和

---

① 分类资料来源:Types of conjoined twins,载https://en.wikipedia.org/wiki/Conjoined_twins和"连体婴种类"载http://baike.baidu.com/link?url=aZJe6gFdOUgdbR88hbdNqi38u1gDnuHfw8tWupPmwqqT5OyuPan5AYyiJMcsHkPvtxDYbSDXgG0c-xo-_v2roa。

② In 1957, BertramKatzandhissurgical team made international medical history performing the world's first successful separation of conjoined twins sharing a vital organ. Omphalopagus twins John Nelson and James Edward Freeman (Johnny and Jimmy) were born to Mr. and Mrs. William Freeman of Youngstown, Ohio, on April 27, 1956. The boys shared a liver but had separate hearts and were successfully separated at North Side Hospital in Youngstown, Ohio by Bertram Katz. The operation was funded by the Ohio Crippled Children's Service Society. 载https://en.wikipedia.org/wiki/Conjoined_twins。

③ 李笃妙等:《胸腹联体双胎婴儿分离术的体会》,《中华外科杂志》2000年第38卷第1期,第61页。

④⑤ 刘媛译:《连体婴儿分离术的风险》,《基础医学与临床》,2010年第30卷第5期,第553页。

道德上的信念反对分离。为了克服婴儿父母的障碍，负责这对连体婴儿医护工作的医生向初等法院提起了诉讼，8月25日，伦敦地方法院支持医生的决定，做出通过手术分离、挽救其中一名婴儿生命的判决。婴儿的父母不服，在9月4日向伦敦上诉法院提出上诉。上诉法院在9月22日裁定支持地方法院分割手术的决定并驳回上诉。连体婴父母本来打算再上诉到英国上院（House of Lords）甚至欧洲人权法院（the European Court of Human Rights），但9月28日却宣布放弃进一步的抗争。圣玛丽医院于10月下旬宣布分割手术时间将在孩子约3个月大的时候，也就是11月进行。11月3日上诉法院再次驳回反堕胎组织"尊重生命联盟"（Pro-life Alliance）的非常上诉请求。11月6日分割手术由20名医师组成的团队以分工合作的方式进行，手术时间长达15小时。结果正如预期，玛丽不幸死亡，朱迪得以存活。手术后，朱迪和她的父母回到马耳他的戈佐岛生活，身体情况很好，医生说她将来可以过上正常人的生活还可以生育孩子。①

三、案例评述

玛丽和朱迪连体女婴分离手术案引发了英国一场关于连体婴儿生命权的伦理、道德、宗教、法律和社会心理的激烈和持久的讨论。反对派的核心观点是"以杀人的方式来救人是道德上绝对不容许的"②和"这个判决开了一个危险的先例：牺牲一个人的生命来换取另一个人的生命"。赞成派的核心观点是"两恶相权取其轻的较小恶原则"③。法院的最终判决支持了后者。案件尘埃落定，但值得我们思考的是：连体婴儿分离术是不是连体婴儿的唯一和必须的选择？谁有权为没有医疗决定能力的连体婴儿做出选择分离手术的决定，是父母、医生还是法官？

（一）连体婴儿分离手术必要性的讨论

据不完全统计，我国从1980年到1996年，共做了约18例连体婴分离手术，9例成活，9例死亡。从1997年到2006年共做了13例连体婴分离手术，成活11

---

① 案情来源：英文报道参见 Sarah Boseley：Law decided fate of Mary and Jodie，UK news[EB/OL].（2002-02-05）[2015-08-18]. http://www.theguardian.com/uk/2002/feb/05/sarahboseley，中文报道参见徐冰川：《连体婴儿的生死抉择》，《北京青年报》2000年9月27日。

② AliceDreger. Why Change the Rules For Twins Like Them?[J/OL]. WashingtonPost. September24，2000；Page B02，转引自张莉，《从民法的角度看连体人的分离权》《西南政法大学学报》，2007年第6期，第54页。

③ 孙效智：《苏菲的选择——分割连体婴的伦理难题》，《哲学与文化》，2001年第5期，第406—439页。

例，死亡2例[①]。与国外每一次分离手术都是一场伦理和法律大讨论相比，国内的"每一次分离手术都那样理所当然、悄无声息。对于成功，人们颂扬医学技术的高明；对于失败，人们感慨连体婴儿命运都不幸。但很少透过那一桩桩失败的案例，去深思这场失败带给连体婴儿的不公平、不人道"[②]。

由于连体情况的不同，分离手术的风险也不同，有的适合分离手术，手术成功率较高，分离手术后，两个个体都能存活而成为独立的个体；有的存在一定风险，要么成功，要么两个或其中一个残疾或死亡；有的注定死亡，因为他们自身不适合做手术或者医学技术尚不成熟，分离手术只能是一次大胆的试验。随着我国连体婴儿分离手术的日益成熟和普及，分离手术是连体婴儿诞生人世后不可回避的抉择，它将决定连体婴儿的最终命运。当前，许多医院都在勇攀这种高难度手术的制高点时，我们也应该冷静地审视连体婴儿分离手术开展的必要性，特别是重视对分离手术的伦理审查。

玛丽和朱迪案中，伦理委员会结合寄生式连体婴儿具体病情，采用"正负效果对比分析"的方法，深入讨论分离术的伦理问题，进而得出赞同意见，这一做法为我们在是否开展牺牲性分离手术以及怎样才能进行"二舍一"的情况下提供了参考和借鉴。

伦理委员会首先论证了分离手术的公正性。手术只对骨盆和两条血管（主动脉管和主静脉管）进行分离，双胞胎没有共享主要的器官，如心脏等，因此无须决定共享器官的归属。其次，论证了手术本身的目的是"追求好的结果"。手术意在追求挽救朱迪生命的良好的目的，目的不在于剥夺玛丽的生命。玛丽的死亡不是分离手术行为本身造成的，这有别于对有共用心脏的双胞胎的分离手术。再次，论证了坏的结果不是达到好的结果的手段。玛丽的死是她们分离的"副产品"，并不是挽救朱迪生命的必要条件。最后，论证了"要求好的结果的价值必须超过坏的结果"。很明显，玛丽和朱迪案例符合这一条件。手术分离使朱迪有可能过上正常的生活，使她们的父母可能拥有一个健康的孩子，这种好的结果的价值超过了如果不分离而导致两个孩子一起死亡的结果，而且对她们进行手术分离而积累的知识有助于将来为挽救其他病儿而进行的外科手术。[③]

（二）连体婴儿分离手术决定权的争议

连体婴儿是无民事行为能力人，从法律上讲，没有决定能力的未成年人的医疗决定权通常由其父母或监护人行使。玛丽和朱迪案的困境在于其父母的选择

---

① 郭力：《四川首例连体儿分离术及术后 3^{+} 年随访》，《第九次全国整形外科学术会议论文集》，2007年。

② 张莉：《从民法的角度看连体人的分离权》，《西南政法大学学报》，2007年第6期，第53页。

③ 孙效智：《苏菲的选择—分割连体婴的伦理难题》，《哲学与文化》，2001年第5期，第420页。

是否绝对权威？其父母的选择是否应当受到来自医方或第三方的伦理评价？谁拥有开展分离手术的最终决定权？

根据国家监护权理论，“对于无同意能力人为救助其生命必须施予医学上必要医疗行为，其父母虽有同意权限，但因受到自身思想、信仰、偏好、迷信、自身利益，甚至经济上考虑等因素之影响，拒绝足以救治生命或健康之必要医疗行为，其拒绝同意亦属权利的滥用。父母执行其决定时，仍应保留有利（beneficence）及不伤害（no malfeasance）之伦理学标准，父母的决定要从子女最佳利益出发。所以，父母的权威在医疗决策中并非绝对，父母的决定如果会导致未成年子女损害或死亡，就与有利和不伤害原则有悖，此种情形就有赖于国家监护权介入”①。在本案中，连体婴儿父母决定不实行分离手术，按照宗教观念，让两个婴儿的生死顺其自然。按照医学判断，不分离两个婴儿都会死亡，但实施分离对于出生有自主呼吸的朱迪来说就有了生存和正常生活的希望，对于已经救治无效的玛丽也是一种对毫无生活质量活着的痛苦的解脱。“在判定对病童有害的案例中，以宗教信仰理由最为常见。法院坚持认为父母有因信仰而受难的自由，但子女达到可为自己决定的年龄前，没有让他们受难的权利，当医疗治疗确有必要时，国家有保全儿童生命的权力。”② 所以，在连体婴儿分离手术中父母享有一定的决定权，但并不是绝对的，应当受到来自医方或第三方的“符合子女最大利益原则”的伦理审视。他们“确认未成年人的利益应基于：医学的价值判断、社会的价值判断、病患家族的价值判断、推测病患本人的意思等而为综合的比较调和”③。

玛丽和朱迪案又一个启示是，医师行使了对父母决定的异议权和第三方伦理委员会的审查意见以及法院的最终决定权对开展此类手术发挥的重要影响作用。1981年世界医学大会通过的《里斯本宣言》(*Declaration of Lisbon on the Rights of the Patient*)中明确提及：“如果患者的法定代理人或者从患者处获得授权的人，禁止了从医师的立场来看是患者最佳利益的治疗时，医师有义务基于有关的法律或其他惯例提出异议。在危急时刻，医生应以患者的最佳利益为准则从事医疗行为。”④“最基本且与病患最密切关系之医师，应最了解病患状况及最足以知悉其父母是否滥用代理权，由医师本着医学良知而为抉择。但医师压力大，为解此困境并求客观对法定代理人能够充分说服，医疗机构能够成立评定

①② 黄丁全：《医事法新论》，法律出版社2013年版，第221—222页。

③ 黄丁全：《医事法新论》，法律出版社2013年版，第223页。

④ If the patient's legally entitled representative, or a person authorized by the patient, forbids treatment which is, in the opinion of the physician, in the patient's best interest, the physician should challenge this decision in the relevant legal or other institution. In case of emergency, the physician will act in the patient's best interest.

委员会。”[①]医疗伦理委员会审查的公正性还在于“伦理委员会会认真考虑这类案例所及价值观的方方面面，因此这些决定不会藏匿在医学和技术决定的伪装之下”[②]。由于医疗伦理委员会的审查意见并不具有法律约束力，法院应当具有最终的决定权。“因为法院虽然不是保护利益的先锋，但不失为最好保护屏障，在涉及权利滥用和利益冲突时法院可以介入”[③]，而且“决定过程是公开的，也比较具有某种一以贯之的效果”[④]。因此，在连体婴儿分离术的决定过程中，应当形成监护人的首要决定、医师的监督、伦理委员会的审查和法院的最终裁决模式。

连体婴儿分离手术是一项造福先天畸形婴儿的医学新技术，一方面它可以拯救一些连体婴儿的生命，使其生存下来并改善生命的质量；但另一方面现代医学技术还无法改善一些严重畸形连体婴儿的生命质量，即使进行分离，他们也将面临严重的残疾或死亡。在救与不救、分与不分之间有时确实是一个难以选择的道德难题。

---

① 黄丁全：《医事法新论》，法律出版社 2013 年版，第 223 页。

②④ 黄丁全：《医疗法律与生命伦理》，法律出版社 2007 年版，第 645 页。

③ 王岳、邓虹主编：《外国医事法研究》，法律出版社 2011 年版，第 75 页。

参考文献

[1] 李绍章.防治艾滋应走法治化道路[J].法治研究,2004(4).
[2] 胡锦光.中国十大宪法事例评析[M].北京:法律出版社,2011.
[3] 刘士国.医事法前沿问题研究[M].北京:中国法制出版社,2011.
[4] 蔡定剑.中国就业歧视现状及反歧视对策[M].北京:中国社会科学出版社,2007.
[5] 田莉姝,张媛惠.我国艾滋病感染者就业歧视产生的主要原因[J].湖南广播电视大学报,2011(3).
[6] 陈绍辉.精神障碍者的治疗权研究——以 Wyatt v. Stickney 为例[J].医学与法学,2013(4).
[7] 满红杰.从"黄金大米"事件看未成年人人体试验的法律规制[J].法学,2012(11).
[8] 徐喜荣.论人体试验中受试者的知情同意权——从黄金大米事件切入[J].河北法学,2013,3(1).
[9] 渠涛.中日民商法研究(第三卷)[M].北京:法律出版社,2005.
[10] 李燕:生命科技背景下的人体与民法上的物[J].政法论丛,2009,6(3).
[11] 王泽鉴.民法总则[M].增订版.中国政法大学出版社,2001.
[12] 史尚宽.民法总论[M].北京:中国政法大学出版社,2000.
[13] 徐国栋.现代的新财产分类及其启示[J].广西大学学报(哲学社会科学版),2005,12(6).
[14] 杨立新.人身权法论[M].北京:人民法院出版社,2006.
[15] 王泽鉴.侵权行为法(第一册)[M].北京:中国政法大学出版社,2000.
[16] 赵玲.失独老人要求继承冷冻胚胎未获支持 辅助生殖领域法律空白亟待填补[N].人民法院报,2014-5-20(003).
[17] 张善斌,李雅男.人类胚胎的法律地位及胚胎立法的制度构建[J].科技与法律,2014(2).
[18] 宁红丽.私法中"物"的概念的扩张[J].北方法学,2007(3)
[19] 邱玟惠."人类尊严"法学思维初探——从人类体外胚胎谈人性尊严之另一面[M].台北:元照出版有限公司,2011.

[20] 邱玟惠.谱出生物科技法之妙音美律——生物科技法学之理论与实践[M].台北:元照出版有限公司,2011.
[21] 邢玉霞.辅助生殖技术应用中的热点法律问题研究[M].北京:中国政法大学出版社,2012.
[22] 徐国栋.体外受精胎胚的法律地位研究[J].法制与社会发展,2005(5).
[23] 王丽莎.体外早期胚胎的物权保护规则[J].广西政法管理干部学院学报,2011,7(4).
[24] 白彦.试管婴儿技术中人类胚胎的法律地位探析[J].中国卫生法制,2001(3).
[25] 刘晓枫、陈志伟.人类胚胎及胎儿的法律地位分析[J].科技与法律,2011(3).
[26] 刘君丽.受精卵、胚胎的法律地位初探[J].科技信息,2007(29).
[27] 郑智."冷冻胚胎继承纠纷"提出哪些法律新命题[N].检察日报,2014-5-26(001).
[28] 杨文怡,徐青松.冷冻胚胎真的可以继承吗?[J].卫生与法,2014(11).
[29] 刘银良.生物技术法[M].北京:清华大学出版社,2009.
[30] 王贵松.中国代孕规制的模式选择[J].法制与社会发展,2009(4).
[31] 张燕玲.人工生殖法律问题研究[M].北京:法律出版社,2006.
[32] 罗满景.代孕合同合法性之立法比较研究[J].内江师范学院学报,2009(9).
[33] 加拿大遗传学与社会研究中心.加拿大的辅助性人类生殖法:一个负责的政策模型[J].医学与哲学,2004(7).
[34] 张燕玲.论人工生殖子女父母身份之认定[J].法学论坛,2005(5).
[35] 罗海宁,张云山.植入前遗传学诊断的伦理思考[J].国际生殖健康/计划生育杂志,2012(1).
[36] 刘欣怡,刘俊荣,黄海."设计婴儿"技术的伦理辩护及反思[J].医学与哲学,2012(6A).
[37] 黎蘅.我国首例"设计婴儿"诞生脐血将为姐做干细胞移植[N],广州日报,2012-7-9(1).
[38] 俞慧友.我国体外受精胚胎遗传学诊断达世界先进水平[N].科技日报,2013-7-22(1).
[39] 黄丁全.医事法[M].北京:中国政法大学出版社,2003.
[40] 胡雪梅.我国未成年人医疗同意权行使制度之合理构建[J].法学,2012(3).

[41] 费珊龙,赵之珺,杜艺敏.未成年少女堕胎手术知情同意主体探析[J].中国卫生法制,2011,19(1).
[42] 郭明龙.论患者隐私权保护——兼论侵害“告知后同意”之请求权基础[J].法律科学,2013(3).
[43] 夏芸.医疗事故赔偿法——来自日本法的启示[M].北京:法律出版社,2007.
[44] 夏媛媛.从知情同意的发展史正确认识知情同意权[J].医学与社会,2007,20(2).
[45] 履行知情同意原则的指导意见[J].医学与哲学(临床决策论坛版),2008,10(29).
[46] 赵敏.论患者决定权与医疗干涉权冲突的法律选择[J].医学与哲学,2011(9).
[47] 王康.论基因医疗信息对第三人的披露[M].医事法前沿问题研究.北京:中国法制出版社,2011.
[48] 石雅慧,罗恒廉,翁逸豪,等.医师对实证医学之接受度:全国区域医院之分析[J].医学教育,2010(3).
[49] 赵中夫,姚应水.循证医学[M].北京:人民军医出版社,2013.
[50] 吴俊颖,陈荣基,杨增炜.医疗过失责任与医疗纠纷鉴定[M].台北:元照出版有限公司.2013.
[51] 吴俊颖,吴佳勋,陈荣基.临床指引在法庭审判的角色:赛局理论的观点[J].台湾医学,2010(2).
[52] 刘鑫,王岳,李大平.医事法学[M].北京:中国人民法学出版社,2009.
[53] 吴志正.实证医学数据于医疗事故损害赔偿上之意义[J].台大法学论丛,2011(1).
[54] 倪虹.循证医学热潮下的冷思考[J].医学与哲学,2005(8).
[55] 王吉耀.循证医学与临床实践[M].北京:科学出版社,2012.
[56] 曹红霞,梁万年.循证临床指南的开发程序[J].中国全科医学,2003(4).
[57] 舒细记.循证法医学实践对鉴定人的素质要求[J].中国司法鉴定,2005(2).
[58] 喻小勇,田侃.试论医患纠纷中的医疗信息公开问题[J].南京医科大学学报(社会科学版),2010(2).
[59] 邓奕羿.医师履行告知义务的判断标准[J].医学与哲学,2012(10A).
[60] 吴俊颖,赖惠蓁,陈荣基.告知义务的范围[J].当代医学,2008(9).
[61] 艾尔肯.论医疗行为的判断标准[J].辽宁师范大学学报(社会科学版),

2006(4).
[62] 臧运森,田侃,喻小勇.世界孤儿药界定政策对我国的启示[J].中国新药与临床杂志,2015(1).
[63] 吴泰相,刘关键.关于循证医学的问题与思考[J].中国循证医学杂志,2005(8).
[64] 刘建平.传统医学证据体的构成及证据分级的建议[J].中国中西医结合杂志,2007(12).
[65] 刘鸣.应正确评价和使用循证医学证据[J].中国循证医学杂志,2006(2).
[66] 王吉耀.循证医学与临床实践[M].北京:科学出版社,2012.
[67] 赵中夫,姚应水.循证医学[M].北京:人民军医出版社,2013.
[68] 刘静,王洁贞,刘云霞.从量变到质变:浅谈经验医学到循证医学的转变[J].医学与哲学,2004(2).
[69] 刘邦扬.刑事医疗纠纷于判决上诉审的实证考查[J].科技法学评论,2011(2).
[70] 张丽卿.实证医学在医疗过失审判实务上的意义——从胃腺癌存活率谈起[J].东吴法律学报,2009(2).
[71] 杨立新.医疗损害责任构成要件的具体判断[J].法律适用,2012(4).
[72] 梁慧星.论《侵权责任法》中的医疗损害责任[J].法商研究,2010(6).
[73] 朱冬.作为医疗过失判断的"医疗水平"认定——来自美国和日本的经验与借鉴[J].辽宁医学院学报(社会科学版),2011(2).
[74] 周李刚.浅谈《药典》对中药剂量的规定[J].浙江中医杂志,2009(9).
[75] 刘鑫.医疗损害鉴定之因果关系研究[J].证据科学,2013(3).
[76] 叶名怡.医疗侵权责任中因果关系的认定[J].中外法学,2012(1).
[77] 朱广友.医疗纠纷鉴定:因果关系判定的基本原则[J].法医学杂志,2003(4).
[78] 田侃,吴颖雄,喻小勇.关于侵权责任法在医疗侵权适用中的几个问题[J].南京医科大学学报(社会科学版),2010(2).
[79] 陈聪富.因果关系与损害赔偿[M].北京:北京大学出版社,2006.
[80] 叶名怡.医疗侵权责任中因果关系的认定[J].中外法学,2012(1).
[81] 解娜娜.医疗损害案件中的机会丧失理论[J].法学杂志,2010(4).
[82] 陈聪富."存活机会丧失"之损害赔偿[J].台湾中原财经法学,2002(8).
[83] 张新宝.侵权行为法的一般条款[J].法学研究,2001(4).
[84] 美国侵权法中机会丧失理论的司法适用[J].哈佛法学评论,2009(2).
[85] 王泽鉴.不当得利[M].北京:中国政法大学出版社,2002.

[86] 王徽.浅析医疗侵权中的"机会丧失之诉"[J].法制与社会,2012(14).
[87] 邱克强.生存机会丧失理论在医疗法中的应用[J].法制与社会,2011(31).
[88] 沈四宝.机会丧失理论的发展与现状[M].北京:法律出版社,2010.
[89] 杨立新.中华人民共和国侵权责任法[M].北京:知识产权出版社,2010.
[90] 美国法律研究院.侵权法重述:产品责任[M].3版.肖永平,龚乐凡,汪飞雪,译.北京:法律出版社,2006.
[91] 韩赤风,冷罗生,袁达松,等.中外侵权法经典案例评析[M].北京:法律出版社,2011.
[92] 张力,杨晓晖.在中药安全性监测和评价过程中充分引入药物警戒理念[J].中国中西医结合杂志,2009,29(9).
[93] 姚苗.英美法对医疗过失的判定原则及对我国的启示[J].法律与医学杂志,2007,14(1).
[94] 孙维飞.英美法上第三人精神受刺激案型的处理其借鉴意义——以第三人派生的请求权与独立的请求权及其关系为视角[J].华东政法大学学报,2012(3).
[95] 朱红姣.住院精神病人攻击行为分析及护理进展[J].内科,2009(3).
[96] 徐爱国.名案中的法律智慧[M].北京:北京大学出版社,2005.
[97] 杨代雄.重思民事责任能力与民事行为能力的关系——兼评我国《侵权责任法》第三十二条[J].法学论坛,2012(2).
[98] 张民安.过错侵权责任制度研究[M].北京:中国政法大学出版社,2002.
[99] 王利明.自然人民事责任能力制度探讨[J].法学家,2011(2).
[100] 薛军.走出监护人"补充责任"的误区——论《侵权责任法》第三十二条第二款的理解与适用[J].华东政法大学学报,2010(3).
[101] 牟军.民事证明标准论纲——以刑事证明标准为对应的一种解析[J].法商研究,2002(4).
[102] 冷根源.抢英美证据法上的民事证明标准[J].政治与法律,2000(5).
[103] 陈永生.排除合理怀疑及其在西方面临的挑战.中国法学,2003(2).
[104] 杨宇冠,孙军."排除合理怀疑"与我国刑事诉讼证明标准的完善[J].证据科学,2011(6).
[105] 赖早兴.美国刑事诉讼中的"排除合理怀疑"[J].法律科学,2008(5).
[106] 余剑."排除合理怀疑"证明标准在我国刑事审判中的运用[J].东方法学,2008,(5).
[107] 王聪,魏丹丹."治愈或存活机会丧失"型医疗纠纷中"损害"研究[J].科技风,2014(12).

[108] 王德顺.医生协助自杀与主动安乐死的差别[J].医学与哲学,2000,21(4).

[109] 田少雷,绍庆翔,桑国卫.药物临床试验与GCP实用指南[M].北京:北京大学医学出版社,2012.

[110] 邱祥兴,孙福川,王明旭.医学伦理学[M].3版.北京:人民卫生出版社,2011.

[111] 李笃妙.胸腹联体双胎婴儿分离术的体会[J].中华外科杂志,2000,38(1).

[112] 刘媛译.连体婴儿分离术的风险[J].基础医学与临床,2010,30(5).

[113] 张莉.从民法的角度看连体人的分离权[J].西南政法大学学报,2007(6).

[114] 孙效智.苏菲的选择——分割连体婴的伦理难题[J].哲学与文化,2001(5).

[115] 黄丁全.医疗法律与生命伦理[M].北京:法律出版社,2007.

[116] 王岳,邓虹.外国医事法研究[M].北京:法律出版社,2011.

图书在版编目(CIP)数据

域外医事法典型案例评析 / 邓虹主编. —杭州 : 浙江工商大学出版社，2016.6

(卫生法学系列丛书)

ISBN 978-7-5178-1376-7

Ⅰ. ①域… Ⅱ. ①邓… Ⅲ. ①医药卫生管理－法规－案例－世界 Ⅳ. ①D912.105

中国版本图书馆 CIP 数据核字(2015)第 268290 号

域外医事法典型案例评析

邓　虹 主编

责任编辑 胡亚娟
封面设计 林朦朦
责任印制 包建辉
出版发行 浙江工商大学出版社
(杭州市教工路 198 号　邮政编码 310012)
(E-mail:zjgsupress@163.com)
(网址:http://www.zjgsupress.com)
电话:0571-88904980,88831806(传真)
排　　版 杭州朝曦图文设计有限公司
印　　刷 浙江云广印业股份有限公司
开　　本 710mm×1000mm　1/16
印　　张 16.75
字　　数 310 千
版 印 次 2016 年 6 月第 1 版　2016 年 6 月第 1 次印刷
书　　号 ISBN 978-7-5178-1376-7
定　　价 39.00 元

版权所有　翻印必究　印装差错　负责调换

浙江工商大学出版社营销部邮购电话　0571-88904970